Gastro Obscura

A FOOD
ADVENTURER'S
GUIDE

TASTE THE WORLD

美食 祕境

用味蕾品嘗全世界！
５００道歷史、
文化、旅行、
慶典佳餚驚喜上菜

瑟希莉・王 Cecily Wong
狄倫・圖拉斯 Dylan Thuras 著

李郁淳、蔡宜真、趙睿音──譯

目　錄

對讀者的重要提醒
《美食祕境》中介紹的東西並非全部都是可食用的。儘管當中有些食物令人驚奇，讓我們藉此獲得新知識及新見聞，但吃下它們可能會對身體造成危險或傷害。至於其餘的食物，我們非常建議大家一定要去親自嘗試看看。

前言

「吃」可能是旅行經驗中最讓人深入沉浸、直搗內心的一環了。需要每個感官的參與：從小巷中廚房傳來的碗盤碰撞聲，熱油爆香大蒜的氣味，入座時看到一盤食物在眼前的喜悅，到手裡拿著餐具，準備好大快朵頤。世界各地的人因為飲食的必要和愉悅而彼此相繫，若想窺見某地的核心，透過食物來體會是最快的方式。

我們 Atlas Obscura 有一句座右銘：「每個角落都能發現驚奇」，不只在未知的遙遠場景，在街頭，走下某道階梯，踏進維多利亞時代公廁改建而成的倫敦咖啡吧，都能有新發現。旅行是找尋驚奇的美好方式，不過你在本書中會發現，冒險並不一定都需要機票才能達成。從美國阿肯色州某個客廳裡獲獎的烤肉店，到加州某處停車場中的泰式料理路邊攤，還有每晚變身為塔可攤的修車廠，絕妙美食無所不在。

《美食祕境》將帶你淺嘗飲食的大千世界。我們熱愛美食，不過我們的目標是要當個探險家，而不是美食家，要去探尋而非講究美食。這本書不只是列舉出值得品嘗的食物——書中集結了被遺忘的歷史、瀕危的傳統、鮮為人知的體驗、烹飪巧思，還有各種可以吃下肚的驚奇。這是一場喧鬧、美味、精彩紛呈的饗宴，橫跨七大洲、120 多個國家，並且將儘可能明確地告訴讀者，該去哪裡才能親身體驗這些事物。

本書中大部分的內容都來自於 Atlas Obscura 社群——超過 50 萬名來自世界各地的超棒網友，天天與我們分享祕訣；還有我們出色的編輯群，搜遍全世界，找出更多的驚奇。你手中的這本書是透過大型團隊合作，有了許多人的指引才有可能完成，讓我們找到某家令人驚豔的餐廳、某種迷人的水果，或是某個北極圈內的加拿大曲棍球場，由當地人改造成欣欣向榮的溫室。

我們深信，驚奇就在你願意敞開心胸去探尋的地方。那麼，驚奇現在就擺在你眼前，等著你大快朵頤，快開動吧。

瑟希莉・王（Cecily Wong）及狄倫・圖拉斯（Dylan Thuras）

（左圖）
每天早上，孟買各地的達巴瓦拉（dabbawala，便當快遞員）會把各個家庭每日現做的午餐飯盒，送給市內 20 萬名辦公室員工，利用代碼在便當袋上標示運送目的地。

歐洲

Europe

大不列顛及愛爾蘭
西歐・東歐・
北歐／斯堪地那維亞

TASTE THE WORLD!

TASTE THE WORLD!

TASTE THE WORLD!

TASTE THE WORLD!

▶ 大不列顛及愛爾蘭

▶ GREAT BRITAIN AND IRELAND

週五晚上的布丁盛宴

三方飯店的布丁俱樂部 • 英格蘭 ----------------------- THE PUDDING CLUB AT
THREE WAYS HOUSE · ENGLAND

How to try it

有興趣的客人必須提前
致電飯店預訂。大吃特
吃布丁後，您可以從飯
店內七間以甜點為主題
的客房選一間過夜。

從外觀看，三方飯店是典型的 19 世紀英式住宿加早餐（B&B）旅館，由金黃色的石頭砌成，爬滿了常春藤。不過，在週五的晚上，飯店會搖身一變成為「布丁俱樂部」的聚會場地，這個組織聲稱他們的任務是保存「偉大的英國布丁」。

自 1985 年以來，每週都有來自世界各地幾十位甜點愛好者群聚此地，享用飯店內常駐的布丁師傅（同時也是菜單策畫人）華麗呈獻的英式布丁盛宴。傳統的英國布丁類似蛋糕，是由牛羊板油或硬化的動物油脂經過幾個小時蒸煮製成，甜鹹皆有。但這個詞也可以用來泛指一般的甜點。在布丁俱樂部，週五的盛宴就包括傳統的布丁，像是果醬布丁捲、斑點布丁和太妃糖椰棗糕，還有不用蒸的布丁，像是米布丁、切片麵包水果夏季布丁、蘋果派、百香果蛋糕捲和糖漿海綿蛋糕。

共有七道菜的布丁宴是考驗耐力的盛會，撐過這晚的人可以獲頒證書。布丁師傅露西·威廉斯（Lucy Williams）表示，布丁俱樂部的重點不止是放縱，而是發揚已經不受當代青睞的餐點。

三方飯店原本是一位醫師的宅邸。

強健的液態牛肉

保衛爾 • 英格蘭 --------------------------------------- BOVRIL ENGLAND

1870 年，拿破崙三世在普法戰爭中領軍時，訂購了 100 萬罐的牛肉來餵飽他的士兵。這個訂單被住在加拿大的蘇格蘭屠夫約翰·勞森·強斯頓（John Lawson Johnston）拿到手，於是他調整了肉類高湯的配方，並製作出「牛肉精華」。這種濃稠又帶有光澤的糊狀物，味道就跟你想像的一樣——非常鹹，並且牛味很重。結果就產生了這種英格蘭知名的濃縮牛肉精：保衛爾。保衛爾被追捧為可以增強體力的肉類超級食物，可以塗抹在奶油吐司上，也可以稀釋後飲用，當作恢復精神的飲品。行銷廣告（有些得到正牌科學家的背書）宣稱這種肉精可以使體弱者復原、老年人強壯、年幼者健康。有則廣告甚至宣稱：「保衛爾可以增強身體抵禦流感的能力。」

維多利亞時代的人喜歡這種罐裝牛肉，從早餐餐桌到醫院，再到足球場上，熱水瓶裡的保衛爾茶變成暖身和增強體力的首選。這種食品也被認為能發揮愛國精神，在波耳戰爭（Boer War）期間為英國士兵提供了食物，還得到名人的背書。

How to try it

深受喜愛的保衛爾，
在英國超市裡隨手可
得。如果您對這種牛
肉精華數十年來的行
銷史有興趣，可以
前往位於倫敦諾丁丘
（Notting Hill）的品
牌博物館（Museum of
Brands）參觀。裡面
有許多保衛爾的老海報
和復古風格紀念品。

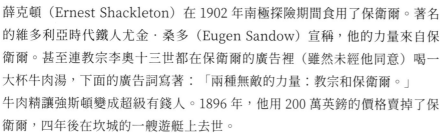

20 世紀早期，英格蘭最受歡迎的牛肉精罐頭廣告。

薛克頓（Ernest Shackleton）在 1902 年南極探險期間食用了保衛爾。著名的維多利亞時代鐵人尤金・桑多（Eugen Sandow）宣稱，他的力量來自保衛爾。甚至連教宗李奧十三世都在保衛爾的廣告裡（雖然未經他同意）喝一大杯牛肉湯，下面的廣告詞寫著：「兩種無敵的力量：教宗和保衛爾。」

牛肉精讓強斯頓變成超級有錢人。1896 年，他用 200 萬英鎊的價格賣掉了保衛爾，四年後在坎城的一艘遊艇上去世。

駕駛時喝的皇帝酒

國王薑汁香甜酒 • 英格蘭 ---------------------- THE KING'S GINGER・ENGLAND

1901 年，愛德華七世繼承母親維多利亞女王成為一國之君，當時他已經 62 歲。雖然他年紀大又過胖，但還是拚命狂歡。他駕駛敞篷的戴姆勒汽車在英國鄉村兜風，暴露在英國典型寒冷又潮濕的氣候下，御醫因此而擔憂不已。

1903 年，御醫委託倫敦知名商家貝利兄弟（Berry Bros.）配製一種暖身、保養的飲品，用來裝進老國王開車時帶的酒瓶裡，國王薑汁酒就此誕生。這種以白蘭地為基底的仙丹妙藥，含有薑、蜂蜜和檸檬，是特別用來在「陛下早上駕車時，刺激和恢復陛下的活力」。

國王很喜歡這款新的酒。他不僅在駕駛「無馬馬車」時喝，打獵時也不忘帶上，慷慨地讓大家傳著喝。到了 1910 年愛德華駕崩時，王室已經迷上了這款酒。貝利兄弟公司繼續專為貴族們製造國王薑汁酒，這些貴族每年購買數百箱這種瓶子上沒有標籤的薑汁酒。

近年來，一位調酒師向製造商（現在變成貝利兄弟與盧德公司，Berry Bros. & Rudd）尋求這種神祕飲品的標準化版本，公司因而與一家荷蘭釀酒商合作，為大眾製作這種飲品。現代版本於 2011 年首次問世，使用中性穀物烈酒代替白蘭地為基底，再加上薑、檸檬油、格蘭路思（Glenrothes）單一純麥蘇格蘭威士忌和糖。酒精濃度高達 41%，只要啜幾口就能讓你馬力全開。

How to try it

在英國、美國、澳洲和紐西蘭的網路及零售商店，都有販售國王薑汁香甜酒（大眾版）。

諾丁漢的地下酒館

失落洞穴酒館 • 英格蘭 ----------------------- THE LOST CAVES · ENGLAND

潮濕、燈光昏暗，用頭骨、枝形吊燈和動物標本當裝飾，這個祕密的飲酒場所是諾丁漢（Nottingham）城市底下，在柔軟的砂岩中挖掘出的廣闊洞穴系統的一部分。

走進一條黑暗而不起眼的小巷，打開一扇藏得很隱密、裝著黃銅骷髏把手的門，你就會在一棟擁有 200 年歷史的建築物底下，找到通往地下室的樓梯。進到地下室，會有另一道由岩石切割成的階梯，通往這座城市底下的洞穴。

由於有嚴格的入場人數限制，進入失落洞穴的最後一段必須由店家帶位。進到裡面，是一個讓人目瞪口呆的調酒宮殿。上方八公尺就是古老的喬治飯店（現在是美居飯店，Mecure Hotel），文豪狄更斯和女星伊麗莎白·泰勒都曾是飯店的住客。

這些洞穴是在何時、為何、由誰挖掘的已不可考；不過這些洞穴似乎曾被改造，用岩石鑿出的壁架儲存和釀造麥芽酒。時至今日，原本放置的酒桶已不存在，岩石壁架被加上坐墊，成為地下酒客的座位。

在霍克利區（Hockley）的街道底下，藏著諾丁漢最鮮為人知的祕密之一。

違法的冰淇淋容器

一便士冰淇淋杯 • 英格蘭 ----------------------- PENNY LICK · ENGLAND

一便士冰淇淋杯是英格蘭最邪惡的冰淇淋用具。顧名思義，舔幾口冰淇淋只要一便士——還附贈感染肺結核的高度風險，免費。

在 1800 年代中期，冰淇淋已成為一種深受民眾喜愛且價格實惠的點心，在英格蘭的街道上隨處可見。被稱為「傑克」（Jack）的冰淇淋小販用一種叫做「一便士冰淇淋杯」的玻璃杯裝小球冰淇淋，一共有三種尺寸：標準、最受歡迎的一便士裝，及半便士裝（ha'penny lick），還有比較大的兩便士裝（tu'penny lick）。

這些小玻璃杯是專為冰淇淋而設計的，或者更具體地說，是為冰淇淋製造錯視而設計的。當傑克小販

把甜點放入杯中時，圓錐形狀和厚厚的玻璃會放大內容物，讓即使是最小的一份也顯得很豐盛。

吃完冰淇淋後，顧客會將杯子舔乾淨，然後交還給傑克，傑克們會用沒洗過的杯子為下一位顧客服務。

當肺結核席捲全國，醫療機構便將矛頭指向這種一便士冰淇淋杯。1879 年有一份英國醫學報告，將霍亂爆發歸咎於重複使用玻璃器皿，而對肺結核的恐懼導致倫敦市於 1899 年禁止使用一便士冰淇淋杯。有些小販在 1920 和 1930 年代繼續使用違法的冰淇淋杯，直到冰淇淋技術突破，才永久根除對玻璃器皿的需求。偉大的餅乾筒變成首選的新型一次性容器，它好拿、可食用又完全沒有傳染病的風險，自此一便士冰淇淋杯便被淘汰了。

著名的鰻魚和英式餡餅店

曼澤・英格蘭 ────────────────── M. Manze・ENGLAND

曼澤鰻魚和英式餡餅店位於塔橋路（Tower Bridge Road）87 號，是倫敦現存最古老的鰻魚和英式餡餅店。曼澤每天只營業三、四個小時，只供應午餐，他們的午餐菜單上只有兩樣東西：鰻魚和英式餡餅。

在整個 1700 年代，泰晤士河裡的鰻魚都非常多，多到在任何地方撒網都能捕到大量廉價的蛋白質。東倫敦的工人階級（也被稱為考克尼，Cockney）漸漸愛上鰻魚，因此它成了這座城市裡工人的首選餐點。原本賣羊肉和馬鈴薯的餡餅店利用鰻魚熱潮賺錢，開始供應鰻魚，而且是客戶最愛的口味：天然又黏糊糊。

由於含有大量膠原蛋白，鰻魚本來就呈凝膠狀。將切成圓塊、保留魚皮和魚骨的鰻魚，在加了醋、月桂葉、胡椒和洋蔥的水裡煮熟，然後連湯汁一起冷卻，就會緩緩凝固成半透明的果凍狀。這種 Q 彈的冷嫩魚肉是公認英國首次出現的外帶快餐，通常是舀進杯子裡、淋上辣椒醋，邊走邊吃。

到二戰結束時，倫敦已經有一百多家鰻魚和英式餡餅店。但隨著泰晤士河的污染越來越嚴重，漁獲量減少，倫敦人對吃鰻魚的興趣也削弱了。

但在曼澤，鰻魚仍然是王道。你可以點冷的魚肉凍，或熱的燉魚肉，也可以加上馬鈴薯泥並淋上厚厚的澆頭「酒」（liquor）：這是種不含酒精的歐芹醬，也適合搭配英式餡餅。這家簡樸的小店現在由創始人麥可・曼澤（Michele Manze）的孫子及曾孫女經營，曼澤在 1878 年從義大利拉維羅村（Ravello）來到倫敦。綠白相間的瓷磚和長長的共用桌，這樣的裝潢讓人想起維多利亞時代，那時鰻魚的地位可是至高無上。

How to try it

曼澤在倫敦有三家店，其中位於塔橋路的店面是年代最老的。第二老的店面建於 1927 年，位於派克曼高街（Peckman High Street）。

曼澤的一位服務生在一盤馬鈴薯泥和英式餡餅上淋上歐芹醬。

維多利亞時代的餐桌禮儀

19 世紀的英格蘭充斥著分類很細的餐具、送餐用具和餐桌裝飾，在富裕家庭裡尤為奢華。維多利亞時代的廚房用具，設計精神是優雅而非基本功能，它們有比實用更崇高的目的，就是給晚餐的客人留下深刻印象、炫耀主人地位，並顯示出大費周章的餐桌布置有多麼地美妙。

冰淇淋叉
ICE-CREAM FORK

史上有案第一個擁有餐叉的人是一位拜占庭公主，她在 11 世紀時死於黑死病。有人說這恰恰是使用叉子的懲罰，因為叉子看起來就像魔鬼的乾草叉。維多利亞時代的人沒有這樣的顧慮，叉子是常見之物。吃一碗冰淇淋時可以用勺子，但冰淇淋叉（一種短淺的三齒叉）是專門用來吃盤子裡的冰淇淋。

醃菜瓶
PICKLE CASTOR

這些寶石色調的壓製玻璃罐，是維多利亞時代豪華餐桌上的中流砥柱。醃菜瓶裝在一個銀色支架上，配有小銀夾，上面的裝飾各式各樣，從簡短文字到滴水嘴獸都有。

除了作為華麗的餐桌裝飾品之外，醃菜瓶還顯示出一個家庭僱了夠多的僕人來準備醃菜並加以展示。

鬍鬚杯
MUSTACHE CUP

那個時代八字鬍的造型令人印象深刻，顯得莊嚴而端正——除非被一杯熱茶給破壞。熱氣會融化鬍鬚蠟，導致鬍鬚邊緣下垂。

1870 年代，英國陶藝家哈維・亞當斯（Harvey Adams）發明了鬍鬚杯，它的特色就是具有專利的翼形架子，可以在臉上的毛髮和茶之間形成一個便利的屏障。

這些杯子有各種形狀和大小，大至一品脫的「農夫杯」，小到被雕刻成海螺殼造型，或壓印有主人姓名的精美瓷器。

芹菜花瓶
CELERY VASE

原產於地中海的野生芹菜，直到 1800 年代初才被移植到英格蘭，而且不容易在該地生長。那些成功取得的人，總得要想辦法把芹菜拿出來炫耀。玻璃吹製的芹菜花瓶有凹緣等裝飾，底部還刻有主人的名字，被當成時尚餐桌的中央的裝飾。

餡餅排氣鳥
PIE BIRD

這個小而空心的陶瓷鳥放在餡餅中央，會釋放出熱餡的蒸氣，看起來就像是從高舉的鳥喙裡噴出大量的雲霧。

設計概念是這個鳥形煙囪可以讓餡餅透氣，防止汁液溢出，但每個烘焙師傅都知道，切個幾刀也有一樣的作用，雖說沒有這麼「鳥」就是了。

釀蜂蜜酒的天堂
神聖的林迪斯法恩島 • 英格蘭 ----------------------------- THE HOLY ISLAND OF
LINDISFARNE · ENGLAND

7 世紀時，應諾森比亞（Northumbria）國王奧斯瓦爾德（King Oswald）
之請，愛爾蘭修士聖艾丹（Saint Aidan）在與世隔絕的潮汐島林迪斯法恩島
上建立了一座修道院。現存斷垣殘壁的這間修道院，是將基督教傳播至整個
盎格魯撒克遜英格蘭的基地。許多人認為林迪斯法恩島的修士也是出色的蜂
蜜酒（mead）製造者，他們以靈性為名，精釀出這種金色的液體。蜂蜜酒是
世界上最古老的酒之一，在古希臘文本、印度教經文和北歐神話中都有記載，
在這些古籍中，飲用某種蜂蜜酒是獲得學術智慧的途徑。

蜂蜜酒常被稱為眾神的靈藥，因此在「聖島」上釀的蜂蜜酒品質頂尖，也就
不足為奇了。雖然修士們已不再參與釀酒，但林迪斯法恩的歷史吸引了蜂蜜
酒釀造商邁克·哈克特（J. Michael Hackett）。1960 年代初期，他在島上
設立了聖艾丹酒廠（St. Aidan's Winery），並著手釀造這種古酒的現代版，
將其命名為林迪斯法恩蜂蜜酒。參考古羅馬人在蜂蜜酒中加入葡萄汁的方式，
聖艾丹的團隊以發酵的蜂蜜為基底，加入香草植物、發酵的釀酒葡萄，以及
當地的井水。這種神聖的混合液再用一種中性的烈酒強化。據飲用的人描述，
其味道輕盈、辛辣但柔順。來自這個小島（人口僅 180 人）的中世紀蜂蜜酒，
現在是行銷國際的商品。

How to try it

聖艾丹酒廠在林迪斯法
恩島，在可經由堤道安
全抵達島上的「潮開」
（open tide）期間對
外開放。而在每天約兩
次的漲潮期間，這座島
是無法登岸的。

英國的印度咖哩

在倫敦南岸中心食品市場的攤位上，一位廚師正在準備好幾大鍋咖哩。

在占領印度 200 年的期間，英國人愛上了當地複雜、辛辣的料理。尤其是咖哩，在 19 世紀的英國飲食中掀起了波濤。英國家庭主婦們努力用國內食材重現印度風味；而維多莉亞女王則僱用了一名印度員工專為皇家掌勺，更推動了咖哩在英國的流行。

為了讓這道菜餚更簡便易得，英國人在 18 世紀時發明了咖哩粉。這種以薑黃、大蒜、孜然和葫蘆巴為基礎的香料混合物和印度料理相去甚遠，因為印度料理對不同的菜餚會使用不同的香料，而一把抓的「咖哩」一詞並不存在（咖哩 curry 這個詞很可能是泰米爾語 kari 的變形，根據不同的發音，這詞的意思可以是「變黑」或是「咬」。15 世紀葡萄牙殖民者將「咖哩」這個詞用來當作印度食物的通用詞）。隨著英國的影響力散播至全球，咖哩粉也飄香全世界。咖哩粉以英國食物的身分被引入日本、泰國和加勒比海島嶼等地的許多菜餚當中。就連在國外當契約勞工的印度人，他們的工資也包含配給的咖哩粉。

20 世紀中葉，孟加拉移民抵達倫敦，當中有許多人都是在從印度出發的長途蒸汽船船艙裡辛勤勞動後，在港口跳船上岸的。新來者買斷了在第二次世界大戰中受損、因而可以用低價入手的小咖啡館和炸魚薯條店（chippies）。除了英國標準餐點，這些新的餐館也為不斷茁壯的南亞社群供應咖哩和米飯。他們營業到很晚，這是吸引英國飲酒客群的成功戰略，這些酒客開始點咖哩當作上完酒吧後的宵夜，有時配米飯，有時配薯條。

整個 20 世紀印度移民湧入，使咖哩不斷漫入整個英國。香料烤雞咖哩，這道每家印度餐廳菜單上必有的濃稠番茄咖哩，也許是最能代表英式印度風味的一道菜。大多數飲食史學家認為，這道菜是由一位善於變通的印度廚師在英國創造的。他烹調的印度雞肉對於喜歡肉汁的英式口味來說太乾了，於是這位廚師就將坦都里烤肉浸入醬汁中，創造出一種每年銷售數千萬份的咖哩菜餚。在 2015 年，英國每五家餐廳就有一家供應咖哩，其中最受歡迎的就是香料烤雞咖哩。

咖哩曾經是一種廉價的外賣餐點，如今已成為英國的驕傲。英國許多印度餐廳的牆壁，現在裝飾著米其林星星和國際榮譽。以美國奧斯卡頒獎典禮為藍本的英國咖哩大獎（British Curry Awards），是穿著正式服裝、有電視轉播的頒獎典禮，在英國社交活動中占有重要地位（前首相卡麥隆［David Cameron］稱之為「咖哩奧斯卡獎」）。烹飪界名人與社會名流齊聚一堂，向英國最好的印度餐廳致敬。燈火輝煌的場地可容納 2,000 名貴賓，典禮並對世界各地轉播，從歐洲、澳洲、從中東到南非，數以百萬計的咖哩迷同時歡慶這場盛會。

傳說中的魚頭餡餅

仰望星空派 • 英格蘭 ------------------------------- STARGAZY PIE · ENGLAND

湯姆鮑科克之夜（Tom Bawcock's Eve），是在康瓦爾郡（Cornish）海濱小鎮鼠洞村（Mousehole）舉行的耶誕季節日，用來紀念 16 世紀鼠洞村的民間英雄湯姆·鮑科克，他在一個夜晚不顧強風暴雨，依然出海捕魚。據說，他帶著足夠的漁獲返航，讓當地免於飢饉。在某些版本的故事裡，鮑科克帶著他的貓同行，他的貓協助平息了風暴。

為了向勇敢的漁夫致敬，狂歡者會大啖仰望星空派，這種經典的鹹魚派材料是馬鈴薯、雞蛋和白醬，加上完整的魚頭（有時是魚尾）當裝飾。魚從酥皮中伸出脖子，彷彿正在仰望星空。通常是用沙丁魚製作，但實際上，所有的小魚都可以——只要牠有頭。

How to try it

湯姆鮑科克之夜於每年 12 月 23 日舉行。「船棧」（Ship Inn）是一家歷史悠久的酒吧，位於港口圍牆邊，節日時會提供免費的仰望星空派以茲慶祝，通常由打扮得像是鮑科克的當地漁民發放。

維多利亞時期小便池裡的咖啡吧

侍者咖啡館（菲茨羅維亞店）• 英格蘭 ----------------------- THE ATTENDANT,
FITZROVIA · ENGLAND

How to try it

侍者咖啡館在倫敦還
有其他分店，但只有
位 於 弗 利 街（Foley
Street）27 號的菲茨羅
維亞店裡有小便池。

華麗的地下小便池，曾經為維多利亞時代的倫敦紳士們服務；現在它們則為
客人服務，提供義式咖啡、馥列白（flat white）咖啡和酪梨吐司。走下樓梯，
你會發現自己置身在菲茨羅維亞區最高級、最古老的廁所裡，並在一個完整
大小的瓷製小便池前落座，來杯咖啡。

這些公廁最初建於 1890 年代，並在 1960 年代關閉。廢棄五十幾年後才被重
新改造為高級咖啡館。

平價的健康奶

人造驢奶 • 英格蘭 ----------------------- ARTIFICIAL ASSES' MILK · ENGLAND

How to try it

製造人造驢奶已經過時
了，但如果你還不死
心，夏天是蝸牛季節的
開始。

從很久以前，驢奶就被當成萬用藥和化妝品——只要你買得起。據說埃及豔
后（Cleopatra）就是在注滿驢奶的浴缸裡洗澡，以保養她的皮膚。古希臘醫
生希波克拉底（Hippocrates）推薦用驢奶治療各種症狀，包括肝臟問題和
發燒。從 1700 到 1900 年代初期，歐洲人都認為驢奶是一種超級食物，可以
治療肺部問題、血液問題，甚至歇斯底里症。詩人亞歷山大·波普（Alexander
Pope）也喝驢奶，以治療他的健康問題，他在 1717 年的一封信中寫道：「我
也喝驢奶，我不會拿驢奶開玩笑，雖然這個主題有很多可談的。」驢奶的成
分與人類母乳非常相似，因此孤兒院和新手父母認為它是有幫助的膳食補充
品。

但是驢奶並不便宜，所以想要平價替代產品的人就試著複製這種自然產物。

這是一份 18 世紀的「仿驢奶」配方：先在水中煮沸大麥，加入鹿角粉（磨碎的鹿角）、恩里戈（一種據說可以緩解咳嗽的薊類植物）的根和一把蝸牛殼，然後加入牛奶稀釋。

幾乎所有仿製驢奶的詳細說明裡都會出現蝸牛，通常是整隻丟進去。「仿驢奶」的作者在他的食譜末尾附上說明（並搖手指）：「如果你不喜歡蝸牛也可以不加，但最好要加。」

聖殿騎士的長壽飲食

13 世紀時，灰白的鬍子難得一見，因為男性的平均壽命（就算是富人也一樣）只有 31 歲。對於那些活到 20 歲的人來說，這個數字就上升到 48 歲。在當時，聖殿騎士團（Knights Templar）是非常特別的例外。這個天主教軍團有很多成員都活到 60 歲以上，而且他們通常是死於敵人之手，而不是死於疾病。雖然許多人認為騎士的長壽是上天賜予的，但現代的研究顯示，騎士團嚴格的飲食規範可能才是讓他們長保健康的主要動力。

這些教團騎士是知名的鬥士、戰士和格鬥士，據說他們過著真正簡樸的生活。12 世紀初有本冗長而複雜的規矩冊，書名是《聖殿騎士基本規範》（*Primitive Rule of the Templars*），規定騎士們要謹守貧窮、貞潔和服從的誓言。騎士們被規定要在緘默中集體用餐，餐桌上的物品要「安靜、低調地傳遞……盡力維持謙卑和順從」。他們用餐採用一種夥伴系統，據說是因為「碗不夠」，所以兩個騎士要共用一個食器，每個人都被規定要監視他的用餐夥伴，確保對方不會吃得太多或太少（由於教團是出了名的富有，所以這種共同碗的做法很可能是節制的表現）。

為了平衡虔誠所需的禁食和活躍軍人生活的營養需求，騎士們交替著吃肉和吃素。每週有三天，騎士們會吃肉（通常是牛肉、火腿或培根），在星期天尤為豐盛。無肉日則換吃麵包、牛奶、雞蛋、起司、穀物和燉蔬菜。星期五騎士們會齋禁，意思是用魚肉取代陸地上的動物。他們多樣化的飲食以葡萄酒為輔，分量適中並稀釋飲用。按照中世紀的標準，這些做法使騎士們過著極度潔淨和理智的生活，使他們的壽命遠超過一般人，以至於當時的人普遍認為這是種神蹟。

雅克・德・莫萊（Jacques de Molay，約 1243-1314），是聖殿騎士團的最後一位大師。

休眠的地下乳製品

沼澤奶油 • 愛爾蘭 -- BOG BUTTER · IRELAND

在愛爾蘭農村裡挖泥炭時，挖到一大塊奶油的情況並不罕見。這些包在動物皮革裡或裝在木製、陶製容器內的奶油，很可能已被埋藏了數百年，雖然它可能因為太難聞而沒有多美味，但可能仍然可以安全食用無虞。

沼澤奶油正如其名，是埋在泥炭沼澤裡的牛奶油（也可以指地下埋的牛油〔beef tallow〕，但不太常見）。沼澤奶油通常已有數百年歷史，甚至有些已經存放了幾千年。最近有人為一份有 3,000 年歷史的沼澤奶油做了評味試驗，說是後味非常「黴」。

當然，這些奶油並非本來就是要放到幾個世紀後才吃的。沼澤涼爽、缺氧、酸度高，是保存易腐壞物品的好地方（從沼澤中挖掘出保存完好的人類遺骸，也證明了這一點）。沼澤很可能被當作冰箱，奶油的主人沒有來拿回去，或者單純只是忘了埋在哪裡。有其他理論認為，奶油是獻給眾神的祭品，或者是為了防小偷和入侵者才藏了起來。不管是什麼原因，很多奶油都被棄置在愛爾蘭和英格蘭周圍的沼澤裡，直到今日還陸續被人發現。奶油越老，臭味越明顯。近來有些實驗故意把奶油放在沼澤中熟成。他們發現，如果讓奶油在沼澤裡放幾個月，嘗起來就會有很棒的泥土味，很像優質的帕瑪森（Parmesan）起司。

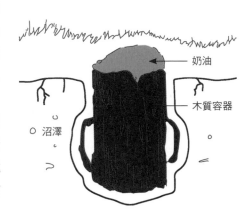

奶油

木質容器

沼澤

How to try it

如果你家附近有沼澤，請用粗棉布和毛巾把一些奶油包起來埋進沼澤裡，至少放置幾個月。並請記下你埋藏的地點。

蜂巢太妃糖和紫海藻

紫紅藻和黃黏糖 • 北愛爾蘭 -------------------------------- DULSE AND YELLOWMAN · NORTHERN IRELAND

在焦糖鹹味爆米花或巧克力椒鹽脆餅出現之前，就已經有紫紅藻和黃黏糖了。這種起源於 17 世紀的老式鹹甜美食，在巴利堡（Ballycastle）的奧德拉馬斯市集（Ould Lammas Fair）上販售，這是北愛爾蘭最古老的市集。

黃黏糖是這組合中的甜味角色，是由紅糖、糖漿、奶油、醋和小蘇打製成，呈金色太妃糖狀、具有蜂巢質感的糖果。醋加上小蘇打會產生二氧化碳反應，使糖果具有獨特的鬆脆和氣泡質地。販售時通常會用錘子砸碎，呈不均勻的碎片狀。

至於它的鹹味同伴紫紅藻，則是一種北愛爾蘭海岸邊的海藻，在退潮時可以採集。大約 1,400 年前，愛爾蘭修士開始採集這種海藻（這種活動被稱為 dulsing，即紫紅藻的動詞分詞）。可以生吃也可以加進湯裡，但最常見的吃法是將紫紅藻放在陽光下曬乾，然後變成有嚼勁的紫紅色海藻片。

為什麼這兩者成為經典組合，尚未有定論，但數百年來紫紅藻和黃黏糖都是一起銷售的。一位名叫約翰‧亨利‧麥考利（John Henry MacAuley）的當

How to try it

奧德拉馬斯市集通常在八月的最後一個星期一和星期二舉行。紫紅藻和黃黏糖分開販售，也可以組合在一起。

地店主兼沼澤橡木雕刻師，寫了一首市集的歌謠，紀念這個經典組合，歌詞中寫道：「在巴利堡的奧德拉馬斯市集上，你有沒有請你的瑪麗安吃紫紅藻和黃黏糖？」

一位小販在拉馬斯市集上販賣黃黏糖。

高級水果豪宅

鄧莫爾鳳梨屋 • 蘇格蘭 ············· DUNMORE PINEAPPLE HOUSE · SCOTLAND

1493 年，哥倫布第二次航行到加勒比海，他和他的手下在現在稱為瓜地洛普（Guadeloupe）的島上，偶然發現了一座廢棄的村莊。他們在該地發現了許多新鮮農產品，其中有一種長相奇怪且非常甜的水果，哥倫布形容它貌似松果，內部則甜甜的像蘋果。他為之著迷，於是將鳳梨帶回西班牙，歐洲人很快就愛上這種熱帶水果。

含糖食品和新鮮水果在 16 世紀的英國很少見，鳳梨於是變成搶手貨，不僅用來吃，更用來炫耀。只有最富有、人脈最廣的人，才能拿到這種充滿異國情調的水果，這些水果必須經過長途跋涉渡海而來，而且在到達港口之前經常已經變質。到了 17 世紀，鳳梨的需求量如此之大，以至於出現了蓬勃發展的出租市場——人們可以租個鳳梨，用來在聚會時當作重點裝飾，之後再歸還，讓更富有的人購買和食用（以今天的幣值計算，18 世紀時的一顆鳳梨約值 8,000 美元）。船長還用這種水果當作身分的象徵，將它們展示在家門外，藉此顯示他們是從異國他鄉旅行歸來。

位於蘇格蘭艾爾斯（Airth）的鳳梨屋，很可能是世界上最鋪張地炫耀衣錦榮歸的方式。約翰·默里（John Murray）是第四代鄧莫爾伯爵（Earl of Dunmore），他離開蘇格蘭的祖居前往維吉尼亞殖民地的荒野，成為該地區最後一任英格蘭總督。當他在 1776 年返回蘇格蘭時（並以外交很爛出名），就在他家豪宅屋頂上建造了一個 13.7 公尺的巨大鳳梨，藉此向鄰居宣示他回家了，而且他很有錢。這座房子可能是殖民氾濫的象徵，但它的磚石作工非常出色，充滿了藝術的細節且工藝精湛。1973 年，蘇格蘭國民信託修復了這座房子。

How to try it

鄧莫爾鳳梨屋對外開放，並在假期出租，可供四人住宿。

補鐵飲料領導者

鐵補 • 蘇格蘭 ———————————————— IRN-BRU · SCOTLAND

蘇格蘭的這款亮橙色汽水原名叫「鐵釀」（Iron Brew），在二戰後因為英國立法嚴管食品標示，才被迫更名。一夕之間，包裝上的文字必須反映實際的內容物。問題不在鐵身上，這種汽水含有 0.002% 的檸檬酸鐵銨，有輕微但可辨別的鐵鏽味。問題是，鐵釀並不是真的釀造物，所以它就變成了「鐵補」（Irn-Bru）。這種甜而順口的汽水至今依然是蘇格蘭最受歡迎的飲料，銷量甚至超過可口可樂。

鐵補含鐵，是這款飲料的一大亮點。它的廣告內容（多年來爭議不斷）是喝了會讓男人變成肌肉男、讓女人長出鬍子。它慣用多年的廣告詞：「在蘇格蘭以鋼梁製造」是囂張的錯誤宣傳（鐵補中的鐵來自食品添加劑）。這種飲料常被類比為液體泡泡糖，帶有類似薑的辛辣後味；但很多忠實顧客認為它的味道難以形容。它常被稱為蘇格蘭的另一種國民飲料，因為這種汽水受歡迎的程度僅次於威士忌。

鐵補每秒售出相當於 20 罐的量。

丟肉餡羊肚

肉餡羊肚投擲世界錦標賽 • 蘇格蘭 ———————— THE WORLD HAGGIS HURLING CHAMPIONSHIP · SCOTLAND

塞滿的羊肚在空中翱翔、快速旋轉，然後砰地一聲砸在地上——煮過的外皮沒有任何損壞，依然包住塞滿的內容物——這就是個丟得好的肉餡羊肚（haggis）。

投擲肉餡羊肚是蘇格蘭最奇怪的運動之一。參賽者爬上一個平台（通常是一個倒放的威士忌酒桶），然後高舉煮過的羊肚，裡面塞滿了羊雜（羊心、羊肝和羊肺）、洋蔥、燕麥、羊油和香料。目標是把這道蘇格蘭的國民料理扔得越遠越好。每顆肉餡羊肚在投擲前都經過檢查，以確保食物沒有用固化劑進行強化。

我們今日所見的丟肉餡羊肚運動，始於愛爾蘭人羅賓‧鄧西斯（Robin Dunseath），他在 1977 年的氏族聚會（為期兩週的蘇格蘭各氏族後裔聚會）時，在報紙上刊登了復興「古老運動」的廣告。鄧西斯聲稱，這種遊戲起源於 17 世紀的習俗：女人會給在沼澤中工作的丈夫扔肉餡羊肚，而男人則用蘇格蘭短裙接住空中飛來的美味。

最後，鄧西斯成為世界肉餡羊肚投擲協會的主席，並寫了一本《投擲肉餡羊肚全書》（*The Complete Haggis Hurler*）敘述這項運動的歷史。幾十年後他鬆口說出，這整件事其實是一場騙局，最初他投放廣告只是為了測試蘇格蘭人有多容易上當。

但他揭露的事實並沒有讓樂趣就此終結。在全蘇格蘭和有足夠蘇格蘭人的國家，投擲肉餡羊肚仍然是高地比賽和節日中很受歡迎的節目。肉餡羊肚投擲世界錦標賽每年舉辦一次。目前的世界紀錄保持人是羅內‧柯塔（Lorne Coltart），他在 2011 年的米爾加維高地運動會（Milngavie Highland Games）上投出 66 公尺的紀錄。而鄧西斯則疏遠了他發明的這項運動，還說他覺得大家（不管是不是容易上當）還在投擲肉餡羊肚，實在很不真實。

2015 年肉餡羊肚投擲世界錦標賽的參賽者。

村莊食罪者：史上最糟的自由職業

在 18 和 19 世紀的英格蘭、蘇格蘭或威爾斯的部分地區，每當有人去世時，按照禮俗，家人必須將麵包放在死者的胸前，然後請一位收費的專業人士來赦免死者所有的世俗過失。這個專業人士不是牧師，而是當地的食罪者（sin eater），他的工作是吃掉死者胸前的麵包，也同時吃掉死者的所有惡行。

這項服務並不是象徵性的。僱用食罪者的家人認為，麵包真的吸收了他們所愛之人的罪孽；當麵包被吃掉後，所有的惡行都會轉嫁給受僱的人。在眾人眼中，食罪者的靈魂被無數男人和女人的墮落所玷污，儘管這種服務令人反感，但這也是讓親人上天堂的必要步驟。

吸收死者一生的罪，實際上的報酬也沒好到哪去。每一次服務，食罪者只賺四便士，相當於今天的幾美元。那些願意讓靈魂冒險做這行的人非常貧窮，但也許他們看上的是別的——他們必須吃掉麵包和啤酒，雖然嚴格來說它代表罪惡，但總還是免費的麵包和啤酒。

吃罪的起源尚不清楚，但這種做法很可能源自古老的宗教傳統。歷來學者們認為這是來自異教儀式，但現在有些學者認為是從中世紀的習俗發展而來。過去在葬禮之前，貴族會提供食物給窮人，讓他們為死者祈禱。象徵性的麵包，例如在萬靈節（All Souls' Day）吃的麵包，代表死者並被活人吃掉，也可能與吃罪有關。

英國最後一個已知的食罪者是理查‧蒙斯洛（Richard Munslow），他的三個孩子因百日咳死去後，他就成了食罪者。他死於 1906 年。將近 100 年後，人們在墓地舉行了一場儀式，並為他舉辦了一場正式的葬禮以紀念他。

威爾斯魚子醬

巴拉勞爾 • 威爾斯 -- BARA LAWR · WALES

海菜麵包，在威爾斯稱為「巴拉勞爾」（bara lawr），大概是唯一可以塗在吐司上的「麵包」了。

這種又濃又黏、營養豐富的濃稠物質是由煮過的海菜製成，海菜是一種生長在威爾斯海岸的深綠色海藻。海藻富含蛋白質和礦物質，尤其是鐵和碘，有類似牡蠣或橄欖的鹹味。你可以生吃海藻，但大多數人偏好把海藻熬煮大約六小時，然後揉成糊狀後食用（揉捏可能是它被稱為「麵包」的原因）。這樣製作出的抹醬帶有海味，又鹹又爽口。

巴拉勞爾可以用培根油煎炸、和燕麥片混合做成海菜蛋糕，或者直接塗在吐司上；是全套威爾斯早餐中不可或缺的要角。

它曾是過去威爾斯人在萬不得已時的食物，現在則變成當地人引以為傲的特產。威爾斯演員理查·波頓（Richard Burton）稱這種當地美食為「威爾斯魚子醬」。2017 年，歐盟委員會頒發「受保護食品名」（protected-food designation）給這種不起眼的海菜麵包，讓它與帕瑪火腿、香檳等著名的代表性食品飲料具有相同的地位。

How to try it

卡地夫（Cardiff）的「派蒂格魯茶餐廳」（Pettigrew Tea Rooms）提供全套威爾斯早餐，菜色就包括海菜麵包吐司（套餐內還有：香腸、培根、雞蛋、蘑菇、番茄、烤豆子和黑布丁）。

野生海菜生長在威爾斯彭布羅克郡（Pembrokeshire）的西淡水（Freshwater West）海灘。

▶ 西歐

▶ WESTERN EUROPE

城堡啤酒水療中心

史塔肯伯格啤酒池 • 奧地利 ········· STARKENBERGER BEER POOLS · AUSTRIA

在這座屬於奧地利啤酒廠史塔肯伯格（Starkenberger）所有、具有 700 年歷史的城堡裡，你可以享受以啤酒為中心的完整體驗，包括了解不為人知的啤酒大小事、啤酒的歷史、享用啤酒，還有這些活動很自然的延伸——洗個啤酒浴。

這裡共有七個約四公尺長的水池，每個水池裡有大約 12,000 公升的水加上 300 公升的啤酒。入浴者可以放鬆地坐著、完全沉浸在啤酒浴中。啤酒富含維生素和鈣，據說可以舒緩皮膚，幫助治療開放性傷口和乾癬。

這些浴池於 2005 年開放，當時，這座有 700 年歷史城堡內的發酵酒窖已經老舊了。啤酒浴池維持在相當高的溫度，所以在泡澡的時候可以點一杯冰涼的啤酒——不建議喝浴池裡的。

水療中心有彩繪壁畫。

How to try it

史塔肯伯格堡位於奧地利西部的塔倫茨（Tarrenz），坐落在一座山頂上。兩小時的療程約需 300 美元，洗個啤酒浴並不便宜，但它比用 300 公升的啤酒自己動手做，要便宜得多。

國際酸種庫

酸種庫 • 比利時 ························· SOURDOUGH LIBRARY · BELGIUM

在比利時某家烘焙公司的研究中心內，藏有一個酸種庫，共有 107 種酸種麵酵在這裡被餵養、維護，以保存麵包的生物多樣性。牆邊是一排排的玻璃門冰箱，裝在玻璃密封罐裡的樣本兩兩放在架子上，像是珠寶一樣地展示著。卡爾·德史密特（Karl De Smedt）自 2013 年以來就開始管理酸種庫，他知道每種麵酵背後的故事。他的任務是盡可能尋找和識別最多的酸種麵酵。據德史密特先生說，他是世界上唯一的酸種庫管理員。

架上的麵酵是自然發酵的，含有直接取自其生長環境的活酵母和細菌。取一些麵酵加入麵粉和水然後烘烤，就會得到一條酸種麵包。在大約 160 年前商業酵母崛起之前，世界上大部分麵包都是用麵酵製成的。依據內含的微生物、空氣，甚至麵包師的手不同，每種麵酵都有潛力生產出風味獨一無二的麵包。德史密特經常出差，為酸種庫增添庫藏，目前的庫藏包含來自日本、匈牙利、中國和義大利等約 20 個國家及地區的樣本。每種都是由不同的人、用不同的材料製成的，由果汁到聖水不一而足。每隔幾個月，就會用其原生麵包店的麵粉餵食麵酵，這樣它們的微生物組成就不會發生太大的變化。定期餵食可以使菌落無限期地存活，因此一些麵酵的輝煌歷史可以追溯到幾十年前。例如，酸種庫裡有來自加拿大育空地區掏金客的酸種後代，當時人們用這種酸種發酵，為飢餓的礦工們製作麵包和烙餅。

How to try it

位於比利時聖維特（St. Vith）的酸種庫不對外開放。不過，要是你在社群媒體上聯繫德史密特（他的 Instagram 是 @the_sourdough_librarian），據說他會帶人參觀。

享樂主義的挑戰

梅鐸馬拉松 • 法國 --------------------- MARATHON DU MÉDOC · FRANCE

每年的梅鐸馬拉松賽，跑者必須在九月的酷熱中跑完 42.2 公里，而且要穿著不適合賽跑的服裝，途中還要停下來喝 23 杯酒、來上一口當地的特產，像是鵝肝、牡蠣、牛排和冰淇淋。許多跑者甚至在宿醉的狀態下開始比賽——比賽前晚參加「義大利麵派對」是種傳統，派對上會供應大量的本地葡萄酒。

大約 10,000 名參與者會打扮成藍色小精靈、成年嬰兒、葡萄和草裙舞者，穿過迷人的葡萄園景觀，在指定的莊園別墅停下來吃吃喝喝。沿途有樂團和管弦樂隊演奏，跑者可以在那裡停下來跳舞休息，也可以跳進湖中降溫。在休息期間，跑者喝水並吞服止瀉藥來讓越來越虛弱的身體鎮定，但並不總是奏效。一堆貝類和波爾多紅酒在肚子裡彈跳，因此經常會看到卡通人物在路邊嘔吐，然後再繼續跑。

重點是跑完全程，而不是獲勝。賽程持續六個半小時，一個常見的技巧是利用全部時間，盡可能地享受這段旅程。儘管如此，跑 42 公里從來都不是一件容易的事。即使灌了一肚子的液態勇氣，還是有必要善加應用途中某個標誌上的金玉良言：「疼痛（Pain）在法語中只不過是麵包」。

這場扮裝的美食馬拉松，在葡萄收成前，跑步穿過梅鐸葡萄酒產區。

高深莫測的養生利口酒

夏翠絲 • 法國 --------------------- GREEN CHARTREUSE · FRANCE

1084 年，科隆的聖博諾（St. Bruno of Cologne）成立了一個守緘默誓的修會，稱為加多森會（Carthusians）。他們住在法國阿爾卑斯山區查特勒斯山脈（Chartreuse Mountains）的一個山谷中，靠近瓦龍鎮（Voiron）的地方。到了 1605 年，他們已成為受人尊敬的大型組織，亨利四世國王的砲兵元帥曾贈送加多森會一份古老的煉金術手稿，內容是可以延長生命的靈丹妙藥配方。

看了文件後，即使是最有學問的修士也茫然無頭緒。製造這種靈藥需要 130 種不同的植物，還需要高階的蒸餾、調配和浸漬技術。一直到 1737 年，才有

人嘗試調劑這個配方，即使到了那個時候，修道院的藥劑師可能還是在當中發揮了自己的創意。

第一批強效藥草補劑（酒精度數為 69%），是由一位僧侶獨自用騾子運到附近的村莊。1764 年，加多森會將配方改造成一種名為夏翠絲的溫和利口酒。這種改款依然很強悍，有 55% 的酒精濃度，就是今天市面上販售的版本。這酒含草本味並且很甜，喝了讓人暖身不再流鼻涕。修士們的建議是喝冷的，可以冰過或加冰塊。

儘管需求一直增加，修會還是依照傳統，由兩位修士處理整個流程，配方則是代代相傳。今天，只有貝努瓦修士（Dom Benoît）和讓—雅克弟兄（Brother Jean-Jacques）知道所有成分，以及如何將它們變成這款深受喜愛的草本利口酒。只要一批酒釀好，就會被放進世界上最長的利口酒酒窖內，在巨大橡木桶中陳放。幾年後，再由同樣的人品評產品，並決定它是否可以裝瓶。

香檳曾經是種能量飲料

1908 年 7 月 24 日，倫敦奧運馬拉松因惡名昭彰而史上有名：55 位選手從溫莎堡出發，但只有 27 位跑到終點線。大多數跑者在中途點之前退出，其中很多人都喝醉了。

在 20 世紀中葉之前，白蘭地、香檳和番木鱉鹼（syrychnine，現在最為人知的用途是老鼠藥）被認為可提高運動表現，這個傳統起源於古希臘和中國。這些飲料是由訓練員發給運動員，當作中場的補充品，以增加耐力；這些訓練員通常駕車或騎自行車緊隨在運動員身後。當時酒精和毒品常一同攝取，例如海洛因和古柯鹼，以減輕疼痛並增加爆發力。在 1920 年代之前，興奮劑的使用一直不受限制，而酒精則一直到 1980 年代都還在使用（香檳因為會冒泡、可令人振奮而備受推崇）。

愛爾蘭裔美國奧運選手海斯越過終點線，取得「實質」勝利。

然而，在 1908 年的奧運會馬拉松比賽中，這種強烈的補充品被證明是不可靠的。當時 20 歲的加拿大跑者湯姆·朗博特（Tom Longboat）是奪冠熱門，因受不了酷熱，在 27 公里處喝了香檳。三公里後，他倒地並退出比賽。同時間，南非跑者查爾斯·赫弗倫（Charles Hefferon）取得四分鐘的大幅領先優勢，但在距離終點線三公里處，他也喝了香檳並引起劇烈的胃痛，以至於被兩名跑者超越，只拿到第三名。

在終點線上，80,000 名觀眾睜睜看著領先跑者：義大利糕點師多蘭多·皮特里（Dorando Pietri）搖搖晃晃地向終點前進。光是這最後 400 公尺，精疲力竭、頭昏眼花的皮特里一共倒下五次、跑錯方向，擔憂的醫務人員還幫他按摩心臟。因為擔心皮特里的性命安危，有一位醫師攙扶他抵達終點線，最後導致他被取消資格，三面獎牌也全部重頒。有些人認為皮特里只是喝醉了，而有些人則認為他和朗博特都因番木鱉鹼中毒。

但並非所有喝了酒的跑者都表現不佳。實際上的金牌得主強尼·海斯（Johnny Hayes）承認在比賽中喝了一杯增強活力的白蘭地，而銅牌得主約瑟夫·福肯（Joseph Forshaw）也喝了白蘭地來對抗頑固的側腹痛。當時的訓練員認為，治療脫水用葡萄酒比用水效果更好（1924 年巴黎奧運會在補水站備有一杯杯酒），這一理論後來被科學還有一堆爛醉如泥的跑者推翻。

全年無休的軟體動物

牡蠣自動販賣機 • 法國 ----------------- OYSTER VENDING MACHINE · FRANCE

法國的雷島（Île de Ré）上有各式各樣的牡蠣店家，但沒有一家通宵營業。牡蠣養殖業者布莉姬和湯尼・貝特洛（Brigitte and Tony Berthelot）開的牡蠣店「雷的牡蠣場」（L'Huitrière de Ré）每週營業六天，但他們透過自動販賣機全天候供應這種軟體動物，在店旁全年無休販售新鮮牡蠣。

自動販賣機是專門為牡蠣設計的，每包有二到五打牡蠣。一打牡蠣約八美元，與商店內販售價格相同（出於安全和衛生考量，所有牡蠣販售時都沒有剖開）。預購的顧客可以把訂單傳給店家，讓店家把訂單輸入自動販賣機，然後憑專屬代碼取貨。除了牡蠣，顧客還可以加購其他食品，如冷肉醬和海蘆筍，和牡蠣一同取貨。

How to try it

牡蠣販賣機位於阿爾斯昂雷（Ars-en-Ré）的新屋（La Maison Neuve）。接受信用卡付款。

添加古柯鹼的酒

馬里亞尼酒 • 法國 ----------------------- VIN MARIANI · FRANCE

1859 年，義大利科學家帕奧羅・曼特加扎（Paolo Mantegazza）發表了一篇論文，探討一種很少被研究的南美植物：古柯（coca）。受到這些研究結果的啟發，有位名叫安傑洛・馬里亞尼（Angelo Mariani）的法國化學家，發明了一種強效滋補品——每盎司添加了六毫克古柯葉的波爾多葡萄酒。

馬里亞尼酒在巴黎紅極一時，隨後傳遍歐洲和美國。部分原因是馬里亞尼野心勃勃的行銷活動，包括委託著名的藝術家設計廣告。教宗的認可也為他加分不少，教宗稱讚「當祈禱尚且不足時」，滋補酒有強化的作用。眾多名人，包括美國前總統格蘭特（Ulysses S. Grant）、科學家愛迪生，以及維多利亞女王、劇作家易卜生（Henrik Ibsen）、作家儒勒・凡爾納（Jules Verne）等，全都對馬里亞尼酒讚不絕口。1890 年的一期《醫學新聞》（Medical News）證實：「沒有哪一種被公開認可的藥物製劑，在醫學界得到比它更強有力的認同。」

How to try it

添加古柯鹼的波爾多酒時代已經不再，但你可嘗嘗普通波爾多酒——也非常好喝。

在這則 1899 年的廣告中，教宗李奧十三世為這種流行的古柯鹼酒代言。

馬里亞尼酒效果很強。若是同時攝入古柯鹼和酒精，當這兩種麻醉劑在肝臟中代謝，會形成第三種化合物，稱為古柯乙烯。這種強烈影響心理狀態的化合物，比起單獨攝取古柯鹼或酒精更讓人感到快活，且效果更強、毒性也更烈。

被譽為世界上第一位古柯鹼百萬富翁的馬里亞尼，並沒有受限於酒。他還製作加了古柯鹼的茶、潤喉糖、香菸，甚至還有一種名為馬里亞尼人造奶油的知名抹醬。

但總有曲終人散的一天。1906 年，美國開始強制執行標示規定，古柯鹼的危險變得更廣為人知。馬里亞尼酒在美國推出一種不含古柯的版本，但它的銷售量卻輸給最初也是以古柯為原料的競爭對手：可口可樂。

全球最大的生鮮食品市場

蘭吉市場 • 法國 ------------------------------------ RUNGIS MARKET · FRANCE

巴黎以南八公里處，有個名叫蘭吉（Rungis）的郊區，坐落著一個鮮為人知的國際美食中心。蘭吉市場占地約 234 公頃，有足球場大小的海鮮區、販售數百種不同起司的專賣店，生菜和柳橙堆成高山，還有一個野味專區。除了目不暇給的生鮮食品，另外還有 19 間餐廳，再加上銀行、郵局、旅館、加油站和市場專屬的警力。

蘭吉市場的運作約需 13,000 名工作人員，其中許多人是第二代或第三代供應商。工作在午夜左右開始，各區從凌晨 2 點起陸續開市（海鮮區最早，蔬果區最晚，在清晨 5 點開張）。

自 5 世紀以來，這個市場就已經以某種形式存在，但隨著時間的推移，所在位置發生了變化。1135 年，路易六世將它從塞納河畔搬到巴黎市中心，在那裡它變成為著名的巴黎大堂（Les Halles）。市場一直留在巴黎大堂，直到1969 年才搬到蘭吉現址。

How to try it

要參觀市場必須預約導覽行程，其中通常包含在蘭吉吃早餐。要購物則需要持買家卡，持卡要支付年費。

每年蘭吉市場流通的蔬果超過 100 萬噸。

手起司佐音樂

手起司佐音樂 • 德國 ------------------------- HANDKÄSE MIT MUSIK · GERMANY

「手起司佐音樂」是黑森邦（Hesse）南部地區的特產，手工製作的圓形起司（因此被稱為「手起司」）切片後與蘋果酒（Apfelwein）搭配食用。這種半透明、有臭味的起司，最受歡迎的基底是奶油麵包，再加上一層洋蔥、撒上少許香菜籽。

當地人說，吃完這種起司後，晚一點就會聽到音樂了——因為吃了生洋蔥會讓腸胃脹氣。除了喜歡臭起司和放屁笑話的人，「手起司佐音樂」受到許多節食、健身和跑者的追捧。這種起司含有高蛋白和低脂肪，真的可以促進消化。

How to try it

造訪法蘭克福的「洛爾伯格—申克餐廳」（Lohrberg-Schänke），試試手工起司和其他黑森邦特色餐。

義大利麵冰淇淋聖代

義麵聖代 • 德國 ------------------------------ SPAGHETTIEIS · GERMANY

告訴小朋友說要吃冰淇淋，卻端給他們一盤晚餐的食物，可能會引來小朋友憤怒和失望。除非它是義麵聖代——這款冰淇淋複製了義大利的國民料理，也是德國隨處可見的美食。

要為這款詭詐冰淇淋負責的是達里奧·豐塔內拉（Dario Fontanella），他的父親是北義移民，在 1930 年代抵達德國曼海姆（Mannheim），後來開了一家冰淇淋店。1969 年，豐塔內拉決定用甜點來紀念他的故土。

豐塔內拉把香草冰淇淋送進冰過的義大利麵製麵機，二創出一盤典型的義大利麵，上面還有番茄糊和帕馬森起司。用這個設備擠出的冰淇淋細絲，形狀就像它原本設計用來生產的雞蛋麵條。豐塔內拉把他的冰淇淋「德國麵疙瘩」（spaetzle）以生奶油鋪底，並在冰上淋上草莓「番茄」糊和白巧克力「帕馬森」碎屑。旁邊的威化餅或餅乾就像是一塊義大利麵包。

如今，這款甜點是如此有名，沒有一個德國小朋友在面對這盤假義大利麵時會遲疑不決。儘管豐塔內拉被授予曼海姆的最高公民獎（Bloomaulorden），但他從未為這項創意申請專利。因此，幾乎所有的德國冰淇淋店都會製作這款甜品的某種變形。在德國以外，偽裝成晚餐的聖代仍然相對地不為人知，還可以拿來騙小孩。

How to try it

豐塔內拉家族經營的冰淇淋店仍然生意興隆。您可以在曼海姆的「豐塔內拉冰店」（Eis Fontanella）吃到原汁原味的義麵聖代。

火山番茄糊的聖地

番茄產業博物館 • 希臘 ············· TOMATO INDUSTRIAL MUSEUM · GREECE

1945 年維查德（Vlychada）的番茄糊工廠啟用時，聖托里尼島（Santorini）還是一個沉睡的島嶼。當地沒有電，機器的動力來自燃煤，並抽取海水用來清洗和蒸煮番茄。農民們牽著騾子步行到工廠，騾子馱著裝滿番茄的編織籃。這家工廠是島民的聚集地，他們為當地生產的高品質番茄感到無比自豪。

聖托里尼番茄看起來可能和一般的聖女番茄沒有兩樣，但它們的獨特之處來自於島上的氣候和地質。聖托里尼島坐落在一座活火山上，該火山於西元前 1646 年噴發，讓整個島嶼覆滿了火山灰。本地產的番茄吸收古老的營養物質，味甜、皮薄、香氣濃郁，能用最少的水茁壯成長（就像這座乾燥島嶼上的許多農作物一樣，它們從晨霧中吸取所需的水分，不需要灌溉）。味道已經很濃的番茄製作的番茄糊品質頂尖，讓番茄工廠從 1920 到 1970 年代如雨後春筍般冒出來。之後番茄的銷路下降，但這種知名的農作物仍然是聖托里尼島美食的台柱，番茄產業博物館紀念了番茄工廠輝煌的鼎盛時期。

儘管名字沉悶，但博物館的展覽讓人們可以深入了解，在旅遊業成為島上主要產業之前，島上現已不存的面貌。除了加工設備和歷史資料，博物館還展出舊工廠年長工人的訪談，講述過去時代的故事。你可以一邊看，一邊大啖義大利烤麵包、啜飲當地葡萄酒。

How to try it

每 30 分鐘有一場導覽，包含在五歐元的門票中。還包含隔壁當代美術館的門票。

一種罕見的無名海鮮

煎章魚墨囊 • 希臘 ······················· FRIED OCTOPUS INK SACS · GREECE

小而多山的卡林諾斯島（Kalymnos），擁有全希臘最好、最鮮為人知的海鮮，而煎章魚墨囊可能是其中最不為人知的美食。這道菜不僅難找，而且沒有正式名稱。

好的煎墨囊關鍵是要小心別刺破它，這樣才能保持精緻的形狀以及大部分的墨汁。廚師將它稍微燙一下使外皮硬化，然後小心地將這塊珍饈裹上麵粉，在橄欖油中煎，通常只加鹽和胡椒調味。這道菜的口感像大燕麥片，而味道則帶有濃郁的雞肝味。

卡林諾斯島民食用內臟已有悠久的歷史，墨囊就是其中之一。在島上主業是採集海綿的時代，潛水員在海上一待就是數個月，完全仰賴捕獲的魚維生，需善加利用每一部分。儘管海綿疾病感染的爆發使這一行的人數劇減，但潛水員的飲食理念在當地美食中留下了印記。探索島上的魚市和小酒館，你會發現保存在鹽水中、銅板價的章魚卵、鸚哥魚腸海鞘。

How to try it

在卡林諾斯島南部弗利查迪亞村（Vlichadia）海邊的「海綿餐廳」（O Sfouggaras）可以品嘗煎墨囊。

····· 飲食先驅 ·····

湯姆·卡維爾

TOM CARVEL
(1906–1990)

一般在列舉希臘人的創新時（包括哲學、幾何學、鬧鐘和奧運會），並不會馬上聯想到霜淇淋。不過出生於雅典的湯姆·卡維爾，原名是托馬斯·卡維拉斯（Thomas Karvelas），就是這項知名發明的幕後推手。

身為移民，卡維爾住在紐約市下東區，靠著擦鞋、修車和在傳統爵士樂隊中打鼓，勉強維持簡樸的生活。26 歲時，醫生在他的肺發現了一個結核斑點，宣告他只剩下三個月可活。為了呼吸新鮮空氣，卡維爾向他未來的妻子艾格尼絲（Agnes）借了 15 美元，逃到紐約州北部，靠著在卡車後車廂賣冰淇淋度過餘生。

1934 年的陣亡將士紀念日週末，在他確診的兩年後，爆胎讓卡維爾不得不停在路邊，破壞了他在生意最興隆的炎熱季節賣消暑冰淇淋的計畫。但路過的汽車誤以為他是路邊攤，停下來買冰淇淋，還稱讚他賣的半融化甜點具有獨特的口感，生意比往常更好。因此，卡維爾決定留下來，並和隔壁的陶器店達成協議，使用他們的電力。1936 年，卡維爾依然健在，還在銷售他的（稍微融化的）冰淇淋，他把陶器店擴充為店面，這家店在往後的 72 年間，就是卡維爾的店面所在。

卡維爾抓住了人生的第二次機會，辛勤工作。他利用二戰期間在陸軍福利社工作獲得的知識，打造了自己的機器。他設計了一個短冰桶系統，讓冰淇淋原料沿著桶壁立即結凍，然後用鋒利的刀片將冷凍冰淇淋刮成柔軟的稠帶。雖說冰淇淋是他生意的媒介，但他最出名的一點可能是「加盟之父」。他開始販售完整的店面，包括培訓、設備、製作法和他的商標。

卡維爾出人意料成為這不斷茁壯的冰淇淋王國的吉祥物。他最出名的就是他低沉、沙啞、引人注意的嗓音，被人形容是「可怕，但令人垂涎欲滴」。

他的聲音錄製成知名的現場即興表演廣告，透過收音機播送。幾十年來，卡維爾一直是廣告界最著名的聲音之一，對實現美國夢發表無稿評論。他因發明了霜淇淋、冰淇淋蛋糕、買一送一優惠券和冰淇淋知識學院（College of Ice Cream Knowledge）而備受讚譽。他擁有三百多項專利、版權和商標權。

1990 年他去世時，已有大約 800 家冰淇淋店以他為名，據說，他成功地退場（過世不久前，他以 8,000 萬美元的價格出售了自己的公司）。但這位八十多歲老人的死則被醜聞圍繞。卡維爾的侄女帕梅拉（Pamela）和遺孀艾格尼絲花了 20 年時間，和卡維爾基金會及信託公司的總裁和副總裁對簿公堂——帕梅拉指控他們用毒藥謀殺了她的叔叔。儘管訴訟大半都不了了之（帕梅拉開棺驗屍的請求被拒絕），但卡維爾的遺產依然令人望而生畏——他的冰淇淋王國在這個他投靠的國家裡持續蓬勃發展。

一個陰錯陽差產生的失誤，讓卡維爾建立起他的霜淇淋王國。

迷幻惡夢魚

叉牙鯛 • 賽普勒斯 ------------------------------------ SALEMA PORGY · CYPRUS

在阿拉伯語中，這種魚被稱為「讓人做夢的魚」，用來委婉地描述叉牙鯛會
引發人的幻覺。有些鯛魚含有一種毒素，會引發持續數天生動、有時令人恐
懼的幻覺，科學家認為其效果等同於服用 LSD 迷幻藥。

這種很猛的銀色鯛魚生活在非洲東海岸和整個地中海區域。據說古羅馬人將
這種魚當作消遣性藥物，而玻里尼西亞人則在儀式上使用牠的迷幻力量。其
影響可持續數天，包括產生黑暗、惡魔般的幻覺。2006 年在《臨床毒理學》
（*Clinical Toxology*）雜誌上發表的研究，檢視了兩名案例，他們在法國蔚
藍海岸食用了叉牙鯛。其中一名男子出現「人類尖叫和鳥鳴」的幻聽，另一
名則「無法再開車，因為他看到車子周圍有巨大的節肢動物」。

科學家們對這種致幻副作用的成因所知甚少，其正式名稱為「致幻魚毒」
（ichthyoallyeinotoxism）。有種理論認為，這是魚食用的浮游植物中某些
物質造成的。季節可能也有影響：2006 年的研究報告指出，這種讓人神遊的
毒素，含量在秋季最高，但大多數中毒事件發生在晚春和夏季。讓事情更複
雜的是，大多數的叉牙鯛根本不會導致幻覺，而會致幻的魚身上，毒素分布
也不一致。魚頭往往是迷幻的來源，而有些部分則是無毒的。不幸的是，除
非你開始驅逐車內的巨大蜘蛛，否則無法確定你吃的部位有沒有毒。

How to try it

叉牙鯛遍布整個地中
海，尤其是在法國蔚藍
海岸附近。

從外觀看，無法分辨出哪
一條鯛魚會讓你做惡夢。

獨角獸角

異想天開的試毒法

幾世紀以來，歐洲偉大的思想家，從亞里斯多德到達文西，都相信獨角獸是真實存在的。醫生也是，還宣稱獨角獸的純白色角可以檢測出毒藥——在疾病和小病常被歸咎於中毒的時代，那會是種寶貴的工具。理論上，獨角獸角浸入食物或酒中時，如果接觸到毒藥，就會冒煙或出汗。

到了中世紀，獨角獸角是皇室和富可敵國者（尤其是有仇家者）的必備品。但是在一個沒有獨角獸的世界裡，他們是如何得到獨角獸角的呢？

多年來，維京人一直保守著這個祕密：他們航行在北極海域，獵殺獨角鯨以取得牠們象牙一般單一的長牙，它能長達 2.7 公尺，呈螺旋狀，前端逐漸變細。上岸之後，維京人將這牙當作獨角獸角出售。到了 12 世紀，獨角鯨牙的螺旋形狀成為獨角獸神奇之角的公認樣貌。

「獨角獸角」既稀有又不合理地昂貴，成為身分的象徵和神祕的工具。文藝復興時代佛羅倫斯統治者羅倫佐·德·梅迪奇（Lorenzo de Medici）擁有一支價值 6,000 枚金幣的獨角鯨牙，據報導，英格蘭及愛爾蘭女王伊麗莎白一世曾收到一支價值 10,000 英鎊的牙（等於一整座城堡的價格）。

丹麥統治者曾在「獨角獸角」寶座上接受加冕，寶座至今仍在哥本哈根羅森堡城堡（Rosenborg Castle）內展出。了不起的是，從來沒有角冒煙、出汗或檢測出毒藥的例子，但這並沒有為長達數百年蓬勃發展的獨角獸角貿易帶來任何阻礙。

文藝復興時期的葡萄酒窗

葡萄酒窗口 • 義大利 ---------------------------------- BUCHETTE DEL VINO · ITALY

當你來到佛羅倫斯，記得尋找與行人高度相當的小窗戶，大多數的小窗已經被灰泥填補並上了漆。這些被封上的小窗在義大利語中被稱為「酒洞」（buchette del vino），過去的用途是便於販售義大利最受歡迎的飲料，因而得名為「酒窗」。

1559 年，僭主科西莫·德·梅迪奇（Cosimo de' Medici）頒布法令，貴族家庭可以直接從他們的豪宅出售自家葡萄園生產的葡萄酒。街上的任何人都可以敲敲這種建在文藝復興時期豪宅外牆上的窗戶，要求提供葡萄酒。僕人會收取顧客的空瓶子和款項，在地窖裡將瓶子裝滿，然後遞回街上。

當黑死病在 17 世紀席捲這座城市時，這個系統就變得更加有價值。小窗讓供應商能繼續販售葡萄酒，而沒有碰到手或面對面接觸的風險。在飲用水經常被疾病污染的時代，葡萄酒因其衛生和藥效而備受推崇。

How to try it

根據佛羅倫斯酒窗協會（Wine Window Association）的資料，市中心有 152 個看得見的酒窗口，可以使用該協會的互動式地圖找尋。要使用依然在運作的葡萄酒窗口，請造訪位於聖靈區（Via Santo Spirito 21R）的「巴巴野餐廳」。

到了 20 世紀，酒窗已經失寵，但在社交距離的新時代，有幾扇窗已經重新開啟。「巴巴野餐廳」（Babae）就是一例，這家餐廳在佛羅倫斯的聖靈區（Santo Spirito），將數百年歷史的葡萄酒窗重新啟用，以安全地販賣一杯杯紅酒。

酒窗協會在佛羅倫斯一些著名的酒窗下放置了解說牌。

活蛆起司

卡蘇馬蘇 • 義大利 —————————————— CASU MARZU · ITALY

How to try it

由於有健康風險，卡蘇馬蘇的合法性有些模糊（歐盟禁止食用），因此必須做一些調查才能找到。只要向薩丁尼亞島上的起司店詢問，通常會指引你前往正確的方向。

當你切開一輪完美熟成的佩科里諾羊奶起司（pecorino），剝開頂端，發現有一堆蛆蟲在蠕動——如果這是卡蘇馬蘇，那就沒問題了。

這種薩丁尼亞島（Sardinian）的「腐爛起司」，是以幼蟲促進發酵的產物。起司製造商會在羊奶起司輪上切一個小孔，然後放在室外，以啟動發酵過程。蒼蠅（正確地說是起司蠅，*Piophila casei*）會從開口鑽進去產卵。幼蟲孵化後，牠們的排泄物會分解起司的脂肪和蛋白質，形成柔軟的奶油質地。

當被稱為「眼淚」（lagrimas）的黏性液體從外皮中滲出時，起司就準備好可以食用了。它強烈而嗆鼻，有點像熟成的戈貢佐拉起司（gorgonzola），還有幼蟲留下的溫和酸味。

即使大塊的軟起司看起來人畜無害，接近時也要小心。正如《起司的科學》（*The Science of Cheese*）一書指出的：「起司跳蟲（蛆）可以跳幾英寸高，所以建議消費者在開封起司輪時務必保護眼睛」。

蛆進入你眼睛當然是很不幸，但是如果幼蟲在被你吃掉時還活著，還會對你的內臟造成更大的傷害，包括疼痛、噁心和嘔吐。但你也不能買蛆蟲已經死了的起司，因為這代表它已經變質了。那麼這兩難要怎麼解？很多人冒險吃活蛆，或者將蛆搗碎至死，然後將起司塗抹在薄餅（pane carasau，一種扁麵包）上食用。或是將一塊起司密封在塑膠的密封袋內。當蛆蟲蠕動的啪嗒聲停止時，就是點心時間了。

雖然卡蘇馬蘇是最著名的蛆蟲起司，但並不是唯一的一種。在義大利的其他地區，像是阿布魯佐（Abruzzo）有馬切多起司（marcetto）、卡拉布里亞（Calabria）有當地的卡蘇（casu du quagghiu）、福留里（Friuli）有薩爾塔雷洛起司（saltarello friulano）、莫利塞（Molise）有點點起司（cacie' punt）。

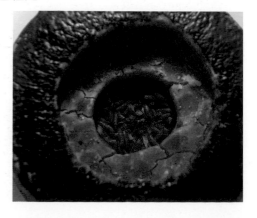

格鬥士的飲食

有什麼比羅馬格鬥士更能體現西方理想的男性體格？在古典藝術和當代流行文化中，格鬥士精瘦而肌肉發達，被描繪成完美的體格標準。然而實際上，他們的腹部和胸膛可能覆蓋著一層微微晃動的皮下脂肪。

一座超過 2,000 年歷史的格鬥士墳墓出土後，當中埋葬有 67 名鬥士，研究發現，格鬥士的遺骨富含碳水化合物。維也納的研究人員使用同位素分析的技術，測試格鬥士骨骼遺骸中的鈣和鋅等元素，發現這些格鬥士只吃很少的肉，但攝取了大量的碳水化合物和鈣。老普林尼（Pliny the Elder）的著作《博物志》（Natural History）驗證了他們的發現，書中用綽號稱格鬥士為「吃大麥的」（hordearii）。

據研究人員表示，以素食為主的飲食不是貧困的結果，而是為了提高格鬥士在戰場上的表現。碳水化合物等食物讓體重增加，會提供身體一層保護，代表神經末梢更少暴露在體表，流血的傷口對人體的危險也較低。還有個額外的好處是，多餘的脂肪保護層創造了出更令人滿意的景象——格鬥士身上的傷口會噴出鮮血，但還是可以繼續戰鬥。

像現代運動員一樣，格鬥士也會服用鈣補充劑。他們喝用燒焦的植物或骨灰製成的烈性啤酒；與一般市民的骨骼相比，他們骨骼中的鈣含量非常高。

在大型格鬥士比賽之前，戰士們有時會被邀請參加狂歡會，在那裡他們有難得的機會吃更多墮落的食物，如肉類。但參加這些宴會也是有風險的，因為醉醺醺、亂紛紛的主人和賓客很容易為了尋求娛樂，提早引發流血事件，一些格鬥士在比賽正式開始之前就已經喪生了。

神之線

神之紗線 • 義大利 ⸺⸺⸺⸺⸺⸺⸺ SU FILINDEU · ITALY

一年兩次，薩丁尼亞島上的朝聖者，會在夜色的掩護下，從努奧羅市（Nuoro）徒步走到盧拉村（Lula）。他們一起行走，放棄睡眠和遮蔽處，人數有時數百，有時達數千之眾。走了約 30 公里後他們抵達目的地：聖方濟各聖堂（Santuario di San Francesco）。

這些尋求者堅持不懈，為的不是聖堂本身，而是去吃大概是世上最稀有的義大利麵。Su filindeu 在薩丁尼亞語的字面意思是「神之紗線」，其精細程度難以言喻。世上只有三位女性能製作神之紗線，她們來自同一個薩丁尼亞家族，每天的工作就是製作並儲存足夠的義大利麵，以餵飽每年兩次在聖方濟各齋戒期間抵達的朝聖者。在盧拉村，這個傳統在阿博拉尼（Abraini）家族的女性間世代傳承，將近 200 年。

這種麵食的成分很簡單：粗小麥粉、水和鹽。烹飪的方式也同樣簡單：羊肉湯佐以濃郁的佩科里諾起司。然而，製作這種義大利麵幾乎是不可能的任務。百味來（Barilla）義大利麵公司的工程師試圖製造一台可以複製這種技術的機器，但沒有成功。名廚奧利佛（Jamie Oliver）也造訪過薩丁尼亞島，希望能掌握這種難以捉摸的麵條製作方式。兩小時之後，他放棄了。

How to try it

在五月和十月的聖方濟齋戒期間，預訂一趟薩丁尼亞島之旅。不要忘記帶上健行鞋。

唯一能製作「神之紗線」的家族掌門人寶拉·阿博拉尼正展現她的技藝。

神之紗線傳統的現任掌門人寶拉·阿博拉尼（Paola Abraini）表示，最困難的部分是「用手去了解麵團」。她揉捏麵團，直到它的質感像塑形黏土，然後把麵團分成小塊，並搓成圓柱體。如果粗麵粉缺乏彈性，她會用手指蘸一些鹽水。如果麵團感覺太乾，可以用不加鹽的水改善。阿博拉尼說，其間的平衡可能需要數年時間才能掌握。聽她的準沒錯，因為她已經做了四十多年了。

當麵團達到完美的一致性，阿博拉尼就在空中拉伸麵團，像手風琴一樣，然後對折並再次向外拉。每次往外拉，麵條就越來越細。拉了八次之後，就產生 256 條細絲。她小心翼翼地將纖細的義大利麵鋪在一個圓形的木架上，把三層麵條縱橫交錯，形成一個複雜的「編織」圖案。神之紗線在陽光下曬乾後，會被掰碎成方形，存放以待朝聖者食用。

走私販的義大利臘腸

移民的馬背起司 · 義大利 ········· CACIOCAVALLO DELL'EMIGRANTE · ITALY

想像一下現在是 20 世紀初，你正要離開義大利南部的家鄉，登上一艘船，它會帶你穿越千里橫渡大西洋，在美國展開新生活。自然，你會開始想到暖心的食物。在這個新國家，你會想要和你心愛的起司和醃豬肉在一起。起司很容易，它可以自由地進入美國。但是，既然肉類被禁止入境，你要如何攜帶香辣義大利腸（soppressata）呢？一群來自薩勒諾的迪亞諾河谷（Vallo di Diano in Salerno）的移民想方設法找到解決之道──只要把豬肉藏在起司裡就成了。

Caciocavallo dell'emigrante 字面意思是「移民的馬背起司」，是一種很天才的辦法，用合法的美食（一球馬背起司）來夾帶另一種非法的美食（香辣義大利臘腸）。這種起司的名稱和馬（cavallo）有關，源自傳統的起司製作法：將起司以類似韁繩的繩索連接起來，成對地吊掛。

如今，只有少數起司製造商還遵循代代相傳的食譜（主要是口耳相傳），製造這種違法的起司香腸球。

How to try it

根據您所在國家／地區的肉類進口法規，你也許可以向義大利網路零售商訂購移民的馬背起司。但想要品嘗正宗的，就必須走一趟薩勒諾。

西西里島的嗎哪麵包店

菲亞斯科納羅麵包店 • 義大利 ----------------- FIASCONARO · ITALY

幾世紀以來，學者們一直爭論《聖經》中神祕物質嗎哪（manna）的起
源。根據《聖經》所述，以色列人穿越沙漠時，上帝賜給他們嗎哪作為食
物。但在馬多尼山（Madonie mountains）的波利納地區（Pollina），
這問題就不需要爭論了，在這裡嗎哪指的是一種窄葉白蠟樹（*Fraxinus
angustifolia*）乾燥後的樹液。這種嗎哪起源很早，自 9 世紀左右在西西里島
就有種植，當時阿拉伯人引入了收集樹液的方法。如今，在夏末短暫的收成
期裡，有少數農民還會收集嗎哪，他們當中很多人都已年過七旬。隨著現代
化以及價格低廉的糖出現，這種
傳統已日薄西山；但當地一家甜
品店正努力讓嗎哪重新回到市場
上。

「菲亞斯科納羅」是一家位於卡
斯泰爾博諾鎮（Castelbuono）
的手工麵包店。它的特產是淋滿
嗎哪糖霜的義大利傳統耶誕麵包
潘娜朵妮（panettone）。西西
里嗎哪有細膩、天然的甜味，有
人描述說像介於蜂蜜和楓糖漿之
間。這種《聖經》中的物質，在
該地全部都是以人力採收，店裡
的冰淇淋和濃稠的鮮奶油抹醬也
都添加了嗎哪，非常值得饕客朝
聖。

嗎哪從一棵窄葉白蠟樹的切口中滴落。

讓人很難專心的復活節蛋糕

西西里傳統蛋糕 • 義大利 ----------------- CASSATA SICILIANA · ITALY

西西里人有一句諺語：Tintu è cu nun mancia a cassata a matina ri
Pasqua，意思是：「復活節早上吃不到傳統蛋糕的人，真悲慘。」西西里傳
統蛋糕是西西里島上復活節的巨星，這種優雅的巴洛克風格甜點，用飽含利
口酒的海綿蛋糕、一層層加糖的義大利瑞可塔起司（ricotta）、妝點著開心
果的杏仁糖、糖霜和五顏六色的水果蜜餞製作。這種蛋糕是傳統的復活節美
食，是一種結束四旬節齋戒的墮落方式。

最先開始為復活節製作傳統蛋糕的修女們，首先體驗到這種美味蛋糕的迷人
力量。1574 年，西西里馬扎拉德爾瓦洛村（Mazara del Vallo）一間修道院
的修女們，因為太喜歡製作和食用這種蛋糕，因此忽略了祈禱，因而使當地
教區禁止在受難週期間製作傳統蛋糕。

今天廣為人知的版本，是 19 世紀一位巴勒莫（Palermo）的麵包師傅薩爾瓦多·古力（Salvatore Guli）發明的，他在蛋糕的外面添加了杏仁糖和五顏六色的裝飾漩渦；這是從巴勒莫馬爾托拉納修道院（Martorana convent）的修女那兒獲得的靈感，這些修女以製作形似水果的杏仁糖聞名。

讓西西里傳統蛋糕特別美味的祕密，來自島上多元文化的歷史。糖、杏仁、檸檬和柳橙是來自古代阿拉伯的影響。海綿蛋糕來自過往西班牙的統治，白色糖霜則是被法國征服的結果。

醃鮪魚心

醃鮪魚心 • 義大利 ---------------------------------- **CUORE DI TONNO · ITALY**

每年的五、六月之際，藍鰭鮪魚（bluefin tuna）會通過地中海遷徙，牠們會穿越直布羅陀到科西嘉島，再往南到薩丁尼亞島。漁民們在這個轉瞬即逝的季節中在此設置漁網捕捉。因為捕獲季短，再加上捕撈這種珍貴且越來越稀有的魚受到越來越嚴格的監管，所以薩丁尼亞島的廚師會充分利用藍鰭鮪魚的所有可食部分，包括心臟。

製作醃鮪魚心時要將新鮮的鮪魚心用鹽醃過，並用重物壓住大約三週。排乾水分後將魚心露天風乾，直到又黑又鹹的魚心變成硬如岩石的塊狀。濃濃的海味可能會讓人想起船艙底，或另一種薩丁尼亞島的特產：醃鮪魚子（bottarga）。這種做法可以追溯到冷藏技術出現前的時代，當時，夏季捕撈的大量漁獲必須巧妙地保存，以供整個冬季食用。

和醃魚子一樣，鮪魚心的風味強烈，從一整塊上削下一些碎屑，就足以給菜餚帶來鹹香的金屬味兒。經典的吃法是將鮪魚心碎屑灑在加了蛋黃的新鮮義大利麵上，但這種美味也可以加入湯和醬汁中，或者切成薄片、淋上橄欖油，當作開胃菜。

How to try it

位於薩丁尼亞島卡爾洛福爾泰區（Carloforte）的「柯薩鮪魚餐廳」（Al Tonno di Corsa）菜單以鮪魚為主，包括鮪魚心沙拉和醃魚子。

鮪魚心經過露天風乾，直到像岩石一樣硬。

羅馬帝國魚醬工廠

魚醬（garum）是一種廣受歡迎的羅馬調味料。這種魚醬是將魚內臟經過醃製並發酵而成的液體，呈金黃色、味道強烈、富含鮮味。

考古學家在古羅馬帝國的範圍內，發掘出一條浩浩蕩蕩的魚醬工廠遺跡，從地中海西岸一直蜿蜒到黑海北部的海岸線。這些工廠建於西元前 2 世紀到西元 6 世紀之間，工廠內設有中央平台、清潔魚和儲存產品的房間，還有一串用來發酵魚醬的矩形凹槽，通常由水泥建造，內塗層有一種叫做碎磚灰（opus signinum）的塗布材料，可以防止珍貴的液體滲出。成品魚醬被倒進雙耳瓶（細長的陶瓷罐）中，並以當時蓬勃發展的複雜生產和運輸網運送到羅馬帝國各處。

魚醬工廠充分利用魚的每一部分：大魚的肉經過鹽醃並乾燥，內臟和不太理想的小魚就用來製作魚醬。就像其他發酵產品（想像一下葡萄酒）一樣，魚醬的品質落差很大。從鮪魚魚塊蒸餾出來最純淨的醬汁，以今日的貨幣計算，每瓶可以賣到 500 美元；而平民和奴隸食用的魚醬則是用廉價的餌魚和內臟製成的。在這兩個極端之間的產品，則是以鯖魚為上選材料。

發掘出的工廠最密集路段是沿著魚類洄游路線，讓漁民能夠將上岸的漁獲直接運往加工地點。每年春天，直布羅陀海峽照例有成群的藍鰭鮪魚來訪，至今依然如此。海峽周圍環繞著工廠，處理這一年一度的大量漁獲。法國西邊端點周圍水域的沙丁魚群，使布列塔尼地區成為魚類加工廠的另一個熱區，這裡有個名叫普洛馬克（Les Plomarc'h）的廣大區域，專為羅馬軍隊生產廉價的魚醬。遠離洄游路線的鹽醃場看起來就很陽春；尤其是在靠近羅馬的地方，因為當地市場偏好鮮魚。

魚醬的用法類似一種基底醬，羅馬人會把它再加上蜂蜜、醋、香草或油，創造出幾十種衍生的調味料。在 1 世紀出版的著名羅馬食譜《阿皮基烏斯》（Apicius）中共收錄 465 道食譜，其中有超過 75% 的食譜都使用了魚醬。在龐貝古城（Pompeii）的出土遺跡中發現，各個社會階層的羅馬人都可以輕鬆地取得魚醬，並且每天都使用。龐貝古城的廢墟中到處都可以找到這座城市最具代表性的魚醬容器：單耳瓶（urceus）——包括破舊的商店和富裕的家庭中，甚至在猶太廚房中都有猶太潔食版本。在整個羅馬帝國上上下下，包括水底、古代沉船內，以及從英國到非洲的陸地上，都找到了裝魚醬的雙耳瓶，顯示這種羅馬失傳調味聖品的影響力有多深多廣。

出走的美味

荷蘭的荷屬印尼人
DUTCH INDONESIANS IN THE NETHERLANDS

一直到 16 世紀末，葡萄牙人一手統治著整個香料貿易世界，並航行在印尼和葡萄牙之間受到嚴密護衛的航線上。但這一切在 1592 年發生了變化。當時，一位荷蘭製圖師公開了一張海圖，詳細說明如何航行到印尼，該地當時被稱為東印度群島。

不久之後，三個阿姆斯特丹商人開始祕密策畫遠征。他們派遣一名間諜偽裝成商人前往里斯本，以確認製圖師提供的海圖真實性，也把海圖和其他經驗豐富的荷蘭旅行者所提供的情報交叉比對。拿到這些資訊後，這批人籌集了足夠的資金，建造了四艘船，並僱用 248 名船員，並於 1592 年啟航。

據說這次航行是一場災難。歷時兩年多的往返航程，期間損失了 154 人、打死一位爪哇王子，曾被困在馬達加斯加島上六個月，並被勒贖、搶劫，遭受羞辱。但他們最終也帶著胡椒、肉豆蔻和豆蔻皮返航。這些物產在當時都非常有價值，因此這次探險還是被認定是有獲利的一次成功之舉。1602 年，荷蘭人在爪哇設立貿易據點，最終強行控制了整個印尼，並一直留在當地直到 1949 年印尼獨立為止。

300 年的殖民統治和通婚帶來文化的交融，並產生一個混血社群，被稱為「印尼荷蘭人」（Indos）。如今，有大約 10% 的荷蘭人帶有印尼血統。重香料、甜、酸、辣的印尼菜，已經在傳統的荷蘭美食中占有一席之地，有時還會演變成荷蘭獨有的新印尼荷蘭菜。

荷蘭飯桌
Rijsttafel

是荷蘭特有印尼料理的終極典範。Rijsttafel 一詞在荷蘭語中代表「飯桌」，這道菜是在印尼為了荷蘭殖民者而創作出來的，目的是讓他們盡情享用來自眾多島嶼的各種不同菜色。

荷蘭飯桌由許多小盤組成，通常有一打或更多的菜色，包括咖哩、炒蔬菜、沙嗲、油條和燉菜，配上各種米飯料理，放在同一張桌子上。這道料理不僅是為了讓殖民者放縱口慾，還因為它的豐富多元，用來讓來訪的政要留下深刻印象。自從印尼獨立以來，在印尼就不容易找到荷蘭飯桌了。印尼人對過量的食物不太感興趣，也覺得像是清淡的爪哇料理就不一定適合和蘇門答臘的重口味食物搭配。但這種飯桌在荷蘭依然盛行，在當地，這道菜到了今日，在陸地上還是受到熱愛航海的荷蘭人歡迎。荷蘭海軍的傳統是每週三下午吃荷蘭飯桌。

印尼千層蛋糕
Spekkoek（或印尼語 lapis legit）

是德國樹幹蛋糕（Baumkuchen）的再創版，樹幹蛋糕是把麵糊一層一層地裹在旋轉的烤叉上，火烤而成。荷蘭商人將這道料理的食譜帶到印尼後，印尼人就在麵糊中加入香料（肉桂、丁香、肉豆蔻、豆蔻皮），用烤架烤出一層層細密的層次，然後在平底鍋中疊起，再用同樣的步驟繼續往上疊加。這種勞力密集的料理需要來自荷蘭的奶油和來自印尼的香料，產生出這種到了今天仍然很昂貴、專為特殊場合製備的蛋糕（在阿姆斯特丹，每公斤要價約 20 歐元）。

沙嗲薯條
Friet saté

將無處不在的荷蘭炸薯條加上大量的花生醬（稱為沙嗲醬，因為它通常用於搭配肉串）。

其他像是豌豆湯（split pea soup）配米飯、參巴辣椒醬（sambal）、起司通心粉配火腿肉（可以是熱狗、午餐肉或鹹牛肉），還有甜醬油蒸肉餅都是印尼荷蘭人的經典療癒食物。

How to try it

漂浮農場位於鹿特丹港內的梅爾韋黑文港（Merwehaven）。週二至週六的上午 10 點至下午 5 點半對外開放。

世上第一座漂浮農場

漂浮農場 • 荷蘭 ----------------------------- FLOATING FARM · NETHERLANDS

2019 年，歐洲最大、最繁忙的港口之一創立了一座新農場——不是在港口地區，而是就漂浮在鹿特丹港口內。它被稱為漂浮農場，前無古人，但希望不是後無來者。

漂浮農場的想法來自創辦人兼 CEO 彼得 · 凡溫格（Peter van Wingerden）。他在颶風珊迪來襲期間人在紐約，洪水過後，他眼看著城市裡超市內原本大量的進口農產品都消失了；他意識到，未來的世界需要在更貼近消費者的地方生產食物，而且可能必須漂浮在水上。這棟三層樓的混凝土平台實現了他對未來的解決方案，目前該平台是 35 頭乳牛的家，每天可以生產 700 公升的牛奶。

該農場的永續性無與倫比。農場一半的能源來自漂浮在旁邊的 50 片牛奶瓶形狀的太陽能電池。在農場的頂層，乳牛吃的草是乾草混合當地公園和高爾夫球場的草屑，喝的是淨化過的雨水，雨水是從屋頂收集而來。牠們的糞便被轉化為肥料，用於重新種植牠們以後吃草的田地。

經營整座農場只需要兩個人。大部分工作由機器人完成，使用人工智慧來給乳牛擠奶、餵食和清理排泄物。牛奶則在農場的二樓加工、經巴氏殺菌，在現場和整個城市的雜貨店內都可以買到農場生產的牛奶和優酪乳。

這棟三層樓的漂浮農場，飼養著 35 頭乳牛。

吸血海怪

八目鰻 • 葡萄牙 ────────────────────── LAMPREY · PORTUGAL

如果你屬於吸血吸了數百萬年的物種，那麼被丟進裝滿你自己的血的大鍋裡煮熟，這懲罰也不過是剛好而已。這就是寄生海八目鰻的處境，把牠們丟進血淋淋的鍋中煮沸，是葡萄牙的傳統美食。

乍看之下，八目鰻似乎更像是怪物而不是食物。這些寄生動物是像蟲一樣的鰻魚，有一排排鋒利彎曲的牙。在北美五大湖區，牠們不被視為晚餐，而是會殺死其他物種並累積汞的寄生動物。

但是幾千年來，某人眼中的可怕史前害蟲，就是另一個人眼中的美味。羅馬時代，在凱撒大帝的宴會上，僕人就會端出八目鰻料理。在中世紀，只有上層階級才能享用這種暖心而昂貴的肉。整個歐洲西南部的基督徒，都被八目鰻的口感所吸引，它類似細火慢燉的牛排，而且沒有魚腥味。大齋期間的需求量尤其高，因為這段期間禁止食用陸生動物。

在葡萄牙，燉八目鰻今日依然是一種合適的牛肉替代品。從一月到四月，在整個葡萄牙都可以找到這種用自己的血液醃過、搭配米飯食用的菜色。每年三月，會有 30,000 名美食家湧入舊蒙特莫爾（Montemor-o-Velho）這個小村莊，參加一年一度的八目鰻和稻米節。在耶誕節期間，修女、麵包師和各個家庭會用甜蛋黃製作海怪來慶祝。這種被稱為「蛋八目鰻」（lampreia de ovos）的甜點，是一條裹滿糖霜的八目鰻複製品──比起沾滿血的真實版料理，它更適合孩子們。

How to try it
在葡萄牙、西班牙和法國的餐廳會季節性地供應新鮮的八目鰻。在芬蘭，醃製的八目鰻全年皆可得。

擬態香腸

蒜腸 • 葡萄牙 ────────────────────── ALHEIRA · PORTUGAL

在 16 世紀西班牙宗教裁判所傳到葡萄牙之後，猶太人就必須非常小心地行事，這個無情的親基督教時代反猶太主義盛行，信奉猶太教的人被迫害、流放國外，甚至被燒死在里斯本羅西歐廣場（Rossio Square）的火刑柱上。即使是祕密地信奉猶太教也是一種危險的舉動。線人無處不在，逮住機會就密告無意中聽見的希伯來語祈禱；要是誰家沒有懸掛香腸，也一樣有罪。為了自我保護，米蘭德拉（Mirandela）的猶太人創造了蒜腸，這是一種擬態香腸，外觀與豬肉香腸相似，但以符合猶太教規的家禽肉和麵包製成。把這種暗藏鬼胎的香腸掛在家中並擺在餐桌上，可能拯救了數百人的性命。

時至今日，並非所有的蒜腸都是猶太潔食。餡料中常混入肥豬肉，此外內容物從小牛肉、鴨肉到鹽醃鱈魚應有盡有。這種帶有大蒜味的煙燻肉腸（alheira 這個名稱來自葡萄牙語中的大蒜，alho），通常搭配薯條和半熟蛋一起吃。這道菜幾乎攻占葡萄牙全國各地的菜單，但現在人們喜愛它是因為它的味道，而不是因為它能救命。

How to try it
可前往葡萄牙東北部的城市米蘭德拉，那裡的蒜腸受到 PGI（歐盟原產地名稱認證）的保護。這裡的香腸都按照嚴格的規定生產，公認是葡萄牙最好的。

How to try it

里斯本的「半熟蛋之家」（Casa dos Ovos Moles）會製作傳統的布拉加風格豬油布丁，按一公斤、半公斤或單份出售。

豬油布丁

普里斯科斯修院長布丁 • 葡萄牙 --- PUDIM ABADE DE PRISCOS · PORTUGAL

在葡萄牙北部城市布拉加（Braga）的普里斯科斯（Priscos）教區，曾住著一位名叫曼努埃爾·若阿金·馬查多·雷貝洛（Manuel Joaquim Machado Rebelo）的人。雷貝洛被稱為普里斯科斯修院長，在 19 世紀時成為該國最受讚譽的廚師之一，並為王室和葡萄牙菁英的精美宴會掌勺。修院長是出了名對他的食譜守口如瓶，但還是有一道食譜流傳出來，就是這道用豬油和葡萄酒製作的布丁。

製作普里斯科斯修院長布丁，要先從厚厚地塗在布丁模具上的金色液體焦糖開始。倒進這層焦糖內的是經典的卡士達醬（custard），用糖、蛋黃和肉桂為基礎，再加上兩種當地材料：波特酒和豬油。豬油微妙的油潤口感讓布丁口感順滑、如天鵝絨般柔軟，葡萄酒帶甜的微酸則發揮解膩的效果。兩百多年後，修院長的豬油布丁仍被認為是一流的食譜，也是葡萄牙的經典料理。人們常說它像魔法美食，因為它的卡士達醬是如此空靈，入口即化。

波多最風騷的三明治

葡式三明治 • 葡萄牙 ------ FRANCESINHA · PORTUGAL

How to try it

波多是葡式三明治的天堂；可以嘗嘗「拉多咖啡館」（Lado B Café）的挑逗版本，或「聖地牙哥咖啡館」（Café Santiago F）以起司為主題、四周圍繞著薯條的再創版。

經典的葡式三明治（francesinha，意思是法國小女人），只在定義上算是三明治。確實，它有麵包，麵包之間也夾著肉，但三明治這個詞實在無法說明葡式三明治裡肉的分量：它是由醃火腿、牛排和葡萄牙辣腸（linguiça）組成的三重奏。三明治這個詞當然也無法說明肉和麵包上沾滿黏乎乎的融化起司，最後還淋上以啤酒、番茄、辣椒和據說用了更多肉的祕製醬汁。半熟蛋讓這道料理更加潤滑，這代表通常會搭配炸薯條，用來蘸「三明治」吃。

這款龐然大物的誕生地在波多（Porto），當地的居民建議最多每個月吃兩次葡式三明治，這是為了身體健康和安全，也是為了讓你能全年享受這種快樂。快樂的分量一直是這道菜備受討論的問題——這款三明治最初是受單身漢歡迎的食物，曾經被認為太墮落了，女性點一份實屬不當。

澳門美食的故鄉

澳門之家　●　葡萄牙 ----------------------------- CASA DE MACAU · PORTUGAL

葡萄牙控制位於中國南方海岸附近的澳門，長達四個多世紀。當葡萄牙商人於 16 世紀首次登陸澳門時，當地還處於明朝的控制之下，明朝一直將該地當作貿易港口，直到 1550 年左右。中國和葡萄牙雖然一開始關係不睦，但在葡萄牙人協助掃蕩危害海岸的海盜之後，兩國關係改善，中國於是允許葡萄牙人定居當地。到了 19 世紀中葉，葡萄牙人殖民了澳門。他們建造葡萄牙風格的建築物、控制港口，並將澳門婦女（以及來自其他葡萄牙殖民地的婦女）當作奴妻。

來自澳門、果阿和麻六甲（都是前葡萄牙殖民地）的妻子們負責為她們的歐洲丈夫做飯，即興創作了她們從未嘗過的菜餚。以醬油和羅望子燉葡萄牙乾鱈魚（bacalhau）。椰奶取代了牛奶，鹹甘的中國臘腸被用來代替西班牙香腸（chouriço）。這些妻子們學會了烤葡式蛋塔（pastéis de nata），就是現在中式蛋塔的前身。她們製作嘗起來更像是春捲的咖哩角（samosa），還有葡式炒飯。

在里斯本，「澳門之家」協助保護這種歷史悠久的美食。據協會主席表示，協會成立的目的是為了團結海外僑民，包括在澳門長大、返回歐洲的葡萄牙人，以及葡萄牙和澳門混血兒（「澳門人」[Macanese] 這個詞現在定義依然複雜，因為它指的是澳門本地人，不論有沒有葡萄牙血統）。在一年當中的特別活動期間，「澳門之家」會在澳門風格的飯廳內供應澳門美食，餐廳牆上掛著東亞藝術裝飾和創始人的照片。

How to try it

「澳門之家」位於里斯本市中心外圍，地址是加戈庫蒂尼奧將軍大道（Avenida Almirante Gago Coutinho）142 號。

葡式蛋塔。

澳門內港，約 1880 年。

苦艾時間

苦艾時間 • 西班牙 --------------------- LA HORA DEL VERMUT · SPAIN

每天下午，當馬德里的太陽熱力升到最高點，生理時鐘敲響，當地人就開始
湧入附近的酒吧，他們聚在一起只為了一個重要目的：打開胃口準備吃午餐。
這個時刻被稱為苦艾酒時間（西班牙語 la hora del vermut），這種每日儀
式是許多西班牙人日常生活的基礎，時間就在白天的大餐之前，目的則是用
開胃酒（一種用來刺激食慾的酒精飲料）來挑起你的飢餓感。

在西班牙，白天的標準選擇是苦艾酒。這種酒是如此受歡迎，因
此常常是用桶裝（on tap），而且至少有好幾種口味。經典的
西班牙苦艾酒呈紅色、有甜味和香草味，由加入白蘭地強化的

飯前小酌

開胃酒是歐式生活中令人愉悅的一個環節。在進入主餐之前，開胃酒打開你的味蕾並引
起食慾，就像用餐前的緩緩誘惑。餐前來一杯利口酒或強化酒（混合了水果、龍膽根和
香料），是整個歐陸的傳統，因為要說到從日常飲食中獲取最大的樂趣，沒有人比得過
歐洲人。

麗葉酒
LILLET

這是詹姆斯·龐德最喜歡的
馬丁尼調酒的關鍵成分。麗
葉酒是 85% 的波爾多白葡萄
酒加上 15% 的浸漬柑橘酒。
（法國產，酒精濃度 17%）

茴香酒
OUZO 12

當倒在冰上時，嗆辣而
甜的茴香酒會從清澈變
為渾濁。（希臘產，酒
精濃度 38%）

酸櫻桃酒
GINJA SEM RIVAL

將當地的酸櫻桃（ginja）浸泡
在烈白酒（aguardente，意為「火
水」）中，這是里斯本最傳統的飲品，
是濃而甜的單杯烈酒，加不加櫻桃都
可。（葡萄牙產，酒精濃度 23.5%）

There is only one

LILLET

Le Meilleur
APERITIF
de la France

SERVE VERY COLD

LILLET
APÉRITIF AU VIN BLANC DE LA GIRONDE
LE MEILLEUR DES APÉRITIFS
PRODUCE OF FRANCE
NOT LESS THAN 31% PROOF SPIRIT

Now available in half bottles

白葡萄酒釀製，然後浸入辛香料、苦味藥草和水果，像是柳橙、櫻桃或葡萄柚等。苦艾酒從酒桶的龍頭流出，加冰或直接飲用。西班牙苦艾酒是惡名昭彰地滑順易入口，更不用說比起義大利傳統版本要甜。小吃也是苦艾酒時間的主角之一。淡菜、鰻魚和無處不在的火腿（jamón）都是絕佳的搭配；橄欖則可說是絕對必要的。

西班牙人以作息很晚聞名，在當地，在傍晚吃午餐、晚上 11 點吃晚餐是很正常的，所以一杯苦艾酒和一份暖心的小吃是很受歡迎的午間餐點。

How to try it

西班牙的每家酒吧都會供應精選的苦艾酒，通常是大桶裝，大部分是在國內生產的。巴塞隆納的「奎梅特和奎梅特」（Quimet & Quimet）是已經供應苦艾酒超過一世紀的典型老派酒吧。在「電力酒吧」（Bar Electricitat），店家會放一瓶苦艾酒在你桌上，結帳時再自行告訴店家你喝了幾杯。

莫林奎納利口酒
MAURIN QUINA

一種加入櫻桃、奎寧（由樹皮萃取）和苦杏仁的強化葡萄酒。（法國產，酒精濃度 16%）

揚赫利夫卡酒
YANHELIVKA

帶有蒔蘿、生薑、螺絲豆和檸檬的味道，這種烏克蘭酒也被捧為壯陽藥。（烏克蘭產，酒精濃度 33%）

香橙干邑白蘭地
MANDARINE NAPOLÉON

這款用橙皮調味的干邑白蘭地，配方靈感來自拿破崙，他喜歡他的干邑白蘭地帶有淡淡的橙色。（比利時產，酒精濃度 38.5%）

大黃利口酒
RABARBARO ZUCCA

以中國大黃、苦橙皮和豆蔻製成甜美的草本酒。（義大利產，酒精濃度 16%）

冰爵利口酒
BECHEROVKA

以肉桂、丁香、洋甘菊和薑等藥性植物製成，配方保密到家。技術上來說是一種晚餐後啜飲的助消化酒。（捷克共和國產，酒精濃度 38%）

冰爵酒攤位，位於這種利口酒的故鄉：卡羅維瓦利（Karlovy Vary）。

炸檸檬葉挑戰

檸檬葉甜點 • 西班牙 --- PAPARAJOTES · SPAIN

不論你的西班牙語說得有多好，或者你多能忍耐炎夏炙熱的陽光，西班牙東
南部的莫夕亞（Murcia）居民只要看你怎麼食用檸檬葉甜點，就
能判斷你是否為本地人。這個柑橘小鎮的傳統美食是把檸檬葉裹
上麵糊然後油炸，再撒上肉桂和糖。只要咬一口檸檬葉甜點，
你的偽裝就會被拆穿。檸檬葉苦澀難以下嚥，並不是給你吃
的。它的目的是讓檸檬葉甜點呈現葉子形，並帶有輕微的柑
橘味。要通過測試，必須捏著葉子的梗，把麵衣咬下來，然
後吃脆甜像甜甜圈一樣的外殼，再把檸檬葉丟掉，這樣你就
算通過在地文化測驗，而且還能享受這種令人愉快、區域限
定、但又讓大多數遊客嘴裡發酸、望而卻步的甜點。

修道院美食咖啡館

天堂 • 西班牙 --- CAELUM · SPAIN

在巴塞隆納的中世紀猶太區，「天堂」（拉丁文 Caelum）是供應西班牙各
地修道院製作的美食寶庫。這家咖啡館專門供應甜點，例如塞維亞（Seville）
的修女製作的蛋黃糖：聖利安德糖（Yemas de San Leandro），以及由赫
雷斯德拉弗龍特拉（Jerez de la Frontera）的修女在 14 世紀時發明的西班
牙焦糖布丁（Tocinillo de Cielo）。

一樓設有舒適的咖啡館，配有精緻的櫥窗，展示天堂般的蛋糕和糕點。遊客
可以在此享用他們選擇的美食以及咖啡和茶。之後可進入建築物的地下室，
參觀一段令人驚訝的中世紀歷史。咖啡館下方有這個街區公共浴室的遺跡，
石牆和拱形天花板，和有數百年歷史的修道院美食毫無違和。

> **How to try it**
> 「天堂」的營業時間為
> 每天中午 12 點至晚上
> 8 點。

迷人的派對潘趣酒

火焰酒 • 西班牙 ———————————————————— QUEIMADA · SPAIN

在每場精彩的加利西亞（Galicia）潘趣酒派對上，主人都會念誦一段咒語，然後點燃那碗潘趣酒。就像所有認真的東道主一樣，她想驅除邪靈，為客人帶來好運。酒精在明亮的藍色火焰中燃燒，隨後主人將火焰酒倒入甜酒杯中。焦糖和檸檬皮的味道、咖啡豆的土味和果渣白蘭地（orujo）的灼熱在杯中神奇地融合在一起。第一口可以驅除邪靈，第二口可以清除你的仇恨心，第三口能讓你的靈魂充滿激情。

火焰酒是加利西亞的傳統潘趣酒，享用這種酒的儀式則被稱為「火焰酒的咒語」（conxuro da queimada）。雖然這種飲料的起源不明，但它源自凱爾特的德魯伊信仰、摩爾人和南美洲西班牙殖民地的文化。加利西亞人會在婚禮或晚宴等活動中執行這項儀式。如果你沒機會收到邀請，可以在六月或十月時造訪加利西亞——在萬聖節（源自凱爾特人的薩溫節，Samhain），以及 6 月 23 日的聖約翰之夜（也稱為女巫之夜）時，會有火焰酒的表演。

How to try it

在網路上可以找到自製火焰酒的說明，但如果你想在家中試做，請務必使用最耐火燒的陶壺或陶碗。

鬆餅捲輪盤小販

馬德里鬆餅捲店 • 西班牙 —————————— BARQUILLEROS DE MADRID · SPAIN

鬆餅捲是種簡單的食物：將鬆餅麵團壓成方格圖案，然後捲成管狀、圓錐狀或其他形狀。但是要拿到一個（或 10 個），你必須玩一把才行。鬆餅捲小販（西班牙文 barquillero）會把罩在外面的金屬罐拿開，然後用頂端的輪盤玩起輪盤遊戲。你可以付一次錢，贏來一個或兩個鬆餅捲；或者付更多錢，隨你轉多少次，並把贏來的鬆餅捲堆在架上，直到你不再玩為止，或是直到轉盤指針停在四個金色標記之一上方——這樣一來你就什麼都沒了。

佛朗哥獨裁統治時糧食短缺，使傳統的鬆餅捲小販幾乎消失殆盡。所幸馬德里的卡尼亞斯家族堅持傳承鬆餅捲小販的文化。如今，第三代鬆餅捲小販胡

How to try it

「馬德里鬆餅捲店」（Barquilleros de Madrid）是卡尼亞家族經營的店鋪，地址是安帕羅街（Calle de Amparo）25 號。

利安‧卡尼亞斯（Julián Cañas）在馬德里的大使館特區（Embajadores）開了一家店。每個週末，卡尼亞斯和他的兒子們還會在馬德里的廣場和公園裡開逛，胳膊下夾著一籃鬆餅捲，背上背著賭輪盤罐。

糕餅店裡也有賣鬆餅捲，但要獲得最真實的體驗，請在馬約爾廣場（Plaza Mayor）、小徑市場（El Rastro）或退休公園（El Retiro）等公共場所尋找鬆餅捲小販。卡尼亞斯家族四處閒晃賭博的成員，也會在聖伊西德羅節（San Isidro Festival）等節日中出現。

2015 年馬德里帕羅瑪聖母節上的鬆餅捲小販。

桌邊起泡藝術

阿斯圖里亞斯蘋果酒倒酒術 • 西班牙 ---------- ASTURIAN CIDER POURING · SPAIN

在西班牙北部的阿斯圖里亞斯地區，倒蘋果酒更像是一種表演藝術，而非只是桌邊服務。在蘋果酒酒吧（當地稱為 sidrerías），服務生會拔出軟木塞瓶蓋，並將打開的瓶子高高舉起。抬高的手從這個高度將瓶子一斜，而底下的手則將混濁的液體接入玻璃杯中，直到大約 1/4 滿。

服務生不只是利用機會表演以賺取小費，同時也是為酒增添風味。阿斯圖里亞斯蘋果酒是用五種蘋果發酵而成，混合了好幾種淳樸的風味，酒精含量約為 6%，氣泡很少。這種長距離傾入杯中的倒酒法，會產生飛濺讓酒翻騰起泡，並釋放出酒的香氣。倒酒師可能會在倒酒過程中灑出幾滴來（可能是因為他們倒酒時都不看），因此有些店家會在地板上灑鋸屑，以吸收不斷飛濺和溢出的酒。而顧客則是迅速仰頭灌下這一小杯酸味酒，而非慢慢啜飲和品嘗。然後，飲酒者將杯中殘存的蘋果酒甩在地板上，為下一個飲酒的人清杯子，然後整個倒酒儀式再次開始。

How to try it

在阿斯圖里亞斯地區，蘋果酒不是一杯一杯點的。這種酒是一瓶裝的，附帶桌邊倒酒和起泡服務。

在西班牙小鎮里巴德塞拉（Ribodesella）的一間蘋果酒酒吧內，侍者正長距離倒酒。

▶ 東歐

▶ EASTERN EUROPE

酒吧醃起司

醃漬赫梅林 • 捷克共和國 ········ NAKLÁDANÝ HERMELÍN · CZECH REPUBLIC

「烏芙烈谷」（U Fleků）是布拉格最古老的酒吧，供應典型的捷克酒吧小吃：
一種內部呈乳白色，叫做赫梅林（hermelín）的柔軟圓形起司。將起司橫切
成兩半，放在一個罐子裡，注入香料油，香料通常包括洋蔥、大蒜、月桂葉、
黑胡椒；辛辣版的還會加上紅辣椒，然後醃製大約 10 天。起司會吸收油的所
有辛香，這種味道與起司的蘑菇味混合在一起，隨著混合物的熟成而變得越
來越強烈。起司保留了黏糊糊的質地，這也就是為什麼這道菜總會在旁邊搭
幾片棕色的油炸捷克麵包（topinki）。

儘管名字叫醃起司，但起司實際上並非醃製，而是浸漬。但是，吃這種香料
美食的正確方法則沒那麼複雜。一隻手拿叉子，另一隻手拿冰鎮捷克啤酒就
成了。

How to try it

在「烏芙烈谷」可以在
公用餐桌上享用醃製的
赫梅林，而服務生則用
大托盤端著店家自製的
黑啤酒，也是這裡唯一
供應的啤酒種類。

如何享用多泡的啤酒

牛奶啤酒 • 捷克共和國 ······································ MLÍKO · CZECH REPUBLIC

捷克人發明了皮爾森啤酒（pilsner），是地球上人均啤酒消費量最多的國家。
因為啤酒文化普遍，他們會創造出倒啤酒和享用啤酒的哲學也就不奇怪了。
在布拉格的一家酒吧裡，喝啤酒的人不僅可以選擇自己喜歡的啤酒，還可以
選擇自己喜歡的倒酒方式。其中最容易被誤解的倒法是牛奶啤酒（Mlíko），
這種方式讓整杯啤酒呈現白色和泡沫狀，就像一大杯牛奶。

在捷克共和國以外的地方，啤酒上有過多泡沫被認為是一種不專業的表現，
是種稀稀的累贅物，占用玻璃杯中的寶貴空間。但是牛奶啤酒裡的泡沫卻是

How to try it

布拉格的傳統皮爾森啤
酒吧「洛卡漢伯格」
（Lokál Hamburk）特
別擅長將啤酒轉化為啤
酒泡。牛奶啤酒的價格
應該是標準版啤酒價格
的一半。

在皮爾森歐克啤酒（Pilsner Urquell）的故鄉皮爾森，一位酒保正在倒牛奶啤酒。

完全不同的東西，其作法是微微打開啤酒龍頭，將濃稠的奶霜狀泡沫倒入杯中。牛奶啤酒泡的口感如雲朵般，酒體如天鵝絨絲滑且有甜味——和因為倒得不好而產生的空氣感酒泡完全不同。由於泡沫牛奶啤酒的酒精含量低於普通啤酒，因此是一款很棒的睡前酒、輕鬆的午餐酒，或匆忙時選擇的飲料，因為泡沫飲料很容易迅速喝下。牛奶啤酒是捷克最輕盈的倒酒方式，底部只有一小段琥珀色液體。標準倒酒法又稱為滑順法（hladinka），則是 3/4 的啤酒和 1/4 的泡沫。另一種稱為對切（šnyt）的倒酒法，大約是由兩份啤酒、三份泡沫和五公分的空杯組成。當酒客想要開始放慢速度，但又無法拉下臉點小杯啤酒時，這種風格剛好派上用場。

小屋葡萄酒窖

維比切酒窖 • 捷克共和國 ·········· VRBICE WINE CELLARS · CZECH REPUBLIC

維比切是人口約 1,000 人的小鎮，位於產酒的布熱茨拉夫區（Břeclav）。這個村莊就像一座小島，四周環繞著葡萄園之海，這些葡萄園生產東歐最好的葡萄酒。這座村莊也以風景如畫的酒窖而聞名。

當中最著名的斯塔許（Stráž）酒窖建造於 18 和 19 世紀。依附著村莊的沙岩小坡而建，裝飾著優雅的哥德式拱門，看起來就像童話故事中的小屋子。酒窖中長長的走廊儲擺滿葡萄，布滿黴菌的內牆，加上地面下穩定的溫度和濕度，皆為熟成中的葡萄酒提供一個理想的環境。在某些地窖，由於最初的建造者不斷挖掘，使多層地窖一層層堆疊起來，維比切最大的地窖，稱為烏耶澤爾卡（U Jezírka），共有七層深。

How to try it

維比切位於捷克共和國東南部。有許多酒窖可供參觀，還可以品嘗當地的葡萄酒。

發酵麵包汽水

卡利 • 愛沙尼亞 ─────────────────── KALI · ESTONIA

愛沙尼亞的黑麥濃厚香甜，是愛沙尼亞每個家庭餐桌上不可或缺的要角。它的地位如此神聖，以至於有種舊習俗：若是麵包掉到地上，必須撿起來親吻它，再放回它應該在的地方。當地人還想出一個辦法把他們最愛的這種碳水化合物喝下肚，就是將黑麥製成碳酸飲料，變成該國最受歡迎的汽水。

由發酵的麵團製成的黑麥麵包，經過再次發酵製成卡利。作法是將黑麥麵包切片煮軟，然後加入酵母、糖和麥芽糖。混合物發酵一天後，用粗棉布過濾，用檸檬和葡萄乾等風味添加物增加甜味，即可飲用。這種微帶酒精的飲料，味道介於黑啤酒和康普茶（kombucha）之間，帶有麥芽味、酸味和起泡感。這是一種可輕鬆下肚的茶飲，比一般的可樂營養得多。黑麥麵包含有維生素 B 和鎂，發酵產生的乳酸菌還可以幫助消化。

曾經，街頭小販在愛沙尼亞首都塔林（Tallinn）的鵝卵石街道上推著車，販售杯裝的卡利。如今，你可以在超市找到這種被許多人稱為「愛沙尼亞可樂」的飲料，有各種瓶裝版。但愛沙尼亞人信誓旦旦地說，超市品牌和傳統卡利不一樣。他們說得沒錯。很多商業品牌卡利沒有經過發酵，因此味道更像是汽水，而不是汽水啤酒。

How to try it

歐夏可夫斯基（Ocha-kovsky）是俄羅斯卡瓦斯（相當於卡利）品牌，在東歐雜貨店和網路上均有售。在愛沙尼亞，隨處可見自製的卡利。

其他保健汽水

這些汽水的成分聲稱可以幫助消化、緩解關節炎和糖尿病。

加勒比海島嶼	越南	瑞士	韓國	美國
莫比菲茲 Mauby Fizz	**翠貝科** Tribeco	**里維拉** Rivella	**塔姆拉村公司** Tamla Village Co.	**布朗博士蘇打水** Dr. Brown's Cel-Ray
用樹皮、茴香、香草製成。	成分是白木耳和燕窩。	含有乳清和礦物質。	以濟州島的洋蔥為原料。	以芹菜籽製成。

蘇聯用軍艦換百事可樂

1959 年夏天，許多俄羅斯人第一次嘗到百事可樂的滋味。喝慣了氣泡礦泉水和麵包發酵汽水的俄羅斯人，對百事可樂大多的第一印象是：聞起來像鞋蠟，嘗起來味道太甜。但這個美國品牌鐵了心要進入尚未開發的市場，即使共產黨政府無法以傳統方式付他們錢，也無法阻止他們。

這一切的開始，是莫斯科舉辦的一次美國國家博覽會，這個展覽的目的是透過美國品牌贊助商展現美國的國力。展覽期間發生了當時罕有的文化交流：百事可樂的主管唐納德·肯德爾（Donald M. Kendall）前往莫斯科，他的使命是讓蘇聯領導人赫魯雪夫（Nikita Khrushchev）手拿一罐百事可樂。展覽前一天晚上，肯德爾在美國大使館找到了時任副總統尼克森（Richard Nixon），他同意引導赫魯雪夫前往百事可樂的展示攤位。隔天，尼克森如約而至，一位攝影師拍下了兩位世界領導人喝百事可樂的照片。

副總統尼克森看著著伏羅希莫夫（Kliment Voroshilov）和赫魯雪夫第一次喝百事可樂的模樣。

對肯德爾來說（他在百事可樂公司騰雲直上，最後成為執行長），蘇聯是一片充滿機會的土地。1972 年，他藉著談判達成可樂壟斷協議，將可口可樂擋在門外直到 1985 年。可樂糖漿開始流進蘇聯，成為《紐約時報》（New York Times）所說的「蘇聯首項資本主義產品」。但這並不是普通的貿易。

蘇聯盧布在國際上一文不值，且被禁止帶出國，因此百事可樂不得不和蘇聯以物易物。百事可樂用可樂交換蘇托力（Stolichnaya）伏特加，並在美國銷售這種伏特加。但當美國抵制蘇托力時，他們不得不交換其他的東西。1989 年春天，百事可樂成為 17 艘二手潛艇、一艘護衛艦、一艘巡洋艦、一艘驅逐艦的中間商，之後一家挪威公司購買了這些軍艦當作廢料。作為回報，百事可樂得到許可，將蘇聯境內的汽水廠增加了一倍。

1990 年，雙方簽訂了一份價值 30 億美元的新合約。百事可樂同意向國外出售蘇聯製造的船隻，以把注該公司在俄羅斯不斷擴張的事業版圖，其中包括另一家美國公司：必勝客。

但一年後，蘇聯解體，百事可樂的壟斷和商業交易也隨之瓦解。突然間，他們之間長期的平衡關係變成一場保護資產的混戰，又因為重新劃分邊界、通貨膨脹和私有化而讓事情變得更加複雜。新的必勝客跌跌撞撞——他們的莫札瑞拉起司（mozzarella）來自立陶宛、塑膠汽水瓶從白羅斯而來，百事可樂的新船運業務則被困在已獨立的烏克蘭。已退休的肯德爾感嘆說，蘇聯基本上已經倒閉了。在幾個月內，隨著可口可樂大舉進入前蘇聯，百事可樂將部分貿易拼湊起來。儘管百事可樂進行了大規模的行銷活動（他們向和平號太空站發射了一個巨大的複製百事可樂罐，還在莫斯科的普希金廣場上豎立兩個廣告看板），可口可樂還是在 2013 年擊敗百事，成為俄羅斯最受歡迎的可樂，迎來了新的時代——此時不管是軟性飲料、伏特加或是驅逐艦，都必須用法定貨幣購買。

1998 年普希金廣場上的百事可樂看板。

古老的喬治亞葡萄酒容器

陶缸 • 喬治亞 -- QVEVRI · GEORGIA

2017 年，喬治亞南部的考古活動挖掘出西元前 6 世紀的陶罐，顯示喬治亞人釀酒已有 8,000 年歷史，甚至早於希臘人和羅馬人。被稱為陶缸（qvevri）的超大檸檬形陶罐用途是發酵和儲存，是喬治亞特有的釀酒傳統。

生產全手工製的陶缸需要有相當的工藝技術。只要重量或厚度稍微不平衡，陶缸就會破裂或搖晃。選擇合適的黏土也很關鍵，才能為葡萄酒提供必需的礦物質。現在只剩下少數精通此道的工匠，他們大多是從上一代那裡學到這項工藝。製作一個陶缸可能需要幾個月的時間，不過一旦完成，它可以用上好幾個世紀。

釀造傳統的喬治亞葡萄酒，要將葡萄連皮、梗和葡萄籽一起壓榨，然後裝進塗有蜂蠟、埋在地下的陶缸內。將陶缸密封，讓其中的混合物發酵約半年。陶缸獨特的形狀會使葡萄籽和葡萄皮沉入底部，而葡萄汁留在頂部熟成。釀酒師說，使用陶缸使他們的葡萄酒自然穩定，無需化學防腐劑。

在兩次陳釀之間，陶缸會用櫻桃樹皮製成的特殊刷子，以石灰和水徹底清潔，然後用蜂蠟重新塗上內裡。清潔陶缸幾乎和製作陶缸一樣費事，尤其是當陶缸已經埋在地底下的時候。陶缸的大小差異很大，最大的可以容納大約 10,000 公升，大到能讓一個人在裡面漫步。

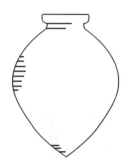

How to try it

可參觀位於喬治亞東部阿拉韋爾迪（Alaverdi）修道院的酒窖，並品嘗美酒，此地的釀酒傳統已經延續了一千多年。

一個古老修道院的釀酒室內，一排排的地下陶缸。

雄辯滔滔的存在主義敬酒大師

塔馬達 • 喬治亞 ------------------------------------ TAMADA · GEORGIA

How to try it

蘇普拉通常是受邀才能
參加的活動。

有種喬治亞的盛宴被稱為蘇普拉（supra），主持每一場蘇普拉的是塔馬達（tamada），也就是敬酒大師。在整個用餐過程中，塔馬達會帶領賓客進行一場漫長而曲折的存在主義之旅。每小時有幾次，塔馬達起身對賓客致詞，客人可能是一般聚會的朋友們，也或許是精緻婚禮的座上賓。他不會避談艱深的話題：好的敬酒大師會談論心靈和靈魂的問題，或是關於生命、死亡、上帝和人性的主題，而且會以千錘百鍊的技巧來談論。會有隱喻和歷史典故，以一種近乎詩意的節奏承載。他會向其他與會者舉杯，然後坐下，等到下一次敬酒的時候。

一場在喬治亞梅斯蒂亞鎮（Mestia）舉辦的傳統盛宴。

熱情好客深植於喬治亞文化，成為塔馬達是一種重大的榮譽，通常由餐桌上最年長、最會說話的男人擔任（近年也有女性塔馬達，但仍然很少見）。如果一位塔馬達特別傑出，就會被邀請主持他的人際圈之外的慶祝活動和聚餐，因而在當地變得小有名氣。塔馬達大多不會收到報酬，而是被當作有地位和思想的人而受到敬重。他們為社區提供服務，社區則報以深切的感激之情。

年輕一代已經公開地接受這種傳統，儘管他們可能會以稍微不同的方式進行他們的蘇普拉（食物較少，更多的女性塔馬達），但他們仍然珍視桌邊這種針對存在、同伴等重大議題的探討。

營火培根油

烤培根 • 匈牙利 ------------------------------------ SÜLT SZALONNA · HUNGARY

想像有一塊純豬油，沒有肉、沒有皮，被稍微煙燻過，並切成方塊。然後串在木籤上（最好是用新鮮的果樹枝），在明火上烤化，這就是人們喜愛的匈牙利篝火美食，稱為烤培根（sült szalonna）。當培根塊發出嘶嘶聲並開始滴下鹹香的豬肉精華時，用一片厚厚的麵包接住油脂並吸收其美味。

這樣來回將肉塊放在火上、再用麵包接住油的循環之後，麵包片應該完全吸飽了豬油，這時就可以用紅洋蔥、番茄、黃瓜或辣椒粉（經典的匈牙利風格）加以點綴。

How to try it

把一條從肉販那裡買來
的煙燻豬背肉切成塊並
串起來，效果就很好。
首選的搭配是黑麥麵
包。

甩烤蛋糕

樹蛋糕 • 立陶宛 --- SAKOTIS · LITHUANIA

大多數蛋糕的製作方法都差不多：將麵糊混合、倒進模具，然後在烤箱中烘烤。樹蛋糕則非常不同，是把麵糊甩在旋轉的烤棒上，用明火烤成的。

各種變化版的樹蛋糕在歐洲很受歡迎。在匈牙利、斯洛伐克和捷克共和國，樹蛋糕通常是管狀的；在德國，樹幹蛋糕（年輪蛋糕）看起來就像疊成塔的甜甜圈。

不過，最引人注目的樹蛋糕之一，是立陶宛的版本。在烤製過程的最後階段，烘焙師會加快烤桿的旋轉速度，讓淋在烤桿上的麵糊被甩向火而形成尖刺，製作出外型類似耶誕樹的蛋糕。畢竟，sakotis 的意思就是「多枝的樹」。

花上五小時製作一個樹蛋糕也不奇怪。烘焙師會不時在烤桿上添加麵糊，這項技術的重點在於知道該添加多少麵糊，還有要等多長的時間再添加，好讓所有的麵糊都留在蛋糕上。烘焙師會在中段加上更多麵糊，然後最後將產品切成兩半，變成樹狀的外觀。在華麗的場合，比如婚禮上，烘焙師會用糖花、堅果和巧克力碎屑裝飾可能比客人還要高的巨大樹蛋糕。蛋糕本身的口感如海綿且濕潤，但比一般蛋糕稍微多了點實在的嚼勁。聞起來有香草的香氣，吃起來像經典且蛋香濃郁的黃蛋糕（yellow cake）。

2015 年，為了慶祝樹蛋糕博物館開幕，隆尼撒（Romnesa）公司企畫了一次創紀錄的 3.7 公尺高樹蛋糕烘焙活動。

How to try it

在立陶宛各地都可以買到樹蛋糕。在立陶宛的首都維爾紐斯（Vilnius），你可以在麵包店櫥窗裡找到高塔般的樹蛋糕，在咖啡館裡會供應切片的樹蛋糕，在超市貨架上也可以看到包裝好的小樹。

漏勺有助於讓麵糊均勻分布。

裝飾煙燻起司

歐擇培羊奶起司 • 波蘭 ------------------------------------ OSCYPEK · POLAND

只有不到 150 人有資格生產波蘭高地羊奶起司歐擇培（oscypek）。這一傳統行業通常由被稱為巴卡（baca）的牧羊人掌管。他們在波蘭南部塔特拉（Tatra）山脈放牧綿羊，並用羊奶製作出美麗的金色煙燻紡錘形起司。

將近 1,000 年前，有個名叫弗拉赫（Vlach）的巴爾幹部落，將牧羊和起司的製作引入山區的草原。現代的牧人還繼續以古老的方式從事這一行，他們在小屋裡工作，只使用木製工具，大多保有他們傳統的方言和服飾。新鮮的起司被注入梧桐木模具，模具上雕刻著複雜的裝飾。以往，模具上的圖案與起司的功能有關（通常是當作貨幣或禮物），但今日這些設計純粹是裝飾性的。模具可以是橢圓形、桶形、心形或動物形，但只有紡錘形的獲得歐盟保護，這些紡錘的重量必須在 600 到 800 公克之間，尺寸長 17 至 23 公分，在四月至十月間羊的放牧季節中生產製作。

當起司成型後，牧人會將它浸泡在鹽水裡，然後掛在橫梁上，用松木或雲杉木燻製。這樣一來，起司表面就會產生光滑的金色色調，內部則維持乳白色。成品的口感像是較硬的莫札瑞拉起司，但味道較鹹、有煙燻味且較濃烈，帶有烤栗子的味道。把歐擇培烤到柔軟帶彈性，再放上水果乾，它的味道甚至比外觀更美。

How to try it

假的歐擇培起司在波蘭是個問題，有許多仿冒商用牛奶代替，並用染料模仿煙燻的顏色。直接去產地買，可確保貨真價實。「楊柯克」（U Jancoka）是一間高地的旅館，由製作起司的牧羊人經營。

外西凡尼亞
TRANSYLVANIA

羅馬尼亞中西部的外西凡尼亞以慢節奏的田園生活聞名。村莊的現代化腳步緩慢，特別是停留在 12 世紀的撒克遜村（Saxon），許多人沒有手機，仍然偏好馬車而不是汽車。當地人通常仰賴自己的土地和動物維生，生產少量的舊世界手工食品。從農場到餐桌的生活方式，代表食物的味道更好，但很少有產品流出——所以如果要品嘗當地物產，就必須去到當地。外西凡尼亞的佳品如下：

托波洛韋尼的果醬
Magiun of Topoloveni

是由四種（或更多）不同品種的羅馬尼亞李製成的果醬。將果子烹煮 10 小時，直到變成黏稠的深棕色糊狀。當地的李子非常甜，因此果醬裡不需再加糖。

牛心番茄
Inima de Bou

是撒克遜人最喜歡的品種——非常甜而軟、皮薄。在羅馬尼亞的大部分地區，這種番茄越來越少見，但在它們的家鄉外西凡尼亞還有種植，儘管數量要少得多。

火腿
Şuncă

是外西凡尼亞引以為豪的土產，當地的豬隻完全不使用機具飼養和加工，就像幾個世紀前一樣，因此還保有商業產品已經失去的自然複雜的肉味。

煙囪餅
Kürtöskalács

是將麵團裹在旋轉的木叉上，在熱煤渣上烤製的。燒烤後，麵團變成有嚼勁、可以剝開的餅皮，而塗上的糖則變成黏稠的焦糖。

海馬山脈（Hăşmaş Mountains）的牧羊人正在小屋裡製作起司。

手揉起司
Brânză de burduf

是一種柔軟的羊奶起司，產自布切吉山脈（Bucegi Mountains）的山坡上，在冷杉樹皮中熟成，具有獨特的香味和植物味道。

神奇的起司熟成洞穴

塔加石窟 • 羅馬尼亞 ----------------------------------- GROTTO OF TAGA · ROMANIA

How to try it

由於洞穴的產量非常有限，在外西凡尼亞以外很難找到納瑟爾起司。

根據外西凡尼亞的傳說，很久以前，塔加（Taga）地區的統治者是一位殘酷又富有的伯爵。挨餓的人民為了充飢，被迫偷了伯爵的起司，並把起司藏在鎮上的洞穴裡。當他們來取走私藏的起司時，發現它已經變色，從白色變成黃中帶紅，還散發出一股怪味。令他們驚訝的是，產生變化的起司非常美味。當伯爵發現他們做的事，就把起司（和洞穴）統統拿走了。

雖然這故事是傳說，但洞穴則是絕對真實的，它依然是世界上唯一能生產這種當地限定、名為納瑟爾（Năsal）的軟質牛奶起司的地方。起司的名稱來自於洞穴所在的村莊。納瑟爾是一種塗抹熟成起司，意思是細菌或真菌生長在起司外皮上。納瑟爾的洞穴含有天然的亞麻短桿菌（*Brevibacterium linens*，是一種在人體皮膚上會引起腳臭的細菌），加上穩定的溫度和濕度，

在洞穴中熟成的納瑟爾起司輪。

讓這種起司具有其他地方無法重現的深度和沉土味。

自 19 世紀有個羅馬尼亞建築師和他的兒子開始生產洞穴起司以來，納瑟爾一直不乏死忠粉絲，甚至還在巴黎世博會上奪得金牌。1954 年公司開始商業運作，並試圖將設施擴大到洞穴以外，但起司品質變差，價格上漲、銷量下降，最後洞穴於 2013 年關閉。在民眾強烈要求之下，不到一年後洞穴重新開放。如今，納瑟爾起司還活著，以潮濕、美味的足部細菌為食，讓它成為外西凡尼亞獨一無二的起司。

血糖果營養補充品

補血棒 • 俄羅斯 ----------------------------------- GEMATOGEN · RUSSIA

How to try it

補血棒在俄羅斯隨處可見，通常在藥局和世界各地的俄羅斯雜貨店都有販賣。

補血棒（gematogen）具有糖果的所有特徵：巧克力的深色外觀、焦糖黏牙的嚼勁和十足的甜味。這些特徵成功地掩蓋了牛血，而牛血正是這種蘇聯時代點心的主要成分。

包裝袋上滿臉笑容的卡通版兒童和動物，也為行銷裡面的血腥內容物作出了神奇的貢獻。事實上，許多俄羅斯年輕人在吃這種零食的時候，並沒有意識到它含有什麼成分。補血棒在藥妝店和藥局販售，更像是藥物而不是糖果。成人服用的建議劑量每天約 50 公克，13 歲以下兒童需經成人同意，孕婦和哺乳中的婦女食用前需諮詢醫師意見。如今，新鮮的牛血往往被粉狀產品替代，但它仍然是針對貧血、營養不良和疲勞的糖果產品的領導品牌。

餵食太空人的高科技方式

和平號太空站餐桌 • 俄羅斯 ⋯⋯⋯⋯ MIR SPACE STATION DINING TABLE · RUSSIA

和平號太空站是世界上第一個長期有人定居太空的實驗，從 1986 到 2001 年繞著地球航行，攜帶的裝備足以讓三位太空人過活（其中包括瓦列里·波利亞科夫 [Valeri Polyakov]，他依然是連續停留太空中最長時間的紀錄保持人，長達 437 天）。為了餵飽生活在空間狹小、低重力太空站內的太空人，俄羅斯人設計了一張高科技的共食餐桌。

這張彩色的餐桌位於太空站的核心模組內，餐桌附有插槽，讓太空人加熱罐頭和管裝食物，像是俄羅斯牛肝、白醬雞肉等。其他罐頭，如魚子醬和起司，則可常溫食用。每餐飯有大約 65% 是由冷凍乾燥的食物構成，可以用桌上的一個水龍頭加水重新泡發，水龍頭可供應冷、熱水。內建的真空系統可以吸走所有零散的碎屑，但餐點在設計時已經將清理的便利性納入考量，易碎的東西預先弄成一口大小的小塊，而薄片狀的物品則包上一層可食用的薄膜，把東西黏在一塊（根據美國太空人安迪·托馬斯 [Andy Thomas] 的說法，一般而言，太空食物讓人驚訝地相當美味，尤其是湯和果汁）。桌子本身可以折疊、靠在牆上，在不使用時騰出空間；但這情形很少發生，因為太空人發現他們可以飛過去就好。和平號太空站服役 15 年，比預期時間長了三倍，它身上的戰鬥傷痕就是證明：有黴斑、火災和貨運太空船碰撞的痕跡。退役後，太空站的主體大部分被拆解，但桌子被帶回地球，目前放置在莫斯科的航太紀念博物館內。

How to try it
航太紀念博物館每週七天都開放，入場費 250 盧布，約四美元。

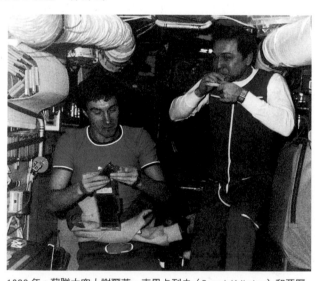

1988 年，蘇聯太空人謝爾蓋·克里卡列夫（Sergei Krikalev）和亞歷山大·沃爾科夫（Aleksandr Volkov）在和平號太空站內吃午餐。

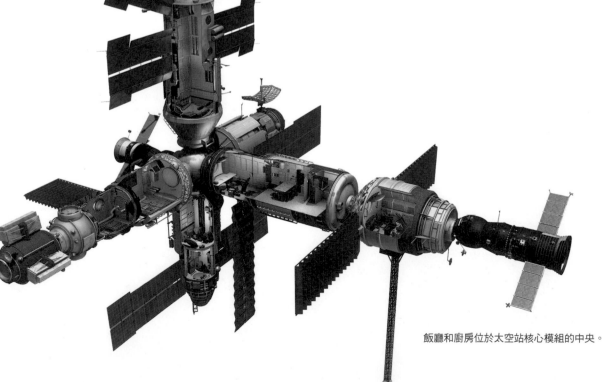

飯廳和廚房位於太空站核心模組的中央。

齊柏林飛船餐廳短暫的高飛年代

從 1928 年起，到 1937 年興登堡號（Hindenburg）空難讓齊柏林飛船旅行的未來從空中墜落為止，在這期間這艘德國飛船提供的用餐體驗，足以與現代豪華遊輪相媲美。飛船上的菜單嚴重偏向德國人的口味，以奶油和肉類為重點，是仿照傳統歐洲頂級旅館的菜色。

齊柏林飛船的尺寸相當於一座建築物，且飛行高度遠低於現代的飛機，因此沒有當今商業航班上會有的乾燥加壓空氣，這種乾燥空氣會使味覺和嗅覺變得遲鈍。因此飛船上的食物保有原味，有助讓乘客享受每天人均分配 3.5 公斤的奢華食物，包括肥鴨、香檳燉白菜、龍蝦和魚子醬。

強調德國美食是策略上的選擇。儘管有人希望齊柏林飛船有朝一日能夠盈利，但它們主要是一種展現德國文化力量的方式。在第一次世界大戰中慘敗後，德國人用齊柏林飛船，向全世界展示自己是奢侈品和交通運輸領域的領先者，並不遺餘力地強化這種印象。桌子上擺設了鮮花和青花瓷花瓶，盤子和茶壺都鑲嵌真金。

興登堡號上的餐廳內配備了最先進的輕巧鋁製包浩斯家具（奇怪的是，餐巾受到嚴格的管控：乘客會拿到一個有名字的信封，裡面裝著一條白色餐巾，整趟旅程中必須將它收好並重複使用）。

飲酒可能是齊柏林飛艇上最受歡迎的活動。儲藏豐富的酒吧有多達 15 種的葡萄酒，以及分為「酸味」「菲麗普類」「氣泡類」「酷伯樂類」和「雞尾酒類」的調酒。「草原牡蠣」是一種用辣醬和整顆生雞蛋製成的治宿醉飲品，也在酒吧菜單上，就列在酒水下方。

里加中央市場占地五個機庫，每個機庫都有個主題：肉類、魚類、乳製品、農產品和一般美食。

歐洲最大的市場，
就坐落在巨大的齊柏林飛船機庫內

在 20 世紀之交，五座新古典主義和裝飾藝術風格的巨大機庫在拉脫維亞的首都里加（Riga）落成，用來停放飛船。當德國製造的飛船失寵時，機庫就變成里加的中央市場，是歐洲最大的市集。市場占地超過 21,800 坪，有 3,000 個攤位。在納粹占領期間，這個空間被用來安置軍隊和軍需品，但在蘇聯的統治下，這個市場重新煥發了活力。

俄羅斯人曾用青蛙來保存牛奶

在冰箱出現之前，俄羅斯的傳統認為，將活青蛙放入一壺牛奶中，可以延長保鮮期。

在俄羅斯有幾則寓言是關於牛奶裡的青蛙。有個寓言說，有兩隻青蛙掉進一罐牛奶裡，一隻因絕望而淹死，另一隻則靠著瘋狂游泳來浮在水面上。到了早上，拼命游泳的青蛙將牛奶攪成了固體的奶油，成功逃生。另一個故事則敘述神奇、有知覺的「跳跳蛙奶奶」（Babushka-Lyagushka-Shakusha）悠游在牛奶浴中。所以，這種保存技巧的根據只是老奶奶們的故事嗎？2012 年，一組莫斯科科學家證明，這些古早的婆婆媽媽們是正確的：某些青蛙的分泌物具有抗細菌和抗真菌的特性，可能有

助於保存牛奶。受到童年喝蛙奶的啟發，首席科學家阿爾伯特·列別傑夫（Albert Lebedev）博士在俄羅斯棕蛙體內發現了 76 種抗菌肽，其中許多都含有抗生素化合物，可以在潮濕的棲息地抵禦細菌。其中一些化合物對於殺死沙門氏菌和葡萄球菌，和現代處方的抗生素一樣有效。

不過，還是不建議隨便抓隻青蛙放進你的牛奶罐裡，因為牠們也會傳播有害的病原體。科學界對兩棲類藥物的探尋，是個不斷擴展又令人興奮的世界（說到另一種青蛙：北美水貂蛙，牠會分泌一種化學物質，可有效對付有抗藥性的細菌鮑氏不動桿菌 [*Acinetobacter baumannii*]），但說到牛奶，冰箱（還有保存期限）無疑是最好的防線。

牛奶伏特加

亞拉加 • 俄羅斯 ⸺⸺⸺⸺⸺⸺⸺⸺⸺⸺ ARAGA · RUSSIA

How to try it

亞拉加通常是鄉下的家釀酒，所以很難在商店裡找到。在圖瓦，品嘗亞拉加的最佳方式，是被當地的蒙古包家庭邀請。

幾世紀以來，俄羅斯偏遠地區、鄰近蒙古北方邊境的圖瓦（Tuva）遊牧民族，將犛牛奶、乳牛奶和山羊奶變成了各種有用的食品，其穩定性足以承受長途旅行。亞拉加（araga）就是其中之一，這種圖瓦私釀酒是從發酵的酸奶中蒸餾出來的。

亞拉加是用一種稱為「舒如安」（shuuruun）的自製蒸餾器生產，這種器具是用挖空的楊樹樹幹製成。木頭製的圓筒放在爐子上的一個大鍋裡，並用一桶冷水蓋住頂部。當鍋底的發酵牛奶（khoitpak）受熱，封在裡面的蒸氣就會冷凝，慢慢從舒如安的長嘴中流出，生產出清澈、酒精濃度 5% 到 20% 的酸味酒。這種酒溫熱時喝，味道更順口。亞拉加被當作一種特殊的飲料，只在慶祝場合和儀式上使用，並且主要給社區內的長者飲用。圖瓦人有個古老習俗，規定只有結了婚的男人才能飲用。

鱘魚脊髓

維亞濟加 • 俄羅斯 ························· VYAZIGA · RUSSIA

鱘魚是著名的頂級奢侈食品魚子醬的來源；在俄羅斯，牠還因另一種美味佳餚而備受推崇，這種美味就是「維亞濟加」（vyaziga）。維亞濟加由魚的脊髓製成，俄羅斯料理中會用它來賦予菜餚鱘魚骨髓的濃郁風味。這種奢靡的食材因為出現在鐵達尼號（Titanic）頭等艙最後晚餐中第二道清湯菜餚的材料，而廣為人知。

因為鱘魚沒有脊椎骨，所以可以從身體中拉出很長的一段脊髓（呈有彈性的凝膠狀長線，可以長一公尺多）。取出後將脊髓晾乾，然後研磨成粉。使用時通常會加水還原成濃稠的糊狀。

How to try it

維亞濟加在俄羅斯的雜貨店仍有販售，被認為是製作真正的俄羅斯魚米餡餅不可缺少的材料。

在俄羅斯，最常與維亞濟加連在一起的菜色就是魚米餡餅（kulebyaka）。這是種製作起來非常複雜、費時又昂貴的餡餅，因此大多數俄羅斯人只在果戈里（Nikolai Gogol）和契訶夫（Anton Chekhov）的作品中讀過（後者稱這道菜是「犯罪的誘惑」）。精緻複雜的魚米餡餅是一個長方形的多層結構，層與層之間由擀得非常薄的「薄餅」隔開。底層由鮭魚或鱘魚等魚類構成，支撐上層細心平衡的米飯、奶油蘑菇、洋蔥、蛋和水煮捲心菜，這些材料都是靠維亞濟加糊混合在一起。餡餅包裹在酥皮中，酥皮上通常裝飾著麵團製成的小魚、葉子或花朵。

現在雖然還有人使用維亞濟加，但在如今的俄羅斯料理中已不太常見。其受歡迎的程度下降，主要是因為鱘魚被過度捕撈，但歷史上一些最奢侈的食客垮台的事實，對這種食材也不無影響。

How to try it

刮魚節將於十二月初舉
辦。雖然去雅庫茨克並
不容易,但最可靠的方
法是坐飛機:當地有座
只有一條跑道的小型機
場。

西伯利亞生魚片比賽

刮魚節 • 俄羅斯 ———————————————— FESTIVAL STROGANINA · RUSSIA

俄羅斯城市雅庫茨克(Yakutsk)距離北極圈不到 483 公里。許多雅庫茨克
的居民都是雅庫特人(Yakut)的後裔,他們自 7 世紀以來就居住在該地區,
並以狩獵和捕魚技術聞名整個俄羅斯。儘管此地曾創下地球上主要城市最冷
氣溫的紀錄,但雅庫茨克人還是喜歡在戶外打獵、在冰上釣魚,並在十二月
(平均低溫約為攝氏零下 40 度)為他們的特別菜色舉行露天慶祝活動。這種
特別菜色就是刮魚片(stroganina),是從冷凍白魚身上削下的薄生魚片。
節慶的開幕式,是一場把這些生魚片精心堆成雕塑的評審展,作品從可愛雪
人到高大的猛獁象都有。重頭戲則是合作考驗:男人要垂直握住冷凍魚的尾
巴,用鋒利的雅庫特刀(專為切長片設計,刀片不對稱,長約 10 至 18 公分)
沿著魚的腹部削下,削出優雅、透明的生魚片捲。他們的女性夥伴則在魚和
盤子之間來回奔波,收集刮魚片,並儘可能巧妙地加以擺放。評審會衡量花
費的時間和美感,並由漁民、政府官員和生魚片愛好者組成的小組選出獲勝
者。與會的刀販、魚販、魚皮服裝和手套商,則為刮魚片慶祝活動錦上添花。
西伯利亞生魚片的吃法很簡單,只要加鹽和胡椒,它會隨著你嘴裡的溫度而
融化。這種一口大小的蛋白質也是很理想的下酒菜。有句俗話說,只有雪橇
犬吃刮魚片不配伏特加。在刮魚片節時,冰塊雕成的玻璃杯中流淌著大量伏
特加和香檳。

一位身著民族服裝的
雅庫特婦女,手持冰
凍的精緻刮魚片。

車諾比禁區自助餐

19 號食堂 • 烏克蘭 ------------------------------------ CANTEEN 19 · UKRAINE

1986 年 4 月 26 日，車諾比核電廠的一座反應爐發生爆炸，造成了世界上最大的核能災難。數十位工作人員和急救人員死於爆炸事故，而後續究竟有多少人死於與輻射相關的癌症，科學家們尚無定論。如今，林業工人、生物學家、建築工程人員還在這 2,600 平方公里的禁區內，繼續努力拆除反應爐、清除廢棄物。當這些人要休息吃飯時，許多人都會前往 19 號食堂。

19 號食堂是禁區內最受歡迎的餐廳，供應豐盛的東歐美食，包括羅宋湯、炸肉排、康波特（kompot，一種飲料）和甜的奶油餡薄餅。除了車諾比的工人外，食堂也服務烏克蘭政府批准的旅行團（要進入禁區，遊客必須報名參加旅遊團或聘請有牌照的私人導遊，烏克蘭政府會檢查護照，並要通過軍事檢查站）。

食客在進入簡樸的食堂之前必須通過輻射探測器。食堂看起來像某種機關內的午餐隊伍，穿著白色制服的工作人員從一排餐點中舀取食物。從食堂可以瞥見車諾比的當代生活，還能和災後仍在清理善後的人一起吃頓飯。

How to try it

19 號食堂營業時間為上午 9 點至下午 6 點。許多旅遊團會在這裡停下來吃午餐，若行程未含餐，則餐費約為 10 美元。（暫停營業中）

豬油樂園

薩洛藝術博物館 • 烏克蘭 ------------------------------------ SALO ART MUSEUM · UKRAINE

沒有來點豬油藝術，就不算到過利沃夫市（Lviv）。這種鹽醃豬肥肉在烏克蘭被稱為薩洛（salo），通常是生吃，一般是放在麵包上，只加黑胡椒和辣椒粉調味，讓肥油不致膩口。這種可長期存放（由於經過鹽醃，保存期長達兩年）的肥油，也是雕塑的絕佳媒材，薩洛藝術博物館就是明證。

雖然名義上是博物館，但這個空間更像是當代藝術畫廊，就坐落在一間週末會變成夜店的餐廳裡。在工業風空間內的牆上，排列著用綿軟、奶油般質地

How to try it

薩洛藝術博物館每週七天都開放。（已結束營業）

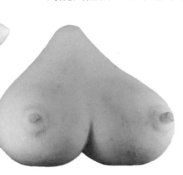

的豬油切出的半身像、人體部位、外星人、動物等。一個巨大的人類心臟複製品（創下用豬油製成最大心臟的紀錄），自豪地用玻璃保護著。博物館餐廳承襲了這藝術主題，讓豬油體驗更加完美。大多數餐點都配有小薩洛雕刻，雕成逼真的獅子、豬、士兵頭像和貓王。還有薩洛壽司、薩洛巧克力和大量酒類，消除因為吃了豬油製成的豬而產生的任何揮之不去的感覺。

餐廳打烊以後，白色的沙發和霓虹燈把這空間變成一個有現場 DJ 的夜店，因為說到薩洛，它永遠不會離題。

展出的作品是世界上熱量最高的雕像。

奶油週

謝肉節 • 烏克蘭 ————————————————— MASLENITSA · UKRAINE

How to try it

在四旬期前一週，烏克蘭各地都在慶祝謝肉節，特別是在基輔舉行的大型派對（並公開焚燒塑像）。

在被命名為謝肉節（Maslenitsa，字面意思是「奶油的」）之前，這個為期一週的慶祝活動是一個異教節日，用來擺脫冬天、迎接春季到來。但是當基督徒也加入慶祝活動時，慶典逐漸演變成四旬期前的盛宴，重點就是齋戒期間能允許最墮落的食物，也就是乳製品。

烏克蘭的謝肉節也被稱為「烤薄餅週」（Pancake Week），如今是與親朋好友相聚的歡樂時光，尤其是一起吃烤薄餅。每天都有不同的主題，要和不同的人一起吃烤薄餅。星期一是女人的，由男人做烤薄餅。到了星期三，傳統是岳母要請女婿吃薄餅。星期五角色互換，由女婿作東。星期六是給姑嫂的。星期天，大家一起吃烤薄餅。被稱為米林奇（mlyntsi）的烤薄餅通常很薄，由加了很多乳製品的稀麵糊製成。由於一整天都會吃，因此米林奇可以是甜的或鹹的，可以配茅屋起司（cottage cheese）、水果乾、蘑菇或魚子醬一起吃。

謝肉節與薄餅狂歡攜手，帶來了民間習俗的復興：身著傳統服飾的歌舞、滑冰、競賽、打雪仗等活動熱鬧活潑，可以打破寒冷月份的寂靜。在節慶最後一天，會焚燒象徵死亡和復活的塑像──這是一種從異教時代存留下來的儀式。薄餅也常被認為是對古老傳統的致意。異教徒崇拜回到人間的太陽，薄餅又圓又熱、呈黃色，是飲食上的太陽象徵。

狂歡者焚燒「謝肉節夫人」的塑像。

婚禮麵包

科羅伐葉 ● 烏克蘭 ··· KOROVAI · UKRAINE

在烏克蘭婚禮前的星期六,七位已婚婦女會聚集在一起製作科羅伐葉,這是一種婚禮麵包,象徵著社區對新人的祝福。這些第一次婚姻就很幸福的女人,一邊揉麵一邊唱傳統歌謠,把自己的好運注入麵包裡。到了要烤麵包的時候,必須由一個幸福的已婚男人將麵包放入烤箱。然後每個人都祈願。裂開或畸形的科羅伐葉對這樁婚事是壞兆頭,而麵包發得越高、裝飾或層次越多,就象徵婚姻越美滿。

雖然在東歐大部分地區婚禮都包含了婚禮麵包在內,但一般來說,烏克蘭的科羅伐葉是最華麗的。用麵團製成的每一種花草都有特定的含義:玫瑰象徵美麗、麥穗象徵未來多產、長春花的花環代表將這對夫婦緊緊地繫在一起。麵包的頂端通常飾有兩隻鳥,一隻烤成展翅膀狀,代表新郎;另一隻翅膀收合,象徵新娘。

在婚禮期間,科羅伐葉會展示在聖壇邊的顯眼位置。之後每位客人都必須吃一塊。在某些版本的傳統中,新娘和新郎會各撕下一小塊麵包,誰的麵包比較大,誰就是一家之主。

How to try it

有些烏克蘭網路烘焙坊可跨國寄送科羅伐葉。價格約從 100 美元起跳,麵包越精緻價格就越高。完全取決於你希望你的婚姻有多幸福。

▶ 北歐 / 斯堪地那維亞

▶ SCANDINAVIA

加料的生日儀式

胡椒伴侶・丹麥 ----------------------------------- PEBERSVEND · DENMARK

數百年前，眾所周知，香料的旅行推銷員都是羅漢腳。他們從來沒有在一個地方停留夠長的時間足以安家，因此單身者就被稱為 pebersvend ——字面意思就是「胡椒伴侶」。如今，丹麥人仍然將未婚的成人稱為香料推銷員（單身女性則是 pebermø，意思是「胡椒少女」）。為了慶祝未婚者的生日，丹麥人喜歡幫他們澆上香料。

25 歲生日需要被「施以肉桂」。通常，朋友們會攻擊過生日的胡椒伴侶或胡椒少女，將他們綁在柱子上，為他們戴上護目鏡，然後抓一把磨碎的香料扔他們。到了 30 歲時，肉桂攻擊升級為胡椒，生日受害者很可能會收到至少一個胡椒研磨器當作禮物。

桑拿香腸

桑拿馬卡拉・芬蘭 ----------------------------------- SAUNA MAKKARA · FINLAND

在芬蘭，桑拿是文化場所。以前芬蘭人會在這種溫暖的房間裡分娩和清洗死者，因為它是家裡最乾淨的空間。現在這個人口 550 萬的國家，有 330 萬個桑拿房，表示幾乎每個家庭都有一個。

就跟任何備受重視的國民消遣一樣，它也是有規矩的。首先，你必須脫光並淋浴。進入桑拿時，先在座位上鋪一條毛巾，然後準備好發熱。正確的溫度介於攝氏 70 至 100 度。健康地流點汗是好事，但如果開始感覺乾燥，可以舀一些水澆在熱石頭上，以產生蒸氣（löyly）。當你覺得夠了，就到外面跳進湖裡，或在雪地裡打滾，清涼一下。

汗流浹背又蹦蹦跳跳之後，你八成已經餓了，這時就該吃桑拿香腸了。當你在蒸氣房裡蒸得嘶嘶響，你的餐點也一樣。馬卡拉（makkara）是傳統的芬蘭香腸，通常在桑拿爐（kiuas）的熱石頭上加熱。若想要外皮酥脆，就把香腸直接放在桑拿爐上。若要讓香腸比較嫩、後續也比較容易清理的話，就把香腸用箔紙包好，或準備一個由芬蘭皂石製成的特殊容器，這是專門用來在桑拿浴室中烤香腸的用具。

這種香腸通常是原味或包起司，和甜辣味的芥末醬完美搭配。這種芬蘭芥末醬被稱為 sinnapi，通常在家裡的爐灶上製作，材料包括芥末粉、糖、檸檬汁、醋和特殊食材：一大杯鮮奶油。然後熬煮成濃稠、琥珀色的醬汁，它是香腸的重要調味料，是任何老式的超市芥末無法替代的。

裝在特殊容器裡烤出來的香腸特別嫩。

◇◇◇◇◇◇◇◇◇◇◇◇◇◇◇◇◇◇◇◇◇◇◇◇◇◇◇◇◇◇◇◇◇◇◇◇◇

芬蘭芥末醬 Finnish Mustard

辣芥末粉 5 大匙（例如「牛頭牌」，Colman's）
杯糖 1/2
鹽 1 小匙
鮮奶油 1 杯
橄欖油 1 大匙
蘋果醋 2 大匙
檸檬汁 1 大匙

1. 將芥末和糖、鹽混合，確保沒有結塊（如有必要請過篩）。
2. 將混合的粉末放進單柄湯鍋，一次加入一大匙鮮奶油，攪勻後再加入另一勺。
3. 加入橄欖油、醋和檸檬汁並攪拌。
4. 用中火將芥末醬煮沸，然後轉小火熬煮七至八分鐘，期間要不斷地攪拌。
5. 放涼，然後裝進可密封的罐中，放在冰箱裡保存。

{ 芥末醬：MUSTARD }

芥末在成為調味料之前，是用來當作治療支氣管炎和牙痛的敷料、治療皮膚炎症的藥膏，以及用來舒緩、幫助入眠的沐浴粉。早在西元前 5 世紀，這種易於種植的植物就因為具有防腐功能，還能刺激血液循環，受到古希臘人珍視。科學家畢達哥拉斯（Pythagoras）發現，把芥末精油塗抹在傷口上，可以從體內吸出毒素，因此他使用芥末來治療蠍子螫傷。醫生希波克拉底在胸部塗抹芥末膏藥，用敷料產生的熱度來化痰，讓呼吸順暢。

4 世紀左右，羅馬人想出一個點子。他們把未陳放的紅酒和這種藥用植物磨碎的籽混合，嘗過這種糊狀物之後，他們把這種新的味道取名為「一定要的火辣」（flaming hot must）。早在絲綢之路通向歐洲之前，芥末（mustard，mustum 是指羅馬的未發酵葡萄汁，ardens 在拉丁語中意思是「火熱」）就是歐洲大陸最早的香料之一，並很快傳播到世界上其他地方。

由於芥末具有抗菌特性，所以未開封的芥末醬不太會變質。它不需要冷藏，不會產生黴菌或細菌，且永遠不會有食用風險。其獨特風味可搭配各種食物：從印度咖哩到美式熱狗、從港點到烤肉醬，世界上幾乎每個地區都各自開發出使用這種辛辣、多功能藥用植物的方式。

第戎
Dijon

在如今已成為這種調味料同義詞的這座法國城市裡，他們用未成熟葡萄的酸果汁（verjus）製作芥末醬，這種味道更鮮明、更精緻的版本很快就在全國廣受歡迎。勃艮第公爵是 14 世紀的芥末狂粉，他舉辦了一場盛會，據稱，客人們光是一餐就消耗了超過 320 公升的第戎芥末醬。亞維儂教皇約翰十二世公告一個新的梵蒂岡職位，名稱是教皇御用芥末師（Grand Moutardier du Pape），並任命他的姪子擔任這一職位，為他調配所有的芥末醬。據信，他姪子是住在第戎附近的業餘人士（成語「教皇的芥末師」〔the pope's mustard maker〕就是從這個任命而來，意指擔住卑賤職位卻自視甚高之人）。到了 1855 年，一個名叫莫里斯·格雷（Maurice Grey）的人因發明第戎芥末醬機而獲獎，這是第一部將製作過程自動化的機器。他想找一個金主，於是找上奧古斯特·波蓬（Auguste Poupon）。他們將各自的姓氏結合起來，變成 Grey Poupon 品牌，並推出他們極具特色的第戎芥末醬，是以白葡萄酒製作的，且能快速生產。

卡松迪
Kasundi

傳統上，孟加拉人會用精心準備的儀式，進行芥菜籽的收成和洗滌，並製作傳統的芥末醬卡松迪。在佛陀滿月節（Akshaya Tritiya）的春日，成群的已婚婦女會以單數人組成隊伍一起沐浴，然後朝向東方清洗芥菜籽，並穿著濕紗麗吟誦。在接下來的一週裡，芥菜籽被磨成泥、加入香料，和水、鹽及青芒果混合，然後在陶罐中發酵。最初，只有婆羅門（印度最高的種姓）可以製作芥末醬，但現在製作卡松迪已全面開放。這種香料酸辣醬是油炸食品的首選蘸醬，和深受喜愛、被稱為治不（chop）的孟加拉蔬菜炸物尤其是絕配。

牛頭牌
Colman's

英國磨坊主人耶利米·科爾曼（Jeremiah Colman）開創了將芥菜籽研磨成細粉而不讓油蒸發的技術，從而保留了芥末辛辣濃郁的味道。1866 年，科爾曼成為維多利亞女王的御用芥末師，後來在第二次世界大戰期間，他的芥末是少數沒有納入限量配給的食物之一，因為它對調味平淡的戰時食物至關重要。

中式芥末
Chinese Mustard

這種濃郁、辛辣的糊狀物會像辣根或山葵一樣刺激鼻腔。混合物沒有特殊成分，只是將磨碎的棕色芥菜籽（芥菜〔*Brassica juncea*〕，又稱中國芥末）與水混合。大約 15 分鐘後，芥末糊會發揮出最高效果，然後慢慢下降。牛頭牌芥末醬是替代中式芥末醬的好選擇，它混合了芥菜籽和稍微溫和一點的白芥菜（*Sinapis alba*）籽。

水果芥末醬
Mostarda di Frutta

14 世紀的米蘭公爵帶起了甜辣味混合的潮流。把大塊的水果，如蘋果、榲桲或櫻桃，用又甜又辣的芥末糖漿醃製，放在公爵烤肉上食用。今日在義大利，mostarda 一詞指的是辣水果調味品。

How to try it

想要被赫爾辛基的居民餵食？請將您的旅行安排在二月、五月、八月或十一月的第三個星期六。

赫爾辛基的快閃餐廳派對

餐廳日 • 芬蘭 -------------------------- RESTAURANT DAY · FINLAND

赫爾辛基的餐廳日是在二月、五月、八月、十一月的第三個星期六，此時誰都可以在任何地方開餐廳。在芬蘭首都各處，市民們就在快閃攤位上販售檸汁醃魚生（ceviche），在珠寶店賣瑪芬、在舊火車站、借來的廚房、公車站、樓梯間、偶爾會還會在船上，賣起自家製的食品。什麼都能賣：有專為嬰兒服務的餐廳，也有黑暗的地下室掛著咖哩香腸。在這座居民很少會閒聊的城市，餐廳日改變了赫爾辛基的社會架構。人們可以在這一天互相交談、接近陌生人並聊一下他們在做什麼料理。

餐廳日始於 2011 年，當時赫爾辛基的居民提莫·山塔拉（Timo Santala）想開一家行動式自行車酒吧，販賣飲料和小吃，但對這座城市繁瑣的行政程序感到挫敗。山塔拉想像有那麼一天，餐廳可以在沒有許可證和限制的情況

下開業，於是在 2011 年五月發起了餐廳日。從那時起，人人皆可參加的美食嘉年華變得非常受歡迎，因此市政府決定支持這個活動（餐廳日目前還沒有傳出食物中毒的案例，這一點也很有幫助）。

這個民間自創的節目也蔓延到各國，從冰島到南太平洋島嶼都有。當地社區透過共享食物和對話，彼此聯繫。在俄羅斯餐廳日時，有個廚師在舊蘇聯汽車發動機的接縫處烹調雞肉。在尼加拉瓜，有位餐廳業主收取一首詩或一首歌當作餐費。

抱樹森林中的雪車咖啡館

哈利普的篝火咖啡師 • 芬蘭 ---------- HALIPUU CAMPFIRE BARISTA · FINLAND

How to try it

哈利普森林距離基蒂萊機場（KTT）約 25 分鐘車程。您可以認養一棵樹五年，在此期間您可以免費造訪它，一邊啜飲一杯煙燻拿鐵。

篝火咖啡師斯蒂芬·溫德林克（Steffan Wunderink）獨一無二的咖啡館，供應在明火上烹煮的獨特飲料，他用雪車拉著它，穿過芬蘭最北部的森林而來。

這片森林屬於他妻子的祖父，是他們家在二戰期間失去家園後，芬蘭政府送給他們的禮物。這家人決定不把森林當木材的來源，而是將樹木開放認養，並邀請遊客前來與它們共度時光。溫德林克就是在這片土地上（現在被稱為哈利普森林［HaliPuu］，意思是抱樹）擔任嚮導時，成為了篝火咖啡師。

溫德林克用明火當作爐子，製作以濃縮咖啡為基底、具有美妙煙燻味的飲品，還有一種用富含抗氧化劑的當地蘑菇白樺茸（chaga）製成的茶拿鐵，因而享有盛名。後來因為有位當地人抱怨說，她每天必須跋涉到森林裡去補充咖啡因，篝火咖啡師才變成了行動版。溫德林克買了一輛雪車，並造了一個可

以安全乘載燃木籌火的雪橇。升級帶來意外的
收穫,他和碰巧也在鎮上用改裝的貨櫃經營太
陽能咖啡烘焙機的朋友結盟合作,這位朋友還
認識在印度單一產區以生物動力農法種植咖
啡的農場。

在冬季的月份中,您可以在鎮中心的旅遊服務
處前面、他家的森林裡,或在一些公開活動中
找到溫德林克的咖啡館。在溫暖的月份,沒有
積雪可以騎雪車,他就只能參加固定的活動和
節慶。他的菜單已經從濃縮咖啡飲料和白樺茸
茶擴展到有機茶、熱黑醋栗汁,和可以在他的
籌火上烘烤的越橘棉花糖。

在海豹皮內發酵的鳥

醃海雀 ● 格陵蘭 ---------------------------- KIVIAK · GREENLAND

這項因紐特人(Inuit)的傳統始於狩獵:一個熟練的獵人單憑視覺和感覺,
向空中伸出一支長柄網,在小海雀(small auk)飛行的路線上加以捕捉,一
天下來就可以抓到幾百隻鳥。夏季月份天氣溫和、鳥群數量多,是製作醃海
雀的時節,好在冬天之前完成,因為屆時狩獵地點會變得冰冷而危險、食物
匱乏。

海雀是北極的小型鳥類,大小約為海鸚(puffin)的一半,小到可以握在手
掌中。一道醃海雀需要多達 500 隻海雀,並把這些鳥(一整隻且羽毛完好無
損)塞進清潔過的海豹皮中。裝滿海雀、排出多餘的空氣後,將皮袋密封(作
法通常是在皮袋上跳),然後將開口縫上,並在接縫處塗抹海豹油,以達到
驅趕蒼蠅的效果。這袋巨大的海豹鳥包裹,會埋在一堆石頭下,最少要發酵
三個月(但最多可以保存 18 個月)。海豹的皮內保留了一層厚厚的脂肪,脂
肪讓這些小鳥隨著熟成而連皮帶骨慢慢軟化。除了羽毛,鳥的每個部分都可
以被吃掉。

冬天來了,格陵蘭的日子變得又暗又漫長,醃海雀讓人有慶祝的理由。發酵
的海雀被當作特殊場合的食物,在
生日和婚禮上食用。挖出這包裹就
代表一場期待已久的盛宴即將展
開。鳥的大部分完好無損,但肉及
內臟幾乎呈奶油狀,味道常被形容
成像是非常成熟的戈貢佐拉起司,
再加上甘草的茴香味。醃海雀總是
在戶外食用,因為它的氣味和味道
一樣強烈。醃的鳥是海雀而不是別
的鳥也很重要。2013 年,西奧拉帕盧克鎮(Siorapaluk)有數人因吃了歐絨
鴨(eider bird)醃鳥而死亡,歐絨鴨的發酵效果不及海雀。

How to try it

醃海雀是得來不易的食
物,但如果您願意跋涉
到格陵蘭東部、西部或
北極圈,就可以試著爭
取受邀參加當地的生日
聚會。

填塞 ENGASTRATION

將一種動物塞入另一種動物內烹調，這種相傳數百年的作法，有時會讓人難以理解，或是難以辨識。

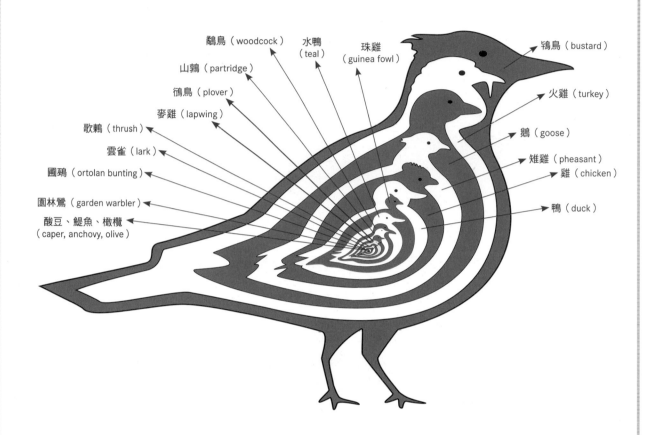

鷸鳥（woodcock）
水鴨（teal）
珠雞（guinea fowl）
鴇鳥（bustard）
山鶉（partridge）
鴴鳥（plover）
火雞（turkey）
麥雞（lapwing）
歌鶇（thrush）
鵝（goose）
雲雀（lark）
雉雞（pheasant）
圃鵐（ortolan bunting）
雞（chicken）
園林鶯（garden warbler）
鴨（duck）
酸豆、鯷魚、橄欖（caper, anchovy, olive）

無與倫比的烤肉 RÔTI SANS PAREIL

這道 1807 年的法國食譜，指示廚師將酸豆塞入鯷魚內，然後放進去核橄欖內，橄欖可以輕鬆塞入園林鶯裡面，整隻園林鶯又可以放進圃鵐內，然後要用上一點技巧將圃鵐塞進一隻雲雀裡，接著正好可塞至歌鶇內，然後把歌鶇塞進麥雞內，再把麥雞塞進一隻鴴鳥內，接著把鴴鳥塞進山鶉，然後把山鶉塞進鷸鳥內，然後把鷸鳥擠進水鴨裡，再讓水鴨轉入珠雞裡，然後是塞進鴨子裡，然後是雞、雉雞；但這還沒完，還要把這一堆動物塞進一隻鵝，然後是火雞，最後，如果一切順利，應該可以緊緊地滑入一隻鴇鳥內。在密封的肉湯鍋中慢燉，24 小時後，您就可以食用這 17 隻鳥了。

特洛伊豬 TROJAN BOAR

這份古老的羅馬食譜，用一頭 454 公斤除去內臟的豬開始，先用酒清洗兩次，然後抹上麝香和胡椒。巨大的豬肚裡有一半塞滿了鶇鳥、母豬的乳房、小鳥和雞蛋，而另一半塞滿了玉米粥。將牡蠣和扇貝放入豬嘴、推進豬肚內，然後將整頭豬縫起來，用酒清洗後火烤。這道菜的別稱來自特洛伊木馬，在格鬥比賽、戰車賽和皇帝就職典禮等盛大活動中會奉上這種吃很飽的豬。

貝都因塞駱駝 BEDOUIN STUFFED CAMEL

肚內塞滿的駱駝是一道美食傳說——抑或非也？把塞滿水煮蛋和米的魚塞進雞裡，再把雞塞進兩隻小羊或是一頭山羊內，然後裝進駱駝的肚子裡，之後煮滾，然後架在烤叉上烤。這道塞駱駝據說是沙烏地阿拉伯和阿拉伯聯合大公國重要婚宴上的菜色，在許多烹飪回憶錄和食譜中都有紀錄，但第一手資料仍然很少見。金氏世界紀錄聲稱這道塞駱駝是「世界上最大的菜色」，而且這道沙漠美食的照片確實存在。然而，懷疑論者還是認為這是沙烏地阿拉伯費心捏造、令人印象深刻的駱駝笑話。

發酵的鯊魚片掛在一個開放的倉庫裡。

發酵鯊魚

哈卡爾 ● 冰島 ───────────────────────── HÁKARL · ICELAND

在試吃冰島乾燥發酵鯊魚「哈卡爾」（hákarl）的時候反胃，是很正常的。就算只是一口大小，也含有極大量的氨，聞起來（也有人說嘗起來）就像尿一樣。但是維京人會建議你捏住鼻子，並感謝他們的創意。如果鯊魚沒有按照他們制定的規格發酵，你甚至不會有機會反胃，因為魚肉會充滿毒素。

新鮮的格陵蘭鯊魚含有大量氧化三甲胺，食用後會導致強烈且無法控制的中毒反應。面對這種長可至七公尺的多肉動物，維京人設計出一種方法，能把肉裡的毒素排除。他們把清理乾淨的鯊魚埋在一個淺砂坑裡，把石頭放在砂上加壓，讓鯊魚體內的液體流出，然後放置6到12週，讓鯊魚肉滲液並發酵。之後再把鯊魚挖出來、切成條狀，然後吊掛晾乾數月。成品幾乎不會壞，能永久保存，堪稱完美的維京食物。

但是，對維京人來說很棒的東西，並不總是適合現代口味。撇開尿味不談，哈卡爾的肉本身也很難對付。魚身上柔軟的白色小點味道常被說是可怕的魚和藍紋奶酪混合，而紅色的腹肉則是韌到沒朋友。甚至冰島人自己對這種食物也是反應兩極；事實上，很多冰島人根本不曾吃過。

近年來，哈卡爾受到遊客們的歡迎，他們讓這傳統行業保持活力，並且不介意用比較現代化的方式處理魚肉，這種方式多了塑膠容器，少了砂石。

How to try it

該國大部分發酵鯊魚都是在比亞納爾霍夫鯊魚博物館（Bjarnarhöfn Shark Museum） 生產，可以在該處試吃。冰島傳統的隆冬犧牲月節（Þorrablót festival）是另一處一定會有發酵鯊魚的地方。

How to try it

果園不是傳統的旅遊景點，但遊客可以打電話預約參觀。學院位於煙場街（Reykjumörk Street），街名來自沿途的幾個噴氣孔，讓空氣變得氤氳而溫暖。

溫泉香蕉園

國立園藝學院 • 冰島 ------------------- GARÐYRKJUSKÓLI RÍKISINS · ICELAND

距離北極圈不到 332 公里的冰島國立園藝學院，是一處熱帶綠洲。果園四周環繞著火山溫泉，可輕鬆獲得地熱能源，不尋常的溫暖氣候讓他們能種植香蕉、酪梨、可可和咖啡等溫暖氣候作物。很多冰島人會告訴你，這是全歐洲最大的香蕉園——可能真的是，這完全取決於測量的人是誰。

冰島的香蕉種植試驗始於 1940 年代，當時農產品的進口稅很高，而地熱很便宜。有將近 10 年，冰島人食用本地出產的香蕉，是在以地熱加溫的溫室中種植的，溫室的氣溫維持在攝氏 21 度。但在 1960 年，政府取消了水果進口關稅，冰島的溫室香蕉無法再與國際市場競爭。如今，在冰島銷售的大多數香蕉都是從熱帶國家運到該國的，但位於雷基爾（Reykir）的果園仍然管理著數百棵果樹，每年生產 500 至 2,000 公斤不等的香蕉。

該果園能否被稱為歐洲最大的果園尚有爭議。嚴格說來，西班牙和法國掌管更大的果園，但這些果園位於各國轄下、氣候溫暖的殖民地，像是加納利群島、馬丁尼克島和瓜地洛普島。與外面的香蕉世界完全隔絕的冰島果園，最終可能會發揮不同的作用——有種名為黃葉病的真菌體持續對各地香蕉園造成嚴重破壞，許多人擔心它會造成世上最多人食用的香蕉品種香芽蕉消失（這不是第一次了，1950 年代，香芽蕉的前身大麥克香蕉就消失了）。被隔絕在遙遠北方的冰島香蕉，結果可能會變成屹立到最後的香蕉。

香蕉無視冰島的寒冷，在熱氣蒸騰的溫室中茁壯成長。

炫耀的皇室

中世紀時，炫耀常常過了頭。尤其是在宴會上，皇室成員很愛標榜他們是多麼富有、有創意又搞笑。在貴族之間，舉辦最精緻的盛宴成為一種競賽，他們甚至還為最喜歡的炫耀方式創造了一個新詞彙：英語 sotelties 或法語的 entremets（字面意思是「兩道菜之間」），指的是不是用來吃的菜，而是用來娛樂的。

懸浮在果凍中的魚彷彿在游泳、麵製的城堡貼上金箔、用杏仁片模仿刺蝟尖刺、肉丸子做成像柳橙的樣子。這些一開始都很可愛，但到了 14 世紀，這種做法開始失控了。英國和法國的御膳房為了保持領先，爭相尋找更炫、更鬧的做法。動物變成上選媒材（又是一種華而不實的作為，因為蔬菜被認視為窮人的食物），雖然有些人的確笑了，但這些人很可能是自大狂。

換新衣的鳥

是常見的宴會桌中央擺飾。有優雅羽毛的天鵝和孔雀，經過細心地剝皮，好讓羽毛連皮完整無缺。這些鳥被烤熟後，廚師們就幫它們重新穿上毛皮。為了讓事情變得更有趣，有時會把一隻鳥縫進另一隻鳥的毛皮裡，因為比起把烤孔雀縫回牠的毛皮，唯一更有趣的事，就是用一隻鵝代替那隻孔雀。

鳴雞

製作方法是將禽鳥的脖子底端縫死，用汞和硫磺粉填充空腔，然後將頸部的頂部縫合。重新加熱時，這些化學物質會將空氣推過禽鳥頸部有限的通道，產生類似唱歌的聲音。這種技術也被用來對廚師惡作劇：當時的雞會尖叫並從鍋子裡跳出來，那可能是有史以來最令人毛骨悚然的廚房。

偽裝死亡的動物

把還活著的食物弄成像死了一樣，這種恐怖運動的主要受害者是雞。牠們被浸入熱水中，被活生生地拔毛並澆上蜜汁，然後將鳥的頭塞在翅膀下，使其入睡。當雞在餐桌上被弄醒時，就會從桌子上逃走，打翻玻璃杯和水瓶、讓女人尖叫，這被皇室當成一流的玩笑。龍蝦也是很好的對象：用特濃的白蘭地浸泡活龍蝦，牠就會變成紅色，很容易與煮熟的龍蝦混合拼盤。

噴火豬

將普通的豬嘴裡塞滿浸泡了酒精的棉花，然後點燃以製造噴火的錯覺。在特殊場合中，會聚集許多動物一起唱歌和噴火，構成宗教和寓言的奇觀。

豬雞

Cockentrice 這道菜據說是為了國王亨利八世而創造，目的是讓來訪的法國國王留下深刻印象。這道菜的食譜寫得像手術說明，要求廚師採購一隻閹雞和一頭豬，然後將它們燙洗乾淨，然後將動物從腰部切成兩半，再用針線將豬的上半身和閹雞的下半身縫合，創造出一種新的混種動物，保證令人眼花撩亂（順序也可以顛倒：雞頭和豬腳）。

將豬的上半身和閹雞的下半身縫合，是為了讓法國國王留下深刻印象的一道菜。

How to try it

勞加瓦特泉（Laugar-
vatn Fontana）是一處
溫泉 spa，每天會有兩
次帶遊客參觀自有地熱
麵包烘焙坊的導覽。參
觀行程包括品嘗從地裡
挖出來的熱麵包，配上
奶油。

溫泉黑麥麵包

溫泉麵包 • 冰島 ————————————————— HVERABRAUÐ · ICELAND

每天，一群人數不多但熱情不減的冰島麵包師，跋涉到最近的溫泉，在炙熱
的黑砂地上挖一個洞，然後放進一盒剛剛揉好的麵包麵團。大約一天後，他
們會回去把盒子挖出來。盒子裡有一條熱熱的黑麥麵包，是用溫泉的熱氣緩
緩蒸熟的。麵包很扎實、有嚼勁，帶有堅果味跟一點甜味。

冰島地下有迷宮般的火山溫泉網，該國一半以上的能源都是來自地熱。麵包
必定也吸收了一些這種能源，因為吃下幾口這種暖心的麵包後，你可能會覺
得爬上山頂或涉過冰冷的河流也不算
什麼。Hverabrauð 的字面意思是「溫
泉麵包」，但這種食品還有個暱稱：
þrumari，意思是雷霆麵包，暗示了
麵包另一個強大的副作用。畢竟，這
些纖維可能會對消化系統的另一端造
成嚴重衝擊。

當然，大多數冰島人是在現代的烤箱
中烤黑麥麵包（rúgbrauð），但那些
選擇使用地熱的人拍胸脯保證，這樣
做出的麵包，口味和口感都好得多。

一位麵包師在勞加瓦特湖畔挖掘地熱麵包。

馬背啤酒比賽

溜蹄啤酒 • 冰島 ————————————————— BEER TÖLT · ICELAND

How to try it

冰島南部塞爾福斯
（Selfoss）的福立黑
瑪農場（Friðheimar
Farm）有各種馬術表
演，包括溜蹄啤酒。

冰島馬以一種北方馬種特有的平滑平行步伐「溜蹄」（tölt）聞
名。這種穩定的四拍步伐可以在加速的同時讓騎士保持舒適；
因此當馬匹在賽道上快速前進時，騎士能在
馬鞍上保持相對靜止的姿態。為了證明冰島
的馬有多穩定，有一種名叫「溜蹄啤酒」的
比賽，比賽中騎士手拿一整杯的啤酒，並讓
讓坐騎奔跑。目標是盡可能不讓啤酒灑出，
因為灑酒最少的騎士可以喝得最多。

溜蹄啤酒是冰島馬展的固定戲碼。參賽者以
不同的速度，向前和橫向騎行，並以單手握
住杯子，有時還會有音樂。十幾名騎士，每
個人全神貫注地端著啤酒，而他們的馬在他
們身下興高采烈地蹦跳，這景象既令人印象
深刻又荒誕離奇。這正是一種理想的方式，
可以炫耀你的馬有多穩健、你的個性多古
怪，還有你對啤酒的尊重。

冰島熱狗

皮爾蘇爾 • 冰島 ━━━━━━━━━━━━━━━━━━━━━ PYLSUR · ICELAND

與酸羊睪丸和發酵鯊魚等更令人生畏的冰島特色菜相比，被稱為皮爾薩
（pylsa）的冰島熱狗，是一種相對親民、且以美味著稱的國民料理。

皮爾蘇爾（pylsur，複數，只有一支熱狗是皮爾薩）是由羊肉、豬肉和牛肉
三種肉構成，並加上酥炸和生的兩種洋蔥，再淋上數種佐料，包括用蘋果增
添甜味的番茄醬，和一種叫做雷莫拉濟（remolaði）的特殊醬汁。這種佐料
是法國蛋黃醬（remoulade）的冰島版，是一種以蛋黃醬為基礎，加入醃黃
瓜、醋和洋蔥的醬汁。

微妙混合的肉類是皮爾薩複雜風味的關鍵。牛肉
提供脂肪、豬肉帶來口感，而羊肉則有微妙的野
味。冰島羊的生活非常美好，牠們在島上自由漫
步，以漿果和野生草木為食，因此肉也特別美味。
冰島人還用水加啤酒來烹煮熱狗。冰島最著名的
供應商 Bæjarins Beztu Pylsur（意思是「鎮上
最好的熱狗」），名列世界上最了不起的熱狗攤
之一。這家歷史悠久的連鎖店，自 1937 年以來
持續販售熱狗，攤位前永遠大排長龍，排隊的人
不乏來自世界各地的名廚，連美國前總統柯林頓
也是顧客之一。

How to try it

「鎮上最好的熱狗」在
雷克雅維克有五間店，
其中最古老的店面位於
靠近海港的特里格瓦加
塔（Tryggvagata）。
可點份「豪華餐」
（eina með öllu） 試
試。

其他著名的熱狗

美國紐澤西州

義式熱狗
Italian

把炸熱狗、炸馬鈴
薯、甜椒、洋蔥，
包在批薩麵皮裡。

墨西哥

索諾拉熱狗
Sonora

裹上培根的熱狗，
搭配豆子、洋蔥、
番茄和辣椒。

韓國

馬鈴薯熱狗
Potato Dog

將熱狗串籤，蘸上麵糊
和波浪炸薯條，然後油
炸，再淋上番茄醬。

瑞典

餅皮捲
Tunnbrödsrulle

熱狗配新鮮洋蔥、馬鈴薯泥、
生菜、鮮蝦
沙拉，放
在餅皮
裡。

哥倫比亞

佩羅卡連特熱狗
Perro Caliente

水煮熱狗，配上鳳梨莎
莎醬、高麗菜沙拉、薯
片、海岸起司（Costeño
cheese）、 紅莎莎醬
（番茄醬加美乃滋）及
鵪鶉蛋。

一則挪威愛情故事

冷凍批薩 ● 挪威 -- FROZEN PIZZA · NORWAY

挪威人(人均)吃的披薩數量,比世界上其他國家都要多。該國每年消費 5,000 萬片披薩,有 4,700 萬片是在家中,從冰箱裡拿出來烤的。

披薩在 1970 年代出現在挪威,是在當地流行的第一種外國食品。一位名叫路易斯·喬丹(Louis Jordan)的美國人,從住在康乃狄克州紐哈芬(New Haven)的那不勒斯人那裡學會了製作披薩,並在他的挪威妻子安妮(Anne)的幫助下,在奧斯陸開了一家名為「佩佩斯」(Peppes)的披薩小店。佩佩斯最自豪的是有九種美式和義大利口味的派餅,和當時傳統的馬鈴薯加肉挪威料理有很大的不同。佩佩斯迅速展店,至今仍是挪威最受歡迎的披薩連鎖店之一。

冷凍披薩運動則在 10 年後出現,當時格蘭帝歐薩(Grandiosa)品牌製作出足以讓一家人分享的大派餅。當時,這種充滿起司的烘焙食品對一般人來說還很新鮮,根據挪威披薩的都市傳說,同意生產這種冷凍派餅的工廠經理,其實不知道披薩是什麼。這間公司押寶在番茄糊、亞爾斯堡起司(Jarlsberg)和辣椒粉這三種配料上,義無反顧——這種經典口味,至今每年仍然有 900 萬個的銷量。

一般的雜貨店需要兩排貨架來放冷凍派餅。

焦糖起司的重大意外

棕色起司卡車火災 ● 挪威 ---------------------------- BRUNOST TRUCK FIRE · NORWAY

2013 年,一輛載有 27,000 公斤棕色起司(挪威最受歡迎的焦糖化起司)的卡車,在高速通過廷斯菲尤爾(Tysfjord)的隧道時起火了。大火蔓延到卡車上載運的貨物,起司的脂肪和糖助長了火勢,讓大火持續延燒五天,並產生大量的有毒氣體,以至於消防員只能在起司燃燒殆盡之後才能靠近。隧道被嚴重破壞,封閉達數週之久;但比起這些,失去這麼多上好的棕色起司,更讓全國人悲傷。這就是挪威人最愛的邪惡「棕色起司」。一位挪威道路管理局的人員感嘆道:「我都不知道棕色起司這麼好燒。」

嚴格來說,棕色起司不是起司,而是製作起司時的副產品。把製作起司剩下的乳清加上牛奶或鮮奶油一起熬煉,變成甜味的焦糖糊,具有軟糖般的質地,味道又鹹又甜,近乎刺鼻。切棕色起司唯一可以接受的工具是起司切片機(ostehøvel),這又是挪威的一項偉大發明。棕色起司的吃法則沒那麼計較,這種甜起司可以在幾乎所有的餐點中參一腳。黑麥吐司、格子鬆餅和三明治(挪威版的花生醬果醬三明治是草莓醬加棕色起司),都是棕色起司的完美基底。棕色起司是這樣美妙地好用,也可以融入燉菜中、混在肉丸裡,還可以讓大火延燒一週之久、摧毀隧道,並登上國際新聞。

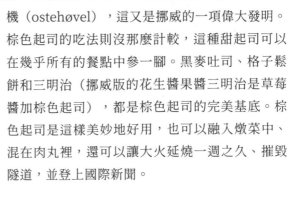

食物武器化

食物向來是謀殺的可靠載體。食物通常會和毒藥搭配使用，被認為是種乾淨、快速且（相對）文明致敵於死的方式。在韓國朝鮮王朝時期，會用一種名為「死藥」（sayak）的儀式性調酒處決貴族（普通人則是斬首或吊死）。數學家圖靈（Alan Turing）因為咬了一口摻有氰化物的蘋果而死（是故意還是意外仍無定論）。雖然用毒藥是很明顯的選項，但歷史證明，還有很多方法可以用食品讓人上路。

巧克力炸彈

納粹是出了名的會在很多東西裡放置炸彈，從保溫瓶、便當盒、機油罐到手錶等，以至於英國情報部門聘請了一位藝術家，繪製出 25 幅納粹誘殺炸彈的詳細圖解，為可能需要拆除炸彈的特工製作說明手冊。其中有一幅畫出企圖炸死邱吉爾及幾公尺範圍內所有人的巧克力棒炸彈。由鋼和帆布做成的爆裂裝置就藏在黑巧克力裡（在當時黑巧克力非常難取得），用黑色和金色的紙包裹，指定放在邱吉爾的客廳裡。幸運的是，在這位首相被糖果誘惑之前，納粹的計畫就被攔截了。

起司砲彈

1841 年，烏拉圭海軍准將約翰·科（John H. Coe）在戰鬥中用盡了砲彈。他和對手阿根廷海軍上將威廉·布朗（William Brown）近距離戰鬥，兩方陣營從甲板上發射鐵砲，彼此相隔約 30 公尺遠的海面。砲彈用盡後，科准將想起了庫存中還有一些熟成不完全的起司，起司硬到有位上尉想切起司時還弄壞了一把刀。於是他就用這種硬邦邦的艾登起司（Edam）裝填大砲向敵軍發射。起司砲擊中了主桅杆，在帆上撕裂了好幾個洞，並飛進一個過艙窗，砸死了兩個人。阿根廷人不願讓有缺陷的乳製品害他們損失更多性命，因而撤退；這場戰鬥終以獲勝作結。

瘋蜜

由一種稀有的杜鵑花製成，這種花含有一種稱為梫木毒素的天然神經毒素，這種蜂蜜產自土耳其東部黑海地區，當地人稱之為「瘋蜜」（deli bal）。超量食用這種蜜會引起噁心、麻痺和產生幻覺。西元前 67 年就發生了這樣的事，當時米特里達梯六世的軍隊在入侵的羅馬人來路上，留下了許多大塊的瘋蜜蜂房。羅馬人無法抗拒誘惑，狼吞虎嚥地吃下這種甜蜜的零嘴，等到他們的身體和心智都無法發揮作用時，波斯軍隊就回頭了結了他們。（可見 P112）

毒奶昔

據說卡斯楚在擔任古巴總理和總統期間，歷經了大約 600 次暗殺行動。利用他無法抗拒冰淇淋的弱點（他和文豪馬奎斯共進一頓豐盛午餐後，吃了 18 球冰淇淋當甜點），美國中情局計畫將一粒毒藥膠囊塞進他的巧克力奶昔中。但是刺客從冰箱裡取出藥丸時，藥丸被黏住了，當他想辦法要拿出來時把藥丸給弄破了。古巴特工局前局長法比安·埃斯卡蘭特（Fabian Escalante）說：「這是中情局暗殺卡斯楚最接近成功的一刻。」只要想想其他的暗殺計畫，就會同意這種說法很有道理。其他計畫包括沾滿細菌的潛水衣、含有 LSD 迷幻藥的雪茄、會爆炸的貝殼，還有鉈鹽——目的是讓他的鬍鬚脫落，因而使他失去人民的尊敬。

水底餐廳最多可容納 40 位賓客。

世界上最大的水下餐廳

水底餐廳 • 挪威 —————————————————————————— UNDER · NORWAY

How to try it

在水底餐廳用餐的候位名單很長，而且要價不菲。您可以在餐廳的網站上查詢可訂位時間並預約。

水底餐廳位於挪威南端林德斯內斯（Lindesnes）海岸附近，是歐洲第一間水底餐廳，也是世界上最大的水下餐廳。賓客可以在海平面下 4.8 公尺處，一邊享用在地美食，一邊從水下全景窗觀賞魚兒悠游。在挪威語中，under 這個字有「以下」和「奇觀」之意。

設計水底餐廳的斯諾黑特（Snøhetta）建築事務所也設計過其他讓人嘆為觀止的建築，包括地標奧斯陸歌劇院。但建造一間水下餐廳要面對的挑戰與眾不同，他們必須確保建築物能夠承受嚴酷海洋環境，包括海浪、風暴和持續的水壓。除了完善的建築物，建築師設計的餐廳還會緩緩融入周圍環境，最終將成為水下生物可以生長的人工魚礁。

外觀看來，水底餐廳就像一個從卡車上掉落、滑入水中的貨櫃。但進入裡面走下樓梯後，賓客就進入了一個全新的世界。簡約的用餐空間，呈深色剪影的桌椅沐浴在大海柔和的海藍寶石光芒中。除了提供水下奇觀以娛樂賓客，固定的季節性菜單還供應讓食客走出舒適圈的超級本地食物，包括貝類、海鳥、野羊、海芥蘭和海韭菜。

維京人的壞血病解決方案

雲杉啤酒 • 瑞典 ————————————————————— SPRUCE BEER · SWEDEN

How to try it

今日，加拿大是雲杉啤酒的主要市場，它可以送貨到全球，但誰都可以按照 18 世紀的食譜（網路上查得到），在家自行釀製。

水手和壞血病曾經是分不開的。長途海上航行需要可以長期保存的食物，這代表新鮮農產品及其中的維生素 C，在船上是不切實際的奢侈品。尤其是在斯堪地那維亞和白色北地（加拿大的暱稱），維京人曾歷經幾次嚴酷、荒蕪的凜冬；而當他們缺乏農產品時，就用松樹替代。

幾世紀以來，航海探險家將常青樹的尖端煮成一種叫做雲杉啤酒的飲料，當中含有足夠的維生素 C，讓他們相對來說較不受壞血病威脅。在這種疾病有正式醫學名稱之前，維京人相信液態雲杉能讓他們保持健康、增強戰鬥力，並能提高生育能力。

到了 16 世紀，在北美的歐洲探險家，記錄了使用雲杉對抗壞血病的情形。在加拿大的紐芬蘭島，雲杉啤酒成為最受歡迎、最容易買到的飲料之一。就連庫克船長（Captain James Cook）在他 1784 年出版的《太平洋航行》（*Voyage to the Pacific Ocean*）一書中，也描述了他的兩個手下會釀造這種芳香的啤酒，供船員們日常飲用。直到 1800 年代，英國海軍艦艇都會攜帶這種靈藥，供英國和美國殖民地的軍隊飲用，直到有其他維生素來源替代，這種做法才逐漸消失。

雲杉啤酒的味道很像在喝耶誕樹。愛好者形容其口感清新爽口，而批評者則認為它強烈的味道相當於以松樹為基底的清潔產品。

諾貝爾獎宴會廳

市政廳地下室 • 瑞典 ------------------------------ STADSHUSKÄLLAREN · SWEDEN

「市政廳地下室」是舉行諾貝爾獎盛會的地點，這場盛會在每年的 12 月 10 日舉辦，與會者是天才、人道主義者和瑞典貴族。然而，在一年中的其他日子，一般人都可以光顧這家餐廳，享用之前頒獎典禮上的菜色。

每一年的宴會菜色都在菜單上。例如，2017 年的諾貝爾宴會上有酥脆的小羊腰和冰鎮覆盆子巴巴露亞（crispy saddle of lamb and frosty bilberry bavarois）供人享用；餐盤則是在諾貝爾獎宴會中規定使用的綠色加金色瓷器餐具。想要有獨特的歷史體驗，賓客還可以選擇他們的文化英雄獲獎當年的宴會菜色。馬奎斯的粉絲可以享用 1982 年的宴會菜色：蒔蘿奶油醬佐北極紅點鮭加上諾貝爾冰淇淋（Arctic char in dill cream sauce and Nobel ice cream）、瑪麗·居里的追隨者則可以享用 1911 年她獲得化學獎時的宴會菜色：朝鮮薊襯公爵夫人烤馬鈴薯泥和土雞（fonds d´artichauts duchesse and poularde fermière），以向她致敬。

不過，諾貝爾宴會要價不菲。前一年宴會價格目前是每人 1,885 瑞典克朗（相當於 200 美元）。復古菜單（早於前一年的所有菜單）價格則不盡相同，必須 10 人以上訂餐，且至少提前一週預訂。如果這聽起來太奢侈，你也可以隨時造訪該餐廳並享用午餐，瞠目結舌地欣賞市政廳地下室的拱形天花板和華美的裝飾。

How to try it
市政廳地下室位於斯德哥爾摩漢特維爾卡加坦（Hantverkargatan）1 號，週一至週五提供午餐（上午 11:30 至下午 2:00），週三至週六亦供應晚餐（下午 5 點至晚上 11 點）。

這家餐廳自 1922 年開業，至今仍保留一些當時的陳設。

歐洲美味美食博物館

鯡魚時代博物館 THE HERRING ERA MUSEUM

冰島·錫格魯菲厄澤（SIGLUFJÖRÐUR）

這是冰島最大的海事博物館，重現了最北方城鎮在鯡魚熱潮下的繁榮時期。從 1900 年代初期到 1969 年，這個小村莊湧進成千上萬的鯡魚工人，為夏季捕獲的魚進行醃製和加工。博物館坐落在一處舊鹽漬場，重現當時、當地（冰島人稱之為「大西洋版克朗代克」）的工作和生活。

食品添加劑博物館
THE FOOD ADDITIVES MUSEUM

德國·漢堡（HAMBURG）

這座博物館隱藏在批發市場中，向民眾展示乳化劑、安定劑、染色劑、增稠劑、甜味劑、防腐劑和調味劑的神祕世界。深入了解為什麼我們會吃下這麼多鋸木屑，以及世界如何逐漸立法禁止使用有毒添加劑，例如砷。

令人作嘔的美食博物館
THE DISGUSTING FOOD MUSEUM

瑞典·馬爾默（MALMÖ）

這間博物館收藏了來自世界各地的 80 種爭議食物，包括天竺鼠、榴槤和長蛆蟲的起司，強調噁心是很主觀的。展示各種受到某個國家喜愛，卻被另一個國家厭惡的食物，有很多機會讓人親身嗅聞和品嘗，鼓勵遊客挑戰他們對噁心的觀念。

山羊凝乳起司
（sallu sardu）。

新鮮榴槤。

卓越的烤豆博物館
THE BAKED BEAN MUSEUM OF EXCELLENCE

威爾斯·塔爾伯特港（PORT TALBOT）

原本是英國石油公司資訊部門的員工，這位人稱貝利·科克（Barry Kirk）的先生，在 1986 年裸體坐在裝滿烤豆的浴缸中 100 個小時，締造了世界紀錄。此一事件促使他將自己改名為豆豆隊長（Captain Beany），並在他的兩房公寓裡設立了一個以豆類為主題的博物館。這座小博物館裡擺滿了來自世界各地的烤豆罐頭和紀念品，還有一間「布蘭斯頓浴室」（Branston Bathroom）和「亨氏廚房」（Heinz Kitchen）。

亞
Asia
洲

中東・南亞及中亞
東亞・東南亞

TASTE THE WORLD!

TASTE THE WORLD!

▶ 中東

▶ THE MIDDLE EAST

幾百年來，這些日曬水果乾捲為亞美尼亞的傳統市集增添豐富色彩。

水果薄餅捲的起源

水果薄餅捲 • 亞美尼亞 ---------- T'TU LAVASH · ARMENIA

亞美尼亞盛產水果。每年，這個內陸國家總是被成片的葡萄、石榴、無花果、蘋果和杏桃園點綴得熱鬧非凡。因為有著富饒的水果產量，亞美尼亞人得以製作出乾燥呈捲狀的「水果乾捲」，攤開面積甚至可以大如桌巾。這項工藝可追溯至遠古時期，當時人們拿水果乾捲作為有效的食物保存法。如今，這個口感酸甜的點心依然很受歡迎，t'tu lavash 意即「酸薄餅」，「薄餅」指的是亞美尼亞境內隨處可見的發酵薄餅。當地人喜歡單吃水果乾捲、拿來包著核果一起享用，或是和炒過的洋蔥放進湯（稱之為 t'ghit）裡一起煮，而湯旁邊當然要配一份國民美食薄餅了。

How to try it

前往格加爾德修道院（Geghard Monastery）的路上，有許多攤販賣這種水果乾捲。格加爾德修道院是中世紀遺跡，其名得自刺死耶穌的那根長矛。

手拉棉花糖

波斯棉花糖 • 伊朗 ---------- PASHMAK · IRAN

伊朗的棉花糖（pashmak）同時需要人力與機器合作，才能做出這種柔軟蓬鬆、只融你嘴的美味甜食（波斯語中的 paskmak 就是「像羊毛一樣」的意思）。西方的棉花糖作法，是把熱糖漿從小洞倒進旋轉風鼓裡，糖漿射出後快速凝固就變成蓬鬆狀。而伊朗棉花糖則是老派作法，把糖跟水放進大鍋裡一起「焦糖化」，再把最後的混合物放到工作檯上，趁冷卻時對它又拉又揉以產生黏稠度。接著用手把焦糖捲成厚重的圓圈，放到由烤過的麵粉和奶油製成的扁平麵團上，再靠師父巧手和一種「類章魚手臂」的機器一起協力合作，兩者會逐漸融為一體。首先，這種機器手臂會緊密集中，再把焦糖與麵團往外擴張，這時要靠人力把焦糖麵團混合物再推回中心，如此耗時耗力地

How to try it

沙漠城市亞茲德（Yazd）的「哈吉哈利法阿里拉巴」（Haj Khalifeh Ali Rahbar）除了賣棉花糖，還有應有盡有的伊朗甜點。

不斷重複由內而外、由外而內的過程，直到最後做出如羊毛般綿密細緻的質地為止。

最後的成品口味繁多，從芝麻到豆蔻應有盡有。這些棉花糖被切成適當大小，裝箱送往全國各地的甜點店販售。在伊朗，棉花糖常被拿來當冰淇淋或蛋糕頂上的裝飾。雖然它口感輕盈飄逸，讓人難以想像最初是由笨重濃郁的焦糖製成，但在口味上可是一點也不簡單，烤過的麵粉為它增添了核果香和奶油香，讓這個西方遊樂場常見的繽紛甜點，換上東方高雅精緻的新風貌。

伊朗棉花糖的外觀樸實，口感卻多了奶香與焦香。

其他伊朗的特色甜點
冰涼好滋味

法魯達
FALOODEH

史上最古老的冰甜點之一，這都要歸功於誕生於 2,500 年前的波斯冰窖（見 P85）。這種「甜點」作法是把煮過的細麵條加上玫瑰水口味的碎冰。碎冰吃起來綿密柔軟，又帶著淡淡花香，而細麵條則多了嚼勁。最後再擠一點萊姆汁，這道清新酸甜的冰甜食至今仍是伊朗最熱門的國民甜點之一。

波斯番紅花冰淇淋餅乾三明治
BASTANI-E-NOONI

外頭是薄脆的威化餅並沾上碎開心果，裡頭的冰淇淋則是傳統的番紅花加玫瑰水口味。這款波斯冰淇淋三明治雖然全年都可以買到，但在波斯新年諾魯茲（Nowruz）時特別受歡迎。

一顆伊朗種子，讓美國的開心果產業發芽茁壯

1979 年一群伊朗大學生衝進德黑蘭的美國大使館，挾持數十名人質。這個危機事件主宰了接下來兩國間的關係，也影響後續幾個世代的政治命運，最後甚至為美國的開心果產業帶來可觀利益。當美國政府開始對伊朗開心果實施報復性禁運，也讓加州同業趁隙出頭。今日，美國和伊朗同時並列全球開心果頂級生產國的地位。

從植物學角度來看，這的確是了不起的轉變。開心果是出了名的難種，不僅需要生長在炎熱乾燥的氣候，也要有寒冷的多天助於結出果實。開心果樹大概需要 10 年才能成熟，即使如此，許多樹甚至每兩年才能結一次果子。而伊朗的氣候，尤其在高海拔沙漠城拉夫桑詹（Rafsanjan），特別適合這種刁鑽的作物。

19 世紀末期，中東移民出於對家鄉味的渴望而將開心果引入美國。但這些開心果「無育種能力」，美味可口卻無法繁衍。

1929 年，加州的「奇可新型植物引種站」（Chico New Plant Introduction Station）指派落葉喬木研究員與「植物探索家」威廉・懷特豪斯（William E. Whitehouse）到伊朗完成一項任務——把開心果種子帶回來種。他花了六個月到處尋找開心果，終於帶回九公斤不同品種的開心果回奇可。引種站成功種植且分析了共 3,000 棵樹，其中有個樹種結的開心果渾圓酥脆，毫無瑕疵，原來它是來自拉夫桑詹知名果園的克爾曼種（Kerman）。奇可研究中心在 1931 年左右種下這棵「母株」，也讓它成為全加州經濟用開心果之母。

幾十年下來，美國的開心果種植規模始終不大，主要靠伊朗進口以滿足需求，一直要到 1976 年，一路摸索走來的美國開心業，才終於嘗到第一次的大豐收。接下來又發生了 1979 年的人質危機，讓美國開心業趁隙壯大組織，即使到後來禁運已解除，進口伊朗核果仍須課徵高達 300% 的關稅。

開心果被認為是「20 世紀美國最成功的植物引入種」。雖然起先耕種不易，如今光在加州就已成為價值 16 億美元的產業。當年跟著懷特豪斯飄洋過海而來的那顆種子，現在已在八萬公頃的加州土地上開枝散葉。

在伊朗的札然帝耶（Zarandieh），一名
男子正把一車車的開心果運去曬乾。

這些冰窖（yakhchal）外觀看起來像高聳入雲的巨大陶製蜂窩，卻是古波斯文化的創意工藝之作。早在西元前 400 年，即使當時還沒有電力或冷藏技術的發明，波斯的沙漠民族正是靠著這種錐狀建築，得以嘗到冰淇淋的美味。建築本體由沙子、黏土、蛋清、石灰、山羊毛和一種叫 sarooj 的灰燼混合製成。肉眼可見的錐狀結構體之下，其實藏著巨大的地下室，冰塊就是在這裡製造和儲存的。憑藉著高明的工程技術，古波斯人打造稱為「暗渠」（qanat）的系統，把地下水道的水運送至此。接著再巧妙結合風塔、計畫性設計的通風口和外牆的遮蔭，讓水可以一夜結冰。此外，古波斯人也常把山區的冰塊運來這裡儲藏，藉以加強保冰。他們會把冰切成塊狀，再做成冷凍食物。這些冰窖因為有了冰封的冷空氣，也成為人類史上最早的冰箱，可以有效保存肉類或乳製品這類易腐食物，不受外頭沙漠高溫侵襲。

伊朗境內至今仍有許多冰窖可參觀，梅柏（Meybod）的納林城堡（Narin Castle）就有一座，亞茲德和克爾曼也有不少。

早在兩千多年前，波斯人就擁有先進的技術，足以建造這樣巨大的冰窖。圖為阿拔爾庫（Abarkuh）四座巨大冰窖其一。

山寨速食店入侵伊朗

在 1979 年宗教人士發動革命奪下國家領導權之前，伊朗首都德黑蘭是個流行大都會，處處可見西方文化影響：世俗主義、迷你裙，以及麥當勞和肯德基這樣的速食連鎖餐廳。但是當何梅尼（Ayatollah Ruhollah Khomeini）當權後開始鼓吹傳統伊斯蘭價值路線，對一切西方外來品下了禁令，其中包含美式速食店。

何梅尼在 1989 年過世後，躁動民心越來越勇於發聲，表達對當局實施西方文化禁令的不滿。許多伊朗人透過衛星電視和海外親戚與西方文化保持接觸，也有人到杜拜之類的地方觀光，看到速食餐廳大行其道。伊朗商人想要把這些速食品牌引進國內，但礙於禁令、關稅和兩國政治情勢等因素而無法如願。於是，各種「山寨牌」紛紛出籠，「邁」當勞（Mash Donalds）、Sheak Shack（Shake Shack）和必勝「克」（Pizza Hot）就是這樣的產物。

菜單上的品項名稱，例如肯德基的雙層炸雞堡（Double Down）和漢堡王的華堡（Whooper），也被偷天換日改成波斯名。

德黑蘭的 ZFC（上）和必勝克（下）。

而食材也因地制宜變成獨一無二的波斯配方，例如原本的墨西哥捲餅，到了伊朗就改成包雞肉沙威瑪、烤蔬菜、番紅花飯和黃葡萄乾。

在其他國家，這樣的「山寨品牌」可能會被必勝客、Shake Shack 和肯德基告侵權，但礙於伊朗和美國間的不明局勢，使他們有機可乘。儘管伊朗的法律機構最終允許麥當勞的律師關閉了邁當勞（2010 年，31 冰淇淋〔Baskin-Robbins〕設法關了五間山寨店），兩國間失調的政治關係，無疑讓智慧財產權的執法重重受挫。多數在伊朗少有甚至沒有合法權的公司，依舊傾向把資源用在拿著假商標硬是開拓市場。

對這些山寨品牌來說，更大的隱憂其實是伊朗當局。因為即使是山寨也被認為是美國帝國主義的象徵，當局可以宣稱推廣「反西方遺毒」，而輕易地勒令停業。因此，山寨餐廳業者必須設法取得平衡：要模仿夠到位，以吸引伊朗人上門；又不能太維妙維肖，以免惹來政府以腐敗和西化之名過度打壓。

沙漠裡的花朵

卡尚玫瑰水節 ● 伊朗 ------------------ KASHAN ROSE WATER FESTIVAL · IRAN

一年中的多數時候，卡尚縣（Kashan County）的地景看起來都很單調——卡其色的拱形建築，散布在塵土飛揚、風沙滾滾的山丘上。但到了春天，沙漠裡的花朵瞬間綻放，遍地綠意之間冒出滾滾的粉紅色柔軟花瓣，連成一片玫瑰花海。每年五到六月，當地工人小心翼翼地在這些帶刺的穆哈瑪蒂玫瑰（Mohammadi rose）花叢中穿梭，摘下共計數以千噸的花朵，就為把它們蒸餾成玫瑰水。

來自伊朗和世界各地的訪客湧到加姆薩爾（Qamsar）參加芬芳滿溢的玫瑰水節，把這原本寧靜的城市炒得熱鬧非凡。現代玫瑰水的製作多半已工業化，但在卡尚縣，有些人仍繼續沿用百年古老技術 golab-giri 來蒸餾玫瑰水。作

How to try it

加姆薩爾位在德黑蘭南方約 215 公里處，每年五月的玫瑰水節是一大亮點。

法是把花瓣和水放進密封的銅鍋，以慢火加熱，等蒸氣升起，就可以把「萃取物」收集到管子裡，道理就像蒸餾烈酒一樣。管子引出鍋外，連到一旁的水壺，等個幾小時冷凝後，就會得到高濃度的蒸餾物，可以做成香氣迷人的玫瑰精油，以及價格較為便宜，常被使用在傳統醫藥和波斯料理中的玫瑰水。

在節慶期間，不管是剛出爐的或擺在市集裡的瓶裝版，到處都可以買到玫瑰水。伊朗的玫瑰水是全球公認的好品質，只因為這些職人堅持遵循古法，將玫瑰從產地直送銅鍋，才能保存其絕美香氣與風味。

卡尚縣的玫瑰會先收集到桶子裡，再被蒸餾成玫瑰水。

沼澤裡的太妃糖

卡利艾糖 • 伊拉克 ———————————————— KHIRRET · IRAQ

每年仲夏，伊拉克南方的市集會被卡利艾糖染上金黃色的光暈。這種質地脆硬的糖果，是由該地沼澤區一種水生植物的花粉製成。外觀呈亮黃色，像粉筆或堅固的芥末粉團，被壓縮成緊緊一團。伊拉克的阿爾艾瓦（al-Ahwar）被聯合國教科文組織列為世界遺址，馬丹族（Ma'dan）就住在這裡的沼澤區，他們會充分食用整株長苞香蒲（*Typha domingensis pers*，又叫「貓尾草」）。春天的時候，雄花會釋放花粉，摘下來即可做成卡利艾糖（khirret 意即「摘下」）。首先他們把金黃色的花粉曬乾、篩除雜質後再混入糖粉，用棉布或紙袋包起來後拿去蒸。蒸氣會把所有成分完美融合，硬化後的卡利艾糖就可以販售了。

卡利艾被伊拉克猶太人視為節慶甜點，還有一說是，當年摩西寶寶被藏在尼羅河的紙莎草叢裡，才逃過埃及人的追捕，而生長在伊拉克的長苞香蒲，外觀像極了紙莎草，因此也被賦予了神聖價值。巴格達的猶太人，過去會在普珥節（Purim）時吃卡利艾，直到 20 世紀中期他們開始大舉移民回以色列後才停止。雖然卡利艾沒有跟著他們回以色列，卻仍是南伊拉克的季節性甜點。

How to try it

夏季時可以到巴斯拉（Basra）和納西里亞（Nasiriyah）的市集找到這款壓縮花粉糖。

以巴衝突的尖銳象徵

薩布拉果 • 以色列 --- SABRA · ISRAEL

對於生活在近代世界史中衝突最烈地區之一的以色列人和巴勒斯坦人來說，這個渾身是刺的仙人掌，其實很有政治味。這個圓圓長長的小果實，厚皮上長滿了大大小小的刺，口感又酸又甜，恰好選在這地區蓬勃生長，且備受兩國人民的熱切喜愛。希伯來語稱這果實為「薩布拉」（sabra），阿拉伯語則稱之「薩柏兒」（sabr），無論名稱為何，這小小果實已成為代表雙方國族意識的重要象徵，儘管爭議色彩依舊不減。

就以色列來說，薩布拉果代表的是一種理想——外表強悍、內在柔軟甜美，並且與土地深刻連結，也就是在國內土生土長的猶太人。而其高大的刺梨灌木，會長成扁平的槳狀，在夏季同時開花結果，被普遍運用於以色列的住家與建築造景園藝。

然而在巴勒斯坦，這個果實象徵的是堅忍不拔，而非強悍。「薩柏兒」在阿拉伯語裡同時有「耐心」之意，常見於蠻荒之地，能扎根於沙石岩礫中，也耐得了旱，卻依然能產出甜美鮮嫩的果實。如今，許多巴勒斯坦村落已經被以色列人占據，唯有薩柏兒留下來，於是這款帶刺水果也提醒了巴勒斯坦人顛沛流離之苦。

多數人把薩柏兒拿來吃，但約旦河西岸的藝術家阿瑪·亞辛（Ahmed Yasin）以這仙人掌為畫布與創作素材，並在自家後院開啟了政治味濃厚的畫展，作為文化抗爭的手段。

沙漠裡的松露市場

松露市集 • 科威特 ------------------------------------ FAGGA SOUK · KUWAIT

早春時分，老饕們會蜂擁至位於科威特西北方的阿爾賴（Al Rai）松露市集，盡情嗅聞這款白褐相間的「料理黃金」。沙漠松露在科威特語是「法加」（fagga），市場需求量極大，每年都會有超過 500 個店家來搶 120 個左右的攤販名額。

中東和北非的沙漠地帶，非常適合沙漠松露的生長。和歐洲松露相比，這種松露顏色較淺、氣味沒那麼重，價格也較親民。雖然松露是真菌的一種，但沙漠松露看起來更像馬鈴薯。這款菇有著海綿質地和泥土味，常用來為肉類、燉菜和醬汁調味。當然也可以單吃，只要加點橄欖油、芫荽，或加進卡布沙（kabsa）這種常見於波灣國家的香料大鍋飯裡配著吃。

自從 1990 年伊拉克入侵科威特以後，市集裡的松露多半來自伊朗、沙烏地阿拉伯、利比亞、摩洛哥和突尼西亞等鄰國。過去那些經常在沙漠裡到處挖寶的科威特松露獵人，如今不敢重返舊地，就怕誤觸伊拉克軍隊留下的未爆地雷。科威特地貌和氣候的變遷，也是一個肇因。松露的生長需要雨水和空間，然而雨季變得不規律，都市擴張也造成產地受到壓迫。而若在敘利亞和伊拉克這些戰爭頻仍的國家獵松露，也是風險極高的事，過去不乏有松露獵人被

想要成為幸運兒,在科威特
松露市集裡占有一席之地,
競爭可是非常激烈。

疑心病重的伊斯蘭國激進分子擄殺。

隆冬時節,當雨水與閃電降臨沙漠,貝都因人(Bedouin)莫不歡欣鼓舞。
雖然缺乏確切實證,但閃電似乎可以刺激地底下松露的生長。等到松露成熟
了,會在泥土表面擠出裂痕,成為獵人們在沙漠裡挖寶的指標。松露的市場
價格一公斤可賣到 25 至 65 美元不等。

羊尾油封

油封羊肉 ● 黎巴嫩 ————————————————— AWARMA · LEBANON

在黎巴嫩,油封羊肉的誕生遠早於冰箱發明之前。村民在溫暖季節宰殺羊隻
之後,會用羊的脂肪慢火燉肉,這烹飪法稱為「油封」(confit),傳統上
是用來保存食物的方法。油封完畢後,將容器鎖緊,可以在儲藏室放上幾個
月都不會壞,恰好為冬季提供肉源。

首先,把羊尾端的脂肪切成方
塊狀(肥尾綿羊[fat-tailed
sheep]常見於中東各地,其
脂肪會聚集在尾端呈袋狀),
接著加入碎羊肉和鹽,慢慢煮
到軟化呈棕色。這款油膩食材
可自由變化菜色,經常和蛋一
起煮成早餐,也可以做成基貝
(kibbeh,加入小麥的五香肉
丸),加入鷹嘴豆泥、湯、燉
飯或抓飯裡增加肉香味。

How to try it

首都貝魯特(Beirut)
的「阿爾索西餐廳」
(Al Soussi)供應的傳
統早餐備受顧客喜愛,
想品嘗一盤豐盛的雞蛋
佐油封羊肉,來這裡就
對了。

肥尾綿羊 GAT-TAILED SHEEP

既非傳說，還很美味

根據 5 世紀時希臘歷史之父希羅多德（Herodotus）的說法，經過阿拉伯的旅人在途中會邂逅會飛的蛇、用肉桂築巢的鳥，還有尾巴腫得超大的羊，大到不是在地上拖行，就是得用特製的拖車來加以支撐。雖然，希羅多德向來喜歡為歷史故事加油添醋，但這種「肥尾綿羊」是真的。

1,000 多年來，人類成功培育這種有著肥大尾部的羊（在全世界的羊種中，約有 25% 仍是這種肥尾羊的變異種，泛見於中東、中亞和非洲）。有的羊尾巴呈蜷曲球形，有的則像槳一樣呈扁平狀。四處遊牧的阿瓦西（Awassi）羊，除了以豐富泌乳量出名，牠那扁平的尾巴可能重達 12 公斤，這數字和 16 世紀編年史家里歐・阿非卡諾斯（Leo Africanus）寫到的 36 公斤相比，算是小巫見大巫。

對羊來說，尾巴中的額外油脂有助於度過嚴酷氣候。沙漠的羊必須千里跋涉才能找到草地和水源，所以就像

駱駝有駝峰，牠們也將多餘的卡路里儲存在尾端。對人類來說，這肥美的尾巴剛好提供了絕佳防腐劑和食用油。尾部的油脂很接近皮膚表面，遠離體溫較高處，暴露在較低的溫度之下。因為這樣，這裡的油脂融點低，口感較溫潤柔軟，並帶著隱隱羊味。

屠夫們通常會把羊尾分開賣。在肉裡加入一點羊尾油拿去做烤肉串，可以讓菜色變得更有肉香更多汁。羊尾油的用途很多，凝固版可以當開胃菜單吃，液體版可以拿來刷在果仁蜜餅上增添香氣。

從以色列到印度的藝術家，都曾經讓這種肥尾綿羊出現在石頭畫、馬賽克鑲嵌或黃金畫布裡（甚至《聖經》裡也曾提到牠）。但對習慣細尾羊的歐洲人和美洲人來說，這種生物簡直是超乎想像。直到 20 世紀，旅遊誌和農民曆都還用與希羅多德一樣的獵奇語氣描述這種羊，同時不忘加上尾部的拖車。這種看似異想天開的形容，讓許多懷疑論者認為這只是神話一則（畢竟缺乏照片做證據），但許多學者引用 19 和 20 世紀出現在阿富汗的羊尾車，來證明此事當真。

許多旅人都曾寫到這種綿羊傳奇——羊背後連著一根肥大的尾巴，還需要用拖車拖著走。

黑種草籽糊加了糖後可做
成美味的甜派,僅在巴勒
斯坦可以品嘗到。

黑芝麻醬

艾薩糊 • 巴勒斯坦 ──────────────────── QIZHA · PALESTINE

想愛上艾薩糊,首先你得先認識它。巴勒斯坦因為與以色列邊界紛擾不休,
使得許多國內物產無法輸出,也代表外界很少有人知道這種與芝麻醬相似的
黑色種子糊。要製作艾薩糊,得先把黑種草籽(black nigella seed)烤過之
後再研磨,加入黑芝麻增加油脂,最後看起來像閃亮亮、黏乎乎的焦油,吃
起來則是苦甘摻半,帶著淡淡的薄荷香。等造訪巴勒斯坦的遊客實際吃到這
種黑種子糊,多半會為之成癮,但出境以後卻再也找不到此等美味。

位在巴勒斯坦境內的城市納布魯斯(Nablus),有
著「約旦河西岸美食之都」的美譽,艾薩糊也
是這裡的特產之一。通常會被做成甜點,最
常見的是艾薩哈爾瓦酥糖(qizha halwa)
或艾薩派(qizha semolina pie),也有人
像吃藥一樣少量服用這種糊狀物。在阿拉伯語
裡,黑種草籽的名稱是 hubbat al-baraka,意思是
「祝福的種子」,因為它對健康非常有益。由於艾薩糊有
抗炎與抗菌功能,巴勒斯坦人每天都會食用艾薩糊作為養身
之道,長輩尤甚。

How to try it

在納布魯斯你可以在
「布瑞克烘烤」(Breik
Roasting)找到頂級艾
薩糊,另外店裡販售的
當地香料、咖啡和肥皂
也不錯。

開齋節的美味

巴拉利粉絲蛋餅 • 卡達 ———————————————— BALALEET · QATAR

當齋戒月終於結束，該是在開齋節這天大快朵頤一番。對卡達和其他波灣國
家來說，選巴拉利這樣的食物準沒錯。它既有米粉，也有蛋餅，有甜也有鹹，
口感軟脆兼具，固定會出現在早餐裡，有時也是午晚餐的選擇。

製作巴拉利，首先要把米粉煮至半熟，再放到鍋裡用奶油、糖、豆蔻和番紅
花一起煎（豪華升級版則是加入咖哩粉、薑黃或薑）。煎完的米粉會呈微咖
啡色，有的酥脆有的軟嫩，再灑上一些玫瑰水即可。接下來是蛋餅，必須以
熱油快煎，表面才會酥脆，蛋餅煎好後攤在米粉上，再往上灑一把開心果，
保證每一口巴拉
利吃起來滋味豐
富、甜鹹兼有、
酥軟俱足。

絲路上有辣椒

阿勒坡辣椒 • 敘利亞 ———————————————— ALEPPO PEPPER · SYRIA

千年來，香料早就在阿勒坡（Aleppo）進出無數回。這城市過去是絲路的貿
易中繼站，當地的市集是古代文明奇觀之一，堆滿來自世界各地的貨品和成
堆香料。這些香料再加上各種來自亞洲和安納托利亞（Anatolia，即小亞細
亞，位於今日土耳其）以外地區的食材與食譜，立刻搖身變成前所未見的新
菜色（可以推論，鄂圖曼帝國的蘇丹應該有派主廚到阿勒坡來偷學）。今日，
大家還是特別喜歡敘利亞的香料，特別是阿勒坡辣椒。

阿勒坡辣椒是辣椒（*Capsicum annuum*）的一種，原本來自南美洲，並在
15 世紀被引進歐洲。沒多久，這款辣椒在中東快速生長，在土地肥沃的敘利
亞更是長出新風味。這款辣椒和敘利亞的連結之深，當地阿拉伯語稱之為「巴
拉第」（baladi），亦即「我的祖國」。

根據傳統，敘利亞家庭會以手工處理新鮮辣椒——先用乾布清潔，挖出籽，
再放到屋頂曬乾。辣椒乾了以後，加入鹽和橄欖油一起研磨，再經歷二度曝
曬，就能製作出鹹味鮮紅色小辣椒片，吃起來帶著葡萄乾或日曬番茄的甜味，
佐以微辣的大地滋味。

在 20 世紀末期，世界各地的主廚開始愛上阿勒坡辣椒。而這時機又剛好呼應

了敘利亞政府的鬆綁政策,以及來自全球對該國美食的關注。不過隨著敘利亞內戰在 2012 年爆發,正宗阿勒坡辣椒幾乎不可得,於是山寨版阿勒坡辣椒有了可乘之機。阿勒坡辣椒種子跟著難民到土耳其落地生根,成為今日大部分「阿勒坡辣椒」的產地。

阿勒坡目前正艱辛走上戰後復原之路,企圖恢復內戰前的生活。它被認為是中東地區的美食之都,眾人無不引頸盼望,這個擁有幾百年歷史、如今已聞名全球的辣椒,有朝一日將在故鄉再度蓬勃生長。

在古老的阿勒坡室內市集,不管是辣椒、肥皂或地毯,買家都可以在這裡找到各種好物。

達拉壺 Dallah
全世界最適合用來待客的咖啡壺

阿拉伯咖啡壺被稱為達拉，在該區普遍被視為好客的象徵。這款壺細長且優雅，配上彎彎的壺嘴和纖細腰身，不管你招待的是友人、訪客或生意夥伴，第一個奉上的絕對都是達拉壺。當你一走進主人家中或歡慶現場，準備咖啡的儀式就開始了。在阿拉伯聯合大公國，這個慶祝儀式被稱為高瓦（gahwa），首先把咖啡豆放到煎鍋裡烤，接著用杵把咖啡豆和豆蔻一起研磨，再放入達拉壺裡煮。藉著倒入數個更小的達拉壺來過濾咖啡，然後就可以開始少量倒進賓客的杯子，倒的時候只要斟到半滿。這個動作會不斷重複，直到賓客搖搖杯子為止，意思是說喝夠了。

高瓦充分表達咖啡對阿拉伯聯合大公國和阿拉伯半島各國的重要性，它可以凝聚人心，促進各種關係、對話和想法的交換。一起喝咖啡的儀式，也可以固定創造機會，讓人情味與該區慣有的聊天傳統得到交流。咖啡同時也是財富與慷慨的象徵，因此達拉壺不僅出現在阿聯的一迪拉姆硬幣（dirham，當地貨幣單位，一迪拉姆約27美分）上，也是該國鈔票的浮水印圖案。看到達拉，就像看到人情味、強大和好客精神，如今在阿拉伯世界各地的雕像、噴泉和門口，都可以看到高聳的達拉歡迎你。

阿拉伯聯合大公國富吉拉（Fujairah）的達拉壺噴泉

沙烏地阿拉伯吉達（Jeddah）的達拉噴

卡達豪爾（Al Khor）的達拉圓環

阿拉伯聯合大公國阿布達比（Abu Dhabi）的達拉雕像

卡達多哈（Doha）的達拉雕像

阿拉伯聯合大公國阿布達比的首都公園（Capital Part）入口裝飾

▶南亞及中亞

▶ SOUTH AND CENTRAL ASIA

How to try it

「巴茶布魯特」
（Bacha Broot）位在
老城區靠近禽鳥市場
處,是喀布爾（Kabul）
歷史最悠久的茶卡納。
根據傳統,男性和女性
必須分坐在不同的房間
享用茶納基。

破茶壺裡的美味肉湯

茶納基 • 阿富汗 -------------------------------- CHAINAKI · AFGHANISTAN

阿富汗人把茶屋稱為茶卡納（chaikhana）,當地人想找個地方喘口氣,就會躲到茶屋偷得半日閒。茶屋可以是蓋在泥地上的小房間,也可以是奢華旅店,多半位在人車往來頻繁的道路上,為旅人展現阿富汗的好客之心——綠茶或紅茶,而這些茶通常加了糖和小豆蔻。有些店用銅壺裝茶,倒到矮玻璃杯裡奉茶,也有些店家會把整個茶壺奉上,讓客人自己倒茶。

因為空間有限加上有特殊設備輔助,茶卡納的老闆突然發現,原來茶壺還有裝茶以外的功能。而「茶納基」就是以茶壺慢火煮成的羊肉湯。每天早上,他們把大大小小的茶壺一律裝滿相同食材:幾塊肉、洋蔥丁、一匙去皮豌豆、鹽和一瓶水。接著上蓋,把這個瓷製容器放到爐子或爐火的餘燼中慢火熬煮,煮到肉質軟化,水也成為濃郁的湯汁為止。

只要有人點茶納基,老闆就會從爐子端起一個茶壺送上桌。享受茶納基最傳統的方式,是把饢餅（naan）撕成碎片放到碗裡,再把肉湯倒入,用手抓著吃——一次只能用一手,而且要是右手。

裝茶納基的茶壺,通常是破掉又再修補後的「良品」,使得這道菜的賣相特別有「故事感」。阿富汗人會把破掉的茶壺送去給專業師父（patragar）修繕。師父會先在碎片上鑽小洞,用極細的金屬線把碎片縫合,最後用蛋白與石膏的混合物把裂縫修補黏合。

阿富汗人把肉湯裝在修補過的破茶壺裡,倒在饢餅碎片上配著吃,很有廢物利用的精神。

小果實大用途

桑椹 ● 阿富汗 —————————————————— TOOT · AFGHANISTAN

在阿富汗經常可以看到高大且枝葉繁盛的桑椹樹，甚至許多是百年老欉。到了夏天結果季節，農人會在樹下鋪好床單，用力搖晃樹幹讓成熟的桑椹掉下來。在這盛產水果的國家，桑椹不僅產量最豐富，也經常入菜成為餐桌要角。夏天時，水果攤紛紛在路邊開張，賣著堆積如山高的桑椹。雖然阿富汗人也會把桑椹拿來生吃，但最常見的做法，還是趁著最熱的月份，把桑椹排滿屋頂跟庭院，讓它在大太陽下逐漸萎縮、曬乾。他們把曬好的桑椹乾儲藏起來，等到冬季沒有新鮮農產時，再拿出來做備糧。桑椹乾常拿來配麵包，丟進熱水裡就成了風味茶包。而另一個源自遊牧民族的作法，就是把桑椹乾和核果一起壓成類似「能量棒」的活力點心，稱為查起達（chakidar）。旅人們把這能量棒綁在頭巾尾端，當做點心吃。北部的桑椹產量尤其豐富，當地人把果實磨碎代替麵粉，做成名為塔昆（talkhun）的桑椹麵包。

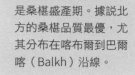

How to try it

在阿富汗，六月到九月是桑椹盛產期。據說北方的桑椹品質最優，尤其分布在喀布爾到巴爾喀（Balkh）沿線。

桑椹麵包 Mulberry Bread

（16 條份）

桑椹乾　225g

去殼胡桃　225g

猶太鹽　1/4 小匙

水　2 小匙

胡桃　16 瓣（對半切作為表面裝飾）

新鮮桑椹

乾燥桑椹

1. 桑椹乾、去殼胡桃、鹽和水放進食物處理機，花一至兩分鐘打碎，直到變成濃稠滑順的麵糊狀。

2. 取 20×20 公分烤盤，鋪上烘焙紙或蠟紙，兩邊超出烤盤，以利之後取出麵包。

3. 把桑椹糊平均鋪滿烤盤。再把切半的胡桃以 4×4 等距排列放在表面，再輕輕把胡桃壓入一半深。

4. 放進冰箱冰鎮一小時讓它定型，再拉著烘焙紙將它取出，放在砧板上。拿刀把凝固的桑椹糊平均切成 16 小塊，每塊都有核桃。放入密封容器，以室溫或放冰箱收藏。

綠意盎然的 19 世紀茶園

拉卡圖拉 • 孟加拉 --- LAKKATURA · BANGLADESH

錫爾赫特（Sylhet）位在孟加拉境內東北方，周邊充滿優美的茶園，而其中又以拉卡圖拉風景為最，也是國內規模最大的茶園，涵蓋面積達 1,280 公頃。拉卡圖拉建於 1875 年，如今每年可產出 550 噸茶葉，產量非常驚人。茶葉在當地由來已久，早在該區開始生產茶葉以前，孟加拉已是茶馬古道（Tea Horse Road）的終點，古代商隊利用這條路將中國的貨品（其中最重要的就是茶葉）送到南亞的買家手上。

拉卡圖拉茶園望上去是一片蓊鬱綠地，由幾條泥土路分割成小區塊。有的小路用來運送茶葉，並讓遊客遊走其中，在綿延的山丘上觀賞修剪整齊的茶樹。有的大路則是通往更大的運輸網路，讓茶園通往周邊村落。在茶葉收成季，茶園周邊會出現臨時的小聚落，以供前來採茶、製茶的工人暫時落腳。

英屬東印度公司首先在 1840 年把茶葉耕種方式引進孟加拉，但一直要到 1857 年，茶葉才開始成為商業農作。2018 年，孟加拉人共生產了 80,000 噸茶葉，成為世界第 10 大茶葉生產國。錫爾赫特的茶葉種類非常豐富，當地甚至有一位茶店老闆發明了「七彩茶」，孟加拉語稱為撒特隆（saat rong）。他研發出一種祕密配方，選用七款優質茶，加入了香料和牛奶，再根據它們的密度排列，做出一杯視覺上呈現七層不同顏色堆疊的茶，好喝到連孟加拉總理也讚不絕口。據說卡達大使實在太喜歡，即使付 7,000 塔卡（約 83 美元）買一杯也在所不惜。

How to try it

想造訪拉卡圖拉，最簡單的方法是從錫爾赫特市中心搭乘 CNG（孟加拉全國可見的嘟嘟車）前往。抵達的時候可以向管理中心申請導覽員或自行漫遊茶園。想喝七彩茶，可以到拉卡圖拉南方兩小時車程的尼坎塔茶莊（Nilkantha Tea Cabin）試試看。

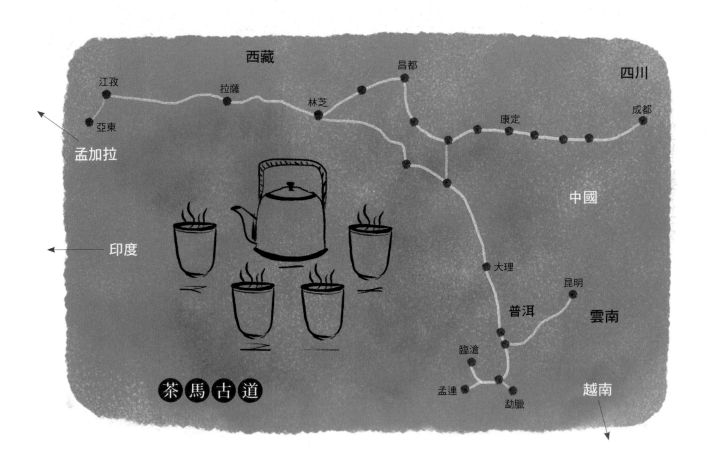

許多波提刀可以向下平折以安全地存放。

以腳操刀

波提刀 • 孟加拉 -- BOTI · BANGLADESH

偷偷看一眼多數的孟加拉廚房,你會發現婦女們坐在地上,以極快的節奏,手腳並用地切著魚和蔬菜。多數人拿刀去切菜,波提刀卻是反其道而行。它靜止不動,等孟加拉婦女拿著食材朝波提刀銳利的刀鋒靠近,看是要削馬鈴薯皮或把小黃瓜切片都可以。

波提刀有兩大特色:長而扁平的木板,以及向上直立的彎曲狀刀片。使用時必須呈蹲姿或坐姿,一腳踩著木板以固定。刀插在木板上,刀刃面向大廚,想把大蒜切成小片,或分解一顆南瓜都沒問題。

看著婦女靈活地使用波提刀,是非常令人印象深刻的體驗。只見她的手指不停在刀鋒前舞動,兩三下就撬開白菜或花椰菜的蒂頭,接著再精準迅速地把菜切成整齊塊狀。在重要節慶場合,孟加拉婦女們會帶著波提刀前來,坐在地板上產出一堆五顏六色的塊狀食物和果菜皮。對許多孟加拉人而言,波提刀才是廚房利器,尋常菜刀根本不存在他們生活裡。若真要說有什麼缺點,就是必須坐在地板上使刀,而這隨年紀越大越吃力。幸好,新研發的波提刀可以鎖在桌上,大廚也可以好好坐在椅子上操刀了。

How to try it

大型波提刀多半用來切魚,而刀鋒尖端圓弧鋸齒設計,是用來將椰肉刨絲。

消失的絕妙好椒

長胡椒 • 印度 -- LONG PEPPER · INDIA

印度是兩種重要乾胡椒的產地——其一是黑胡椒,其二是長胡椒。黑胡椒已經成為全世界餐桌上的固定常客,產自印度西南方海岸的喀拉拉邦(Kerala)。長胡椒主要產自北印度,外型緊實呈錐狀,也是史上第一個從印度飄洋過海來到地中海地區,並且進駐古希臘羅馬人廚房的胡椒。當時正值西元前 6 世紀,西方世界從來沒有嘗過這種辛辣美好的滋味。雖然當時歐洲已經有原生的芥末和辣根,卻沒有像長胡椒一樣用猛烈極有尾韻的方式攻占人們的口腔。到了 4 世紀,黑胡椒也加入市場。它不像長胡椒那樣挑產地,在哪裡都可以適應得很好,因此價格便宜得多。黑胡椒很快後來居上,超越了大家原本認為口味更佳的長胡椒。

黑胡椒和長胡椒其實血緣相近,它們都含有一種稱為「胡椒鹼」的化合物,可以觸發人體的感熱途徑。不過黑胡椒是立刻發動攻勢,長胡椒則比較複雜,

How to try it

在新德里卡里寶里路(Khari Baoli Road)的香料市場可以買到長胡椒,這個市場不只是全印度最大,也是全亞洲最大。

一開始辛香味來得隱微，接著後勢增加，威力不輸黑胡椒。長胡椒還帶著淡淡的果香，像花椒一樣有著柑橘調的後勁。

今日，西方世界雖已經大量食用黑胡椒，帶著低調花香的長胡椒，依舊在祖國印度坐穩寶座，並被普遍運用在辛辣蔬菜湯（rasam）、扁豆咖哩、印度泡菜和燉羊肉（nihari）裡。

搖滾巨星等級的水果

雜種胡頹子 • 印度 ----------------------- BASTARD OLEASTER · INDIA

「雜種胡頹子」這名字不只聽起來像搖滾巨星，其外觀也不遑多讓。這個紅色小果實看起來像櫻桃番茄，外皮似乎沾著一層銀色亮粉。把它切開你會發現其內部構造一樣精采——形狀碩長的籽上有著條紋花樣，簡直像條閃電。它嘗起來又酸又澀，帶著淡淡番茄味，這是因為它和番茄一樣富含茄紅素。其生長地分布在印度東北方，是當地很流行的街頭小點心。小販把完整的果實分包販售，並在上頭灑了鹽以減少酸澀口感。裡頭的籽是可以吃的，但籽的外殼因為含有纖維成分而令人難以嚼嚥。不怕麻煩的人可以把籽切開，吃掉裡面的果仁，但多數人還是選擇丟掉。

How to try it

出了印度北部，就不容易找到雜種胡頹子了。在古哇哈提（Guwa-hati）的街市偶爾可以找到，不過保險起見，可以到西隆（Shillong）的巴士站外頭，絕對可以找到把它當點心販賣的小販。

來自全印度各地的女性聚集在一年一度的米布丁祭典，她們圍在磚爐邊，製作獻給女神的米布丁。

400 萬婦女大軍齊作飯

米布丁 • 印度 --- PONGALA · INDIA

在印度南方喀拉拉邦舉行，為期 10 天的阿圖卡彭嘉拉節（Attukal Pongala），是為了向印度教女神巴達卡莉（Bhadrakali）致敬。每年在慶典的第九天，會有 400 萬名來自印度各地的婦女，聚集到喀拉拉首府提魯瓦南塔普拉姆（Thiruvananthapuram），參與這場被認為是全球最大規模的女性宗教聚會。她們排成長達 24 公里的陣容，一起洗米、刨椰絲，用磚頭搭造臨時的火爐。這些身穿紗麗的朝聖者陣容浩大地煮出大量「彭嘉拉」（pongala），也就是米布丁，以獻給女神表達敬意。

煮彭嘉拉需要酥油、椰子、米和蔗糖，這些成分很簡單又不貴，讓所有想參與祭典的女人都能貢獻己力（事實上，這個活動最初是由種姓制度中，最低下的賤民階級婦女發起的）。每一次的祭典，婦女都必須使用全新的鍋具，於是她們得從全城販售的成堆鍋具中，小心翼翼選出最適合的來使用。接下來的 24 小時，提魯瓦南塔普拉姆瞬間成為神聖的廚房。這幾百萬婦女以阿圖卡巴達卡莉神廟（Attukal Bhagavathy Temple）為中心，用無數臨時搭造的磚爐在外圍圍成一個巨大圓圈。信徒們可以自由使用所有公共空間，在馬路、人行道、庭院、公車站和火車站月台上搭爐。隨著擴音器的一聲令下，所有婦女點亮火柴、生起爐火，開始煮起米布丁。

巴達卡莉是迦梨（Devi）女神的化身，擅長殲滅邪惡，為信徒帶來繁榮幸運。迦梨女神通常以黑色或藍色形象示人，手裡拿著劍與鐮刀，脖子掛著一串骷髏頭，腰間也繫著好幾顆人頭。這位面相凶惡的女神，既是憤怒的化身，也能仁慈地保護世人，帶有強烈的「虎媽」色彩。大家經常親暱地喊她為「阿圖卡阿媽」（Attukal Amma），或是「神母」。

當米布丁開始沸騰，冒出白花花的泡沫時，就表示女神接受了祭品，這時眾人情緒沸騰，開始歡欣流淚、喃喃禱告，並發送起米布丁，沉浸在這堅強女性情誼帶來的感動。

How to try it

每年的米布丁節為期共 10 天，多半在二月或三月舉行。可向阿圖卡巴達卡莉神廟洽詢確切日期。

How to try it

黃金寺位於阿姆利澤南方的阿塔曼迪（Atta Mandi），從市區巴士轉運站搭接駁巴士可達。

神的廚房免費填飽數千信徒的胃

黃金寺食堂 • 印度 ----------------- LANGAR AT THE GOLDEN TEMPLE · INDIA

每個來到黃金寺（Shri Harmandir Sahib）的人，都可以免費飽食一頓。這個鍍金的錫克教（Sikh）神廟，是阿姆利澤（Amritsa）最知名的景點。而黃金廟的廚房，每天會提供 75,000 份免費餐點給信徒。若是遇到特別節慶，供餐甚至可達到 10 萬份以上。

這個擁有數百年悠久傳統的免費食堂（langar），幾乎全由志工來運作，最初是由錫克教首位領袖那納克上師（Guru Nanak）發起的。免費食堂奉行

黃金寺的廚房 24 小時不間斷運作，裡頭的志工正處理成千上萬的蔬菜堆。

的信念是謙遜與平等。不管你屬於什麼社會階級、種姓制度或性別，來到這座錫克廟都可以和大家肩並肩，坐在地上享用一頓簡單的素菜，完全不需要付錢。

為數千名前來黃金廟朝聖的訪客和信徒供餐，可是一件超級任務。廚房由好幾棟大樓構成，裡頭不同房間有不同的備餐工作要進行。有的房間可以看到志工圍成一圈坐著忙碌切菜，另一個房間的志工，則拿著船槳一樣大的木湯匙，奮力攪著柴火上大鍋裡的燉菜（sabzi）。而非常重要的扁豆咖哩湯（dal），得動員一整棟樓跟一條水管，以及用掉每日 13,000 公斤的扁豆。最近幾年來，隨著食客的數量增加，讓黃金廟以機器輔助志工，有個設備甚至可以一小時做出 25,000 張烤餅（roti），志工們再為剛出爐香噴噴的烤餅塗上酥油（ghee），再送去食堂。到了用餐時間，數千名信徒魚貫進入兩間大廳，拿起金屬餐盤、一杯水和餐具後，一排排席地而坐。志工拿著裝滿熱騰騰豆湯、燉菜和米布丁的桶子走入隊伍，一一把餐盤裝滿。等烤餅上場時，食客們雙手掌心向上以表敬意，順便接下志工發放的烤餅。

簡單一頓飯卻營養美味、撫慰人心。然而食物雖美味，更多人其實是慕名這儀式而來，品嘗這眾生和諧平等共食的滋味。

19 世紀初，錫克教領袖蘭季特·辛格（Ranjit Singh）捐出大量黃金供寺廟裝飾外觀用。

餵飽烏鴉也餵飽祖先

施拉儀式・印度 ---------------------------------- SHRADH・INDIA

在印度教信仰中，一般相信死者會在每年的忌日（tithi）化成烏鴉重返人間，而親屬必須準備家人最喜歡的食物作為祭品，這祭拜儀式被稱為「施拉」。每逢忌日，家屬會根據亡者的口味，準備白飯、豆湯、炸鹹豆餅、甜細麵布丁等六菜大餐。他們把芭蕉葉攤開，依序把菜排放上去，再小心翼翼把葉子包起來，放到外面獻給烏鴉。有時候，找到烏鴉才是最大的挑戰。假使外頭沒有烏鴉，家屬必須舉派一人學烏鴉呱呱叫，好把牠們吸引過來。如果這招不奏效，大家必須拿起芭蕉飯包，慢慢地開車到處搜尋樹上或屋頂，希望找到烏鴉蹤跡。等終於找到以後，他們便打開芭蕉葉，吸引烏鴉來吃葉子上的食物。得要等到烏鴉把飯吃下肚，表示亡者得以吃飽安息，施拉儀式才算圓滿。

How to try it

施拉尤其對祭拜已故雙親特別重要，通常由長子主持儀式，如果家中無男丁可由女兒代之。

加味大麻優格

大麻 • 印度 -- BHANG · INDIA

在春天舉行的荷麗節（Holi）又被稱為「愛與色彩的慶典」，此時民眾會蜂擁到街頭朝彼此噴灑鮮豔的顏料和染色水。每年也唯有在此時，家中那些平時作風保守的奶奶或叔伯，可以靠著大麻（bhang）讓自己「鬆」一下。

印度人通常會把大麻加進乳製飲料中，像是加了杏仁、茴香、玫瑰水、番紅花等調味的大麻糖黛（bhang thandai），或是大麻優格（bhang lassi）。這種大麻飲和其他可食用大麻一樣，不同劑量會使人在體能與精神狀態達到不同的興奮迷幻感，有時甚至長達一天之久。

孟買不思議：午餐飯盒快遞系統

達巴瓦拉（dabbawala）指的是「便當人」，而在孟買共有 5,000 名達巴瓦拉（其中有極少數女性），每天把 20 萬個當日現做的便當送到各個辦公室員工、學生和其他飢腸轆轆的人手上。

每天早上約 8 點，他們會在孟買各處的住家公寓收飯盒（dabba）。通常一個便當由三到四個圓形鐵盒堆疊而成，裡頭分別裝盛著米飯或烤餅、豆湯或咖哩，再來是蔬菜、優格或甜點。雖然這些便當來自收件者家中的廚房（通常出自家人或幫傭之手），但因為早上通勤的火車上太擠人，根本沒隨身攜帶便當的空間。於是他們把送便當的任務轉交給「努壇孟買午餐飯盒供應者信託」（Nutan Mumbai Tiffin Box Suppliers Trust）雇用的達巴瓦拉，請他們隨後送來。

如今為人所知的「達巴快遞系統」，其實始於 19 世紀末英國殖民時期，當時孟買用的還是舊名 Bombay。彼時全國各地的印度人，統統湧到孟買找工作。到了 1891 年，孟買的人口已經達到將近 82 萬人。帕西人（Parsi，信奉瑣羅亞斯德教）、印度教徒、穆斯林、基督徒、猶太人和耆那教徒（Jain），不分你我並肩工作，每天從家裡帶飯去上班。

傳說這個送飯制度的興起，源自一名帕西銀行家開始雇用瑪拉塔（Maratha，印度種姓之一）工人早上先到家裡收飯盒，再送到六公里以外他上班的地方。有一名叫馬哈德奧·哈瓦吉·巴切（Mahadeo Havaji Bacche）的快遞員，

印度法律禁止民眾持有大麻樹脂（hashish）和大麻花（ganja），卻沒有禁止使用作為工業原料使用的火麻和大麻飲。每個邦對此有不同規定，有的地方明確允許人民食用大麻。例如在拉賈斯坦邦（Rajasthan），就有政府核可的合法店鋪，除了大麻飲，也有販賣大麻餅乾和巧克力。這種食用大麻的傳統可追溯到 3,000 年前的吠陀時期，大麻在印度神話中占有重要地位，幫助濕婆神冥想修行。在充滿聲光效果的荷麗節享用這提振人心的古老神藥，最能體驗它的美妙。

每天，幾千名便當快遞員執行著複雜的接力賽，把 20 萬個便當送往孟買各處。

和其他快遞員一樣把車停在附近的路口等著接零工。他看到這個機不可失的工作空缺，便在 1890 年雇用了 100 名瑪拉塔人，建立起這個送飯系統。

一開始，便當都是由每個家的主婦或管家做成。但現在，便當來自許多地方。除了自家製作的便當，達巴瓦拉也和專門製作家常菜的廚房合作，這些廚房都由婦女經營，藉此可以鼓勵她們經濟獨立。

現在的送飯系統，則靠工人騎單車、搭火車、推手推車和人力肩挑來接力串連起來。一個飯盒從取件那刻起，會經過許多手才會到達收件人手上，而經手人則是靠一套特殊的編碼系統來辨識去向。以「B5 W 6N2」這樣的標示為

例，B 和 W 表示便當的來源「波里瓦利西街」（Borivali West），6N2 是收件地址，6 是區碼，N 是大樓編號，2 是樓層。5 指的是收件火車站（在擁擠的孟買，多數達巴瓦拉靠火車送飯）。這套編碼系統出奇地可靠，多能確保飯盒準時送達，成功率高達 99.9999%，1,600 萬件中偶爾出錯一次。

便當吃完後，他們再靠一樣的系統反向操作，取件、分類、運送、送件回家。每個月只要花個 1,200 盧比（約莫 15 美元）就可以解決午餐問題。而達巴瓦拉月薪約 15,000 盧比，相當 200 美元。

最後的野生蘋果森林

伊犁阿拉套國家公園 • 哈薩克 ----------------- ILE-ALATAU NATIONAL PARK ·
KAZAKHSTAN

How to try it

現在這些野生蘋果林零星分布在伊犁阿拉套國家公園內的保護區，因為不容易找到，建議請導遊帶你去尋寶。

在 20 世紀初期，生物學家尼可拉 · 瓦維洛夫（Nikolai Vavilov）在追溯蘋果基因組時，找到它的起源就在哈薩克一個叫阿瑪提（Almaty）的小鎮。他發現那裡的蘋果像極了美國經典品種「金冠蘋果」（Golden Delicious）。更驚人的是，阿瑪提的蘋果是野生種，長在分布不均的雜木林裡，這是在世上其他地方完全看不到的現象。

遠在人類發展出農耕文化前，科學家相信是鳥類、熊和馬匹把蘋果籽從原生的哈薩克帶到敘利亞這種地方，後來才被羅馬人發現，進而帶到世界各地。隨著蘋果散布的足跡越來越廣，我們也就越來越難找到其起源之處。直到近代透過 DNA 定序，我們得以證明哈薩克蘋果（*Malus sieversii*），的確是人工栽培蘋果的祖先，而阿瑪提與周邊土地也被認為是所有蘋果的起源之地（阿瑪提意即為「蘋果之父」）。

現在在天山山脈周邊，可以找到僅存的哈薩克野生蘋果森林，這些林區已被劃入保護區，以保其安然生長。果樹學者認為，野生蘋果的口味多樣，端看蜜蜂如何為其花朵授粉。這裡的蘋果有蜂蜜和野莓口味，也有的偏酸或嘗起來帶甘草味，當然也有幾種甜到可以拿去現代超市販賣。

外伊犁阿拉套山脈（Zailiyskiy Alatau）圍繞著哈薩克的阿瑪提村。

發酵的口袋起司

乾起司球 • 吉爾吉斯 ———————————————— **KURT · KYRGYZSTAN**

乾起司球柯爾特（kurt）是遊牧民族無心插柳的發明。在中亞地區，千年來人們以放牧牲口維生，乾起司球也就成了主食，只是因地區與取材而稍有不同。在吉爾吉斯，這種起司球的作法是讓奶發酵，再把凝乳的乳清瀝乾。奶水來源可以是牛、綿羊、山羊、駱駝或馬匹。這種柔軟又帶著酸味的凝乳接著被搓成球狀（有些地方是扁平狀、條狀或塊狀），放在太陽下曬乾，硬到得用啃的才能吃下肚。乾起司球若做得好，放個幾年都不會壞。

這些熱量破表的乳製品，食用方法千變萬化。可以當隨手小零食，也可以丟到燉湯或熱飲裡溶化，讓湯頭或飲料變得濃稠有奶香。起司球壓碎後也可以當鹽巴使用，或就加進蘇打水或沙拉裡加味。

這些日曬發酵起司球已經伴隨人類幾千年了。2006 年，中國新疆的考古學家挖出一具棺材，裡頭的女性脖子和胸前均配戴了乾燥起司球。考古學家們認為這位被暱稱為「小河公主」的女性約葬於西元前 2000 年，並依此推論乾起司球大約有 4,000 年歷史。在 2017 年，這些被保存良好的起司球，被視為人類史上最古老起司的亞軍，排名僅次於另一塊出土於克羅埃西亞的 7,000 年起司。而這些分布於天山山麓，也是小河公主同鄉的遊牧民族，至今仍用一模一樣的方法製作這些乾起司球。

How to try it
吉爾吉斯的市集到處都買得到乾起司球，大中亞其他地區也能買到其姊妹款。

無底的小米啤酒

東巴酒 • 尼泊爾 ———————————————— **TONGBA · NEPAL**

走在喜瑪拉雅山脈的狹小山徑上，旅人們必須自己揹著餐食，而用途多元的食材就變得非常重要了。東巴這種 DIY 小米啤酒，就是重要的主食。只要有充足的熱水來源，一杯煮熟的發酵小米可以無限擴張成好幾輪的溫暖酵母啤酒，令人好不快活。

東巴帶來的滿足感可以說是立即的。只要把熱水倒入小米裡，讓裡頭的穀物將湯汁逐漸變濃稠，插入一根吸管就可以大快朵頤一番。東加吸管的底部是密封的，但側邊有穿孔，在吸入啤酒的同時又能過濾掉穀物渣滓。等杯子裡的酒喝乾以後，可以不斷重複加入熱水四至五次，都不會失去原有的風味。酒精濃度因小米品質而異，不過基本上還是比一般的啤酒低，讓人緩慢進入醺醺然狀態。口感飽含酵母香與土地氣息，帶點麵包與蘑菇的餘味。

這種可以續杯的美妙飲品，對於居住在尼泊爾東部的林布族（Limbu）來說特別重要，他們喜歡在典禮、慶典和宗教儀式裡飲用這款酒。現在，這個自釀妙方也開始被周邊西藏、不丹和印度的山上人家，還有尼泊爾全境的餐廳給學了去，只要桌上有一壺熱水就能辦到。這種看上去像木桶的傳統飲料容器，也叫東加。

How to try it
加德滿都（Kathmandu）的在地餐廳「小星星」（Small Star）名聲響亮、要價高昂，專賣傳統食物和好喝的東巴啤酒。

在克烏拉鹽礦場內，有幾個由鹽做成的紀念碑複製品，圖中這座就是仿拉合爾的國家級地標「巴基斯坦決議日紀念塔」（Minar-e-Pakistan）而成。

鹽礦大都會

克烏拉鹽礦 • 巴基斯坦 ·················· KHEWRA SALT MINES · PAKISTAN

克烏拉鹽礦是全世界第二大，僅次於加拿大安大略省戈德里奇（Goderich）的西夫托鹽礦（Sifto Canada Inc.），每年可產出 325,000 噸的鹽，估計總產量約 2 億 2,000 萬噸。

這個巨大的鹽礦，面積涵蓋約 110 平方公尺，共有 11 層樓深（約 228 公尺），有著長達 40 公里的地下道系統。為了不讓這巨大的空間崩塌，裡頭的鹽礦只被開採了一半，另一半繼續充作支撐系統。這些年來，礦工們利用礦坑裡的鹽蓋了不少「作品」，包括仿照巴基斯坦第二大城拉合爾（Lahore）那座建於蒙兀兒時代的知名巴德夏希（Badshahi）清真寺，所蓋的迷你版清真寺，還不忘用鹽蓋一座小小的宣禮塔；另外也有迷你版的中國長城、巴基斯坦度假勝地穆里（Murree）的購物街，以及巴基斯坦國寶級詩人阿拉瑪伊克巴（Allama Iqbal）的雕像。這些小型建築都是由紅、粉、白等各色鹽磚搭建而成。此外有一個收容 20 個床位的診所，專門用鹽療法來治療氣喘病人，和供工人使用的郵局，也是世上唯一由鹽蓋成的郵局。

雖然現在這座鹽礦已成為熱門觀光景點，但在 19 世紀，它卻代表英國殘忍壓迫與奴役當地的象徵。工人若沒有完成規定的工作量，就會被拘禁起來不准下班，連懷孕婦女也不例外，因此有好幾個嬰兒是在礦場裡出生的。若想發起罷工，只會遭到暴力對待，而鹽礦裡位於中間大門那 12 座墳墓，即是 1876 年起身對抗當權者卻遭到射殺的礦工葬身之地。

How to try it

現在遊客可以搭乘蓋於 1930 年代的電動鐵道車遊覽礦坑內部，或以步行方式探索隧道。克烏拉鹽礦產出的鹽，也就是大家熟知的喜瑪拉雅鹽，在許多店鋪都買得到。

世界鹽之奇觀

玻利維亞 • 丹尼爾坎波斯（Daniel Campos）

烏尤尼鹽沼
Salar de Uyuni

這個世界最大鹽沼面積涵蓋超過 11,000 平方公里，從高空看下來，就像許多六角形地磚鋪成的無際地板。其開墾的歷史，可追溯到好幾個世代之前，但隨著玻利維亞的現代化，這種謀生方式已成過眼雲煙。今日，鹽沼成為熱門觀光勝地。雨季時，整片鹽地會變成鹽湖，可完美照映著天空，所以有「天空之城」美譽。

肯亞 • 埃爾貢山（Mount Elgon）

基藤洞
Kitum Cave

這個富含鹽分的洞穴直探進一座盾狀死火山，蔓延共 183 公尺長，肯亞的野生動物喜歡到此「舔鹽」以增加攝取量。最初這個洞穴被發現時，大家以為牆上的記號和刮痕出自原始人之手，但其實這是大象的傑作。大象喜歡用象牙挖鑿牆壁，順便食用其中的鹽分，幾百年下來日積月累地把這個洞越挖越大。

美國 • 德州 • 大塞林（Grand Saline）

鹽宮
The Salt Palace

這個小鎮的探礦歷史可以追溯到 1845 年，而鹽宮就蓋在鹽礦旁邊，完全以鹽搭建而成。鹽礦深度約為 4,877 公尺深，可供挖採的年限約 2,000 年。在大塞林，鹽代表了一切。鹽宮是由北美最大生產商摩頓鹽商（Morton Salt）蓋成的博物館，裡頭有座牆，據說遊客們很喜歡跑去舔一下作紀念。

玻利維亞的烏尤尼鹽沼長度達 6,437 公里。

How to try it

黑海沿岸的山城都可以買到純「瘋蜜」，但當地攤販可能會不太情願賣給外地人。

使人瘋狂的蜜

瘋蜜 • 土耳其 ──────────────────────── DELI BAL · TURKEY

如果蜜蜂吃到杜鵑花屬的花粉，牠們產生的蜜，可能帶有精神藥物的效果。依每個人的攝入量不同，吃了可能會產生幻覺、心跳減緩，甚至出現暫時性癱瘓或失去意識等反應。杜鵑花屬的花有好幾百種，但只有其中幾種含有梭木毒素這種複合物，會讓蜂蜜帶有迷幻效果。這些特殊的杜鵑花屬植物，生長在土耳其黑海沿岸的高山上，千年來當地人經常收集這種「瘋蜜」（可見 P77），用來作為策略性的降服武器。

在西元前 67 年，「瘋蜜」用來收服入侵的羅馬士兵。米特里達梯六世（Mithridates）的擁護者，把蜂蜜放在士兵行經的路上，讓他們禁不住誘惑大嘗特嘗。等到他們身體出現癱瘓反應時，國王人馬便一擁而上將之全數殲滅。

到了 18 世紀，歐洲人也開始迷上這種蜂蜜，他們從土耳其進口一噸又一噸的蜂蜜，然後調入飲料喝得醉醺醺。

至於土耳其人，則是把瘋蜜當成「在地良藥」。據說只要服用一小匙的紅色蜂蜜，就可以減緩高血壓、糖尿病和胃痛等眾多不適。若是超過一大匙，你很快就會出現中毒反應了。不過每批瘋蜜的效果各異，並不能同一而論。

來自 15 世紀的食譜，整條鱸魚塞滿核桃及香料，並以番紅花上色烘烤而成。

鄂圖曼帝國的蘇丹式佳餚

艾西坦內宮廷餐廳 • 土耳其 ⋯⋯⋯⋯⋯⋯ ASITANE RESTAURANT · TURKEY

How to try it

艾西坦內位在伊斯坦堡市中心西邊的法提區（Fatih），自 2020 年 4 月暫停營業至今。

在伊斯坦堡某個安靜街道，艾西坦內餐廳以重現鄂圖曼宮廷菜自豪，這概念聽來簡單，實際執行卻很有難度。在鄂圖曼時期（西元 1299 至 1922 年），祕密單位禁止大廚把食譜寫下，更麻煩的是，有關鄂圖曼宮廷菜的任何紀錄全以鄂圖曼土耳其語口述、阿拉伯文寫成，和現代已經改用拉丁字母寫成的

土耳其文不同。艾西坦內不畏艱難，雇用了一群學者和研究員，專門挖出歷史中蘇丹宴會菜的菜單、宮廷廚房的買菜清單，以及外國旅人的文字紀錄。慢慢的，這些美食偵探重新建構了幾百道食譜，其中有不少還可以找到「上菜日」。這些歷史宮廷菜包含 1539 年，撒上石榴與肉豆蔻的杏仁湯；源自 17 世紀，泡在酸甜蜜糖中的炸肝餡餅，和慢火燉鵝配杏仁抓飯。而如今備受歡迎的多年不敗菜色是內填羊肉和牛肉的烤水果盅（冬天是榅桲，夏天則是甜瓜）。這些費盡千辛萬苦才找回來的百年佳餚，最適合那些上門想一嘗歷史深厚底蘊的饕客。

神奇蘭科黏稠劑

蘭莖粉 • 土耳其 ··· SALEP · TURKEY

想像一下蘭花的絕美風貌——修長的莖、優雅的花，以及難度很高的培育門檻。但在土耳其，蘭花卻因為某個深藏不露的功能而受到大家喜愛。只要把野蘭花的塊根曬乾、磨成粉狀，當地人稱之蘭莖粉，可以拿來作為兩種土耳其國民美食的黏稠劑。

把蘭莖粉加入熱牛奶、糖和香料，立刻可以做出一杯蘭莖奶（同樣叫 salep），這是源自鄂圖曼帝國時期的作法。這種飲料的質地濃稠滑順，會溫暖地附著在口腔與喉嚨，是冬日絕佳飲品。蘭莖奶也被認為具有療效，可以舒緩呼吸道與腸胃的不適。

蘭莖粉也為土耳其冰淇淋帶來招牌的獨特口感。土耳其冰淇淋稱為 dondurma，既是甜點也是表演藝術。冰淇淋小販拿著長長的金屬棒，對桶子裡的冰淇淋又打又揉，接著勾起來往上一舉，拉出又直又濃稠，飽富彈性的冰淇淋。接著把冰淇淋捲在棒子上，往甜筒一黏，交到顧客手上。蘭莖粉可以讓冰淇淋保持黏稠穩定（有時他們甚至會像切沙威瑪一樣，用刀切下一塊厚厚的冰淇淋來賣），不易融化。至於它的 Q 彈質地，主要來自洋乳香樹脂，讓冰淇淋很有嚼勁。

因為蘭莖粉太受歡迎，造成土耳其境內的野蘭花面臨開採過度的命運。現在政府已禁止出口真正的蘭莖粉，也有越來越多店家用米粉或瓜爾膠取代。雖然這種古老的神奇粉末具有神奇功能，但凡事太過必會走偏，維持中庸才是王道。

How to try it

現在在土耳其越來越難找到真正的蘭莖粉，伊斯坦堡的糖果店「阿里烏斯塔」（Ali Usta）有賣熱蘭莖奶也有冰淇淋。

小販把冰淇淋高舉起來。

How to try it

在烏茲別克塔胥肯
（Tashkent） 的 邱
蘇 市 集（Chorsu
Bazaar），或沙瑪肯
（ Samarkand ） 的
中 央 市 集（Central
Bazaar），都可以找
到這種沙拉。

來自蘇維埃時代的胡蘿蔔辛奇

高麗辣味胡蘿蔔沙拉 • 烏茲別克 ----------------- MORKOVCHA · UZBEKISTAN

如果你沒聽過這道菜，它就是個簡單的胡蘿蔔沙拉。胡蘿蔔切成細絲泡在白醋和油裡，再加入香菜、紅椒和新鮮大蒜。它的名字 morkovcha，乍看意思就是「朝鮮胡蘿蔔」，背後其實有更深的歷史淵源。

在 1860 年代，朝鮮境內發生乾旱與饑荒，數千名朝鮮人從東北部的咸鏡北道（Hamgyong）越過邊境來到俄羅斯。一開始，俄羅斯拿出善意接受他們，但過沒多久，他們立刻面臨必須歸化俄羅斯文化與東正教的壓力。俄羅斯的沙皇試圖改造第一批難民，而沒多久隨著日本發動侵略，更多韓國人又湧入俄羅斯。到了 1930 年代，將近 20 萬被稱為「高麗人」（Koryo-saram）的韓國人，紛紛在當時的蘇維埃社會主義共和國聯盟落腳。其中許多人接受俄羅斯價值觀，吃起東歐菜，還加入了皇家募兵。但有的人選擇活在小圈圈，堅守自己的文化與傳統美食。

1937 年，蘇聯與日本的關係日趨緊張，史達林指稱這些高麗人是「不可靠之人」，以暴力手段脅迫他們搬到烏茲別克與哈薩克的偏遠地區。許多高麗人紛紛死在長達一個月的遷徙途中，而存活下來的人，則不得不在陌生國度從零開始。

胡蘿蔔辛奇，就是這些人在顛沛流離之時做出來的菜。這些高麗人的飲食風格同時融合早期俄羅斯菜餚的影響，以及他們在中亞地區取用的食材。如果找不到製作辛奇必備的大白菜，那就用最好取得的胡蘿蔔吧。既然香菜籽與新鮮芫荽都是烏茲別克菜餚裡常見的食材，那就一起加進來吧。

到了 1960 年代，這些韓國人開始在蘇聯各處求學與工作，這些菜也跟著傳播出去，胡蘿蔔辛奇更成了經典主食。這道酸甜沙拉吃起來口感清脆、蒜香四溢，很受歡迎，於是烏茲別克店家也開始賣起專屬香料包，讓客人可以帶回家自己做辛奇。

讓麵包變得更漂亮

麵包印章 • 烏茲別克 ------------------------------- CHEKICH · UZBEKISTAN

烏茲別克麵包（non）長得又扁又圓又輕，吃起來很有嚼勁，因為太受到大家重視，當地人特地做了一種「麵包印章」，專門用來美化與裝飾麵包。這種「麵包印章」上頭有著細細的鐵針，可以在麵團上戳出小洞。戳好洞後，將麵包甩到土窯爐（tandyr）燒燙燙的內壁上，小洞周圍的麵包會逐漸膨起，留下優美細緻的花紋。

除了美觀，這些花紋也會影響麵包的口感，讓一塊麵包吃起來時而有嚼勁、時而酥脆、時而柔軟，都由戳印的深淺來決定。烏茲別克對麵包抱著極大敬意，幾乎到崇拜的地步。他們的麵包歷史悠久（在現存最古老的文學作品《吉爾伽美什史詩》〔*Epic of Gilgamesh*〕中就曾提到烏茲別克麵包），而不同場合也有不同麵包傳統。訂婚的佳偶會得到粉紅色和黃色的麵包作為贈禮，即將遠行的人，會先在麵包上咬一口，剩下的等他安全歸來時再吃。如果麵包掉到地上，會被撿起來放到架子或樹枝上給鳥兒吃，同時嘴裡還要說「aysh Allah」，意思是「神的麵包」。

雖然他們幾乎每餐都要吃麵包，麵包師傅還是願意花時間充滿情感地在每個麵包上蓋章。就如烏茲別克古諺所說：「尊重麵包，就是尊重國家。」

How to try it

還好，有賣胡蘿蔔辛奇（見左頁）的市集，也會賣麵包印章，盡情大買特買吧！

雖然麵包上的精緻花紋看起來很費工又慎重，但麵包卻是烏茲別克人的日常主食。

▶ 東亞
▶ EAST ASIA

How to try it

想得到最完整的品茶體
驗，可以到西雙版納
區，普洱市南方的普洱
茶中心品嘗各種茶葉。

中國雲南山區是適合種植普洱茶
的完美環境，綿延山丘地形，讓
雨水可以平均分配到不同層級的
植物。

發酵茶葉掀起的淘金熱

普洱茶 • 中國 -- PU'ER TEA · CHINA

在西藏東部與中國西南山區，有一條蜿蜒的古道，過去是商隊運輸茶葉走的
路。這條茶馬古道始於雲南省，許多人認為這裡是茶的發源之地。約在 8 世
紀，為了讓運送更便利，賣家會把茶葉壓成餅狀，再用竹葉包起來，一大串
綁在牲口身上。而旅途中，這些貨品經歷日曬雨淋，導致茶餅發酵，後來也
就變成該區特產「普洱茶」的由來。

茶葉就跟釀酒的葡萄種一樣，風味會受到風土、耕種、製造、熟成和貯藏等
各種因素影響。最好的野生普洱茶長在雲南的雨林區，這裡百年大樹的深根
系統有助於讓茶葉產生豐富多元的風味（這裡與越南、緬甸和寮國為鄰，所
以林相不似中國本土，更近於東南亞各國）。摘下來的茶葉先放在大鍋裡炒，
藉此排除濕氣，順便把它們分解成更小單位，接著以手揉製後放到陽光下曬
乾。經過廣泛的品嘗評比以後，這些茶葉會與其他茶葉混合，壓製成茶餅，
等待發酵。

在 1990 年代末期，從香港到台灣的有錢品茗家開始對它產生興趣，後來更是
非它不可且為之瘋狂，讓普洱茶市場一飛沖天。中國的中產階級於是把茶當

成黃金來投資,他們一口氣掃光市面上所有的茶,也不分良莠,裡頭甚至摻有假貨,再運到雲南取得「普洱認證」。最後貼上精美的標籤,把它包裝成奢侈品牌。在普洱茶興起的 10 年前,一公斤茶葉賣不了多少錢,到了 2006 年,就在它開始泡沫化之前,相同茶葉一公斤可賣到幾百美元。

對於品茶達人來說,普洱茶的價值等同於美酒或起司,它的風味會隨著時間累積而不斷發展與改變,而其中,微生物扮演了重要的角色——多虧雲南森林裡富含獨特的細菌——而普洱茶熟成的地點、時間和製作者,也同樣關鍵。在 2005 年,64 年的老茶,500 公克可賣到 15 萬美元。

雖然這股普洱熱潮已逐漸平息,但玩家的興致不減,還自成強大的社群。在中國,普洱茶是熱門伴手禮,最受歡迎的茶種(多半長在老班章這些地方)在國內就被搜刮一空。想出口茶葉的人,得和茶農先做好策略性結盟,甚至連種植地點都是祕密。

普洱茶是少數受到中國政府保護的茶種,產地必須出自雲南才算正宗。

喝普洱茶,要先從茶餅挖一小塊下來,先用熱水「過」一下,倒掉後第二泡才是用來喝的。很多人甚至會一連泡好幾次,享受每次不同的風味。等級最好的普洱茶,是由其風味和對身體產生的作用來評定的。很多人形容好茶喝了就像嗑藥一樣嗨,有的像讓人鎮定、肌肉鬆弛的那種毒品,有的像讓人冒汗、恐慌的那種。普洱茶的味道幾乎難以用言語形容,有的濃厚、有的充滿大地味,有的香甜、有的苦澀,每一塊茶磚嘗起來都不一樣。

Q 彈肉丸專賣店

飛廈老二 • 中國 ──────────── **FEI XIA LAO ER · CHINA**

How to try it

飛廈老二位在汕頭的飛廈北路,不過牛肉丸是整個潮汕地區的傳統美食。

每天下午 3 點半,飛廈老二手搥牛肉丸的員工會開始不斷搥打新鮮溫熱的牛肉,並把它們做成 Q 彈的肉丸,如果往桌上丟可以彈跳達 30 公分高。每天下午 4 點,只要到這間小店的窗邊,就會看見一排年輕店員坐在板凳上,準備上演這場持續 30 年的大秀。他們雙手持著鐵棒,不出 25 分鐘就把一團牛肉結結實實敲成肉泥。

如果不是親眼看到牛肉,你可能以為他們在打鼓。他們很有節奏地上下揮動鐵棒,就這麼把肉塊打鬆了。他們把肉打平、對折、再打平。老闆說,這搥打的訣竅不在力道而是姿勢,只要照他家鄉長老傳授的姿勢下手,搥打其實很輕鬆。

當牛肉泥被打到呈粉紅色,幾乎要成鬆狀時,就表示可以了。加入調味料和太白粉,再用大拇指和食指把混合物捏成小球狀,丟進一鍋滾水裡就完工。飛廈老二的員工一天可以做出 3,200 顆肉丸,不過當天就會銷售一空。這肉丸的質地很輕盈,吃起來口感清新、Q 彈。這都要感謝那手工搥打的功夫。機器會破壞牛肉的纖維,而緩慢的搥打可以保持纖維原狀,讓肉丸 Q 彈有勁兒。

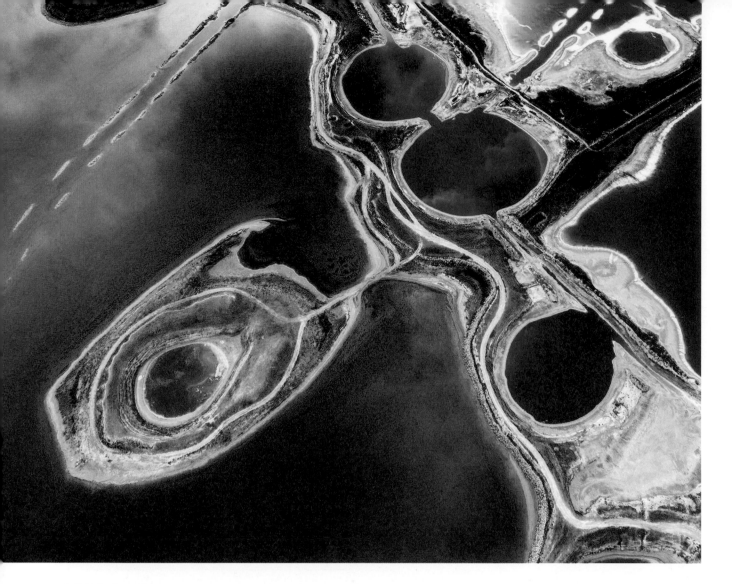

中國也有死海

運城鹽湖 ● 中國 ------------------------------------ YUNCHENG SALT LAKE · CHINA

每當夏天來臨，中國山西省的運城鹽湖，就會從原本的清澈透明轉變成七彩霓虹色。從高空看下來，湖水就像畫家的調色盤，洋紅、翠綠、鈷藍……鋪滿整片大地。

運城鹽湖有「中國死海」之名，這座大湖主宰了運城的文化與經濟。中國史學家估計，當地人從 4,000 多年前就開始從湖裡採鹽。到了 6 世紀，運城扛起了整個中國鹽產量的 25%。據傳，以前人們為了爭奪這片湖的所有權而發動戰爭，而附近還有一些專門供奉鹽神的廟。

今天，多數旅人造訪這座湖不是為了拜鹽神，而是親眼見識超現實地景之美。運城鹽湖和死海不同之處在於，死海充滿氯化物，對生物有害，而這裡的湖水富含硫鹽酸，可以撐起豐富的生態系。夏天時，由於藻類的大量繁殖使湖水變成彩色，尤其鹽生杜氏藻（*Dunaliella salina*）會因應鹽分轉變顏色。到了冬天，一旦溫度降到攝氏零下五度，鹽會結晶成芒硝，又被稱為格勞柏鹽（Glauber's Salt），會將大地變成亮晶晶的冬季幻境。

傳統上，運城鹽的採收大多得經過五個步驟，最後作為烹飪使用，山西官方因此把這過程列為「非物質文化遺產」。但 1980 年代開始，生產商捨棄了這個過程，轉向工業化的採收方式。當地人希望若讓更多遊客來欣賞運城鹽湖之美，也許可以讓這美好傳統得以保存，同時讓豐富的生態系得以生生不息，孕育更多自然之美。

How to try it

從運城市區有幾條巴士路線可抵達湖區。但中國其他地區的鹽湖，因為過度發展觀光而造成極度污染。想避免運城也步上後塵，記得離開時把垃圾帶走。

神奇茶寵

尿尿小童 • 中國 -- PEE-PEE BOY · CHINA

最近幾年，「茶寵」開始出現在現代中國的飲茶儀式裡，這個小小雕像可能是動物、植物或神話生物，生來就是為了得到主人的關照——把熱水淋在它們身體上。中國人最喜歡的茶寵就是「尿尿小童」，這個小孩不只頭大、身體中空，還配有一個小雞雞。

尿尿小童的功能可能比乍看之下來得重要，它的身體有保溫功能。泡茶時，把它的身體浸到室溫水裡頭，它會透過小雞雞上的洞把溫水吸入體內直到半滿。想知道你的茶水溫度多少，只要把水倒到它頭上，如果水夠熱，你的茶寵就會射出一道彎曲的小水柱。如果水太冷，尿尿小童就會停止尿尿。

雖然尿尿小童的起源不明，不過它之所以尿或不尿，其實是基於物理原則。根據 2016 年一項關於幾個尿尿小童的熱力學研究發現，把熱水倒在它頭上，它體內的空氣膨脹導致氣壓升高，小童很快就會射出尿柱。而水越熱，尿柱的射程就越遠。而其他會影響射程的因素，包括頭的尺寸（它的頭大得出奇）、陶土的厚度、雞雞大小和孔洞的直徑。

這種空心陶製雕像可以追溯至唐代（618 至 907 年）。如果在當時，唐朝人就把它當茶寵用，學者推測這可能是史上第一個溫度計，比伽利略在 16 世紀晚期發明的測溫器還早。

這個小男孩看起來很難搞，它卻是中國人最喜歡的茶寵之一。

山寨《六人行》咖啡館

老友記主題店 • 中國 ------------------------------- SEMLLY CAT CAFE&BAR · CHINA

北京朝陽區朝外 SOHO 大樓 A 座的六樓藏著一間咖啡館，內部陳設完全複製了美國影集《六人行》（Friends，中國譯為「老友記」）裡主角們最愛出沒的「中央公園咖啡館」。它複製的不只有磚牆、餐桌和永不缺席的橘色沙發，本身也是正常營運的咖啡館，讓來客得以喝一杯爪哇咖啡後徹底放鬆，假裝自己置身影集場景裡。咖啡館甚至也養了一隻「臭臭貓」。

老闆杜鑫把這部影集當成宗教崇拜，而這間咖啡館不只讓中國粉絲可以來朝聖，單純想練英文的人也歡迎。這裡有台電視，不間斷輪播配有中文字幕的《六人行》影集，據學生說這種英語學習法比課堂所學更能讓他們抓到語感。而在咖啡館隔壁，杜鑫也打造了喬伊的單身漢公寓，裡頭有遊戲足球桌、飛鏢靶、磁粉留言板和超大電視櫃。

How to try it

高郵每年會舉辦雙黃鴨蛋節，通常在四月。不過一整年你都可以在茶館嘗到雙黃鹹鴨蛋，拿來配早茶特別好。

雙黃蛋之城

高郵 ● 中國 ----------------------------------- GAOYOU · CHINA

雙黃蛋並不常見，但中國江蘇省的高郵市，幾乎和雙黃鴨蛋劃上等號。原來是因為這裡的鴨農找到獨門妙方，得以大量製造這種在地特產。

高郵人口將近百萬，多年來他們與鴨子有著密不可分的關係。這裡的養鴨業可追溯至 6 世紀，而當地人至今仍把鴨子當作重要場合的贈禮，從婚宴到小孩入學都會收到鴨子當禮物。一般相信，雙黃蛋比單黃蛋更營養，同時也是好運的象徵，因此雙黃蛋特別受到重視。當禽類的蛋在體內成形時，如果一口氣排了兩次卵，就會變成雙黃蛋。幾個世代以來，高郵人刻意把當地鴨種培育成專生雙黃蛋的鴨，於是這裡的鴨有 2% 到 10% 的機率會生雙黃蛋。

鴨農若想知道一顆蛋是否有雙蛋黃，會拿燈照著蛋殼看，馬上可以看出一個或兩個蛋黃的灰影。這個做法稱為「照光檢查」，在高郵是大規模的商業行為，工人會把蛋放到背光輸送帶上一一檢查，進而挑出雙黃蛋。接著這些蛋會被放進鹽水缸裡，最後送上老饕的餐桌。

工人藉由背光輸送帶來找出雙黃蛋。

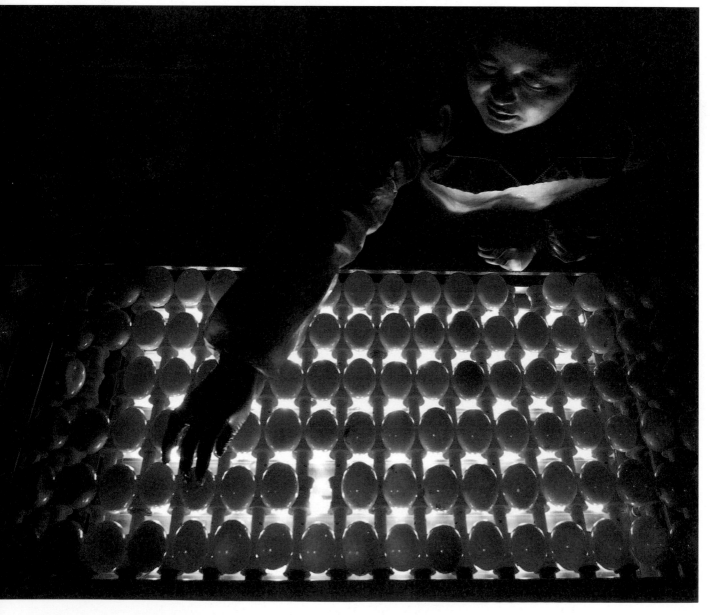

夜行性螃蟹做成的調味料

鬼蟹醬・中國 --- GHOST CARB SAUCE・CHINA

若是早秋的晚上又遇到退潮，在中國廣西省南部的北海市，沙灘上會出現成千上萬的迷你鬼蟹，在月光下橫衝直撞。這種小蟹只有兩公分長，有著幽靈似的白腳和藍色透光的身體。牠們很懂得用保護色把自己融入沙灘，因此又被稱為沙蟹，這個小東西過著千年如一日，毫無進化的生活。

只要鬼蟹潮一開始，北海人就穿上橡膠靴出門抓蟹。他們手裡拿著長長的捕網，有時也會赤手空拳地來，總之盡可能大撈特撈。鬼蟹的動作很快，一秒鐘可瞬間移動 1.5 公尺，所以想在晚上撈捕牠們可不容易，常可看到人群追著一大群迷你蟹跑，然後眼睜睜看著牠們鑽入沙裡。

鬼蟹對於污染源非常敏感，有鬼蟹在的海灘，就是乾淨海灘的保證。而鬼蟹的身體吸飽了海水和藻類，北海人特別喜愛那豐富的滋味。在這個中國南方的城市，鬼蟹醬是重要的調味料。他們會先把鬼蟹清洗乾淨、去除內臟，搗打成泥後再加入鹽和酒，然後任其發酵一個月。發酵完成的醬，有強烈魚腥味，口感摻雜著殼和肉，適合當作萬能調味料。最受歡迎的煮法，就是拿來蒸豇豆。不過這種香氣複雜、豐富生猛的醬料，其實淋什麼都好吃。

← 2 cm →

How to try it

鬼蟹醬只在特定地區生產，而且幾乎都是家用自製。從北美到南非的海灘，都可以看到鬼蟹的足跡。

世界上最古老的三明治

肉夾饃・中國 --- ROU JIA MO・CHINA

肉夾饃是中國最受歡迎的街頭小吃之一，從秦朝（西元前 221 至 207 年）就開始流行。肉夾饃顧名思義就是「麵包裡有肉」，一般被認為是世上第一個三明治，既是漢堡的祖先，也是中國眾多趣味美食之一。

發明肉夾饃的是漢人。雖然一說到中菜，西方人第一個會聯想到的澱粉是米食，但中國北方菜卻是圍繞著麵食轉。到底第一個肉夾饃來自何方已不可考，但歷史記載顯示，早在英國出現「三明治伯爵」（Earl of Sandwich）的 2,000 年前，中國人就懂得把麵食結合肉食了。唐朝（618 至 907 年）時，絲路從陝西省省會西安開始延伸出去，來自中東和印度的商旅千里迢迢抵達中國京城，帶來了遠方的知識與各種香料，為日後的三明治增色不少。

傳統肉夾饃會用到約 20 種香料，包含薑、八角、小豆蔻、南薑、月桂葉、花椒、肉桂和孜然。將這些香料全部加進甜味醬油和紹興酒裡，就可以拿來慢火燉豬肉。這湯頭是肉夾饃的靈魂，有「千年老醬」之稱。裡頭不只吸收了豬肉

How to try it

在中國，不管走到哪都會看到肉夾饃，但唯有在西安，你可以看到各種精采版本的肉夾饃。「成記」的標榜餡料多汁，「子午路張記」的格外有嚼勁，「東關李記」的偏乾，「秦豫」的則是料多到滿出來。

的豐富油脂，隨著每次燉煮、收汁，更會生出不同層次的風味（這個作法也被用在其他中菜，例如毛澤東最愛的紅燒肉，也很適合拿來夾饃）。至於這個饃，則是把麵團做成扁平狀，再放進傳統土窯裡烤或鍋裡煎。接著把饃橫切，再把肉、香菜和小販特製的配料夾進去就成了。一份肉夾饃要價約 0.75 到 1.5 美元。

託絲路的福，現在的西安約有 70,000 名穆斯林，而街頭也充滿熱鬧滾滾的回民美食，想吃手拉麵或燉羊肉都有。而回民再根據自己的口味和宗教飲食規範，做出了一樣受歡迎的牛羊肉夾饃，現在已足以和漢人的豬肉夾饃分庭抗禮。

西安街頭小販正在製作羊肉夾饃。

毛主席最愛紅燒肉 Chairman Mao's Red Braised Pork Belly

（4-6 人份）

豬肉 1 公斤，切成小塊
薑 6 片
油 2 大匙
白糖 3 大匙或冰糖 40 公克，
　留 1/2 小匙最後用
青蔥 3 根，切末，蔥白與蔥綠分開
紹興酒 0.5 杯

生抽 3 大匙
老抽 1.5 大匙
肉桂 1 片
八角 2 塊
月桂葉 4 片
乾辣椒 1-2 顆（隨意）
水 4 杯

1. 把豬肉和三片薑放進一鍋冷水，上蓋煮至沸騰。水滾之後把火關小，悶煮一分鐘，撈出豬肉以水洗乾淨，放置一旁。
2. 小火熱鍋，加入油與糖，慢慢融化糖以後，再加入豬肉和三片薑與蔥白。轉至中火，加以攪拌讓豬肉充分被焦糖包覆。
3. 加入紹興酒、生抽、老抽、肉桂、八角、月桂葉、乾辣椒和水，稍微攪拌，以中火燉一小時。
4. 加入剩餘的半小匙糖和蔥綠。

據說毛澤東每天都要吃紅燒肉。

中國共產黨的人民公社大食堂

1958 年，中國共產黨帶著政府的正式命令走進農民家中，要求沒收食物供給和烹飪器材，並且破壞私人廚房。這個命令即刻生效，民眾如果在家中烹煮或用餐都是違法的。這項措施來自毛澤東的「大躍進」，這是共產黨所發起一連串針對鄉村地區的革命。

為了在中國建立新社會主義意識，毛澤東推動農業集體化。他廢除私有土地，由家家戶戶分擔勞動，並將農民組成約 23,000 個單位的公社。這個系統稱為人民公社，以免費供餐的食堂為基礎，讓公社成員人人有飯吃。

人民公社共有 265 萬個公共食堂，由沒收來的餐桌、烹飪用具和廚房設備組成。用餐時間一到，鈴聲響起，農民們便排成一隊領餐，再回到中間的用餐區進食。餐點是免費的，但也別無選擇。

一開始，這大食堂被視為奇蹟誕生。政府還設想出口號，鼓勵農民打開胃口，盡可能多吃，為社會主義盡一份力。然後拿豬肉和蔬菜逼他們吃，也不管他們餓不餓。政府藉由這樣的口號讓民眾相信，作物源源不絕，完全不必愁吃喝，雖然事實並非如此。吃不下的食物被隨意丟棄，大把食物就這樣被浪費。

問題一觸即發，到了 1958 年冬天，便可看到饑荒的前奏。過去農民會預先儲備糧食以防冬季糧食短缺或歉收。沒了這些備糧，他們只得仰賴食堂日漸短缺的食物。

到了 1959 年春天，饑荒已經一發不可收拾。那些無憂無慮吃著大鍋飯的日子，轉眼成為饑荒地獄。倖存者回憶起那段日子只有喟嘆——每天吃著玉米和樹皮做成的包子配水。為了達到政府規定的巨大產量，農人還是必須下田耕作，而他們每餐被分配到的食物量經常只有 150 到 200 公克。完全吃不到米，只有很稀的麥粥、地瓜與地瓜葉，還有把植物的根切成絲狀的「麻麵」。農夫也會把梧桐和琵琶樹的樹皮扒來吃。

人民的苦難每況愈下。腐敗的政治領袖可以在食堂大吃特吃，農民則因所有人都分配到同樣的糧食，而缺乏耕種的動力。到了 1960 年底，死亡率逐漸升高以及食物極度短缺，讓政府發現大食堂這個系統根本行不通。毛澤東與高階官員經過一番激烈討論後決定讓步。到了 1962 年，所有公共食堂被撤除，而這場饑荒餓死了大約 3,000 萬人，成為人類史上之最。

雖然當年的公共食堂帶來難以收拾的苦果，但那些緬懷毛主席時代中國的餐廳，卻開始在北京與重慶重新開設大食堂。裡頭員工不僅穿著傳統共產黨制服，嘴裡還不忘說些「懷念舊時代中國的單純美好」之類的宣言。最諷刺的是，這些骨子裡其實是現代資本魂的餐廳，端上大把食物給顧客，卻可能最接近毛澤東當初構想公共食堂的雛形。

1958 年，中國人到人民公社大食堂可以盡情吃到飽。

險峰上的一盞茶

華山茶屋 • 中國 ------------------------------- HUASHAN TEAHOUSE · CHINA

How to try it

纜車的架設讓前往華山
的人潮大幅增加，通常
得在北峰等待上山。

茶是道教的核心要素。而隱居在中國神聖的華山最高峰，約海拔 2,133 公尺
處，有一座道觀改建而成的茶屋。通往此處的路徑被稱作最險峻的登山道路，
幾世紀以來卻仍吸引著眾人前來朝聖。華山是中國的五座聖山之一，自西元
前 2 世紀山底下建起第一座道觀時，便蒙上濃厚的宗教色彩。

要抵達這座道觀，登山者得先走上一連串鑿山壁而成的「天梯」，歷時四到
五個小時抵達華山北峰（這是唯一一段能以纜車代步的路程）。到了北峰，
挑戰才算真正開始。由此通往南峰又是兩到三小時的路程，不過不是傳統步
道，迎接登山者的是純粹的峭壁，人們必須步履維艱地通過狹窄山徑，乍看
下僅是許多懸嵌在百呎高空的木條，被稱作「長空棧道」。某些路段木條甚
至脫落了，只剩下手抓的鏈條和勉強墊步的樁子。雖然當今法規要求登山者
得配戴安全吊帶、登山扣，但由於棧道實在太狹窄，狹路相逢時依舊得解開
登山扣才能越過彼此。最後是一條老舊的階梯通往道觀，其陡峭程度依然令
人難以喘息。

道觀裡道士們進行著例行祝禱，而登山者終於能夠坐下，享用一盞應得的熱
茶。在道家哲學裡，茶有助於冥想並與自然產生連結。這座道觀茶屋的茶水
部分取之於自然——從雨水、融雪和山泉收集——部分則是由山下運上來的
瓶裝水。完成朝聖之途的登山者們認為，眼前的道觀、景色及山頂的崇高，
都讓這盞茶成為最心神滿足的享受。

世界最大漂浮餐廳

珍寶海鮮舫 • 香港 ————————————— JUMBO KINGDOM · HONG KONG

珍寶海鮮舫（Jumbo Kingdom）在香港仔灣海面閃著霓虹燈光，與其說它是餐廳建築，這個龐然大物更像個繁華的水上市鎮。「王國」裡是一系列的餐廳，一個又一個廳閣以富麗堂皇的階梯與細長的廊道銜接，供應著各式菜系的廣東料理。這個海上食舫當初由「澳門賭王」何鴻燊收購改建，以中國古代皇宮為模型，歷時四年在 1976 年完工。

在外觀上，珍寶海鮮舫用顯眼的霓虹裝飾整座船舫，加上傳統飛簷和金黃色雕花，這在過去是皇家御用的顏色。內部不乏飛龍、寶塔等東方元素，以及仿明代的裝潢細節，在其中一個宴會廳中，還有一張費時兩年雕成的金紅二色龍椅。而除了可容納 2,000 人的用餐區域，賓客還能參觀漁鮮船艙（玻璃水缸裡的漁獲每日清晨由漁船直送）、40 公尺長的燴船、餐飲學院、中式茶園和一座主題公園。

How to try it

受到 Covid 19 影響，珍寶海鮮舫於 2020 年 3 月停業，後因海事牌照到期，於 2022 年 6 月移離香港，在預計前往東南亞維修途中，於南中國海西沙群島附近沉沒。

調味品中的干邑

XO 醬 • 香港 ————————————————— XO SAUCE · CHINA

人們用 XO 標示干邑威士忌的「陳年」（Extra Old）等級，不過在香港，它直接代表奢華的享受。香港的富人們對於這款法國酒品的陳年風味，早已養成執著的味蕾。因此當一名廚師在 1980 年代研發出「XO 醬」時，港人們立即意會它的頂級之處。

這款經干邑啟發的油底調味料甜中帶辣，還融匯了各式海鮮碎，需要大量的耐心與重本製作。製作 XO 醬的首要步驟是起一鍋熱油，在耗時費工的炒料過程中，必須仔細監控這鍋油。接著每樣原料分別下鍋炒至金黃，再撈起放一旁備用——蔥、蒜首先下鍋，然後是泡發且剁碎的海鮮乾料，其中蝦子和瑤柱必不可少（若有鱈魚子、吻仔魚則屬錦上添花）。金華火腿，又稱中國生火腿，最後一個過油鍋。若有一樣不小心炒焦了，可就要功虧一簣，因為每項原料都價值不菲（乾瑤柱一公斤可賣到 300 美元）。此外，炒出來的油香也是一項要素，混合炒料、糖和辣椒的鮮香，才能成一鍋煉金般的 XO 醬。

如同干邑威士忌，一點兒 XO 醬餘韻長存。在蒸魚或時蔬添上一小勺，就能從清淡無味的料理中，提出一道佳餚該有的甜、鹹、鮮味，層次十足。

How to try it

瓶裝 XO 醬在中國雜貨店就能買到，然而最好的還是自製口味。

無所不在的中餐館

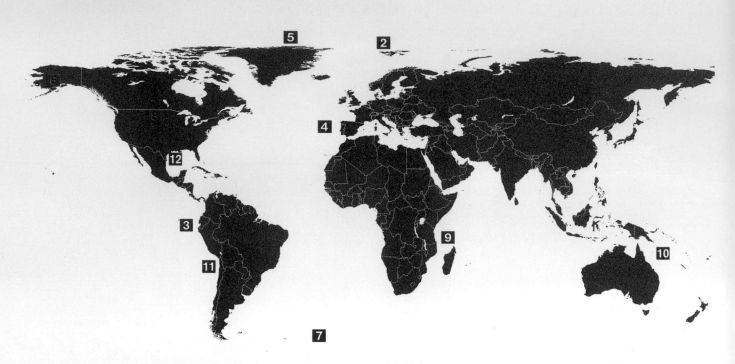

在美國，中餐館的數量比麥當勞、肯德基、溫蒂漢堡及漢堡王全部加起來還要多，中式美食比任何食物密集地遍布各大城鎮與鄉村。不僅在美國，多虧了散布四方的中國移民，世界各地都有中餐館。從厄瓜多到衣索比亞，你都能找到中式美食的足跡，包含以下這些世界之地：

1 在阿根廷的烏斯懷亞（Ushuaia），世界的最南端，你可以找到中式自助餐廳「**竹**」（BAMBOO）。由於位處前往南極洲的出發地，因此常見成團的中國遊客在此用餐，準備前往極凍大陸前先填飽肚子。

2 在北極圈內，峽灣遍布的挪威北角，特羅姆瑟島（Tromsøya）上可以找到「**金爵樓**」（TANG'S）中餐館。

3 在 5,700 人口的復活節島，有間中式、日式混合的餐廳「**海壽司**」（KAI SUSHI RAPANUI）。

4 葡萄牙的里斯本，中國移民在公寓裡開起低調的「**祕密中餐館**」（Chinês clandestinos），也就是非正式的中餐廳。

5 計畫前往格陵蘭島嗎？你可順道拜訪人口僅 4,541 人的小鎮伊盧利薩特（Ilulissat），在當地的「**香港咖啡**」（HONG KONG CAFE）來點排骨炒飯。

6 「**山姆和李的餐廳**」（SAM AND LEE'S RESTAURANT）位在阿拉斯加的烏特恰維克市（Utqiagvik），

這是全美國最北邊的城市，或許也是全世界最北的中餐館了。餐廳主人金姐的招牌菜煎餅以及馴鹿起司蛋捲堪稱一絕，另一道宮保披薩則是店家的自創料理。

7 南極洲雖然沒有正式的中餐館，不過中國的「**長城站**」（CHINESE GREAT WALL STATION）倒是有幾位中國廚子，其他考察站的研究員也都不遠前來，想著一嘗烤羊肉和新鮮香料醃漬的辣味雞。

8 提到道地的中式料理，你也許不會想到美國的蒙大拿州，不過比尤特市（Butte）的「**北京樓**」（PEKIN NOODLE PARLOR）是當地的老字號了。已成標誌的霓虹招牌寫著「雜碎」（Chop Suey），北京樓是全美最長壽的中餐館，1911 年起就開業販售炒麵。在餐廳 100 週年當天，老闆還宴請了全市市民吃飯。

9 位在莫三比克東岸與馬達加斯加島之間的海峽，法屬馬約特島（Mayotte）的馬穆楚市（Mamoudzou）有著多間中餐館，包括中法式融合的高級餐廳「**東方特快**」（L'ORIENT EXPRESS）。鄰近的馬達加斯加島過去是法國殖民地，也是非洲最多華裔人口聚集的地方之一。

10 即使在諾魯（Nauru）——世界上人口第二少的國家，以 11,347 人僅次於梵蒂岡——也不必擔心吃不到道地的中式料理。事實上，在這裡華裔人口占了全國 8%，總共有 138 間中式餐廳供你選擇。

11 秘魯的塞羅德帕斯科（Cerro de Pasco）是一座海拔 4,338 公尺高的礦區小鎮，是全世界最高的城市之一。你依然能在鎮上的「**迎福**」（CHIFA YING FU）吃到中式口味的春捲。

12 在美國奧克拉荷馬市的地底下，有一區建造於 1970 年代的地道系統，被稱為「地下城」（the Underground）。裡頭有些什麼？別懷疑，已營業超過 20 年的中餐館「**中國廚師**」（CHINA CHEF）就藏身在此，儘管在宛如迷宮的地道系統中有點兒難找。

傳統阿美族餐館

巴奈的店 • 台灣 -- BANAI'S SHOP · TAIWAN

巴奈的店位在台灣東海岸小村莊都蘭的主要幹道岔出的小街上，是一家溫馨的快炒店，以傳統阿美族美食著稱。雖然阿美族人是此地的原住民，但遊客來到這個廣受背包客歡迎的小村莊時，不見得能馬上從滿布青年旅館和國際化餐館的主要幹道上辨識出他們。

巴奈的店是葉淑媛八年前開的餐館（巴奈是她的阿美族名），以傳統風味、社區採集的食材，以及好客的氣氛著稱。除了葉淑媛的熱情款待，餐廳裡的長木桌經常坐滿當地顧客，他們樂於提供點菜建議，也不吝於分享美味的食物或酒水給觀光客。

這家餐廳有幾道特殊菜色，像是甜椒炒山豬肉、醋漬山豬皮冷盤佐芫荽、飛魚炒飯和蜜漬飛魚（四到五月期間供應）、蔥爆辣蝦和「情人的眼淚」——這是山上下過雨之後才採收得到的綠色蕈類（雨來菇），加上雞蛋和九層塔快炒得來。

在這也可買到傳統小米酒，由當地婦女自行釀造，裝盛入沒有標籤的長酒瓶中販售。這種沒有經過過濾的酒純淨而香甜，使它成為豐盛美食的絕佳良伴。

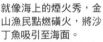

How to try it
這裡受到觀光客及在地人的喜愛，店外觀就是一般的平房民宅。

傳統磺火漁法

金山磺火祭 • 台灣 ------------------ JINSHAN FIRE FISHING FESTIVAL · TAIWAN

北台灣的水域闃黑一片，突然間，夜空中閃出一道火光，並釋放出一陣硫磺的惡臭。同一時間，成千上萬隻的小沙丁魚全都跳出了太平洋，將身體拋向

就像海上的煙火秀，金山漁民點燃磺火，將沙丁魚吸引至海面。

炙熱的火光。正當船上的火焰正炙之際,幾名年邁的漁民趁魚群跳回海裡之前,盡情地捕捉。

傳統的磺火漁法已有一世紀之久,而且只存在於金山這個台灣北端的寧靜漁村。漁夫們用竹子做成火炬,並以台灣盛產的硫磺石所製造出的易燃氣體來點火,其亮度足以讓成群的沙丁魚躍出水面。

這個活動總是趁沒有月光的晚上進行,漁夫們點燃火炬撒網,利用魚群的趨光性大撈特撈,徹夜工作12小時。他們各司其職,有人掌舵,有人控制火焰。這工作非常辛勞,極度危險,而且正面臨失傳的危機。

在全盛時期,有數千人使用磺火漁法捕魚,這種技法一開始是由平埔族原住民發展出來的,並在台灣日治時期發揚光大。到了2019年,僅剩下四艘磺火漁船,使用磺火捕魚的漁夫人數也驟降,許多都已六、七十歲高齡。台灣年輕人對這種難以掌控的艱苦工作沒興趣,以至於當地政府成立了金山磺火祭,讓外來客可以親眼目睹這夜間奇景。

從五月到七月,旅行團將一船又一船的觀光客帶到磺火漁船旁,目的是提高這項技藝的知名度和受歡迎程度,同時也希望這項技藝不會失傳。許多漁夫即使知道他們的傳統將不可避免地消失在歷史之中,仍帶著聽天由命的驕傲執行這項技藝,對他們來說,磺火漁法是藝術,也是生計。他們在工作中感受到文化的重要性,還有與這座島嶼及先人的強烈連結。本質上來說,磺火漁法是種謀生之道,漸漸消逝在現代社會的生活方式中。

How to try it

參加旅行團約四小時,有專人解說,包括金山磺火漁法的歷史介紹、湯麵晚餐和漁夫們工作時的光景。

把豬血做成糕點

豬血糕 • 台灣 ———————————— ZHU XIE GAO · TAIWAN

在忙亂的台灣夜市中,一切都不是表面看起來的那樣。

以這黑色長方體來說,串在竹籤上看起來像冰棒,裹上花生粉和菜葉,乍看之下根本不知道是香菜,但等吃到嘴裡才是真正的驚喜。那黑黑的一塊是由豬血和糯米製成,口感有點黏、又不會太黏,同時保留每一粒米的完整性(那Q度很像韓國年糕或日本麻糬)。

路邊攤小販把豬血糕放入加了鮮甜風味的醬汁中,接著裹上花生粉和香菜,最後得到風味複雜多元、有肉味又有草味的銅板美食。

How to try it

在台北市歷史悠久的饒河夜市或是任何夜市,都可買到豬血糕。

{ 血：BLOOD }

血富含蛋白質和鐵質，是形狀不規則、變化多端的食材，可以固化也能乳化，凝固可成塊，也能融入湯汁裡。但當血腐敗時，風險很高，健康和肝炎就在一線之隔。

補血糖果

這款軟 Q 且甜膩的糖果不是拿來吃好玩的，它的原料是牛血，在蘇聯時期是專門用來治療鐵質缺乏和維生素攝取不足的良藥，在藥局販售，說「補血棒」（可見 P54）是糖果還不如說它是種藥品。成人處方每天50 毫克，13 歲以下兒童服用需成人同意，孕婦和哺乳期婦女服用前須先諮詢醫師。如今，新鮮牛血通常已被粉狀牛血製品所取代，但它依舊是貧血、營養不良和疲倦時最適合服用的糖果。

血豆腐

存放在乾淨的環境中，約莫 10 分鐘，鮮血就會凝固成果凍般的固體，然後柔嫩的血塊就能切塊，接著用文火慢煮，直到質地硬化，最後就得到口感如絲綢般的塊狀物，入口即化，吃起來像嫩豆腐，但帶有血的濃郁和澀感。血豆腐很可能是中國人發明的，它遍及整個亞洲地區。鴨血是火鍋必備，泰國的豬血湯裡放滿了豬血塊。在菲律賓，雞血豆腐切成長方形，用竹籤串起來燒烤，成為廣受歡迎的街頭小吃「Betamax」，因形狀貌似舊式錄影帶而得名。

犛牛血

數千名尼泊爾人一年兩次聚集在喜馬拉雅山區，飲用剛從犛牛身上流出的鮮血。在木斯塘（Mustang）和苗地（Myagdi）飲犛牛血的祭典中，當地的犛牛主人在犛牛脖子上劃一刀，以玻璃瓶裝血販售。犛牛只是流血，並無生命危險。一頭犛牛可供應 20 到 50 人份的血（2019 年時，每瓶售價 100 盧比，約 1 美元）。參加此祭典的尼泊爾人通常是為了尋求疾病的解藥。犛牛經常食用只生長在高海拔的稀有草本植物，例如價格貴得嚇人的冬蟲夏草，因此飲用犛牛血據信可以轉移藥草的療效。全尼泊爾罹患胃病、過敏、高血壓、哮喘和腎功能衰竭的人紛紛來到產地喝上一杯犛牛血——許多人一再回訪，據說飲用之後症狀真的有所緩解。

血蛤蜊

當你打開一顆帶血的蛤蜊，會馬上察覺。這種一口大小的鳥蛤科充滿了血紅素，這種暗紅色的蛋白質亦存在於人體內（大多數蛤蜊的血是透明的）。在亞洲與中美洲等地方，血蛤蜊是種美食，通常是生吃或快速烹煮，不過，蛤蜊的血跟人血一樣，都可能致病。血紅素可讓血蛤蜊在無氧環境中存活，但牠們同樣得濾食大量的水，這使得牠們易受細菌和病毒污染（1988 年在中國爆發的 A 型肝炎奪走了 31 條人命，就跟被污染的血蛤蜊有關）。儘管如此，這種恐怖的蛤蜊還是有一大票追隨者，說牠比透明血液的蛤蜊味道更乾淨，口感更彈牙。

血煎餅

在整個斯堪地那維亞半島，血是早餐煎餅常見的食材，血的來源可能來自牛、豬，若是北挪威的薩米人（Sami）的話，則可能是馴鹿。將血充分打成泡沫狀，這當中富含蛋白質，可像雞蛋一樣和麵糊混合。

血煎餅的顏色幾乎是全黑而濃稠的，比不含血的煎餅更營養。這種食物在歐洲北部大受歡迎，甚至連芬蘭的亞崔雅食品公司（Atria）都製造冷凍的豬血煎餅，一般雜貨店都買得到。

馬賽人茹毛飲血

傳統上，居住在肯亞南部和坦尚尼亞北部的馬賽人（Maasai），其飲食主要以牛奶和牛血為主，血必須從活牛的頸動脈小心取出，然後快速將傷口封住。血和奶都被視為「尋常但神聖的食物」，作為補充熱量的常態來源，也用在典禮和祭典上。一般認為牛血對免疫系統虛弱以及宿醉的人有幫助，也適合當成早餐食用。1935 年所進行的研究中，加拿大牙醫發現部落族人異常地健康，百毒不侵，包括心血管疾病，而且幾乎沒蛀牙（後續的研究顯示他們的膽固醇只有美國人的一半）。近來，牧地減少，許多馬賽人被迫吃更多穀物，牛奶和牛血攝取減少，對他們健康的壞處也日益顯現。

一名穿著傳統紅色舒卡（shuka）服飾的馬賽男子，拿著裝滿新鮮牛血的葫蘆。

冬蟲夏草

冬蟲夏草 • 西藏 ------------------------------------- YARTSA GUNBU · TIBET

How to try it

冬蟲夏草在許多中藥行都買得到，網路上也有，但真假難辨。

位於拉斯維加斯市中心的「騰龍會」（The Talon Club），販賣著一碗 688 美元的冬蟲夏草湯（Cordyceps Soup），這是全世界最昂貴的湯，裡頭包含雞肉、紅棗、龍眼和約七公克的冬蟲夏草。這種吃起來沒有味道的寄生性真菌以重量計價，是世界上最貴的食材之一，更甚於松露或黃金，只能在西藏高原的草原上取得。

每年五、六月，西藏人走遍西藏高原高海拔的草原，尋找這種從土裡冒出來的咖啡色細小突出物。乍看之下，它們宛如樹枝，卻是冬蟲夏草（*Ophiocordyceps sinensis*）的子實體。這種真菌會攻擊活的毛毛蟲，並從裡到外將牠們吞噬。蝙蝠蛾（*Hepialus humuli*）毛蟲在地底下覓食的時候，西藏人稱為冬蟲夏草的真菌會傳染牠們。當大部分的蟲屍已食用殆盡，真菌就會控制毛蟲，把牠推向泥土表面，真菌從蟲的頭部冒出來，探出「樹枝」。在地表上，子實體會釋放出孢子，繼續感染其他毛蟲。

冬蟲夏草至少從 1400 年代開始，就是西藏食物和藥品的一部分，用來治療一切病痛，據說從心律不整、陽痿到癌症皆有療效。雖然缺乏研究佐證，但這種真菌據信有廣泛的醫療效果。富有的中國買家長久以來對此真菌趨之若鶩，但直到最近，這股風潮才成為主流。

1990 年代，開始有傳言說冬蟲夏草如何幫助中國運動員打破紀錄。自此之後，這種原本被當地人拿來交換食物的寄生性真菌，價格突然水漲船高十幾倍（450 公克可賣 50,000 美元）。

這股發生在西藏高原的冬蟲夏草淘金熱已經對當地造成巨大影響。有些改變是正向的——村民們架設太陽能板，許多家庭有更多錢可購買生活基本用品，但競逐這種有限資源的現象，也造成許多暴力亂象，包括好幾起謀殺案。許多西藏人放棄了傳統的放牧，加入了真菌大戰，使他們在收成欠佳的年份更加無以為繼，而過度開發與全球暖化，歉收已成為家常便飯。

一個西藏家庭在石渠縣山區挖掘珍貴的冬蟲夏草。

竹子流水素麵

流水素麵 • 日本 ———————————————— NAGASHI SOMEN · JAPAN

在日文中，「流し」（nagashi）代表「流動」，和夏季大受歡迎的小麥冷麵搭配在一起，就是動感十足的一餐，因為你必須用筷子夾起從竹子導管中滑下的麵條。

流水素麵在 1959 年便在高千穗這南方小鎮盛行，餐廳「千穗家」（千穗の家）欲善用當地的純淨泉水，便把腦筋動到麵條上，這傳統延續至今，工作人員以對半劈開的竹子導管引進流動的冷水。當他們大喊「行くよ〜」（Ikuyo）表示「來了〜」，煮熟的麵條被放進導管內，讓下游的食客從水流中撈取麵條。導管末端大多有個籃子接住沒被撈起的麵條，店員會回收給顧客。但在京都貴船知名的川床流水麵餐廳「ひろ文」（Hirobun），夾到就吃多少，直到染成紅色的素麵流經面前，就表示這一餐已經結束了。

流水麵不僅可以在餐廳吃到，在家開伙的人也能購買剖半的竹子，在家裡設起流水素麵宴。其實還有另一種替代方案——有種特別的機器在圓形的容器中讓麵條繞圈，或讓麵條沿著像玩具般小一號的水道流動。2016 年，奈良縣御所市的居民靠著「將麵條以竹製導管流至最遠距離」打破金氏世界紀錄，他們的溜槽長達 3,317 公尺。

How to try it

「千穗家」位於高千穗一座美麗的峽谷旁，從福岡市搭巴士前往約三個半小時。

在香川縣的高松市，一名女子大口吸食她成功從竹子流水管道撈起的麵條。

鐵道美味

駅弁屋祭 • 日本 ———————————————— EKIBENYA MATSURI · JAPAN

在東京車站六、七月台之間總有盛宴（即日文的「祭」）進行中。在「駅弁屋祭」，旅客忙著在將近 200 種不同的駅弁（ekiben，即鐵路便當）中挑選。這種攜帶式餐盒是讓旅客在新幹線，或在駛離東京車站的其他電車上食用。在日本龐雜的鐵道系統的每一站，都會販售包含該區特色的駅弁。在兵庫縣，應該就是章魚飯便當：米飯、章魚、星鰻和蔬菜裝進一個縮小版的章魚壺中，這種土製容器傳統上是當地設計來捕捉章魚用的。在靜岡站，旅客會排隊購買鯛魚拌飯，這是當地廣受歡迎的鯛魚飯。繞了繞東京車站駅弁屋祭的陳列，你會發現絕大多數地區限定的新奇便當，全都瘋狂地在這裡集合了。

形狀如火車般的駅弁可以滿足你的童心，也可以購買以當地特有時蔬為主的

How to try it

駅弁屋祭的鐵路便當平均售價是 10 美元，結帳時可以加購一碗味噌湯或一瓶抹茶，甚至還販售單人份的酒。

駅弁。還有高科技的自動加熱駅弁,裝在一個只要拉繩即可加熱的飯盒裡。或者,你也可以選擇傳統的達摩不倒翁便當,裝在一個狀似禪宗創始者達摩禪師娃娃的盒子裡。這盒子在嘴巴處開了個縫,可做為存錢筒,成為一個象徵幸運的紀念品。

栩栩如生的傳統麥芽棒棒糖

飴細工 • 日本 ————————————————————— AMEZAIKU · JAPAN

短短三分鐘之內,製作糖雕的時機就結束了。融化的糖從攝氏 93 度高溫的鍋子拉出,這時候的溶糖夠軟且不成形,可以形塑成令人歎為觀止的生物形貌。糖雕師傅(飴細工師)只用他們的手和一把小剪刀來塑形、剪裁,捏出金魚細緻的魚鰓,或是青蛙分岔的腿。整個過程充滿創意,也很講求精準。師傅們可以一再重複地創造出同一款動物,幾乎一模一樣。等糖製小動物冷卻之後,再塗上食用色素,閃著透明光澤的樣子更加栩栩如生。

根據糖雕師傅手塚新理(Shinri Tezuka)的說法,製作糖雕的祕訣在於「超前部署」,在糖冷卻之前就要想好怎麼剪、怎麼捏。手塚新理是日本最著名、

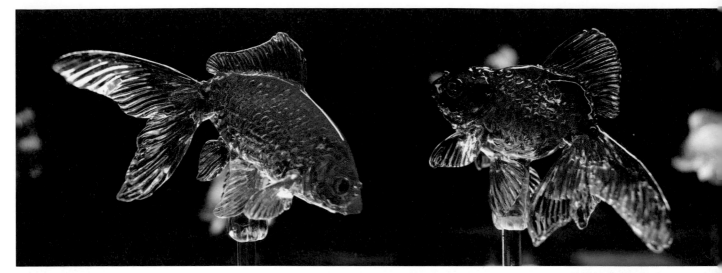

糖雕師傅手塚新理
的創作。這對金魚美
到讓人捨不得吃。

也是碩果僅存的糖雕藝術家之一。他完全自學，因為已經沒有學校教授這項技藝了。他在東京的店是位於大型賣場內的質感小櫃位，擺滿了經典的動物與花卉糖雕，不過，手塚新理也接受特別訂單。

糖塑是一種古老的技藝，於平安時代（794 至 1185 年）從中國傳到日本。這種華麗的糖雕塑一開始是用來祭祀鬼神，但在江戶時代（1603 至 1868 年），藝術家把這捏糖技藝帶到街頭，變成一種街頭娛樂，並經常順應顧客的要求捏出主題。手塚對此古老的技藝引以為傲，因為對糖的特性十分了解，他可以創造出任何顧客想要的東西。身為碩果僅存的糖塑工匠之一，他的店是日本少數保存這種消逝中的技藝之所在。

元祖壽司

鮒壽司 • 日本 ──────────────────── FUNAZUSHI · JAPAN

壽司從 8 世紀起就已存在，在當時，製作壽司指的是醃魚，並讓它發酵數年。最早的壽司稱為「熟壽司」（narezushi），是一種保存食物的方式——內臟清空後的魚以鹽和生米發酵，讓它慢慢變成軟嫩且味道刺鼻的食物。在滋賀縣，傳統的熟壽司依舊是當地的特產。幾個世紀以來，居民仍延續這種漸漸失傳的藝術，製作稱為「鮒壽司」的熟壽司，而且只用鄰近的琵琶湖中捕獲的在地鯉魚製作。將魚去內臟、鹽漬之後，塞進木桶中。一年過後，人們將鯉魚和米混合，再塞進桶中放個兩、三年，就成了類似帕馬火腿般的醃漬魚，帶有熟成的氣味與起司般的口感。

在高島市，一間家庭式的商店從 1619 年便開始製作鮒壽司，最近由家族的第 18 代傳人接班，這家「喜多品」（Kitashina）是日本少數保存這古老壽司作法的店家之一。

How to try it

「喜多品」位在滋賀縣高島市勝野 1287。就像很多熟成的產品，鮒壽司可能價格不菲。

在 8 世紀的日本，一份壽司比較像這樣。

主題餐廳

東京約有 16 萬家餐廳，也是全世界擁有最多米其林摘星餐廳的都市。不過，以下這四家夢幻般的餐廳，主打的卻不是餐點。

可愛怪獸咖啡廳 KAWAII MONSTER CAFÉ

就位在東京最夢幻的樂園原宿，很像你衣櫥裡的怪獸們舉辦的祕密派對。顧客們從一個眼睛爆凸的怪獸嘴巴進入，迎面而來的是宛如旋轉木馬、真人大小的甜點模型。這個封閉的空間中有迷幻的「蘑菇迪斯可」（Mushroom Disco）以及「牛奶攤」（Milk Stand），兔寶寶和獨角獸的頭像喝著從奶瓶形狀的吊燈流下來的牛奶。怪獸女孩穿梭其中，一邊送餐一邊跳舞。（已歇業）

6 年 4 组 ROKUNEN YONKUMI

重現日本小學生的上學經驗，重溫兒時的懷舊感。一進入入口，顧客背著學校書包，戴上帽子，化身為「學生」，坐在教室裡的木桌椅上。「老師」以傳統的鋁製餐具送上經典的小學營養午餐，像是炸麵包（あげパン）。用餐完畢，你還可以參加考試。（在大阪、名古屋、福岡也有分店）

忍者赤坂 NINJA AKASAKA

以封建時期的日本為背景，顧客由身穿黑衣、不發一語的傭兵引導，穿越過吊橋，走過蜿蜒的廊道，通過祕密入口，進入神祕的用餐區，時光宛如倒轉了四個世紀。顧客用卷軸點餐，受過忍者訓練的工作人員就此消失了，但不久之後，他們不時憑空出現，帶來劍術或武打功夫表演。

偵探咖啡 DETECTIVE CAFE PROGRESS

遊走在幻想和真實的界線上，黃色的「禁止進入」警示帶橫在門口，地上畫有人體大字展開的輪廓，這間咖啡酒吧的主題是偵探的角色扮演。不過，調酒師們可都是如假包換的偵探。白天，他們協尋失蹤人口，或在犯罪現場偵查；晚上，他們幫你斟酒，跟你訴說他們的工作內容。

How to try it

潛水艇咖哩在吳市的日本海上自衛隊吳史料館附設咖啡廳有販售，位於廣島市南方，開車約 40 分鐘。你不可能錯過這座建築物，因為前面有個巨型的黑紅配色潛水艇。

日本海軍咖哩

日式咖哩 • 日本 ──────────────── KAREE · JAPAN

始於 1868 年的明治時代，是外來勢力增長與國內軍事化的時代，日本需餵飽國內的軍隊，但他們現行的系統失靈。在當時，食用精製白米是富貴的象徵。為了增加軍隊招募，皇家海軍和陸軍無限提供白米，其他東西吃得少，因此維生素不足，導致腳氣病（beriberi）。腳氣病的成因是缺乏硫胺（thiamine），這種營養素不存在於白米之中，導致很多日本皇室成員和平民死亡。這營養匱乏的現象不久之後就惡化，在 1904 至 1905 年間的日俄戰爭期間，讓數以千計的士兵臥病不起。

為了解救自己的水手，日本官員研究了供應給其他海軍的食物，尤其參考了英國海軍的做法。很多英國船艦上都提供「咖哩」——混合了罐裝咖哩粉、奶油、肉（通常是牛肉）、根莖類蔬菜，以及加入了麵粉的濃稠醬汁。由於肉類和麵粉都含有硫胺，因此咖哩是對抗腳氣病的利器。可以和堆積如山的米一起提供給整個部隊。不久，英印咖哩成了日本海軍的主食（海軍軍官比陸軍更能接受飲食上的創新，因此陸軍在 20 世紀仍長久飽受腳氣病之苦）。1908 年出版的官方《海軍料理參考指南》（海軍割烹術參考書）中把咖哩配方奉為傳統飲食的標準準則。海軍食用咖哩的傳統在日本海上自衛隊延續下來，每個週五，海軍官兵都會吃咖哩，每艘船艦也自豪於各自的獨特咖哩配方，而且很多都傳回陸地。在廣島的吳市，你可以在不少餐廳吃到尚在服役中的 DD-106 五月雨及 DD-158 海霧護衛艦的咖哩。

日本海軍制服，約 1908 年。

出走的美味

日本的西方美食——洋食
"YOSHOKU" JAPANESE WESTERN FOOD

19 世紀時，當明治天皇對西方大開門戶，日本國民驚訝地發現歐洲人和美洲人竟如此高大。被送去西方的日本人回國說高大粗壯的白人不僅僅吃肉（1872 年之前，在日本吃肉是非法的），還有一大堆他們沒看過的食物。渴望維新與現代化的日本決定擁抱西方的飲食方式，作為讓體型變壯、增加國際競爭力的方式。

洋食（yoshoku），也就是西方食物，就在這接觸西方的初期階段開始發展，義大利麵、漢堡、三明治、炸肉排是這類飲食的基礎，但調整成更適合日本的口味，卻反而讓西方人認不得這些菜色。洋食挑戰了傳統的分類，它是種懷舊的食物，在家庭經營的餐館才找得到，但它也可以是時髦的約會餐點或高檔餐廳料理。在日本，這種與西方混種的菜色廣為人知，且頗受歡迎，以人高馬大的外國人的飲食為啟發，創造出一種傳統的療癒美食。

漢堡排
ハンバーグ（Hambagu）

取自漢堡，把它變成以刀叉（或筷子）食用。混合了麵包粉和雞蛋的牛絞肉在平底鍋上煎，並沾滿法式多蜜醬汁（demi-glace），和白飯與蔬菜一起上桌。

蛋包飯
オムライス（Omurice）

是歐姆蛋（omelet）和飯（rice）兩個字的結合，所以大概可以猜到這是什麼食物。最初的組合就只是披著蛋衣的一坨白飯，但近幾年，白飯通常混合番茄醬，或是和肉類與蔬菜一起炒過，然後蛋衣再淋上番茄醬。蛋包飯是海軍咖哩的好搭檔。另一個版本是蛋包麵（omusoba），以歐姆蛋皮包裹著蕎麥麵，有著異曲同工之妙。

明治天皇和皇室成員的肖像，攝於明治時期，約 1900 年。

拿坡里義大利麵
ナポリタン（Napolitan）

以義大利城市為名的日式拿坡里義
大利麵是日本最早的義大利麵之
一，現在已成為經典，全日本各地
都有以這道菜作為主打的喫茶店或
咖啡廳。他們將義大利麵煮到軟
爛，然後放到平底鍋，和熱狗、洋
蔥、甜椒，以及以番茄醬為基底的
醬料一起拌炒。日式拿坡里義大利
麵經常和漢堡肉一起搭配。

拿坡里義大利麵

日式三明治
サンド（Sando）

很難想像竟是日本料理界的明星。
日式三明治的白麵包很軟，沒有硬
邊，這得追溯到二戰之後，工廠大
量製造的麵包取代米飯的艱苦歲
月。如今依舊可以在日本各地的便
利商店以低廉價格買到日式三明治
（經典的日式三明治組成有三種口
味：蛋沙拉、火腿起司、鮪魚），
或者你也可以吃奢華版的日式三明
治：烤和牛或炸和牛日式三明治，
每個 200 美元起跳。

塔可飯
タコライス（Tacoraisu / Taco Rice）

來自日本南方的沖繩島。就日本洋
食的歷史來說相對新，這道佳餚是
由 20 世紀一位沖繩廚師所研發，
他將塔可餅（taco）賣給在當地駐
紮的數百名美軍。有一天，他將玉
米薄餅（tortilla）換成白飯，並放
上調味過的牛絞肉、起司絲、萵苣
和番茄丁，結果塔可飯大受歡迎，
沖繩當地人和美軍都很愛，之後便
傳到日本其他地區。在東京的「塔
可貝爾」（Taco Bell）也提供塔
可飯，可搭配薯條一起吃。

塔可飯

炸豬排三明治

漢堡排

備受寵愛的柿子

柿餅 • 日本 -------------------------------- HOSHIGAKI · JAPAN

柿餅是日本人自古以來製作的一種美味乾貨，若要把柿子變成柿餅，每一顆都要費心去皮，然後從梗部懸掛在空中風乾。每一天，都要為柿子按摩，這溫柔的舉動可以瓦解內部堅硬的果肉，有助於製造出肥美、宛如果醬般的口感。經常性的按摩也能撫平皺紋和氣泡，避免侵蝕水果的黴菌生成，並把糖分逼到表面。經過了大約一個月的細心照料，這些風乾的水果變得軟嫩，密度高，且裹上一層來自自身的白色糖霜。

How to try it

從晚秋到冬季，在全日本的超級市場和百貨公司都買得到柿餅。

日本的高級水果

日本社會的贈禮傳統，尤其是商場上的贈禮，可說是競爭相當激烈且有各種眉角。公司搶購貼心且令人驚豔的禮物給合夥人和客戶，經常花費不少錢採購珍稀的好東西。日本有兩個傳統的贈禮季節——夏季的御中元（Ochugen）和冬季的御歲暮（Oseibo）。因為對特殊產品的需求，高級水果的市場蓬勃發展。在這些價格高得嚇人的高檔送禮競賽中，栽種成口感超群、外表豔麗如可食用珠寶的水果，最受到青睞。

田助西瓜
Densuke Watermelon

以其黑色外表及又甜又脆的粉紅果肉而深受喜愛，這種昂貴的西瓜只在北海道栽種。
平均價格：2,000 日圓（約 20 美元）
在 2008 年拍賣會的得標價：65 萬日圓（約 5,927 美元）

太陽蛋芒果 Taiyo No Tamago Mango
（"Egg of the Sun" Mango）

芒果成熟時，自然地從樹上掉進網子內。它們必須超過 350 公克，甜度超過 15% 才行。
平均價格：5,000 日圓（約 45 美元）
在 2019 年拍賣會的得標價：兩顆 50 萬日圓（約 4,659 美元）

美麗公主草莓 Bijin-Hime Strawberry
（"Beautiful Princess" Strawberry）

跟網球一樣大，湯勺形狀的草莓花了 15 年才改良到完美，一年大約只產 500 顆。
平均價格：一顆 50 萬日圓（約 4,395 美元）

羅馬紅寶石葡萄
Ruby Roman Grape

乒乓球大小，每一顆葡萄超過 30 公克。
平均價格：一串 10 萬日圓（約 880 美元）
在 2017 年拍賣會的得標價：一串大約 30 顆的葡萄賣 110 萬日圓（約 9,745 美元）

夕張哈密瓜
Yubari King Melon

只在北海道夕張生長，每一株只生一顆瓜，讓瓜吸收植物所有的養分。哈密瓜還會戴帽子，避免被太陽曬傷。
平均價格：10,000 日圓（約 91 美元）
在 2018 年拍賣會的得標價：兩顆 320 萬日圓（約 29,251 美元）

一名買家在宮崎縣的批發市場拍照太陽蛋芒果

2007 年，相撲力士在比賽前於大阪武藏川相撲部屋享用相撲火鍋。

相撲之湯

相撲火鍋 • 日本 —————————————————————— CHANKO NABE · JAPAN

相撲並沒有重量級別的區分，意思是體重較重的選手較有優勢。近年來，大概是因為夏威夷和蒙古選手的加入，冠軍的平均體重從 1930 年代的不到 136 公斤飆升到如今的超過 181 公斤。為了趕上他們，日本相撲力士大啖相撲火鍋。在他們職業生涯中，食用這一鍋就像儀式般，是一種常態。

相撲火鍋是一個巨大的共鍋，裝著高湯，裡面的火鍋料在過程中不斷地加入或撈起，跟涮涮鍋很像。每一個訓練單位都有獨門高湯配方，可能是雞湯、豆乳或是以鹽為基底。高湯裡有魚或肉，豆腐和蔬菜，以及一塊塊高熱量的麻糬。相撲火鍋是便宜又實惠的一餐，而且以一般分量來看，基本上並不肥，但相撲力士不吃早餐，累積飢餓感，然後午餐大吃特吃 10 碗飯，灌入大量啤酒。午餐之後，選手們就去睡午覺。

除了大吃特吃的用餐時間，相撲部屋（會館）其實組織嚴明，力士們有許多苦差事要做，很大一部分跟相撲火鍋有關，令人難以置信。資淺的相撲力士被要求要布置用餐地點，輪流購買雜貨，或是切蔬菜備餐（最高階的選手通常只需要公開亮相或娛樂贊助者）。當前輩還在酣睡之際，菜鳥就要早起訓練和準備伙食。午餐時間，重量級的力士先在火鍋周圍入座，拿取少量配飯。當他們的飯碗空了，他們會舉起手，而那些在旁觀看、時時準備滿足前輩需求的菜鳥就會幫他們添飯。只有在資深力士吃飽飯之後，階級較低的人才能坐下填補他的空位。結果就是，菜鳥選手通常只剩下火鍋菜渣，他們必須把剩菜集中起來，和泡麵一起吃。

雖然和相撲火鍋相關的差事被視為入門等級的工作，但ちゃんこ長（chankocho）是個備受尊敬的職位，因為它提供力士們一個未來可能很有價值的技能。不是每個力士都能成為冠軍，但相撲火鍋可以是一條通往新專業的道路。許多退休的力士在相撲主題餐廳——相撲火鍋店工作，高檔的海鮮相撲火鍋是主要賣點。最有名的相撲力士還可能開一家以自己為名的相撲火鍋店，他們的名氣可是跟火鍋料一樣吸引人呢。

How to try it

你可以在東京的兩國區發現相撲道館和會館，也有相撲火鍋店。「花の舞 両国国技館前店」（Hananomai Ryogoku Kokugikan-mae）就在兩國電車站外面，裝飾得就像相撲道館一樣。

巨大稻草像

巨型稻草雕塑藝術 • 日本 —————————————————————— WARA ART · JAPAN

靠海的鄉下地方新潟縣是日本第二大產米區，以一大片風景優美的稻田聞名。每年秋天，稻米收成、穀粒擷取之後，留下了大量不用的稻草堆（藁）。

這些稻草堆並不會被隨意丟棄浪費，它們會被重新利用，作為肥料、屋頂建材、牲畜的飼料，而最令人印象深刻的是——巨型稻草雕塑，讓稻田變成戶外裝置藝術。從 2008 年開始，東京武藏野美術大學的學生每年秋天來到新潟，以稻米的副產品創造大型奇幻動物。以編織稻草依附在木頭框上，這毛茸茸的金色建材製作出以假亂真的獅子鬃毛、猩猩毛和狼蛛絨毛。2017 年，為了慶祝巨型稻草雕塑藝術 10 週年，學生們挑戰做出比過去大一倍的雕塑作品，他們創作出高六公尺的恐龍和河馬，大到遊客可以站在它們的嘴巴裡拍照。

How to try it

稻草雕塑在八月底會在新潟的上堰潟公園展出，雕塑作品會一直放到十月結束。

學生們在 2017 年慶
典的大尺寸挑戰中製
作出一隻大猩猩。

正牌蒙古烤肉

石頭烤肉 ● 蒙古 -- BOODOG · MONGOLIA

驍勇的蒙古戰士將所有家當都放在馬背上,這也代表他們無法攜帶沉重的炊
具隨行。為了配合這樣的遊牧生活,他們會使用獵物的屍體作為器皿。把從
旱獺或山羊身上取下的肉,塞回其外皮中,再放到篝火上烤,這種料理方式
稱為 boodog,是真正的蒙古式烤肉。

兩名男子正將滾燙的石頭放進山羊屍體製作石頭烤肉。

為了準備石頭烤肉（發音為 baw-dug），首先，屠夫會把獵物從頸部切開到胯部，並仔細地取出肉和骨頭，同時保持外皮的完整。接著將調味後的肉塊（包含肝、腎等內臟）連同蔬菜及燒熱的石頭一起塞回去，再封起外皮。

古代蒙古人把石頭烤肉放在篝火上烤，當代的蒙古廚子則使用噴槍。高溫的火焰能燒掉外層大部分皮毛，剩下的用刀子就能刮除。在噴槍下炙烤約兩小時，當油脂開始從封口處汨汨滴出，就是開動的時候了。不過在享用烤肉之前，用餐者必須輪流傳遞燒熱的石頭，蒙古人相信雙手捧著溫熱的石頭，能夠消除壓力和疲勞。

以 boodog 方式料理，獵物的軀體也身兼盛裝的器皿。

一隻塞得飽滿肥美的烤山羊，足以餵飽一支蒙古軍隊。根據蒙古廚師協會會長的說法，每當成吉思汗打了勝仗時，就會以烤肉盛宴款待戰士們。

鞋底餅

鞋底餅 • 蒙古 --- UL BOOV · MONGOLIA

當蒙古人慶祝農曆新年，也稱作查干薩日（Tsagaan Sar）的連續佳節時，精美的 ul boov 通常是令人垂涎的重頭戲。ul boov 的意思是「鞋底餅」，名字雖然樸實，這道高塔式甜點卻有著深厚的傳統。

鞋底餅由一層一層的酥餅堆疊而成，每塊酥餅都會用木戳子壓出紋路，像被鞋底踩過的痕跡。這些木戳子是家戶世代傳下且獨一無二的，因此也像是一個家庭的指紋。鞋底餅的高度呼應著年齡及社會地位——年輕的夫妻可以疊三層，年長者可以疊七層，其餘的人疊五層。層數都是奇數，代表幸福。將酥餅疊起本身也是一種儀式，需要虔敬的精準與細心，如同猶太人點燃傳統燈台。

蒙古人會以糖果、方糖裝飾疊好的酥餅，並在最上層放上一塊乾奶酪（aarul）。妝點完畢的鞋底餅，意在象徵佛教的聖地須彌山（Mount Sumeru）。

How to try it

鞋底餅通常是自製的節慶點心，網路上就能找到食譜，不過戳子得向蒙古家庭借用。

How to try it

位在南韓仁川機場的
「平和屋」（평화옥，
Pyung Hwa Ok）餐廳，
招牌餐點就是平壤冷
麵。

北韓外交麵食

平壤冷麵 · 北韓 ------------------ PYONGYANG NAENGMYEON · NORTH KOREA

冷麵，乍看之下是道再平實不過的料理。通常選用蕎麥製成麵體，將細長、富有嚼勁的麵條浸在冰鎮的牛肉高湯，放上肉絲、水煮蛋、黃瓜片或蘿蔔片，佐以醋和辣芥末調味就完成。起源於 1392 到 1910 年的朝鮮王朝，冷麵的歷史少說也有好幾個世紀。然而在 2018 年四月，當南北韓領導人進行史無前例的外交峰會時，冷麵意外地登上國際舞台。

相隔 11 年，兩韓領導人首度在邊界非軍事區會面。當時的外交宴席上，北韓領導人金正恩為南韓總統文在寅帶來這道傳統冷麵，連製麵機器也運到現場，並玩笑地說，冷麵雖然遠道而來，其實也不遠。

一個簡單的舉動，令這道平實的料理在南韓掀起熱潮，成為峰會當日的熱門話題。販賣冷麵的餐館門口排起長長的隊伍，許多顧客為了紀念這次和平會談，而想一嘗冷麵滋味。冷麵成為了兩國間共同文化的信物。

2018 年的峰會後，在南北韓國界兩邊廣受喜愛的冷麵，也成為兩國之間關係融冰的符號。

在發源地北韓，冷麵象徵著特別的愛國精神。北韓最重要的高級餐廳，也是飲食資產的掌舵「玉流館」（옥류관，Okryu-gwan），便是以平壤冷麵作為招牌菜色。韓戰時期，人民從北方逃向南方，使得這道冰鎮的牛肉高湯麵條在國界另一頭普及。一般認為，搭配牛肉高湯和蘿蔔水辛奇的冷麵，才是北韓風味的「平壤冷麵」。

在韓國濕熱的夏季，這道麵食一直是口味清爽的用餐首選。但自從 2018 年的這場峰會之後，冷麵儼然成為餐桌上的和平標幟，甚至有餐廳將其更名為「統一冷麵」。

直送北韓的英國酒廠

大同江啤酒 ● 北韓 ----------------------- TAEDONGGANG BREWING COMPANY ·
NORTH KOREA

How to try it

大同江啤酒在北韓之外
難以取得，想要品嘗得
前往北韓一趟了。

2000 年夏天，來自北韓的一支團隊抵達英國的郊區城鎮特羅布里奇
（Trowbridge），包含兩位釀酒師、兩位工程師和八位政府官員。他們此行
的目的是取走一座釀酒廠。

他們的領導人金正日（特羅布里奇居民暱稱為「金正啤」）認為，北韓需要
一座講究的國營釀酒廠，而與其從零開始建造，這位領導人決定直接用買的。
北韓花費 150 萬英鎊，買下了當地具有 175 年歷史的亞捨斯啤酒（Ushers of
Trowbridge）釀酒廠。他們雇用一隊俄羅斯工人，將整座磚蓋酒廠完整地拆
除，然後將重達 180 萬公斤的物料運回平壤，任何缸桶、螺栓、管線、馬桶
及磚瓦都沒有留下。如果可以，他們也想將釀酒師也一併帶走，而不是花好
幾週時間請翻譯代為討教釀酒知識。

僅僅 18 個月後，2002 年俄羅斯工人在東平壤的白菜田上蓋回酒廠，重新名
為大同江啤酒（대동강맥주）。酒廠總共出產七款啤酒，命名十分制式化，
從清澈的皮爾森式「大同江一號」到巧克力色澤的黑啤「大同江七號」。大
同江啤酒被認為是朝鮮半島上風味最佳的啤酒之一，甚至是全亞洲最佳。

儘管國營釀酒明顯進步，多數北韓人民仍偏好價格便宜、口感濃烈的燒酒。
住在鄉村的國民只能用糧食配給額度購買啤酒，這讓啤酒成為了奢侈品；在
首都內，男性能分配到啤酒券（通常每個月一至兩公升），可以到平壤特定
的酒吧兌換。然而對多數人而言，啤酒依舊是都市中產階級的享受，接近高
貴的紅酒，而非平民的派對飲品。

直到今日，即使北韓和大同江釀酒工廠都希望世界看見他們出奇高品質的啤
酒，釀酒廠始終屬於這個神祕、嚴厲獨裁政府的資產。2016 年平壤曾舉辦首
屆啤酒節，據官方說法吸引了 45,000 名遊客。但是隔年，啤酒節在沒有任何
官方解釋下即遭停辦。

北韓已故領導人金正日手握啤酒的壁畫，就掛在釀酒廠的入口。

How to try it

津寬寺位在北漢山國家
公園內，由首爾市中心
往北車程約一小時。地
鐵舊把撥站（구파발역，
Gupabal statiom） 有
公車可達。任何人都可
以預約在寺內留宿一
晚、上一堂烹飪課或參
加寺廟導覽。

韓國的尼姑庵料理

津寬寺的寺廟料理 • **南韓** ------- JINGWANSA TEMPLE FOOD · SOUTH KOREA

津寬寺（진관사）是一座建於 12 世紀的佛寺，坐落在首爾市北漢山國家公園（Bukhansan National Park）內的一座山頂上。負責寺廟運作的是一群身穿灰袍的剃度女尼。這群虔誠的佛教徒透過料理體現了韓國寺廟的古老飲食藝術，因而名聞遐邇。料理是全素且不含味精、大蒜、洋蔥與韭菜。寺廟中的料理是為了有利冥想，佛教經典也建議避免攝取這些食材，因為它們據信會激起人類的慾望和其他雜念。雖然許多寺院的廚房都遵守類似原則，來自世界各地的高調遊客們還是紛紛湧至津寬寺，想要尋求飲食上的頓悟。

韓國的寺廟料理絕非平淡無奇。在津寬寺，她們將食材發酵、以香料調味、風乾、或醃或漬，創造出各式各樣香氣逼人、辛辣濃郁的菜餚。她們也一次發酵多達 30 種不同的大醬（된장，soybean paste），其中有些已在太陽下熟成了 50 年。遊客們曾表示一餐可以吃到 25 種以上的菜色，品嘗醃蘿蔔、燉栗子、脆口青蔬、滷豆腐、炸香菇與灑上果粒與堅果的甜年糕──這是比丘尼在剃髮的日子會吃的傳統甜點。

幾世紀以來，這個女性教團因寺廟料理而維持著它的至高地位。在韓國佛教中，寺廟內的用膳時間是一種叫做缽盂供養（발우공양，baru gongyang，意思是「供奉」）的修行，用餐者們安靜無聲地用木碗和木筷進食。歷史上，津寬寺舉辦過水陸齋（수륙재，suryukje），這是一種透過念經與獻上食物供品來超薦亡魂的年度祭祀活動。津寬寺近來成為日漸受歡迎的美食朝聖地，但女尼們還是以舊時標準烹煮食物，且依然使用廟方在寺內自行栽種的蔬菜。

首爾北漢山靜謐的日出與津寬寺悄然無聲的用膳時間互相呼應。

佛教的寺廟料理

尊重動物生命並忠於蔬菜是佛寺料理的中心理念。使用當季的在地農產品、簡單的手持工具與零浪費是宗教美食學的信條，而宗教美食學尋求的是讓身體做好準備從事精神修行。以下這些素食餐廳都位在營運中的寺廟，且特別擅長調理有利冥想的營養餐點。

大德寺（Daitoku-ji Temple）／日本京都

泉仙餐廳（Izusen）烹煮的是隨著日本禪宗發展出來的精進料理（shojin ryori，意思是「專心致志的料理」）。精進料理不僅優雅、極度美觀，準備起來更是費工。傾注全心全力製作這種料理的過程本身就被視為是一種冥想。在泉仙，您將品嘗到最精緻的佛寺料理。在寺院恬靜庭園的環繞之下，用餐者們享受令人眼睛一亮的精緻套餐，包含野菜、豆腐、海帶與蔬菜，盛裝在僧侶用來化緣的圓形漆碗中。

寶蓮禪寺／香港

這間餐廳位在大嶼山大佛雕像下的寶蓮禪寺內，在肉食主義的香港是蔬食者的天堂。菜單中有三種選項：珍味素、貴賓齋或點心，菜色全都依當天廚房準備了什麼而定。為了避免浪費，上幾道菜取決於有幾人共餐。腐竹是每天固定的菜色，也是餐廳的招牌菜。

松達寺（Wat Suan Dok Temple）／泰國清邁

有著金色圓頂的松達寺已有 700 年歷史，在它後方是一座供應泰國料理的有機餐廳潘潘（Pun Pun）。在這裡，所有餐點都是用餐廳菜園裡的農作物製成的。在潘潘巨大菩提樹的樹蔭之下，當你享用椰汁咖哩、香蕉花沙拉與發酵香菇腸的同時，可以看到身穿橘衫的和尚在寺院中漫步。

雞鳴寺／中國南京

走上一段沿路飄著經幡的長階梯，最高處就是高踞在小山山頂的雞鳴寺，而寺內有一間與世隔絕的小素食餐廳，從這裡竟意外地能望見南京的古牆與玄武湖。這間餐廳特別擅長素肉料理，雖然你不會在其他佛寺料理中找到麵筋或豆腐「肉」（例如日本直到 19 世紀都禁止吃肉），中國長久以來都喜歡吃肉，因此幾世紀以來都在製作植物性的替代品。

一位僧人走在泰國清邁的松達寺內。

尿液發酵的鰩魚

洪魚膾 • 南韓 -- HONGEO · SOUTH KOREA

14 世紀時，南韓漁夫發現他們捕獲的鰩魚可以運往很遠的地方而不會壞掉。雖然抵達內陸的時候其他種類的魚都會腐壞，這種身體扁平的深海鰩魚不知怎地卻逃過一劫。可是這種神奇的保鮮特質有一個很難忽略的副作用——魚有一股非常難聞的阿摩尼亞氣味，就好像牠從皮膚排尿似的——因為，牠確實從皮膚排尿了。

一反其他動物的排尿方式，鰩魚藉由從皮膚分泌尿酸來排出廢物，這進而使魚肉發酵。韓國開始以熟成生魚片的方式食用這種味道刺鼻的魚，名為洪魚膾（홍어회），經常會搭配熟五花肉和辛奇一起吃，這種組合被稱為三合（삼합，samhap，意指「和諧的三者」）。

今天，洪魚膾的接受度即使在韓國也很兩極。在洪魚膾的發源地全羅道，這道菜憑其自我保鮮的特質被當成神話般的豪華菜色。特別是在港都木浦市，捕撈鰩魚是一門獲利良多的生意，且會將洪魚膾這道昂貴料理專門保留給重要場合、有錢人與想要壯陽的男人們。然而，除了在這些西南地區，許多韓國人都覺得這種魚很不吸引人。口感上具有嚼勁且充滿軟骨，幾乎和牠被比喻成戶外廁所的氣味一樣充滿挑戰性。就算是洪魚膾的擁護者也建議當你挑戰吃一口洪魚膾的時候，不妨用嘴巴吸氣再用鼻子吐氣。

How to try it

木浦市東邊一間叫做「仁東州村」（인동주마을，Indongju Maul）的餐廳是一個嘗試發酵鰩魚的熱門地點。並附上豬五花肉片、醬油醃蟹與辛奇。

神奇的盲鰻

盲鰻 • 南韓 -- HAGFISH · SOUTH KOREA

皮膚光禿禿、鬆垮垮的盲鰻（試想一下裸鼴鼠的樣子）是食腐動物，專門尋找海床上死去或垂死的生物，往牠們的體內鑽一個洞之後再一路吃穿牠們。一般被稱作「盲鰻」（slime eel）或「鼻涕蛇」（not snake），但其實牠們既不是鰻也不是蛇，而是一種無顎魚（jawless fish）。這誤稱來自牠們如鰻一般的外觀與感受到壓力時會分泌多達 20 公升乳白色黏液的知名能力。

盲鰻的黏液是一種獨特的防禦機制，讓牠得以在海底暢行三億年之久。當有掠食者攻擊時，盲鰻會在對方的鰓上覆蓋一層黏液，把掠食者悶死。黏液也能防禦人類掠食者，但在韓國卻是美食吸引力的一部分。富含纖維與蛋白質的盲鰻黏液可以用來當作蛋白的替代品。為了「採收」黏液，有時會將盲鰻關在籠子裡，且為了煽動魚兒會把籠子弄得咯咯作響。

在韓國的漁市，很常見到盲鰻被活生生去皮，然後加上洋蔥與大蒜一起烤。在令人不忍卒睹的景象中，盲鰻痛苦地扭動著身體，分泌鼻涕般的黏液直到被烤死在燒燙的烤盤上。也可以用芝麻油烤、加鹽調味後和一小杯酒一起享

盲鰻黏液比外表看起來更堅韌、更有用。

用。就像許多外觀類似男性生殖器的動物一樣，盲鰻也以具壯陽功效而受到重視。

但可食性並非黏液的唯一價值。黏液中充滿纖維的絲線是一種不可思議的多功能堅韌材質，比人類的頭髮細 100 倍，但比尼龍堅韌 10 倍。研究者正在研究利用盲鰻黏液的各種方法，從安全氣囊、繃帶到彈力繩等等。美國海軍工程師甚至希望可以為飛彈防禦系統創造出一種合成黏液。

How to try it

盲鰻在韓國各地的漁市都可找到，但釜山的扎嘎其市場是一個初嘗盲鰻的好地方。

軍營裡的燉菜

部隊鍋 • 南韓 -- BUDAE JJIGAE · SOUTH KOREA

韓國最受歡迎的一道融合料理就是部隊鍋（부대찌개），而它始於戰時窮途末路的拾荒行為。意譯為「軍營燉菜」的部隊鍋過去是腦筋動得快的韓國人用美軍丟棄的食材做成的。他們把剩菜變成所謂的一鍋料理，也成了美帝主義遺留下來的複雜痕跡。

韓戰時期，當市民因食物短缺受盡折磨，漢城（首爾市舊名）北邊一小時車程外的一個美國軍營囤積了充足的美國食物。這些美國人尤其擁有大量的肉，是多數韓國商店不再販售的。韓國人開始在軍營的食堂外排隊，試著向這些軍人購買剩餘的食物。任何未被食用或購買的食物都被丟棄，因此許多人別無辦法，只能在垃圾堆裡翻找，在菸頭與不能吃的廢棄物中拼出一餐。

韓國人找到的是美國的加工產品——豆子罐頭、起司產品、午餐肉（Spam）、熱狗與火腿。他們將這些丟進一個加了辛奇、蔬菜、辣椒醬與泡麵的鍋子裡。

How to try it

「大海食堂」（바다식당，Bada Sikdang）是間名聲響亮的小店，靠近梨泰院的美軍營區。他們的部隊鍋會蓋上鮮黃色的美國起司。

得到的結果就是部隊鍋，各種食材意外地互搭，除了辛辣之外，也提供持久的飽足感。

戰爭結束後，肉類依舊短缺。存活下來的南韓人中，許多人都愛上了部隊鍋的滋味，但在政府通過進口法以制止韓國人購買美國產品之後，要取得部隊鍋的食材比以前更難了，而這導致專門交易部隊鍋食材的黑市蓬勃發展。專為駐紮韓國的美國軍人開設的零售商店（稱為「基地販賣部」）成了非法交易的場所，由與美國軍人密切往來的韓國女人從中牽線。美國加工肉品是許多人當時唯一能取得的肉類，因此需求量很高（午餐肉直到 1980 年代一間韓國公司開始自行製作之前都是非法的）。

美國產品禁令最終被廢除，而部隊鍋也演變成一種熱門的撫慰食物。如今它是南韓菜單上的常見品項，特別是在大學周邊，不過即使是在江南這樣的高級住宅區，也有這種戰時燉菜的專賣店。

部隊鍋 Budae Jjigae

（4 人份）

調味醬 ────────

韓國泡麵調味包 1/2 包

韓國辣椒粉 3 大匙

辣椒醬 1 大匙

蒜末 1 大匙

醬油 2 大匙

黑胡椒 1/2 小匙

燉菜 ────────

切片午餐肉 1 罐（355 毫升）

豬肉大豆罐頭 1 罐（237 毫升）

切片熱狗或維也納香腸 198 公克

切片板豆腐 1 包

切片酸辛奇 1 杯

切片洋蔥 1/2 顆

切片香菇 227 公克

韓國泡麵 1 塊

低鈉雞湯 946 毫升

美國起司 1 至 2 片

白飯 （依喜好）

1. 在一個小攪拌碗中混合所有調味醬食材，放在一旁備用。

2. 在一個大淺鍋中以你喜歡的方式依序排放燉菜食材，最後加入泡麵。泡麵應被放在最上方。

3. 將調味醬加入鍋中，倒入雞湯。

4. 以中大火燉煮。開始煮滾後撥散高湯中的調味醬與泡麵，煮至泡麵軟而不爛。

5. 在最上方鋪上起司片。立刻上菜。（加入白飯會更有飽足感）

情急生智是這種拼湊出來的戰時可口燉菜的起源。

海女清空網子裡的貝
類時臉上露出微笑。

濟州島自由潛水的海女

海女 • 南韓 -- HAENYEO · SOUTH KOREA

濟州島是南韓最大島嶼，島上有一群潛水員延續著數世紀以來的傳統。她們
能一口氣潛進九公尺的海底，抵達海床採收貝類。她們身穿潛水裝、戴著蛙
鏡，但卻不使用氧氣罩。被稱作海女（해녀，haenyeo）的自由潛水員清一
色是女性，而且其中很多已經超過 80 歲了。

在歷史上重男輕女的南韓，這些深潛的漁婦已成為一家之主。她們每次潛水
都帶回海膽、鮑魚、海螺與海帶等海洋生物。她們會將這些戰利品清洗乾淨
然後出售，藉此維持家庭生計。這是很辛苦的工作；這些女性每天潛入冰冷
的海水中六至七小時，但收入微薄。不過這項做法也根植在社區與傳統中，
許多海女因為已和潛水同伴們以及大自然培養出一股親密感，因此持續從事
這項職業。

海女的數量在現代南韓已逐漸減少，只有不到 4,000 名技巧純熟的海女還在
執業中（1960 年代有超過 20,000 人）。但近年來，各界已同心協力努力保
存這項女性傳統，濟州島如今自豪於擁有一座海女博物館與多間海女學校。

How to try it

海女大本營就在城山日
出峰的火山口旁。視天
氣狀況而定，海女學校
從六月至十月中以韓語
或濟州島方言提供海女
體驗活動。濟州海女博
物館則是全年開放。

醃辛奇的季節

醃製越冬辛奇 ● 南韓 --------------------------------- GIMJANG · SOUTH KOREA

每年南韓全國吃掉的辛奇（김치，kimchi）超過 100 萬噸，其中只有 7% 是商業生產的。說到辛奇，南韓人絕不馬虎。韓國有一年一度的辛奇醃製季節，稱作醃辛奇季（김장，gimjang）。在這段期間，人們會手工醃製數量驚人的辛奇，且認為這樣的辛奇才是好辛奇。

每年秋天到了十月下旬的時候，南韓人會開始關注白菜的價格。國內的新聞節目會專門空出時段報導價格的起落，讓觀眾知道今年製作辛奇會花他們多少錢。在醃辛奇季期間，家家戶戶會聚在一起製作最具代表性的整顆辛奇（포기김치，pogi kimchi）。將整顆大白菜塗上一層嗆辣的紅辣椒醬後放著讓它發酵，有時會放在陶罐中置於地底，有時是放在高科技的辛奇專用冰箱裡。農夫市集會在全國各地出現，而每個人都會加入陣容，戴上橡膠手套把鮮紅的辣椒醬抹到數十顆大白菜裡面（一般家庭可能會製作 50 至 150 顆白菜）。

2013 年，醃辛奇季獲得聯合國教科文組織認可，名列非物質文化遺產名單。這個一年一度的醃辛奇活動將全國的距離拉近。南韓各地的女性注意觀察天氣、決定出一個醃辛奇的最佳日子，且通常是和其他家庭合作醃製大量辛奇，完成後會彼此分享。另一個傳統是讓新嫁進門的媳婦學習婆家的辛奇作法，因為許多丈夫都偏好從小吃到大的辛奇口味。

在南韓，人們幾乎餐餐都吃辛奇，而且有辛奇可吃在南韓被視為是一種公民權。醃辛奇季期間的戰利品會被分配給有需要的人，可能是未婚男子或不擅長製作辛奇的女性——她們不甘承受向店家購買辛奇的屈辱。2014 年起每年都會在醃辛奇季期間舉辦首爾越冬辛奇文化節，可見數千名穿著圍裙的志工排在一列又一列的桌子旁，製作超過 100 噸的辛奇。社區製造的成果會分送給負擔不起自行製作辛奇的人，以此確保當冬天到來，會有分量足夠的爽脆、帶有酸味、稍微冒泡的辛奇，讓許多南韓人能安然度過悠長的冬季。

志工在 2014 年的辛奇文化節上，將大白菜塗上厚厚的鮮紅辣椒醬。

▶ 東南亞
▶ SOUTHEAST AISA

沾醬的黏米漿

西米糕 • 汶萊 ———————————————————— AMBUYAT · BRUNEI

吃西米糕需要一套繁複的手法——你要使用 chanda，一種類似粗版筷子的竹叉，戳進一碗黏米漿裡，設法讓米漿巴著竹叉，然後拉到醬汁碟中沾滾一番，接著順勢送進嘴裡，不需咀嚼就能一口吞下。

這種膠質粉漿是以西米棕櫚樹的樹芯粉末兌水，慢慢熬煮而成。這種粉漿本身沒味道，最適合用來搭配叫做 cacah 的沾醬。最常見的是繽再果醬（binjai），這是以一種甜中帶酸的當地水果繽再果，加上萊姆、洋蔥及大蒜調製而成的酸辣醬。西米糕適合共食，盛在大碗端上桌，附上幾雙竹叉，搭配至少一種沾醬，還有幾盤新鮮生菜，在酸甜的醬汁之中增添脆爽的口感。

How to try it
位於汶萊首都巴加灣（Begawan）的「阿米娜亞里夫餐廳」（Aminah Arif）是品嘗這道國民美食的最佳去處。

卡士達餡南瓜派

山卡亞拉波芙 • 柬埔寨 ———————————————— SANG KAYA LAPOV · CAMBODIA

它外表看起來像南瓜，裡面則是滑順咕溜的卡士達。柬埔寨人口中的山卡亞拉波芙，指的是一種卡士達餡的南瓜派。這種隱身在南瓜裡的甜點造型十分吸睛，作法就像製作萬聖節南瓜燈，先把南瓜的內部挖空，這時南瓜殼就成了盛裝椰奶卡士達醬的最佳容器。將卡士達醬倒進南瓜殼內，蓋上南瓜頂蓋，蒸到裡頭的卡士達醬凝固成型，而瓜瓢變軟為止（大約需時 40 分鐘到三小時不等，視南瓜狀況而定）。柬埔寨人在過年時，按照習俗都會在餐桌中央擺上這道甜點。據說這道食譜是幾百年前流傳至今，當時葡萄牙征服者來到柬埔寨，將他們對蛋類甜食的熱愛流傳了下來。

完美的山卡亞拉波芙切片會呈現完整又絲滑的質感，看起來就像卡士達派。這道甜點似乎不費工夫，然而要做出完美成果可不簡單。卡士達可能會結塊，南瓜會軟塌，要等到切開時才能真正見分曉。

How to try it
在柬埔寨的市場及甜點店都買得到山卡亞拉波芙，通常是切片賣。在泰國也買得到，不過當地人把它叫做山卡亞發克松（sangkhaya fak thong）。

How to try it

龍目島南方的希格海灘
（Seger Beach）是這
場慶典的中心。你可能
難以預測海蟲何時會出
現，不過時間點總是落
在二月的月圓之後。

蟲蟲求愛節

抓海蟲節 • 印尼 —————————————————— BAU NYALE · INDONESIA

傳說是這樣的——從前龍目島（Lombok）上住著一位公主，她的美貌吸引
了許多追求者從本土不遠千里而來，因此引發激烈的競爭，大家都想娶到公
主。公主看到人們為了自己爭奪不休，心煩意亂之餘決定投海自盡。村民涉
水去救她，不過只找到數千條綠色和紫色的海蟲。公主從此下落不明，不過
海蟲的發現為村莊帶來和平，因為大家共享了這場豐收。

龍目島上的數千名原住民薩薩克人（Sasak）受到這個傳說的啟發，每年都會
前往島上的南岸及東岸海邊捕捉海蟲（nyale），並且參加以求愛為目的的抓
海蟲節（Bau Nyale）。活動拉開序幕之前，男士會手持藤杖及護盾參加儀
式性戰鬥，運動員在綿延的海灘上賽馬，女士身穿鮮豔耀眼的薩薩克禮服在
街道遊行。到了夜幕將至，男男女女都前往海灘，進行一場充滿詩意、名為
班頓（pantun）的調情遊戲。年輕男女用對句表達對彼此的興趣，以傳統方
式一來一回，用戲謔又富含暗示的話彼此對喊。

海蟲本身也有自己的求愛儀式。二月的月圓過後某個時間點，這些蟲會受到
陰曆週期的啟發。牠們會離開居住的珊瑚洞穴，釋出充滿卵子或精子的尾巴，
讓它浮上水面進行交配（牠們的身體仍活得好好的）。當地居民帶著漁網和
水桶，涉水捕捉成群出現的海蟲。據說吃海蟲能帶來美貌、成功和生育力。
海蟲的料理方式有很多種，可以裹在香蕉葉裡烤、用蝦醬發酵，或是放在一
道叫做 kalek moren 的湯裡頭，添加現刨椰絲一起煮。

月圓之後，這些海蟲會
浮上海面進行交配。

求愛美食 Courtship Food

人類會請約會對象去吃飯,許多動物則是進行一種叫做「求愛餵食」的儀式,由追求者帶食物去給喜歡的對象,對方會在交配之前、過程中或是之後把它吃掉。比方說,雄跑蛛(nursery web spider)會以蜘蛛網捕捉昆蟲,通常是蒼蠅,以蛛絲纏裹,獻給牠們選中的雌跑蛛。當雌蛛忙著吃對方帶來的食物時,雄蛛便開始交配。

不過事情並非總是如此順利進行。雌跑蛛是性食者,也就是說雄蛛總是冒著被吃掉的風險。研究發現,禮物越大,被吃掉的風險就越低。然而有些雄蛛還是會展現欠缺紳士風度的舉動:牠們會吃掉昆蟲,把那個毫無養分的空殼包裝成禮物,然後設法在對方視破並且吃掉牠之前完成交配(是說雌蛛也經常拿了禮物就落跑)。

在人類的世界裡,用食物抓住對方的胃通常比較不會造成生命危險。然而,食物的種類、呈現方式及內容還是具有滿滿的暗示。

腋窩蘋果

在 19 世紀,奧地利的鄉村婦女參加舞會時,會在腋下夾著一片蘋果,和合適的單身漢翩翩起舞。舞曲停了之後,女士們會把這片沾染了費洛蒙的水果送給中意的男士。為了回報這份青睞,男士必須吃掉這塊蘋果,表示他享受這位女士的個人體香。

奶燉西洋芹

阿米許(Amish)婚禮要是少了奶燉西洋芹就不算圓滿。這道傳統料理是把切塊的西洋芹添加微甜的牛奶白醬一起燉煮。阿米許婚禮的場面盛大,邀請數百名賓客,因此準備步上紅毯的新人需要大量的西洋芹(如果要煮阿米許砂鍋菜,需要的量就更多了)。阿米許婚禮通常保密到最後一刻才揭曉,如果想知道是否有婚禮即將來到,萬無一失的方法就是去查看菜園:假如裡面種了滿滿的西洋芹,那就是有人要結婚囉。

姊妹節

中國貴州省的年度節慶有鬥牛、舞龍和賽馬,還有一種以糯米為主角的求愛儀式。苗族的未婚女子會爬山摘野花,拿來給米飯染上鮮豔色彩。接著她們把米飯揉成球狀,裡面藏放不同的象徵物,並且把這種姊妹飯送給前來為她們獻唱的苗族男子。對這些潛在的追求者來說,每種象徵都蘊含某個訊息——一雙筷子表示愛情,一支筷子是拒絕,其他還有棉花、歐芹、松針和竹勾,代表各種友達以上、戀人未滿的意涵。

布里克

布里克(brik)是北非的鹹味酥皮點心,用薄脆酥皮包裹餡料,包括鮪魚、酸豆、辣椒和一顆生雞蛋。把這種填餡的酥皮點心拿去油炸,直到蛋白熟而蛋黃還是流動的狀態就可以了。在阿爾及利亞及突尼西亞,當男士準備好成家,他們必須吃掉一份布里克來證明自己適合婚姻。假如他們能吃完點心卻不流下一滴蛋黃液,那麼他們便是合格的人夫人選。

鴨血湯

在 19 世紀的波蘭,假如你是一名求愛者,收到一碗鴨血湯(czernina)的話,表示你的求婚遭到回絕了。在農村家庭,端上一碗濃郁又散發水果及酸醋氣味的黑色鴨血湯,算是傳達壞消息的一種方式。這種恥辱有時會在公開的場合發生。當其他用餐者享用不含鴨血的湯品時,他們同時也明白,那名收到鴨血湯的男子正式遭到拒絕了。

以肉豆蔻小島交換曼哈頓的祕辛

1677 年，荷蘭人把曼哈頓給了英國人，交換一座叫做倫島（Run）的小島所有權。倫島不到 2.6 平方公里，是印尼班達群島（Banda Islands）的島嶼之一，曾被視為世上唯一的肉豆蔻產地。當時的歐洲人對肉豆蔻十分狂熱，他們相信這種神祕的棕色香料能治百病，從一般感冒到腺鼠疫都有效，價值超過等重的黃金。11 世紀初期，班達人開始種植這種香料，而班達群島不久便成了中國人、馬來人及爪哇人進行肉豆蔻貿易的主要港口。

到了 15 世紀，阿拉伯波斯商人來到這裡，把這種香料賣給歐洲人，激發了他們的慾望。歐洲人迫切想要跳過中間人，於是開始航海來到班達群島，希望能掌控這項交易。

在 1510 年代，葡萄牙人首先入侵，但是被班達人擊敗。接著荷蘭人在 1599 年抵達，然後英國人也在 1603 年來到。荷蘭人對班達人展開一場殘暴的種族滅絕式戰役，同時也和英軍開戰，爭奪群島的所有權。1677 年，英軍在第二次英荷戰爭落敗，最後簽訂《布雷達條約》（Treaty of Breda）。這份條約同意把曼哈頓島給英國人，當時那是一片名為新阿姆斯特丹的沼澤之地，而贏得戰爭的荷蘭人得到他們最想要的：小小的倫島，完成他們在班達群島的完全控制權。

現在的倫島是 1945 年宣布獨立的印尼一部份。這座偏僻又靜謐的島嶼依然種植許多人深信是全世界最棒的肉豆蔻，甜美溫和又香氣十足，而荷蘭人則被世人認為做了一筆有史以來最糟的土地交易。

辣椒木

麥沙肯・寮國  MAI SAKAHN・LAOS

How to try it

麥沙肯在寮國各地的早市都有販售，在龍坡邦及永珍也很容易買到。別忘了，這種樹皮必須立刻使用，否則要密封之後放入冰箱保存。

在林木蓊鬱的寮國北部，這種俗稱為麥沙肯的植物並不顯眼，但是外觀不是它的主要賣點。它也叫做辣椒木，樹皮具有勁道超強的嗆辣口味。一小塊樹皮就能為湯品和燉肉帶來香辣口感，和花椒類似，不過勁道更強。

麥沙肯是一種在東南亞各地生長的黑胡椒植物，味道介於胡椒和辣椒之間，還帶有一絲草本的苦味。在寮國市場，這種植物是以樹幹或樹椿的型態販售，廚師會現剝樹皮下鍋。寮國美食燉水牛肉（mor lam）除了添加香茅、茄子和其他河濱食材之外，最重要的就是這種香料了。

洋蔥湯芒果

班邦甘 ● 馬來西亞 ------------------------------- BAMBANGAN · MALAYSIA

大部分的水果愛好者只吃香甜的熱帶芒果，也就是普通芒果（*Mangifera indica*）。不過班邦甘是野生芒果（*Mangifera pajang*）。這種瀕臨絕種的罕見芒果只在婆羅洲才有，尤其是沙巴州（Sabah）。班邦甘有粗糙的棕色外皮，個頭不小，單顆果實可能超過 2.3 公斤。它看起來不像一般的芒果，味道也不太一樣。它散發一種像榴槤的奇怪氣味，嘗起來有洋蔥湯的辛辣口感。

有些人很喜歡單吃這種帶硫磺味的水果，不過更常見的吃法是做成沙拉或調味果醬。醃漬班邦甘的作法是，先把果肉切成片，然後和辣椒、鹽及這種水果的白色大種子刨絲混合。在密封罐裡靜置一週後，醃漬班邦甘就能拿來當作魚類料理的配菜了。

How to try it

婆羅洲各地的市場都找得到班邦甘，不過最容易買到的地點是在馬來西亞東部的沙巴州。這種水果由於氣味的緣故，經常擺在當地市場的外緣而非市場內，和榴槤一起販售。

祈求良緣的柑橘節

元宵節 ● 馬來西亞 ------------------------------- CHAP GOH MEI · MALAYSIA

農曆正月的第 15 個夜晚，馬來西亞人會呼朋引伴聚集在湖畔或海邊，雙手捧著以奇異筆寫了字的柑橘。

年節剛開始時，大家經常會把代表來年財富的柑橘送給親朋好友。不過在節慶的最後一天，馬來西亞的單身女子會利用這種象徵性的柑橘來幫助她們找到愛情。從 19 世紀末期開始，檳城的適婚女子會在柑橘的外皮寫字，然後把它們扔到水裡。

男性追求者要撈起載浮載沉的柑橘，找到它的主人。單身者當初進行這種儀

How to try it

這場慶祝及扔柑橘活動會沿著檳城的濱海大道進行。無法親自到場參加的話，你也可以透過一個叫做 Wowwwz 的應用程式，體驗有柑橘漂浮其上的元宵節虛擬河流。

式，是希望命運能為他們找到伴侶，不過現在的女性會把電話號碼或社群媒體帳號也寫上去，希望找到約會對象。雖然這項傳統是從檳城開始，不過現在馬來西亞各地都會有群眾聚集在水岸，進行這項年度儀式。

雖然四周充滿愛的氛圍，有些人卻是被財神而不是愛神牽紅線。小販會從水裡撈出上面寫著聯絡方式的柑橘，在大街上轉手賣給有心求愛的單身漢。

可食用的鳥窩養殖業

金絲燕之家 • 緬甸 ------------------------- SWIFTLET HOTELS · MYANMAR

在南方城市丹老（Myeik）處處可見封釘了木板的房屋和無窗的混凝土建築。這些建築物從外面看起來形同廢墟，不過裡頭可是客滿了。建築內的擴音器傳出斷續的尖聲鳥鳴，那是瓜哇金絲燕在求偶的叫聲。數百隻嬌小的鳥兒從天空湧入建築物屋頂上方開啟的天窗，這些是丹老的金絲燕之家。

金絲燕的巢清透又呈凝膠狀，幾乎全是鳥兒的唾液組成的，幾百年來都是華人的醫藥及料理的珍貴材料。這是聲名狼藉的燕窩湯的主要食材，據說能延緩老化、提升免疫力及增強性慾。燕窩產業規模龐大，估計每年產值至少可達 50 億美元，其中光是香港就占了 20 億美元。

自古以來，燕窩向來是在婆羅洲的洞穴裡採集而得。當地的艾達安人（Ida'an）使用繩索、竹竿，以及從洞穴天花板垂掛而下的手工編織藤梯，然後往上攀爬上百公尺，從洞穴岩壁摘取鳥窩。這項工作十分危險，一片漆黑的洞穴只能靠手電筒照明，經常會有人摔死。市場需求遠超過天然產源，這些野生金絲燕的數量遭受到嚴重的威脅。

1980 年代，解決辦法出現了：金絲燕之家。這些龐大的無窗建築原本是利用老房屋及廢棄工廠改造而成，後來則是量身打造，現在遍布於泰國、越南、緬甸、馬來西亞及印尼各地。這種商業模式具有快速致富的特質，金絲燕養殖產業因此得以快速成長。這椿生意入門的門檻低，只要一棟舊建築和一套音響系統。假如養殖者能成功養殖一群金絲燕的話，足以大發利市。依照來源不同，每公斤燕窩可以賣到 2,500 美元以上。

金絲燕養殖可能是現代歷史上最大型的鳥類養殖計畫。空屋的作用有如大型人工蜂巢，金絲燕養殖者就是養蜂人。雖然整體結果是金絲燕的數量增加，但是對野生金絲燕來說好壞參半。現在野生燕窩更有價值了，每公斤可能高達 10,000 美元。

金絲燕的行為也改變了，牠們學會尋找房屋棲息，而非洞穴。

> **How to try it**
>
> 養殖的金絲燕燕窩比野生的更具永續性。但是在你囤貨之前，別忘了它依然是一種沒有味道的食物，也沒有經過證實的醫療或營養價值。

水上菜園

茵萊湖 · 緬甸 ┄┄┄┄┄┄┄┄┄┄┄┄┄┄┄┄┄┄┄┄┄┄ INLE LAKE · MYANMAR

茵萊湖是緬甸境內的第二大水域，有大約 1/4 的水面是人工菜園。農夫划船在田畦間行進，摘取隨著水流起伏的農作物。要打造這種小型菜園浮島，農夫需要在湖泊附近收集浮水蓮及海草，編織壓製成像是木筏的扁平結構，然後上面鋪一層厚厚的淤泥，最後拿一根根插進泥濘湖底的長竹竿固定住這片菜畦。這些微型浮島能直接吸收湖裡的豐富養分，是肥沃又優質的菜畦。

菜畦的九成作物都是番茄，送到數百公里之外的仰光及曼德勒（Mandalay）的市場販售，幾乎包辦了緬甸消耗的番茄總量的一半。隨著季節不同，農夫也能採收四季豆、小黃瓜、鮮花和葫蘆。不過帶來最多收益的主要作物還是番茄。

在湖面而非湖畔耕作的做法從 19 世紀開始，到了 1960 年代才積極施作。這種不尋常的農耕法促進該地的經濟，不過也有人擔心化學肥料、殺蟲劑及逕流破壞了湖泊的自然生態系統，於是採取新做法，保護這種漂浮的水產養殖。

How to try it

茵萊湖位在東枝（Taunggyi），距離曼德勒東南方約 241 公里。許多公司提供水上行程，參觀菜園及附近的吊腳樓。

茵萊湖的人造奇拉水上菜園（Kela Floating Gardens）生產的農作物銷售到緬甸各地。

How to try it

想體驗亞特青莉莉安
餐廳的料理，需要是
10 人以上的團體。你
可以透過臉書訂位。
這家餐廳的班巴加語
是 Kusinang Matua ng
Atching Lillian，意思
是「亞特青莉莉安的老
廚房」。

祖厝裡的祖傳菲律賓食譜

亞特青莉莉安餐廳 • 菲律賓 ⋯⋯⋯⋯⋯ ATCHING LILLIAN RESTAURANT ·
PHILIPPINES

班巴加省（Pampanga）經常被視為菲律賓的美食重鎮，當地人對他們的料
理非常自豪。當地的大廚及歷史學家亞特青・莉莉安（Atching Lillian）是
她所謂的「祖傳食譜」擁護者，聚焦在美食背後的豐富傳承及故事。她在家
族居住超過百年的祖厝經營一家餐廳，教導訪客這段傳統歷史。

比方說，莉莉安料理醋燒雞（adobo）時，不會按慣例添加醬油，以便符合
她所發現的傳統食譜作法。她的招牌點心叫做聖尼古拉餅乾，是西班牙殖民

時代的宗教節日點心，使用的是
有百年歷史的模具，以及有 300
年歷史的食譜。她有許多食譜都
是在資料庫找到的，並且盡可能
以最傳統的方式來料理。她也和
老祖先一樣，不會精準測量食材
的重量。在莉莉安的帶領之下，
遊客參加一趟橫跨班巴加數百年
歷史的罕見烹飪之旅，讓他們品
嘗 1699 年的料理滋味。

食物戰鬥

手抓飯 • 菲律賓 ⋯⋯⋯⋯⋯⋯⋯⋯⋯⋯⋯⋯⋯ KAMAYAN · PHILIPPINES

How to try it

無論是稱為手抓飯或
食物戰鬥，這種傳統
盛宴從馬尼拉、阿拉
伯聯合大公國到洛杉
磯，現在到處都吃得
到。在菲律賓聖巴勃
羅 市（San Pablo）
的「埃斯庫德羅瀑
布莊園餐廳」（Villa
Escudero Waterfalls
Restaurant），顧客可
以打著赤腳，在有瀑
布的小河中間用餐。

Kamayan 是他加祿語（Tagalog），意思是「使用手」，指的是菲律賓傳統
的吃飯方式——大家共食，而且不使用盤子或餐具。雖然在殖民統治之下，
這種方式逐漸式微，不過只要是在條件許可下，菲律賓人能夠舉辦人人可參
加的盛會，手抓飯大餐在菲律賓境內及海外都再度流行。

典型的手抓飯會有一張長桌，上面鋪著光滑的蕉葉，拼湊起來當作一大片植
物餐盤。葉片中央通常會先鋪上一層米飯，上面再堆疊傳統的菲律賓美食——

燒烤雞肉及豬肉、炸魚、
炸蝦、lumpia（菲律賓
春捲）、pancit（炒麵）、
long-ganisa（甜香腸），
以及其他合適的菜色。有
空隙的地方便擺上大塊的
新鮮水果，上面淋上芒果
番茄莎莎醬。用餐者站著
拿手去舀食物，用拇指把
食物送進嘴裡。

手抓飯經常會被說成是「食物戰鬥」。這是美國占領菲律賓時期,由美軍帶來的用餐方式。在食物戰鬥中,不同階級的軍官會參與一場儀式性的吃飯大賽,並肩圍著一張餐桌而站。這個用語具爭議性,因為它把菲律賓人不使用餐具吃飯的傳統方式變成了一場殖民遊戲。但是許多菲律賓人聲稱這是他們自己的用語,因為國內各地有許多提供食物戰鬥的餐廳及外燴服務。

五月瘋芒果

吉馬拉斯芒果節 • 菲律賓 ┈┈┈ GUIMARAS MANGO FESTIVAL · PHILIPPINES

吉馬拉斯省是一座小島,坐落在班艾島(Panay)及內格羅斯島(Negros)之間,是菲律賓的芒果集散地。島上遍地果園,生產豐富的香甜芒果。這些芒果大部分都會出口,不過吉馬拉斯在五月份會替當地人舉行為期兩週的慶祝活動,以各種想像得到的方式大肆頌揚他們的芒果。

在芒果節(Manggahan Festival)期間,整座島的人都出來了,將街道變成黃色。在以芒果為主題的遊行中,表演者會穿上芒果裙,揮動芒果道具跳舞。運動選手登記參加賽事,例如驚喜的吉馬拉斯賽跑、吉瑪拉斯之旅,以及越野機車賽。水果愛好者可以參加「芒果隨你吃」,只要 100 披索,大約兩美元,參加者就會被安排在一個空間裡,隨意大啖芒果 30 分鐘

1992 年,吉馬拉斯正式成為省分。當地人在 1993 年慶祝第一個芒果節,歡慶建省。20 年後,這個節日比以往更盛大,為期更久。吉馬拉斯的五個自治市利用這個節日來展現島上的文化,讚揚他們的社區,並且感謝島上的豐饒物產。

How to try it

芒果節在每年五月舉行,為期兩週。在這個節日之外,你可以造訪吉馬拉斯的菲律賓聖母修道院,僧侶會製造芒果產品,在禮品店能買得到。

一名菲律賓女舞者在 2017 年的芒果節,頭上頂著幾十顆芒果。

瑪莉亞‧奧羅薩

MARIA YLAGAN OROSA
(1893-1945)

Ketchup（番茄醬）原本是東南亞的醬料，幾世紀以來以各種食材製造，包括魚、核桃和番茄。在菲律賓，香蕉泥變成 ketchup，加了糖添加甜味，加醋添加酸味，並且以食用色素染成紅色。這種隨手可得的居家佐料發明，要感謝一位創新的食物科學家：瑪莉亞‧奧羅薩。

奧羅薩在年輕時便擁有不尋常的勇氣。她在 1916 年搭船前往美國，拋下溫暖的菲律賓和她的家人，前往寒冷的西雅圖就讀華盛頓大學，攻讀化學學位。畢業後，她成為華盛頓州助理科學家。

不過幾年後，她回到家鄉菲律賓，在馬尼拉的科學署任職（此時正值美國占領菲律賓時期）。她在那裡試驗菲律賓農產品，研發食譜，並且派經濟學者（經常被暱稱為「奧羅薩女孩」）前往鄉村，替那些無法取得電力或資源的人示範食品保存方式及烹飪技巧。她也研發數百種創新的食譜。為了取代進口食品，她用本地青檸製作軟性飲料，用樹薯粉做餅乾，還有用各種食材製作 ketchup，包括香蕉。美國報紙也刊載她的實驗，尤其是她試圖把冷凍芒果運送到美國，

在奧薩羅的故鄉八打雁（Batangas）有一座她的半身像。

而在當時的美國，無論是芒果或冷凍食品都不常見。

這些成就讓她成為菲律賓「最先進的食物專家及食物化學家」，在一項以她的名字為街道命名的決議中如此宣告。但是她不幸英年早逝。在二戰期間，她拒絕離開馬尼拉。當日軍入侵，奧羅薩偷偷送食物給游擊隊員及戰俘營的囚犯。不過在 1945 年的馬尼拉戰役期間，這座城市成了戰區。當美軍及菲律賓部隊合力對抗日軍，想解放這座城市，一塊砲彈碎片打中了奧羅薩，她因此受傷送醫。一場猛烈的砲戰在 2 月 13 日波及醫院，奧羅薩及數百人因此喪命。

奧羅薩從未銷售她的發明產品，在她死後香蕉 ketchup 才大受歡迎。但她活在遍布世界各地的大家庭心中，幾十年以來，大家不斷向她的成就致敬。現在馬尼拉有一條街是以她的名字命名，國內的鄉村進步俱樂部（Rural Improvement Club）將她視為創辦人。而且當然了，還有 ketchup。

好運拌沙拉

魚生‧新加坡 ————————————————— **YUSHENG‧SINGAPORE**

在迎接農曆新年時，新加坡人會吃一種生魚片及切絲蔬菜拌的沙拉，叫做魚生，而這正好是一個非常好運的同音字。中文的魚和豐富有餘的餘同音，而魚生除了有生魚的意思，也象徵著年年有餘。這道菜有許多食材也都具有這類雙關的含義——酸柑汁是好運，花生碎片象徵金銀財寶，青木瓜象徵年輕，切絲的白蘿蔔代表替工作帶來好彩頭。

這些食材逐一添加，每加入一種，拌沙拉的人就要說一句吉祥話。所有的食材都放進去之後，每位用餐者都要站起來，拿自己的筷子把食材拋到半空中，同時說「撈起」，在粵語裡是代表來年好運氣的意思。根據傳統習俗，你把食材拋得越高，運氣就越好。最後以甜梅及中國的五香粉做結尾。撈魚生或許會替未來帶來好運，但是吃掉它能在當下帶來立即的享受。

琴酒黃金塔

亞特拉斯酒吧 • 新加坡 ----------------------------- ATLAS BAR · SINGAPORE

新加坡的百威廣場（Parkview Square）辦公大樓擁有壯觀的裝飾藝術外觀，當地人暱稱它為「高譚市」及「蝙蝠俠大樓」。走進大廳，你會發現一個溫暖又華麗的空間，處處可見紅地毯、皮革包廂座位，還有一座龐大的黃金塔，裡面存放了 1,300 瓶來自世界各地的琴酒。

這座八公尺的高塔是 2017 年開幕的亞特拉斯酒吧一部分。訪客及在大樓工作的人（大樓裡有各種機構，包括蒙古、奧地利及阿拉伯聯合大公國的使館）可以來喝杯琴酒，產地可能遠自玻利維亞、比利時或日本，釀造日期最早可以回溯到 1910 年。這家酒吧不僅有流金年代的氛圍，雞尾酒酒單主要都以琴酒及香檳調製。

How to try it
亞特拉斯酒吧的營業時間是每天中午 12 點到午夜 2 點。

亞特拉斯酒吧內部讓客人感覺走進時光隧道，且 1,300 種琴酒也給人環遊世界的錯覺。

煮了 45 年的火鍋

郭炎松肉湯 • 泰國 ---------- NEUA TUNE AT WATTANA PANICH · THAILAND

How to try it

郭炎松肉湯位在億甲邁路（Ekkamai Road）336-338 號。

這一大鍋牛肉湯在泰國首都曼谷很受歡迎，從老闆 Nattapong Kaweenuntawong 小時候就已經開始煮，至今超過 45 年。在成長過程中，Kaweenuntawong 研究湯汁的風味，並從父親那裡得知其中的學問。如今，他每天都親自調整湯的風味。他採用「獵人鍋」（Hunter's Stew）或「永久湯」（Perpetual Stew）這種好幾個世紀之前的作法，利用前一天剩下的湯作為隔天的基底。這道菜沒有食譜，他不斷嘗試味道直到正確無誤。

冒著泡泡的美味大鍋湯裡，祕密的香料與香草、燉牛肉、生牛肉片、肉丸、牛肚與其他內臟載浮載沉。曼谷繁忙的億甲邁區（Ekkamai）新餐廳和高級公寓大廈林立，讓這家一樓餐廳顯得窄小而寒酸，但這因時間而顯得豐富、複雜的風味，讓郭炎松肉湯總是生意興隆。

Kaweenuntawong 的母親看顧冒著泡泡的一大鍋湯。

會變色的迷人萃取物

蝶豆花 • 泰國 ------------------------------- BUTTERFLY PEA FLOWER · THAILAND

How to try it

整個東南亞都找得到蝶豆花，不論是飯店、水療館或市場，都在販賣藍色湯餃或紫飯。網路上也買得到混合茶、粉末或雞尾酒著色劑（cocktail colorant）。

解開蝶豆花（*Clitoria ternatea*）轉化力的祕密，其實就是酸性。當它滴入 pH 值為 7 的中性純水中，液體會變成星空藍。加了一些檸檬汁，pH 值下降，顏色變成紫色。再加一些就會再變色，但這次變成活潑的紫紅色。這種靛藍色的植物在整個東南亞都看得到，幾個世紀以來都被用來替食物染色和製造熔岩燈般迷幻色彩的飲料。在泰國，這種藍色的茶飲稱為蝶豆花茶（dok anchan），加一些檸檬和蜂蜜，是飯店和水療館傳統的迎賓飲料。

蝶豆的味道很淡，輕微的草本口感和紅茶很相似。正如其他帶有深藍色的食物一樣，這種植物被認為對健康非常有益，因為它含有抗氧化物花青素

（anthocyanin），可以對抗發炎和多種疾病，包括高血壓、免疫系統疾病，甚至某些癌症。對東南亞人來說，這些都不是新聞，尤其是阿育吠陀（Ayurveda）的實踐者。他們把這種花作為醫療用途已有數百年之久。最近，蝶豆花已經進入現代的精調雞尾酒（craft-cocktail）市場。不論是用整片花瓣或是乾燥的花粉，調酒師都能研發出飲料來展現這種植物多元的色階。飲料端到顧客面前，可以加一點柑橘，讓飲料呈現薰衣草紫，等冰塊融化，飲料稀釋之後，飲料會慢慢變成寶藍色。

獨裁者的美食

泰式炒河粉 ● 泰國 ──────────────── **PAD THAI ‧ THAILAND**

獨裁者經常做出蠻橫要求。泰國總理與軍事獨裁者鑾披汶‧頌堪（Plaek Phibunsongkhram）剛開始統治泰國時，下達了稱為「12 道文化命令」的官方命令，旨在建立一個不可分割的國家認同。從 1939 年開始，頌堪協助推翻泰國君主的隔一年，他命令國民開始稱國家為泰國（Thailand），而不是暹羅（Siam），從「每天固定時間吃飯，每天不能吃超過四餐」，到「每天睡六到八小時」，再到服裝要合理、要尊敬國旗，更具體的是：要戴帽子。少數民族的語言被禁，當地部落的傳統服飾是不合法的，而頌堪最獨裁的地方，可能是他發明了新的國菜「泰式炒河粉」。

他的主要目的是要減少稻米的攝取，鼓勵吃河粉，因為這樣只會用到一小部分稻米，頌堪在演說時說：「我要大家都吃河粉。河粉很營養，而且口味多元，從酸的、鹹的、甜的都有。河粉可以在泰國製造，而且方便生產，口味絕佳。」在頌堪憑空想像出來之前，泰式炒河粉幾乎是不存在的。

河粉最有可能是由中國人帶到泰國。這對建立強大的泰國認同是一大諷刺，不過，這佳餚帶有羅望子、棕櫚糖和辣椒等泰式風味，而且名稱讓頌堪的企圖很明顯：「泰」式炒河粉。有了泰國政府和軍方在後面全力為這款新型麵食撐腰，公共福利署（Public Welfare Department）開始散發配方，讓餐車販賣泰式炒河粉（販賣其他外來食物的攤販則被禁止）。他的計畫竟然奏效了。泰式炒河粉依舊是泰國的國菜，全國各地都有人吃，而且被海外認為是泰國食物的代表。獨裁者的麵食推廣無疑大獲成功，但並非頌堪所有的行政命令都推展得很順利：現在在泰國，要不要戴帽子，隨自己高興。

How to try it

幾乎在泰國每一間家庭式餐廳和夜市，從路邊攤餐車到全國的美食街，均有販售泰式炒河粉。

讓牠們吃到飽

猴子自助餐節 · 泰國 ················· MONKEY BUFFET FESTIVAL · THAILAND

在十一月的最後一個星期天，泰國 13 世紀建造的寺廟三峰塔（Phra Prang
Sam Yot）遺跡中，一頓精緻的饗宴正等著猴群嘉賓。華富里（Lopburi）是
數以千計的獼猴的家，每年宴請牠們據說會為該地區和人民帶來好運。

這場名為猴子自助餐節的派對，以穿著猴子戲服的人類舞者演出作為開幕式。
當真正的猴子到來，主持人會將宴席桌上的桌巾掀開，露出一整排裝飾得十
分美麗的成熟西瓜、榴槤、鳳梨，以及一切猴子想吃的食物。獼猴們自由地
在桌與桌之間跳躍，攀爬、享用近兩噸水果排成金字塔形狀的美味獻禮。

對猴子的尊敬可追溯到至少 2,000 年前的史詩故事，講述神聖的印度王子羅
摩（Rama）以及他奮力從惡魔王手中解救妻子西塔（Sita）的故事。在這個
故事中，猴王哈奴曼（Hanuman）跟他的大軍介入，幫助解救西塔。自此
之後，猴子就被尊為財富與繁榮的象徵，而每年在華富里的自助餐盛宴對泰
國人來說，就是他們展現感激並希望好運源源不絕的方式。

在 2010 年猴子自助餐節上，猴
群在桌與桌之間跳躍，享用擺設
美麗的大餐。

雞蛋咖啡

蛋咖啡 • 越南 ———————————————————— CÀ PHÊ TRÚ'NG · VIETNAM

在今天的河內，咖啡愛好者依賴大量的煉乳，讓大部分越南咖啡廳供應的濃烈羅布斯塔（Robusta）咖啡喝起來更順口，這在越南大多數的咖啡廳中再尋常不過了。事實上，點一杯越南咖啡（cà phê sữa，牛奶咖啡）你就會直接拿到一杯熱的羅布斯塔咖啡加煉乳。當法國人殖民者在 1800 年代引進咖啡到越南時，鮮奶難以取得，因為奶製品不是當地飲食的一部分，而且在熱帶的高溫下，不管什麼奶都很容易壞掉。幸好，一個名叫蓋爾·博登（Gail Borden）的紐約人在 1850 年代發明了商業用煉乳，法國人把它引進越南。這種濃稠的保久乳成為越南咖啡的標配。但在 1946 年，阮文渠（Nguyen Van Giang）無法取得鮮奶或煉乳，於是轉向雞蛋。

法國戰爭（又稱為第一次印度支那戰爭）的爆發，導致越南牛奶短缺，在河內索菲特傳奇大都市飯店（Sofitel Legend Metropole Hotel）擔任調酒師的阮文渠需要東西來製造有奶泡感的咖啡。他用雞蛋打奶泡，泡泡幾乎跟用牛奶打發的一樣，因此發明了蛋咖啡。如今，這種濃郁、鬆軟的組合像甜點又像飲料，而且只用蛋黃，加入牛奶和糖一起打，加熱之後成為羅布斯塔咖啡油亮亮的配料。蛋咖啡總是裝在小杯子裡，外面用一大碗熱水隔水保溫。不然也可以吃冰的，這種版本的味道會很強烈，就像是一杯提神的液態提拉米蘇。

How to try it

阮文渠的兒子文道（Van Dao）在父親於河內開張的咖啡廳「渠咖啡」（Café Giang）販售最受歡迎的蛋咖啡。他妹妹也開了一家叫「鼎咖啡」（Dinh Café）的咖啡廳。

蛋咖啡可以在任何溫度飲用，但通常會放在熱水中保溫。

一口井所生產的麵

高樓麵 • 越南 ———————————————————— CAO LẦU · VIETNAM

若依照其傳統作法，高樓麵是不可能全球化的。雖然菜餚中的所有食材都是可複製的，包括綠色蔬菜和香草，上面蓋著麵條，烤豬肉、脆脆的鍋巴、豬皮和一杓豬肉高湯，但這道傳統的米線除了會安市（Hội An），其他地方做不出來，原因是他們得依賴某一口井的水。

在會安市這座 15 萬人居住的都市，所有的高樓麵都是由一群神祕人士製作。最重要的高樓一家已傳了四代，建立了此帝國。當時，有個來自中國的大廚教導現任製麵師的曾祖父製作麵的配方。在前兩代時，麵中所使用的水來自巴萊（Ba Le）一口建自 10 個世紀的著名井水，這口井的水因富含鋁和鈣質，當地人傳說具有神祕與治癒的功能。近幾年，這家族決定掘自己的井，以提供製麵時使用（他們保證水質一樣好）。讓這種麵只能在當地生產的第二個成分是：他們在水裡添加了焚燒當地木材例如印尼白千層（cajuput）的木屑。兩者加總起來，木屑和水的組合給了麵條扎實、Q 彈的質地和亞麻色澤。

除了越南過陰曆新年（Tet）那天，家族每天早上都手工製作高樓麵——煮米、碾米，做成麵團、蒸煮、揉捏、擀麵，再裁切。麵團會蒸兩次，但那裡沒有電器，除了一個名叫 Ta Ngoc Em 的男人和他的家人，鮮少人知道怎麼做。

How to try it

「Cao Lầu Không Gian Xanh」是一家販賣好吃高樓麵的小餐館，一碗 30,000 越南盾，約 1.25 美元。

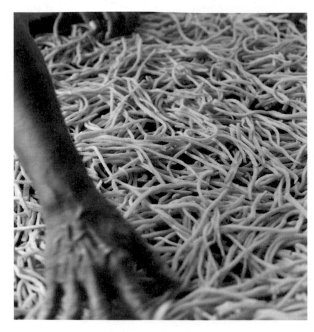

擔心萬一這家人發生什麼事，這美食傳統會跟著失傳，一名政府官員來到他們家，懇求他們與他人分享配方，以防萬一。這家人從此放寬他們謹守的祕密，讓外人目睹製作過程。高樓麵都是用筷子吃，絕不用湯匙，因為加了五種香料的高湯比較像是醬汁，而不是湯。這座城市著名的麵條，都是從同一個廚房新鮮直送，只在會安市的餐廳和攤販買得到，其他地方別無分號。

高樓麵是會安市別無分號的當地特產。

也從一口井而來

板頭醬油
Ban Soy Sauce

板頭村（Ban Village）唯一的一口井水不是用來洗澡或煮飯，而是用來製造很多人公認是越南最好的醬油。板頭醬油是種清淡、焦糖色澤的調味品，將大顆粒的糯米和小顆粒的黃豆放進大陶瓷罐中發酵而成，是北越料理的必備品。發酵過程在最暖的月份，介於三月到八月之間，這段時間，村子裡的庭院擺滿數以百計的陶瓷甕。很多人沒嘗過傳統的發酵醬油，商業醬油並不是發酵過的，而是利用鹽酸破壞黃豆蛋白質，轉變成胺基酸。商業醬油的製作過程只需要幾天時間，但讓豆子發酵如果不是幾年，也需要好幾個月，時間讓水、糯米、黃豆和黴菌轉化為複雜、帶著鹹味且鮮味十足的液體。比起其他天然釀製的醬油，板頭醬油較溫和鮮甜，多虧了村子裡純淨的水和天然資源。這令人垂涎的調味品用來當成蘸醬、烤肉醃料，或是送給住在離井水很遠、思鄉情切的北方人作為禮物。

TASTE THE WORLD!
TASTE THE WORLD!
RLD!

非
洲

Africa

北非・西非
東非・南部非洲

▶ 北非

▶ NORTH AFRICA

How to try it

你可以在開羅以北兩小時車程的米特加穆爾（Mit Ghamr）看到用泥磚蓋成的成群鴿子塔。在開羅，「卡巴吉艾茲哈爾法哈特燒烤餐廳」（Kababgy El Azhar Farahat）是一家經典的巷弄小店，供應該市最棒的鴿肉料理，包括烤乳鴿與鴿子湯。

野鴿塔

鴿舍 • 埃及 .... DOVECOTES · EGYPT

埃及城市中拔地而起的鴿舍就像土製的煙囪，每一棟都住著母鴿與牠們的乳鴿寶寶。在埃及，鴿肉和鴿糞（guano）是很珍貴的，鴿糞是很棒的肥料。埃及自遠古時期以來一直使用這種空心的圓錐形鳥舍，鴿舍有各種尺寸，有的附著在建築物上，有的則是獨自聳立。它們小小的內凹處對成群的野鴿來說是溫暖的巢，牠們在白天飛到各處覓食，晚上就回到鴿舍棲身。

鴿舍也為該國提供了穩定的鴿肉供給——鴿肉是當地的一種主食。乳鴿（squab）被認為是最多汁的，因此被用來製作烤乳鴿（hamam mahshi）這道鑲鴿料理。這些幼鳥在大約六週大、通常還不會飛的時候被從鴿舍取出，內部被塞入以米飯或翡麥（freekeh，一種烘烤過的碎麥苗）混合洋蔥、內臟雜碎、肉桂、孜然及堅果做成的餡料。把翅膀和腳綁緊之後，乳鴿接著就會被烤到外皮酥脆、內餡美味多汁。

從亞歷山卓港至開羅沿路可見的鴿子塔。

埃及蛋爐 2,000 年不滅的神奇魔法

1750 年，法國昆蟲學家瑞奧繆（René-Antoine Ferchault de Réaumur）造訪了一座埃及蛋爐之後表示：「比起金字塔，埃及人更應該以蛋爐為傲。」蛋爐是一種巧妙且古老的泥製烤箱系統，設計成可重現母雞孵蛋的腹部，且能在兩至三週內孵化數千顆受精蛋。

從外觀來看，許多蛋爐看起來就像是比較小又比較圓的金字塔。瑞奧繆詳細描述了他看到的景象：兩個對稱的艙房，中央以走廊隔開，兩邊都各有多達五間雙層艙室。受精蛋放在下層，並靠上層以糞便助燃悶燒的火勢維持溫度。瑞奧繆觀察那些孵蛋工人們留在現場監控火勢並定時翻動蛋，避免胚膜黏在蛋殼上導致小雞畸形。在孵化的最後幾天，工人們格外仔細地監控蛋的狀態，因為太多的外部熱能會提高過早孵化的

風險。母雞出於本能用身體調節蛋的溫度，埃及的孵蛋工人也有樣學樣。他們將蛋輕輕壓在眼皮上——眼皮是人體最敏感的部位之一。

回到法國之後，瑞奧繆試著複製埃及式孵蛋法，但歐洲的寒冷氣候代表需要更強的熱能與更多燃料，而這並不符合成本效益。1879 年，一位名叫萊曼・拜斯（Lyman Byce）的加拿大農夫發明了附電子調溫器的煤油燈孵蛋機，後來被廣泛商業化並用於世界各地，包含埃及。

20 世紀時，大部分的傳統埃及蛋爐都被電子孵蛋機取代，但還有約 200 座蛋爐仍在運作中。雖然現代發展的影響力正在慢慢滲透（一些孵蛋場如今也採用金屬推車、自動翻蛋機與恆溫器），這項有 2,000 年歷史的科技一路走來始終效率滿點。

燃火式孵蛋器內部。

可以吃的美容聖品

古埃及人是出了名的愛美、虛榮與善用大自然（通常指吃的這塊）來滿足其繁複的美容程序。諺傳埃及豔后曾經養了數百隻奶驢，就為了定期洗可以抗皺的牛奶浴。埃及人用燒焦的杏仁來畫眉毛，並用動物性油脂製成的面霜來保濕。化妝品對埃及人來說重要到許多人選擇以化妝品陪葬。

體毛被認為是衛生習慣差與地位低下的象徵，是埃及人絕對不想要的（但眉毛是例外）。最早期的埃及人用貝殼做鑷子、以青銅製作除毛刀。大約在西元前 1900 年，他們想出了更有效也比較不痛的除毛法：焦糖蠟除毛。埃及人將油與蜂蜜混合煮到變成濃稠的糖漿，接著將冷卻後的焦糖塗在毛茸茸的皮膚上，用一塊平紋細布蓋住，然後再撕掉。這項技術（最近被現代除毛界再度重用，並取了個新名字「蜜蠟除毛」）很快流傳至中東的伊朗、土耳其等國家。埃及人可能是最負盛名的古代美容師，但他們可不是唯一使用食物化妝品的人。

馬雅的酪梨——香蕉髮泥

在西元 250 年至 900 年的馬雅古典期（Maya classical period）期間，頭形是地位與美貌最重要的標誌。又高又長且以某個角度斜向後方的額頭實在太令人嚮往了，馬雅父母甚至會將新生兒柔軟的頭骨重

古埃及公主娜芙提亞貝特（Nefertiabet），她的名字意指「東方美人」。

用沙子烤麵包

塔奎拉麵包 • 利比亞 .... TAGUELLA · LIBYA

How to try it

由於利比亞常有大規模動亂，到其鄰國尼日品嘗塔奎拉麵包會比較安全。沙漠中的貿易城鎮阿加德芝（Agadez）會是好選擇，但那裡也頻傳暴力犯罪事件。規畫行程之前請務必查閱旅遊公告。

對北非的遊牧民族圖阿雷格人（Tuareg）而言，沙漠就是他們的烤箱。他們想要烤麵包時，就把燒燙的煤炭鋪在沙子上，然後在中間挖一個淺淺的洞。他們把粗粒小麥粉或小米製成的未發酵濕麵團揉成扁平的圓形，然後放到燒燙的淺洞之中，並即刻用熱騰騰的沙與石頭蓋住。在沙子滲進麵團之前，麵團的外層就會形成脆皮。大約 20 分鐘之後，麵包師便會挖出麵包、翻面，然後再次覆蓋以確保受熱平均。這種名為塔奎拉（taguella）的焦麵包具有嚼勁，是圖阿雷格人的主食之一，通常會撕成一口大小放入碗中，作為燉菜的料。

兩名圖阿雷格男子正在利比亞沙漠中烤麵包。

新塑形。他們通常會在嬰兒的頭上綁兩塊板子，然後把頭壓成他們想要的形狀。為了突顯一顆好看的尖頭，有錢人家的女性會綁高馬尾，然後以辮子、緞帶或髮飾裝飾，但這拉緊了她們的頭皮而對頭髮造成傷害。

幸好，她們有富含維生素 B 與 E 的酪梨，可以促進頭髮生長並修復受損的頭皮。她們也有含葉酸的香蕉，可以維持頭髮的光澤與韌性。馬雅人將這兩種東西與富含蛋白質的雞蛋以及保濕的油脂混合，創造出一種用於頭髮與頭皮的乳霜，直到今天都還管用。

古希臘的冷霜

一般認為冷霜的發明者是 2 世紀時的希臘醫師蓋倫（Galen）。他費力地混合了橄欖油、蜜蠟與玫瑰水。冷霜因其在皮膚上的冷卻效果而得名，而蓋倫的這項發明對古希臘人而言堪稱保濕法寶。如今，商品化的冷霜是用保存期長的礦物油與硼砂製成，能避免變質或油水分離，但是蓋倫的原始配方還是可以在自家廚房裡輕鬆完成。沒時間從頭開始

19 世紀的日本藝妓。

做冷霜嗎？現代希臘人也用優格取而代之。

中國與日本的米穀粉

古羅馬人與古希臘人用白鉛讓膚色變淡，但這使他們慢性中毒，直到後來他們改用白堊。古代中國人與日本人也嘗試過用鉛，但最後選擇用米穀粉。中國女性會將米磨成的細緻粉末撲在臉上，而日本藝妓則是混合米穀粉與水來將臉塗白（有些藝妓甚至會泡米水澡）。在現代亞洲，米依舊是化妝品的一種重要原料。許多人相信用棉花沾取浸濕的米所產生的乳白色液體塗到臉上，能改善膚色並減輕日曬造成的傷害。

維多利亞時期的檸檬眼藥水

19 世紀的英國盛行許多危險的美容方法。女性泡砒霜澡讓皮膚維持潔白、用古柯鹼來麻痺眼皮，還用自己的頭髮縫出更濃密的眼睫毛。她們也會將檸檬汁擠到眼睛裡，這能放大瞳孔，讓眼珠子如願看起來又大又晶瑩剔透——但也不可避免地對角膜造成傷害，使用過度還會失明。

糧倉的堡壘

朝觀宮 • 利比亞 .... QASR AL-HAJ • LIBYA

朝觀宮是利比亞最迷人的柏柏爾（Berber，現已正名為 Amazigh，為生活在北非的原住民族）建築之一。雖然它的名字意指「朝聖的堡壘」，但這棟建築既不是堡壘也不是座要塞城市。它是 12 世紀的一座儲藏設施，建來存放該地區半遊牧民族收成的作物，也是前往麥加朝聖的旅人的落腳處——現今仍在使用中。

從外觀來看，這棟環狀建築幾乎沒有任何特色。有一道門通往被 114 間洞穴般儲物間圍繞的廣闊中庭。這些房間以不同高度排列，最低的房間有部分位在地下，用來存放橄欖油，而上層則專門用來放大麥與小麥。有道樓梯可通往最上層，在那裡有一條走道沿著整棟建築物形成一個完整的圓形。每個房間也可說是金庫，就像銀行那樣，家族或個人可以在這裡安全地存放他們的糧食。歷史上，糧倉也被作為穀物的「庫存交易所」，它的中庭是購買或交換貨物的市集。

在 12 世紀建造了此糧倉的統治者謝赫阿布賈特拉（Sheikh Abu Jatla）收取少量穀物出租這些儲藏室，據說他將收到的穀物都分送給了窮人。

How to try it

朝觀宮位在利比亞首都的黎波里（Tripoli）西南方的偏遠地帶。糧倉開放參觀，但因為它是運作中的儲藏設施，若無管理人員引導或未經所有者許可，則不得進入儲物間內。

其他糧倉堡壘

至少 11,000 年來，人類都儲藏大量穀物。在許多社會中，糧倉就等於銀行，保護食物免受動物、小偷或極端氣候等當地「經濟」因素的破壞。在正式的貨幣出現之前，穀物就是最早的一種貨幣形式。古埃及人把他們的穀物存在一個集中站再從中提領，而以白銀作為貨幣的巴比倫人，決定了白銀相對於大麥的價值。

1 舊蘇丹宮（突尼西亞・泰塔溫）
Ksar Ouled Soltane（Tatouine, Tunisia）

是一座 15 世紀的柏柏爾糧倉，建造於山丘之上以防遭到入侵。它分成兩個中庭，包含數百間儲藏室。原本整座建築都是泥造的，但 1997 年時曾以水泥修復糧倉。在電影《星際大戰首部曲：威脅潛伏》（*Star Wars: The Phantom Menace*）中，奴隸宿舍的拍攝場景就設在舊蘇丹宮，使其在國際上聲名大噪。

2 伊沙糧倉（摩洛哥・安徒迪）
Agadir Id Aissa（Amtoudi, Morocco）

是摩洛哥許多壯觀的伊古達爾（igoudar，即 agadir 的複數形，指「糧倉」）的其中一座，同時也是最古老且保存最完好的。它是由摩洛哥的原住民柏柏爾人在距今約 900 年前建造而成的，不僅用來存糧，也保存重要文件、貴金屬以及任何需要防禦的東西，包括動物、藥品、蜂巢，還有老百姓本身。高踞在綠洲小鎮安徒迪上方的伊沙糧倉只能靠步行、騎騾或騎驢抵達。糧倉的鑰匙通常有一個人的前臂那麼大，而在每座糧倉，只有當地保管鑰匙的人有權准許讓人進入這迷宮般的儲物設施。

3 河倉糧倉（中國・戈壁）
The Hecang Granary（Gobi, China）

位在漢朝（西元前 206 年至西元 220 年）時期建造的一座巨大堡壘之中，供給糧食給建設萬里長城的軍人。這座堡壘被設計成隱身在沙漠中躲避敵軍眼目，南北兩側都有高聳的沙丘作為天然屏障。它在戰略上位處絲路沿線一個偏遠的地段，其所儲存的糧食幫助餵飽通商的旅人。雖然這個地點目前幾乎成為廢墟，卻是罕見的現存漢朝泥製建築。

How to try it

傑迪代最近被列為聯合國教科文組織的世界文化遺產，距離卡薩布蘭加（Casablanca）約90分鐘車程。堡壘裡也有一個蓄水池，奧森·威爾斯（Orson Welles）執導，1952年上映的《奧賽羅》（Othello）其中一幕就是在這裡拍攝的。

葡萄牙式堡壘中的公共烤箱

傑迪代的社區烤箱 • 摩洛哥 ····· EL JADIDA COMMUNITY OVEN · MOROCCO

大部分的摩洛哥人家裡都有一台烤箱，但卻會將烤東西的任務交給當地的烤箱專員。他們的職業就是照料社區內的公共烤箱。

在傑迪代（El Jadida）這個大西洋畔的平靜港都中，公共烤箱位在一座16世紀的葡萄牙式堡壘裡面。最初以馬札甘（Mazagan）為名的這座城市一度是葡萄牙殖民地，也是香料商人前往印度時的中繼點。它在1769年成為廢城，將近半世紀荒無人煙。19世紀中期，穆斯林、猶太人與基督徒等一群來自不同文化的人再次定居在這個城鎮，堡壘也變成了貿易中心。他們將城市重新命名為傑迪代，意思是「新城鎮」。堡壘裡燒柴的烤箱不只用來烤麵包，除了麵團以外，傑迪代的漁夫與家庭主婦會帶肉、魚與披薩來讓專業的烤箱專員大顯身手。

傑迪代居民把麵團拿給烤箱專員後，他會用公共烤箱幫忙烤。

超有料的駱駝脾臟

泰哈 • 摩洛哥 ································ TEHAL · MOROCCO

How to try it

駱駝脾臟三明治的售價大約是12迪拉姆（dirham，阿拉伯國家的貨幣單位），相當於1美元多。

在喧鬧的費茲（Fez）市場裡，你會看見動輒超過30公分長且鼓鼓的巨大肉塊就放在金屬托盤上。當有客人要買，老闆就會切下一片，放在烤盤上煎。他們接受客製點餐要求——可以加香草植物、蔬菜或甚至雞蛋，最後再盛到稱作巴布（batbout）的一種摩洛哥皮塔餅（pita）上。

用來包住巨大肉塊的，是駱駝的脾臟。脾臟裡面緊緊塞入了絞肉——通常混合了駱駝肉、牛肉與羊肉，並以香料、橄欖與醃檸檬調味。它稱為泰哈，外觀看起來顏色暗沉而緊實，類似蘇格蘭的肉餡羊肚。傳統上，泰哈會在摩洛哥的許多公共烤箱預先烤好，然後在市場上現點現煎。它是當地就業人口熱門的午餐選擇，人們會排隊外帶一頓美味的駱駝包快餐。

費茲市場裡一個塞得
滿滿的駱駝肉塊。

澡堂裡的塔吉料理

坦吉亞 • 摩洛哥 --- TANJIA · MOROCCO

坦吉亞這個詞既指廚具，也是其所烹調的菜餚名稱。料理時基本上可以放著
讓它自己煮。這種上釉的赤陶罐看起來有點像古希臘與古羅馬時期用來裝酒
或油的雙耳瓶，在摩洛哥被當作單人燉鍋來使用。要煮坦吉亞料理，你必須
去兩個地方。首先是肉販那兒，他會在你的陶罐中裝滿肉，通常是牛肉或羊
肉。切成塊的肩胛肉、頸肉或牛尾會很適合這道料理，因為它們的脂肪與膠
質會被煮出來，肉因此會在濃厚、絲綢般的醬汁中慢慢燉煮。肉販也會包辦
調味的工作——番紅花、孜然、醃檸檬、大蒜與一小塊發酵奶油和少許橄欖
油。以羊皮紙蓋住坦吉亞之後，你就可以去第二個地方了——當地的土耳其
式浴室（hammam），也就是澡堂。把你的
坦吉亞給澡堂管理員，他會把肉罐子安
安穩穩地放在用來加熱洗澡水的燃
煤鍋爐裡，讓它在燒燙的煤灰中
慢慢煮上至少半天（有些人會在
傍晚留下他們的坦吉亞，隔天早
上再來拿）。長時間以文火燉煮讓
肉質軟嫩到幾乎入口即化，而且也
會煮出顏色漂亮、香氣逼人、油脂
豐富的醬汁。

由於坦吉亞料理不需要任何烹飪技
巧，也以單身漢的料理而聞名。傳統
上，在露天市場工作的男人星期五不用
上班，所以在公園裡度過放鬆的早晨之後，
會聚在一起吃坦吉亞。

How to try it

馬 拉 喀 什（Mar-
rakech）是坦吉亞料理
最出名的城市。許多肉
販會出租坦吉亞罐讓你
帶去澡堂，而澡堂會收
取一小筆烹煮費幫忙照
料你的食物。

裝滿羊肉與橄欖的
坦吉亞罐，上方以
羊皮紙蓋住。

阿甘油製成的杏仁奶油

阿穆魯 • 摩洛哥 -- AMLOU · MOROCCO

阿甘油（argan oil）是摩洛哥料理的特色，也是國際間珍貴的抗老化妝品，但它的製作過程可不容易。只生長於摩洛哥西南方的阿甘樹是出了名的多刺，且一年只結一次果。它的果實是個待解的謎。剝除外層的果肉之後可看到堅果。打開超硬的堅果之後就能取得含油脂的果仁（通常只有一顆，且不會多於三顆）。而要萃取出油脂，就必須將果仁烘烤、磨成粉，再用手壓。光是製造一公升的阿甘油就可能得花上 20 個小時，這解釋了為什麼阿甘油一瓶就要價 130 美元，還被暱稱為液態黃金。大部分的國家都是省著用，或是當作美容精華液一滴一滴慢慢用，但摩洛哥南方的人用它來製作一種叫做阿穆魯的甜味堅果奶油。

以傳統工法製作阿穆魯，須先將烤過的杏仁與阿甘油用石磨研磨——這是另一個費工的過程，通常需要全家人輪流來磨。研磨過的杏仁會釋放出本身的油脂，使阿甘油變濃稠並創造出一種帶有堅果香味且略鹹的黏稠液體，加入蜂蜜就可增加甜味。黏稠、光滑且閃著油光的阿穆魯可當作蘸醬或抹醬，讓任何需要一些液態黃金的食物沾沾光。

How to try it

阿穆魯連同其他許多阿甘油相關產品，都可以在馬拉喀什的高級行政區吉立茲（Gueliz）內一間叫做「阿皮亞」（APIA）的商店裡買到。

阿穆魯 Amlou

（大約 1 杯份）

生杏仁　約 104 克
純阿甘油　32 至 48 克
蜂蜜　42 克
海鹽　依口味適量添加

1. 預熱烤箱至攝氏 177 度。將杏仁攤放在烤盤上，放入烤箱烤約 15 分鐘，直到呈深棕色並散發濃濃香氣。靜置至完全變涼。
2. 堅果放涼後，倒入食物處理機內，攪打成細緻粉末且釋放出油脂。
3. 將堅果泥倒入攪拌碗裡。加入阿甘油、蜂蜜與鹽充分攪拌。倒入密封容器並置於室溫。阿穆魯可保存長達一個月。

傳統上，阿穆魯是用石磨手工製作。

法國醫生唯恐喝茶會破壞突尼西亞社會

突尼西亞 TUNISIA

1927 年，在巴黎的一場醫學會議上，曾在法國受訓的突尼西亞醫師貝希爾·丁吉利（Bechir Dinguizli）聲稱突尼西亞境內有一種「新型社會禍患」正像「油漬」一樣漫開。醫師警告，若法國當局不出手阻止，它有可能敗壞道德並癱瘓整個突尼西亞社會。很快地，法國報紙《晨報》（Le Matin）刊載了關於「新毒藥」的頭版新聞。這驚人的威脅是什麼？——居然是茶。

突尼西亞在 1881 至 1956 年間是法國殖民地，但直到 1911 至 1912 年的義土戰爭（Italo-Turkish War）結束後，茶才傳入此地，因為戰爭使大量有喝茶習慣的難民從的黎波里塔尼亞（Tripolitania，今天的利比亞）湧進突尼西亞。當本地人也開始喝茶，習慣喝咖啡且相信咖啡是啟蒙飲品的法國殖民者指控他們犯了喝茶罪（teaims）。

根據丁吉利的說法，喝茶罪指的是染上好比酗酒般的茶癮，這會令人慢性中毒，引起神經性震顫、失智、心悸、視力模糊、神經與循環系統嚴重紊亂、體力普遍虛弱，甚至還會使出生率顯著下降。後來甚至有作家描述了其他心理問題，例如幻覺、妄想，甚至精神疾病。

除了醫療問題之外，法國殖民者相信染上茶癮的人為了獲得滿足將不擇手段，而屈服於喝茶「惡習」的人則是潛在的犯罪者。他們嘗試逼迫供應茶的非法咖啡廳停業，並提高關稅。也有人呼籲製作教學海報與影片來傳達茶的危險性，由國家出手壟斷茶的銷售，以及立法將茶列為只有在藥房才能取得的處方用藥。

可惜，突尼西亞人對法國的恐嚇戰術不為所動，當地人還是照喝不誤。1956 年突尼西亞獨立，到了今天，茶可說是該國的國民飲品。

▶ 西非

▶ WEST AFRICA

How to try it

新鮮的神祕果與整株植物可在網路上訂購。這種水果在整個西非有各式各樣令人眼花撩亂的當地別名。

顛覆味覺的水果

神祕果 ● 布吉納法索 ----------------------- MIRACLE BERRY · BURKINA FASO

一開始，神祕果（*Synsepalum dulcificum*）嘗起來像一般的小紅莓，但光吃一顆就能改變我們對酸性食物的味覺最多達一小時，把它們變得極甜。

1968 年，科學家提取出神祕果中可把酸味變成甜味的獨特蛋白質。這種蛋白質因其神祕的效用而被命名為神祕果素（miraculin），它會黏著在我們的味蕾上，並留在專司甜味的味覺感受器上，並只在酸性環境中產生作用。這種莓果必須是新鮮的，加熱或冷藏都會使它失效。

近年來，神祕果已成為「顛覆味覺」派對的主角。參與者（幾乎都在美國）為派對之夜揭開序幕的方式是用牙齒刮掉神祕果的果肉，讓果汁沾滿口腔，然後把籽吐出來。很快地，許多不應該有甜味的食物吃起來都是甜的：檸檬變成檸檬汁，羊奶起司變成起司蛋糕。

雖然只有過少數研究，但神祕果也有醫療用途。例如，神祕果素讓糖尿病患者不須攝取糖分就能享用甜食，它也有助化療的患者擁有更完整的味覺體驗。神祕果樹的原生地在布吉納法索與西非各地，在那裡某些家庭和農夫仍有種植這種水果，但它的使用量已有所下降。便宜而大量的糖已讓神祕果的魔法失色。

另一種神奇莓果

好運果 Serendipity

好運果（*Dioscoreophyllum cumminsii*）是一種西非的水果，生長在奈及利亞南部的雨林，以及獅子山共和國與厄利垂亞之間的熱帶地區。它含有莫納林（monellin）這種非常甜的蛋白質，大約比蔗糖甜 1,500 至 3,000 倍，因此成為搶手的天然糖替代品。可惜，就和神祕果一樣，好運果加熱至攝氏 50 度就會失效，因為莫納林會在這樣的高溫下分解，導致甜味消失。目前，提取其蛋白質的成本很高，其商業可行性仍有待觀察。

吃一口神祕果的果肉會暫時把酸性食物變成甜的。

迷幻的根

伊玻加 • 加彭共和國 ⋯⋯⋯⋯⋯⋯⋯⋯⋯⋯⋯⋯⋯⋯ IBOGA · GABON

伊玻加樹（*Tabernanthe iboga*）會長綠葉、結小小的果實，且根部含有一種對加彭的必堤文化（Bwiti）而言非常重要的東西：一種世界上藥效最強的迷幻藥。

伊玻加根部的乾燥樹皮磨成粉後看起來就像即溶咖啡。若取用小劑量，其作用也就等同於咖啡，必堤獵人有時拿它來提神。適量的伊玻加根可以用來治療許多生理疾病。而大劑量使用時，它就成了迎接新成員加入必堤宗的儀式用品——必堤宗是一種融合了萬物有靈論、祖先崇拜與基督教的靈性修養宗派。

當接受迎新儀式的人們進入必堤寺廟時，他們必須先在身上塗滿粉泥，然後服用伊玻加，可以是吃幾片乾樹根、服用幾匙粉末或是較少見地混在茶裡飲用。接下來的一整晚（有時會持續幾天），這些新成員就在其他必堤宗信徒的照料下體驗靈魂出體或幻覺，這些都是植物中被稱作伊玻加鹼（ibogaine）的一種活性生物鹼所引發的。這些由伊玻加根帶來的幻視幫助必堤宗信徒與祖先產生連結，而這就是此宗教的核心。

最近幾十年來，加彭國以外的人因濫用此植物而惡名昭彰。他們不是靠它進行靈性之旅，而是嗑到嗨。但在 1962 年，紐約有個海洛因上癮者發現這種植物的一個用途，改變了他自己還有其他許多人的人生——試過伊玻加鹼之後，他擺脫了海洛因的癮頭，並奉獻後半生提倡這種天然藥物。許多癮君子如今深信伊玻加能夠預防鴉片類戒斷症狀，而雖然還需要更多研究，從加拿大、墨西哥到歐洲，伊玻加鹼如今在任何合法的戒毒中心都可取得。

伊玻加樹根的樹皮可引發幻覺。

How to try it

伊玻加是一種強效精神藥物，對必堤宗信徒來說則是一種通往靈性的強大管道，並非能隨意服用的物質。

世上最大的陸地蝸牛

迦納大蝸牛 • 迦納 ⋯⋯⋯⋯⋯⋯⋯⋯⋯⋯⋯ GIANT GHANA SNAIL · GHANA

迦納大蝸牛（*Archachatina marginata*）的壽命可達 10 年，且可長到足足 20 公分長，是世界上最大的陸地蝸牛。為了維持體型，這些軟體動物幾乎什麼東西都吃，包含室內油漆、粉刷灰泥與多達 500 種植物。這種蝸牛雌雄同體，每隻每年會產下數百顆卵，這表示一小群餓肚子的大蝸牛很快地就會變成一支飢腸轆轆的蝸牛大軍。有些國家擔憂這種蝸牛會破壞生態系統（2014 年，有 67 隻本來要供人類食用的蝸牛在洛杉磯國際機場被查獲，立刻就被燒毀了）。但是在迦納，這種蝸牛收集自安全、已知的地點，而且越大隻越好，因為這種笨重的動物可以變成美味的肉類料理。

How to try it

大蝸牛在西非很常見。牠們是受歡迎的街邊小吃，一般都做成烤肉串，或沾著辣醬販售。

辣蝸牛、蝸牛湯、胡椒蝸牛、烤蝸牛串、炸蝸牛、醃蝸牛末——全都被視為佳餚。在市場裡，小販把金屬托盤頂在頭上兜售蝸牛，而在路邊攤，有嚼勁的鹽味蝸牛肉則是被插在牙籤上當作小點心供應。這些蝸牛可以在野外捕獲，但永續的蝸牛養殖場在西非已越來越常見。

要將蝸牛去殼，必須把一根金屬籤插進殼中將蝸牛肉拉出來。接著將肉切一切、用萊姆汁洗一洗去掉黏液，之後就可以下鍋料理了。這些蝸牛是幾乎完美的蛋白質——脂肪含量低，但富含鐵、鉀與磷。

是飛機也是餐廳

拉坦特 DC 10 餐廳 • 迦納 ------------------------- LA TANTE DC 10 · GHANA

就在迦納首都阿克拉（Accra）的國際機場外面，機場路上停著一架麥道 DC-10 客機。任何人都可以登機，只是它不會帶你去任何地方。這架飛機過去隸屬迦納航空公司，執行歐洲與美國航線，2005 年因為公司債務未清償而在倫敦的希斯洛機場（Heathrow Airport）被扣押（迦納航空現已停業）。這架飛機被帶回迦納後，搖身一變成為一間叫做拉坦特 DC 10（La Tante DC 10）的餐廳，當地人都稱它為綠飛機。

就像登上一般客機一樣，顧客必須爬一段有頂棚的登機梯進入餐廳。在樓梯上方歡迎你的，是穿著空服員制服的服務生。頭等艙座位如今是等候區與酒吧，經濟艙是用餐空間，排放了桌子與面對面的成排飛機座椅（為了創造更多空間，飛機的容客數從 380 席減少至 118 席）。雖然菜單上有義大利麵與三明治，但這間飛機餐廳供應的主要還是當地餐點。菜單上「我是迦納人，我驕傲」的標題之下有西非最受喜愛的食物，像是棕櫚仁湯、加羅夫飯（jollof rice）、珠雞與吳郭魚。為了保持原汁原味，餐廳裡的廁所還是跟你搭一般客機時看到的一樣狹小。

How to try it

拉坦特 DC 10 餐廳離科托卡（Kotoka）國際機場航廈只有幾分鐘的距離。從中午營業至晚上 10 點。

在變身為餐廳之前，這架飛機往返於國際。

一年一次，男人們衝進安托戈湖徒手抓鯰魚。

神聖的抓魚祭

安托戈湖 · 馬利 -- LAKE ANTOGO · MALI

除了一年的某一天以外，在安托戈湖捕魚是違法的。在這一天，數千名男性聚集在湖邊，等待表示「開始」的一聲槍響。這些男人帶著魚簍衝進滿是泥濘的淺湖之中，要以徒手盡可能抓到最多鯰魚。這場面很擁擠且一團混亂，但不會持續太久──大約 15 分鐘之後，湖裡所有的魚都被舀起，儀式結束，下次就再等明年。

安托戈湖的抓魚祭是多貢人（Dogon）的一項傳統。他們是定居在該國中部莫普提區（Mopti）的一支馬利民族。多貢人將安托戈湖視為聖湖，因為它是撒哈拉沙漠中罕見的綠洲，曾經全年供應他們漁貨。沙漠化導致湖泊縮小成目前的大小，因此這一年一度的儀式讓全馬利的多貢人有一個公平的機會聚在一起捕捉湖中的食物（女性禁止參與）。抓魚祭在每年旱季舉行，此時水位低，魚也比較好抓。湖被清空之後，所有的魚會被交給附近班拔村（Bamba）的一位長老，他會將漁獲平均分配給參與者。

How to try it

抓魚祭的日期由村裡的長老決定，每年不同，但通常落在五月。

落花生點心

庫里庫里 ● 奈及利亞 ----------------------------- KULI KULI · NIGERIA

在奈及利亞，花生在口語中被稱為落花生，是製作一系列稱為庫里庫里的酥脆點心的基本原料。每種形狀的庫里庫里都來自同一種費工的混合食材：花生乾烤過後用石臼磨成泥，接著與薑、雞高湯、辣椒與其他香料混合。為了讓這種香鹹點心擁有其代表性的酥脆口感，花生泥會先被用力壓過，以便去除多餘油分，然後才被塑形成各種形狀並油炸——細枝狀、一口大小的塊狀、扁圓形、環形、螺旋形以及麵條狀。庫里庫里通常是吃原味，或是撒一點糖。剝碎之後可以當作沙拉或優格的配料。由於這種花生含量高的炸物富含蛋白質與油脂，也可以丟進果汁機中做成蛋白飲。

How to try it

你最有可能在路邊攤或市場找到新鮮的庫里庫里，但你在網路上或奈及利亞雜貨店裡也能找到一些品牌推出的包裝食品，例如蔻吉（Kozee）。

蚌殼形成的島

法久特 ● 塞內加爾 ----------------------------- FADIOUTH · SENEGAL

法久特以一座橋連結大陸地區一個名為若阿勒（Joal）的漁村，被視為是一座人造島嶼，因為它主要是以蚌殼構成的。此地區被稱作若阿勒—法久特，其居民數百年來都吃蛤蜊，並將殼丟到繁忙漁港外的水中。蚌殼慢慢地累積，被猢猻木與紅樹林的根部攏住，再加上後續刻意的築殼行為，造就了令人嘆為觀止的陸塊——由數百萬個大自然的微小碎片構成，在陽光下閃爍珍珠般的銀白光澤。

除了是貨真價實的蚌殼島嶼之外，法久特還有一個特別之處：在一個九成國民是穆斯林的國家之中，這座蚌殼島嶼的居民有九成是基督徒，只有一成是穆斯林，而且兩者和睦相處。法久特一個主要的吸引人之處是一座兩種信仰

How to try it

若阿勒是一個生氣蓬勃的漁村，到處可見彩繪獨木舟（pirogue，傳統木船）。從若阿勒乘船或行經一座 400 公尺長的木橋，即可抵達法久特。每到星期天會舉行天主教彌薩。

的人可以比鄰而葬的墓園，共享無邊的海景。今天，人們對自然系建築的愛
好絲毫不減——每到下午退潮的時候，會看到女性在收集淡菜、牡蠣、蛤蜊
等海鮮的殼，它們最後都會變成這座島嶼的建材。

法久特的墓園以貝殼建造而成。

塞內加爾式春捲

春捲 • 塞內加爾 -- NEM · SENEGAL

第一次法國印度支那戰爭期間（1946 至 1954 年），法國從各個殖民地募
兵，派遣了超過 50,000 名西非軍人到現在的越南、柬埔寨與寮國等地。其中
許多軍人是塞內加爾人，這個兵團後來被稱為塞內加爾步槍兵（tirailleurs
sénégalais）。

當他們駐紮在越南時，一些塞內加爾軍人與當地女子結婚，大約有 100 位
女性在法國戰敗之後隨丈夫回到塞內加爾。這群關係緊密的女性在達卡
（Dakar）市中心的市場擺攤，除了供應其他食物之外，
她們也炸春捲——包了冬粉、絞肉或蝦子的小小越
南式春捲。

今天，春捲在塞內加爾隨處可見，整座城市
的街邊或無數餐廳內都有販售。但儘管春捲
是如此無所不在，資深達卡人卻說近幾年春
捲的品質下降了，因為社區中與越南有直接關
係的人多數都已過世。但還記得道地春捲滋味的人
說，一間由越南移民二代開的當地連鎖餐廳「亞洲風味」
（Saveurs d'Asie）還少見地能炸出原汁原味的越南式春捲。

How to try it

「亞洲風味」是一間在
達卡有四間分店的小型
連鎖餐廳。另一間塞內
加爾的老字號越南餐廳
「龍」（Le Dragon）
在菜單上則是特地將各
種口味的炸春捲列為獨
立的一類。

阿斯瑪拉市
ASMARA

1939 年，厄利垂亞（State of Eritrea）首都阿斯瑪拉市有超過半數的人口是義大利人。這個非洲城市是墨索里尼將殖民勢力拓展進入非洲的中心，他鼓勵義大利人搬到這個他稱之為小羅馬（La Piccola Roma）的城市。墨索里尼帶進頂尖的義大利建築師，蓋起一幢幢裝飾藝術與未來主義風格的電影院、咖啡廳與別墅——數百座當時完工的建築至今仍屹立不搖。當義大利人在 1940 年代離開，統治權轉移到了英國手上，接著是衣索比亞，直到厄利垂亞最終在 1991 年取得獨立。這裡的觀光產業不興盛，也沒有新聞自由，這表示首都內充滿自行車的寬敞大道與現代主義風格的建築（美觀或毀損的程度不一），外界幾乎都看不到（2017 年，阿斯瑪拉名列聯合國教科文組織世界遺產，成了得到此殊榮的首座現代主義風格城市，還享有隨之而來的維護協助）。除了建築之外，這座堪稱時間膠囊的城市，在飲食方面也受到義大利的影響——大膽運用香料，傳統燉菜和咖哩因此香氣逼人。許多義大利主食也被融合在厄利垂亞料理中。有些忠於其歐洲殖民者的傳統作法，有些則加入一點厄利垂亞式的改良。

當地的綜合香料貝貝雷為厄利垂亞的義大利麵醬增添一股嗆辣風味。

貝貝雷香料醬汁義大利麵
Spaghetti al sugo e berbere

將義大利經典美食改良為厄利垂亞風。番茄醬加了當地的綜合香料貝貝雷（包含辣椒、薑、茴香與葫蘆巴）。這種辣粉常用於厄利垂亞的許多菜餚中，也常融進奶油之中做成簡單的義大利麵辣醬。在阿斯瑪拉，加入貝貝雷的義大利麵可以用手拿一片因傑拉（injera，一種像可麗餅的酸種薄餅，是當地普遍的碳水化合物）配著一起吃。

義大利工程師朱塞佩・佩塔齊（Giuseppe Pettazzi）於 1938 年建造的飛雅特塔格列羅（Fiat Tagliero）服務站。

一名男子正在阿斯瑪拉的一間咖啡廳購買早餐的烘焙點心。

千層麵
Lasagna

在阿斯瑪拉是派對必備食物，在節慶期間尤其流行——潘娜朵妮這種義大利耶誕節水果麵包也是傳統之一。其食譜來自曾為義大利家庭或公司工作過的上一代，他們一路走來學到了烹飪方面的知識。多年下來，厄利垂亞風的千層麵已演變成融合當地元素的料理：較少起司，但加更多貝貝雷香料牛肉（絕對不會用豬肉）。起司一般是用莫札瑞拉或切達（cheddar），很少用瑞可塔，而最後砂鍋中的成品辣味與肉味十足，只有用厄利垂亞人的方法才能煮得出這樣的千層麵。

咖啡
Coffee

在厄利垂亞多數地區是出於禮節而供應——主人手工烘焙咖啡豆、用杵和缽研磨、以特製的泥壺煮咖啡，然後悠閒地供應三輪。在阿斯瑪拉，咖啡文化較偏向義式。在市內無數的酒吧中，人們飲用以濃縮咖啡為基底的各式飲品，快速淺嘗爪哇咖啡的風味。酒吧裡的咖啡機老舊，且多年來都由厄利垂亞同一群咖啡師操作。除了咖啡，一群老主顧也喜歡傳承自義大利人的烘焙點心，像是有鮮奶油內餡的千層酥（sfogliatella）。

阿斯瑪拉的「帝國酒吧」（Bar Impero）內一台佳吉亞牌（Gaggia）義式濃縮咖啡機。

假香蕉

象腿蕉 • 衣索比亞 ———————————————————— ENSETE · ETHIOPIA

象腿蕉看起來就像香蕉樹，它被當作根莖類蔬菜採收，嚐起來像麵餅。它和香蕉是同科植物，但它不可食用的果實與那黃色的甜漿果可是大不相同（香蕉確實是一種漿果）。英語人士被象腿蕉的外表所騙，稱它為「假香蕉」。然而，象腿蕉的耕作價值並不在它的果實身上。

象腿蕉最珍貴的部分是植物中偽莖與球莖中含有澱粉的木髓——球莖長在地底，是莖部下方的球根狀器官。為了採集木髓，一定要把整株植物從土裡撬出來並手工分解。用竹製的手持工具刮球莖與莖部就能採集多肉的白色木髓。接著將木髓與酵母混合後，埋在一個鋪有象腿蕉葉的洞裡，以更多葉子與石頭覆蓋之後，靜置發酵至少三個月、最多兩年（發酵越久風味越佳）。放在地底發酵會產生一種生麵團似的泥狀物，稱作可丘（kocho）。它可以做成粥或飲料，而最常見的是做成一種也叫做可丘的扁圓麵包。人們可以享用可丘麵包黏稠的原味，也可以把它烤出餅乾般的脆皮口感。

雖然象腿蕉在衣索比亞之外幾乎不為人知，卻是該國西南部約 2,000 萬人的主要作物。該植物的普及性、多用性與營養價值讓它成為重要的商品。植物全年可採收，因此當季節性作物歉收而引起飢荒時，可用它作為緩衝。發酵過後的象腿蕉泥可以在市場上販售交易，而象腿蕉洞則被視為商業資產。完成分解與搗泥的過程之後，剩下的堅韌纖維就做成繩索、墊子與粗布袋。象腿蕉奉獻了它的全部——除了沒有香蕉果肉讓你吃。

一名多爾茲（Dorze）女性正以象腿蕉樹製作稱為可丘的傳統麵包。

啤酒、紅酒和氣泡飲料

特伯 • 衣索比亞 -- TURBO · ETHIOPIA

走進衣索比亞首都阿迪斯阿貝巴的任何一間小酒吧，你很可能會看到一群歡樂的人圍著一壺「特伯」（turbo）坐著。那是想要來杯便宜烈酒的當地人不變的最愛。

特伯調製起來相當簡單：拿一個塑膠水壺，倒入一瓶當地產的白酒，通常是阿瓦許牌（Awash），然後加一大瓶當地的貝代爾特製啤酒（Bedele Special），記得認明包裝正面的蜘蛛猴，最後再加一瓶雪碧。這種大氣的

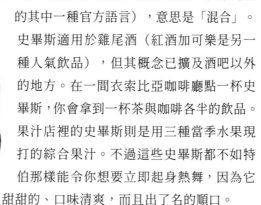

雞尾酒是衣索比亞稱為史畢斯（spris）的烹飪傳統的一部分。史畢斯是安哈拉語（Amharic，衣索比亞的其中一種官方語言），意思是「混合」。史畢斯適用於雞尾酒（紅酒加可樂是另一種人氣飲品），但其概念已擴及酒吧以外的地方。在一間衣索比亞咖啡廳點一杯史畢斯，你會拿到一杯茶與咖啡各半的飲品。果汁店裡的史畢斯則是用三種當季水果現打的綜合果汁。不過這些史畢斯都不如特伯那樣能令你想要立即起身熱舞，因為它甜甜的、口味清爽，而且出了名的順口。

How to try it

「珍寶屋」（Jambo House）是阿迪斯阿貝巴一間位於地下室悶熱喧鬧的酒吧。不僅以舞池氣氛超嗨出名，特伯更是無限暢飲。

衣索比亞式韃靼牛肉

基特富 • 衣索比亞 -- KITFO · ETHIOPIA

如果你蒞臨衣索比亞的一間基特富餐廳（kitfo house），會發現菜單上就只有這麼一道料理——基特富，那是用剁碎的生牛肉（取瘦肉部分）混合一種稱為基波（kibbeh）的無水香草奶油以及一種叫做米特米塔（mitmita）的辣粉。牛肉幾乎一定是用草飼牛的肉，以便盡可能呈現濃郁的草香與肉味，以及油脂豐富的滑順口感，幾乎入口即化。這道閃著油光的牛肉料理通常搭配戈曼（gomen，甘藍葉菜）、阿伊布（ayib，衣索比亞起司）與作為食器的因傑拉一起供應。

吃基特富有吃到蟲的風險，因此肉販通常會取牛肩胛骨之間的部位，因為傳統上認為這個部位不會有寄生蟲。在衣索比亞，生肉是一種重要的食物，且通常是節慶料理。另一道叫做特雷西加（tere siga）的料理，意思是「生肉」，顧名思義就是一大塊沒煮過的肉（通常是牛肉）。人們將其切成小塊之後，蘸著米特米塔一起吃。

衣索比亞的孩子通常在大約五、六歲時就被允許吃生肉。人們認為在這個年紀，身體已經強壯到可以抵禦食物引起的疾病。但不論老少，有些人永遠無法喜歡生肉的味道，那也是為什麼基特富也可以稍微煮過，調理成所謂的雷布雷布（lebleb）。

How to try it

「約翰尼斯基特富」（Yohannes Kitfo）是阿迪斯阿貝巴一間以基特富聞名的餐廳。一份基特富約是六美元，可供兩至三人食用。

一盤附基本配料甘藍葉菜與起司的基特富。

碩果僅存的野生阿拉比卡咖啡樹

曼亞特咖啡村 • 衣索比亞 ----------- **MANYATE COFFEE VILLAGE · ETHIOPIA**

How to try it

貝爾山國家公園位在阿迪斯阿貝巴東南方 402 公里處。可在公園的官方網站找到交通指引。

在貝爾山國家公園（Bale Mountains National Park）庇護下的哈雷納森林（Harenna Forest）經常被一層低雲籠罩，隱身在雲下的則是一團濃密綠意。衣索比亞是咖啡的發源地，而這座森林裡有著全球碩果僅存的野生咖啡樹。

大部分的人從沒品嘗過野生的咖啡，未來可能也永遠沒機會了——根據一份 2017 年的研究，野生咖啡樹面臨在數十年內「瀕臨絕種的高風險」，主要是因為氣候變遷為咖啡種植區帶來了負面的影響。目前，阿拉比卡咖啡樹（arabica）在哈雷納森林裡高海拔的多山地區蓬勃生長。在那裡，充滿苔蘚的參天大樹為這些野生咖啡樹提供其所需要的綠蔭。住在此區的約 3,000 名農夫就仰賴這種叫做「森林咖啡」的作物維生。這種咖啡樹會結鮮紅色的「櫻桃」果實，農民收集之後會將其攤放在木架上讓它們在陽光下自然曬乾。他們採收的這種野生咖啡尚未被充分研究，它的野性一直以來驅使許多咖啡專家提出種種有趣的臆測。專家們相信這座森林含有超過 100 種未曾被發掘的阿拉比卡咖啡品種。

你可以在哈雷納森林南方邊界的曼亞特咖啡村（Manyate Coffee Village）品嘗到野生咖啡。曼亞特的居民組成一個名為珊卡特協會（Sankate Association）的社區團體，以便更完善地發展該森林的小型產業。珊卡特的咖啡廳提供傳統的衣索比亞咖啡儀式，而且在收成季節時，客人還可以自己動手採收成熟的咖啡櫻桃。

衣索比亞哈雷納森林中的葛許拉雷峰（Gushuralle Peak）。

咖啡因的爭議

咖啡因是世界上使用率最高的精神藥物。儘管科學證據顯示咖啡因會使人上癮、可強化表現、過量時會造成危害，而且難以戒除，全球各地也不見咖啡因受到監控。但咖啡因並非一直以來都被廣為接受。天主教會因為咖啡與伊斯蘭教和麥加有關聯而一度認為這種飲料是「萬惡淵藪」，而且眾所周知，17 世紀的蘇丹穆拉德四世會微服出巡走在君士坦丁堡的街頭，發現有子民喝咖啡就將其斬首。自此之後刑罰雖然減輕了，但還是有一些人在詆毀咖啡因。

摩門教徒

摩門教的一部經文《教義和聖約》（*The Doctrine and Covenants*）中有一篇名為〈智慧語〉（Word of Wisdom）的章節。在這個章節裡，約瑟夫‧史密斯（Joseph Smith）受到神的啟示，指示摩門教徒被允許吃些什麼東西。「濃烈的飲品」（摩門教徒同意是指酒精飲料）是明確禁止的，菸草也被禁止，除非是醫療用途。但第三種被禁的「熱飲」指的是什麼？如字面意義所示的熱咖啡和熱茶，被從摩門教飲食中剔除，但語言上的模糊地帶卻引發一陣激辯：咖啡因是否算是一種具冒犯性的「熱烈」（刺激性的）物質？有些摩門教徒完全不攝取咖啡因，直到 2012 年為止，含汽水在內的所有咖啡因飲品都不得在學生多為摩門教徒的楊百翰大學（Brigham Young University）校園內販售。1970 年代，楊百翰大學的學生在戲劇系內偷偷藏了一台「黑市」可樂機，而且必須經常移動位置以防被發現。從那時起，該大學便放寬了對汽水的限制，但問題還遠遠稱不上解決。2012 年美國總統大選期間，本身是摩門教徒的候選人米特‧羅姆尼（Mitt Romney）在鏡頭前喝了一杯健怡可樂並坦承很喜歡吃咖啡口味的冰淇淋，因而在媒體上掀起軒然大波。

納粹

第三帝國是如此全心擁護低咖啡因咖啡，讓人幾乎以為那是雅利安人（Aryan，納粹眼中最優秀的人種）的健康飲品。這種不具刺激性的飲品是由渴望成為納粹黨員的德國公民路德維希‧羅塞柳斯（Ludwig Roselius）所發明。羅塞柳斯的父親過世時，這位發明家將死因歸咎於攝取過多咖啡因，因此想出將咖啡因自咖啡豆移除的方法（許多報導則聲稱他的發現純屬意外）。羅塞柳斯在 1905 年為他的發明取得專利，並將它行銷成奢侈品與替代咖啡的健康飲品。

納粹黨員買單並訂定國家政策，在納粹的各節慶與希特勒青年團供應低咖啡因咖啡。儘管納粹黨員喜歡羅塞柳斯的咖啡，卻兩次拒絕他入黨。但這位發明家和其發明都有很好的發展，該飲品很快在世界各地作為聖咖（Sanka）上架。聖咖即「無咖啡因」（sans caffeine，sans 為「無」的古語）的簡稱。

奧運運動員

2004 年之前，如果有奧運參賽者體檢時驗出體內有過量的咖啡因，就有被禁賽的風險。這不是在嚇唬人：1972 年，蒙古的柔道銀牌得主巴卡瓦‧布達（Bakaava Buidaa）因為咖啡因過量而被取消獎項。世界運動禁藥管制機構（World Anti-Doping Agency）認為大量的咖啡因是一種能提升速度與耐力的運動表現增強劑。儘管喝咖啡看似無傷大雅，研究顯示攝取了咖啡因的運動員的確表現較好——顯示出有 1% 至 2% 的改善，跑得稍微快一點，也跳得稍微高一點。幾年下來，咖啡因上限一直在每公升尿液中含 12 微克和 15 微克之間來來回回。這樣的分量是很多的，因為這就等於在幾小時之內喝下六至八杯咖啡。許多人爭論說這麼高的門檻應該能區分出一般的咖啡飲用者與上癮者，但這依舊是個具爭議性的領域，因為每個人的身體消化咖啡這種興奮劑的速度不同，卡布奇諾與作弊之間的界線也因此變得搖擺不定。

懸崖邊的未來風餐廳

班阿貝巴 • 衣索比亞 -- BEN ABEBA · ETHIOPIA

How to try it

班阿貝巴自早上 7 點營
業至晚上 10 點。店經
理哈塔慕‧巴耶也經營
一間運輸公司，可以安
排當地飯店到餐廳之間
的接駁。

拉利貝拉（Lalibela）是名列聯合國教科文組織世界遺產的一座聖城，它的
著名之處在於幾座 12 世紀時建於岩石中的教堂。從教堂再走一小段路，你會
發現另一個建築奇觀──班阿貝巴。宛如蝸牛殼般的這棟建築看起來就像降
落在大石塊上的太空船，這間高踞在該鎮北邊山丘上的餐廳曾被比喻成花束
或充滿未來感的遊樂園設施。

班阿貝巴是老闆蘇珊‧艾奇森（Susan Aitchison）的夢想，她是一位退休的
家政學教授，一開始從家鄉蘇格蘭來到衣索比亞時，是為了協助一位朋友設
立學校。到了要離開的那一刻，她選擇留下來和拉利貝拉的事業夥伴哈塔慕‧
巴耶（Habtamu Baye）一起開餐廳。艾奇森與當地建築師合作，把她心中
的景象化成了現實。他們蓋了一個中央旋轉樓梯，通往不同高度的弧形露天
平台，每一個平台都提供無遮蔽的視野，讓顧客得以將絕美的河谷盡收眼底。
這座獲獎餐廳供應衣索比亞傳統菜餚與西餐，有時也融合兩種風格。班阿貝
巴以生態友善與關懷社區而自豪──他們在餐廳周圍的河谷種植了五萬棵
樹，訓練有意成為餐飲業專業人士的衣索比亞年輕人，並使用在地食材，其
中許多食材都是餐廳種在自家花園裡的。

瘋狂肉食饗宴

百獸宴餐廳 • 肯亞 ----------------------------- CARNIVORE RESTAURANT · KENYA

百獸宴曾經兩度名列「世界50大最佳餐廳」（The world's 50 Restaurant）名單。一走進這間餐廳，你就會看見一個大烤爐，爐子上的傳統馬賽刀插滿了巨大的肉塊。只要不是瀕臨絕種的動物，幾乎什麼肉都可以拿來烤：牛、羊、豬、雞、火雞、駱駝、鱷魚、鴕鳥、閹牛等等。

客人就座、店家端上一個雙層醬汁轉盤之後，手拿馬賽刀的服務生就會來到桌邊，切下客人喜歡的任何一種肉品。肉是無限供應的，且客人們被鼓勵吃到吃不下為止，這時他們降低桌子中央的白旗來表示投降。服務生接著就會端上甜點和咖啡給還吃得下的人。

除了肉食饗宴之外，百獸宴也提供演唱會場地、花園、兒童遊樂區、多功能場域、非洲傳統紀念畫廊等設施，以及不管你信不信——素食菜單。餐廳的裝潢結合室內和室外，以熱帶植物裝飾，還有小溪蜿蜒流在各桌之間。生日當天造訪，服務生甚至會圍在你的桌旁打鼓歡唱一首叫做〈先生，您好〉（Jambo Bwana）的肯亞歌曲。這首歌有時也被稱作〈沒問題〉（Hakuna Matata），但跟《獅子王》（*The Lion King*）裡的那首歌沒有關係。

How to try it

百獸宴餐廳靠近奈洛比市（Nairobi）蘭佳塔路（Langata Road）上的威爾遜機場（Wilson Airport）。「獸宴」晚膳套餐含吃到飽的肉與一系列附餐，要價3,600肯亞先令（shilling），大約36美元。

在百獸宴餐廳，肉被插在馬賽刀上烤。

跑者的發酵牛奶

慕昔 • 肯亞 --- MURSIK · KENYA

長久以來肯亞以稱霸長距離路跑而聞名。當這些英雄英雌贏得獎盃、打破世界紀錄後光榮返鄉，慶功宴上的第一件事就是要嘗一口慕昔，也就是肯亞傳統的發酵牛奶。

慕昔是卡倫金族群（Kalenjin）文化與傳統的一個重要部分。卡倫金族群出了許多肯亞著名的跑者，而這種濃郁的發酵牛奶已成為該國運動競技的同義詞。這種飲料的歷史已超過300年，一開始很可能是作為牛奶產量過剩時保存牛奶的一種方式。要製作慕昔，酪農會將牛奶煮開（通常是牛奶，但有時會用山羊或綿羊奶），放涼之後倒進稱作索特（sotet）的葫蘆中，且葫蘆內要鋪一層用當地富含丹寧酸的樹木製成的木炭（在過去，有時也會在牛奶中加入動物的血），將葫蘆封起來並存放在陰涼乾燥處至少三天，讓牛奶發酵。

索特裡面的木炭會賦予慕昔一種獨特的煙燻風味與偏藍的色澤，對肯亞的慕昔鑑賞家來說具有很高的美學價值。發酵完成的牛奶應是口感滑順帶有酸味，但風味可能大不相同，因為使用何種樹木的樹皮以及原本牛奶的品質會大大左右最後的成品。

How to try it

慕昔可以在肯亞西部的高海拔城市埃爾多雷特（Eldoret，也被稱為「英雄之鄉」）各處的小餐館裡找到。

{ 動物奶：MILK }

不管是來自人類或家畜，乳汁一直享有大自然最棒食物的好名聲，使它不僅被大膽行銷、發展出奇怪科學，還有一些非傳統的應用方式。

脫脂牛奶

第二次世界大戰之前，脫脂牛奶不過是製作奶油時麻煩的副產品。那混濁的廢水會被拿去餵農場動物或倒進附近的小溪中，最後導致小溪阻塞、變酸並引來成群蒼蠅。到了 1920 年代，美國的酪農城鎮聞起來就像拔掉插頭的冰箱裡壞掉的東西，只不過當時偏好用「乳製品氣息」來形容這種味道。與其投注昂貴資金改良產業衛生，乳品生產者與有機化學家合作，要將這種副產品變成可飲用的東西。他們的成果就是脫脂牛奶。一開始以奶粉形式推出，且談到了一份須出貨數噸至前線的戰時合約，脫脂牛奶因此幸運地嶄露頭角。戰爭結束時，過去的廢水又再次脫胎換骨。新鮮的脫脂牛奶這次被重新定位成「減肥牛奶」，是維持苗條健康的最佳方式——這樣的好名聲也延續到今日。

動物奶媽

在經典畫作中，神話中的羅穆盧斯（Romulus）與瑞摩斯（Remus）兄弟檔在一頭母狼下方吸吮牠的乳頭。雖然這個畫面旨在為羅馬市的建市故事注入一股民間傳說式的凶殘元素，動物哺育人類嬰兒卻並非誇大。古歐洲的母親若奶水不足，或寶寶被母親遺棄，餵奶的工作有時便會落在一隻正分泌乳汁的動物身上。在非洲南部，科伊科伊人（Khoikhoi）會將寶寶綁在山羊的肚子下方，讓寶寶直接喝山羊奶。在 18 和 19 世紀，因為梅毒病例增加，山羊有時候比人更衛生——那個時代歐洲照顧棄嬰的醫院會將技巧純熟的山羊當成奶媽來用。人們會訓練山羊在嬰兒床上方伸展身體，以便將奶直接送進寶寶嘴裡。

> " 幾世紀以來備受信賴與喜愛的牛奶，已成為許多人心目中的天然好物 "

馬奶酒

就連成吉思汗都是喝奶長大的。這位大名鼎鼎的騎馬好手喝的是在中亞大草原被稱為馬奶酒（kumiss）的傳統發酵奶。作法是攪拌富含糖分的成年母馬的奶直到液體酸化、稍微出現酒味，且嘗起來像是氣泡酒與酸奶油的綜合體。少了這個發酵過程，馬奶中會含過多乳糖，多到簡直是瀉藥的程度。在成吉思汗的時代，馬奶通常裝在馬皮做的容器裡，綁在一匹狂奔的馬身上，藉此自動攪拌馬奶。今日的馬奶酒職人則是將奶裝在大盆子或木桶裡攪拌，就像製作奶油那樣。在中亞，一碗馬奶酒不只是好客的表示，也是治療不適的萬靈丹。這樣的名聲使「馬奶酒療癒勝地」興起——從享受養生假期的旅

客到身患絕症的患者，紛紛來到高山深處的療養村狂飲新鮮馬奶酒，希望能淨化他們的身體。

競爭激烈的牛奶增重大賽

為了慶祝新年，衣索比亞波狄族（Bodi）的 14 個部落會各選出一名未婚男性來參與「凱爾儀式」（Ka'el Ceremony），意思是「胖男人儀式」。這些參賽者會自我隔離半年，狂喝加了牛血的牛奶試圖盡可能增重。牛對波狄族而言是神聖的，混合了牛隻重要分泌物的飲料更是珍貴的食物來源。比賽當天，體重已大大增加的男人們從小屋中現身，準備好在體能與競技挑戰中一較高下。全身赤裸但塗滿灰土的這些男人在全村長老的注視下連跑好幾個小時。表現最好的男子將被加冕為「年度胖男人」，成為村子裡的英雄。

凱爾儀式的參賽者會在大賽之前花六個月的時間增重。

基伏湖漁夫晦澀難懂的語言

大部分的夜晚，會有一群漁夫在日落之前從盧安達基布耶（Kibuye）的綠色梯田中現身，登上他們的船，划向基伏湖（Lake Kivu）的湖心。基伏湖是由盧安達與剛果民主共和國共有的一座恬靜美好的湖泊。漁夫們以三艘為一組行動，船身靠尤加利樹的長樹枝繫在一起，讓漁夫們可以像走平衡木那樣穿越前往別艘船。他們點亮煤氣燈，在船身下方展開漁網，以便捕捉參巴薩（sambaza）這種口感像非洲鯽魚但外觀像沙丁魚的小魚。明亮閃爍的燈光會吸引魚群到船的附近，並在水平線上製造出一種夜間奇景。

工作的時候，有些人會唱阿馬希語（Amashi）的歌曲。使用這種語言基本上就等於彰顯了他們的漁夫身分。阿馬希語的使用率很低，在基伏湖上卻是通用語言，在那裡，幾乎人人都是漁夫，並且是由家人教會他們說這種語言（盧安達有 93% 的人口說的是他們的官方語言盧安達語）。多數人相信這個語言是盧安達與民主剛果共享國界的產物。阿馬希語來自民主剛果東部的阿巴西人（Abashi），根據歷史記載，他們定居在基伏湖最南邊與盧安達國境接壤處一個熱鬧的民主剛果城市布卡武（Bukavu）周邊。然而，阿馬希語不再是布卡武的主要語言，雖然它在將基伏湖一分為二的國界兩邊依舊存在。湖區各處有不同方言，但如果外來者想要學習漁業貿易，就必須學會基本的阿馬希語。

當漁網撒下、煤氣燈亮起，夕陽也逐漸西沉，漁夫們就可以放鬆一下了。第一次收網之前他們還有幾個小時的時間——他們每晚要收好幾次網子。到了拖運漁獲的時候，他們當然是以阿馬希語彼此溝通，。

因為擔心阿馬希語可能會消失，有些漁夫會錄下阿馬撒雷（amasare），也就是漁夫們的打魚之歌。他們在划船出發時最常唱這些歌，在準備過程中齊聲唱和。每晚會由成員中的不同人領唱自己偏好的珍藏旋律，其中有些歌還會加入複雜的和聲與口哨。雖然歌詞會變，但經常會唱到「當自強」以及「願上帝看顧我」。有些歌曲包含上帝的喜悅以及祝福家人與魚群的祈禱詞。當有一個漁夫慢慢唱起歌來，每個人很快地就會跟著一起唱。

辣椒油

阿卡班加 • 盧安達 ⸺⸺⸺⸺⸺⸺⸺⸺⸺ AKABANGA · RWANDA

鮮橘色的阿卡班加（Akabanga）辣到冒煙，工人在製造時要戴上口罩才受得了。這種盧安達辣油通常是塑膠小滴管包裝，以便控制使用量。它的辣度超過 150,000 史高維爾（Scoville）單位，建議不妨從一小滴開始嘗試（作為對照，墨西哥辣椒的辣度大約是 5,000 單位）。

近數十年來，這種辣得教人喉嚨冒煙的辣油有一群死忠的愛好者，不過它會紅起來純屬意外。1980 年代初期，有一個名叫辛納·吉拉德（Sina Gerard）的盧安達年輕人在路邊攤賣曼達奇（mandazi，一種鹹味甜甜圈）。為了讓他的點心與眾不同，他決定製作一種佐料來搭配——他拿當地生產的蘇格蘭圓帽辣椒（Scotch bonnet pepper），在成熟變黃之後採收壓榨，做成辣油。他把它取名為阿卡班加，在盧安達語中近似於「祕密」的意思，意指它的辣度神祕誘人。這種辣油帶有煙燻的質樸口味，令人一吃上癮，吸引顧客紛紛上門。現在阿卡班加是盧安達隨處可見的招牌佐料，眼藥水滴劑大小的小包裝可以擺在包包或口袋裡，方便隨時享用。

How to try it

你可以在盧安達首都吉加利（Kigali）的便利商店買到阿卡班加，在網路上也能買得到。

····· 飲食先驅 ·····

辛納 · 吉拉德

(SINA GERARD) 1963-

吉拉德是從路邊攤起家，販賣自家製的麵包和甜甜圈。後來他賣起了家族果園水果製成的鮮榨果汁。接下來就是阿卡班加，這種辣油一炮而紅，而且為他賺到日後創業的本錢。

現在這位白手起家的百萬富翁的頭銜有「養豬戶、木材商、烘焙坊及超市老闆、香料製造商以及慈善家」。他的諸多生意經營範圍都在盧安達境內，因為他致力於打造國內經濟。吉拉德自己摸索，白手起家，以特立獨行的方式經營企業聞名。

以他的養豬場為例，他把擴音器架在豬圈木梁上，播放 R&B、饒舌及當地熱門音樂。他說音樂讓豬隻感到開心，生產力大增。為了證明這點，他安排一個不聽音樂的豬隻對照組，結果這些豬隻的進食、交配及繁殖力確實都不如聽音樂組。他也摒除傳統作物，實驗

種植更高收益的農作物，例如草莓和蘋果，以及釀酒的葡萄，並且釀製香蕉酒。

這位辣油大亨把他的金錢、知識及農業革新都運用在這個令他致富的國家。他的中心目標是協助盧安達國人，當地有 75% 的人口都從事農耕。為了達成這個志業，他分送種子和肥料給當地農夫，教導他們種植，然後買下那些作物。這些作物有許多都在他的工廠加工成具有更高價值的產品。

吉拉德現在依然住在他的家鄉，尼拉加拉瑪（Nyirangarama），在他曾經販賣甜甜圈的同一塊土地上建立他的企業總部。他創立鎮上的第一間學校，免收學費，而且希望學生能來替他工作。他的知名辣油阿卡班加依然在尼拉加拉瑪生產製造，不過現在的產量已臻工業規模了。

僅存的獨立牛奶吧

庫魯因比 • 盧安達 -- KURUHIMBI · RWANDA

庫魯因比是吉佳利最熱門的飲料吧，但賣的不是烈酒，而是牛奶。庫魯因比是一家牛奶吧，位於市內的奇米薩加拉（Kimisagara）區。它創立已久，也是碩果僅存的幾家牛奶吧之一。

店家從金屬大桶裡倒出一杯杯帶有泡沫的牛奶，冷熱都有。其中有一種類似益生菌優格的濃郁發酵牛奶，叫做依卡夫古托（ikivuguto），是牛奶吧的招牌飲品，當地人對天發誓，這家牛奶吧的口味全市最道地。這裡也有蜂蜜、糖和可可粉等佐料，任憑顧客隨意添加。

店裡的座位一次最多只能容納 10 人，但是顧客來去匆匆，到店裡灌下半公升牛奶就走，或是拿著簡便的容器外帶。社區的人喜歡來這裡喝一杯，許多附近居民在近午或下午時分會聚在店裡聊天。店主在社區住了幾十年，奶源則是由吉佳利市郊的牧場供應。

牛奶吧是盧安達特有的產物。鄉村農民拋下飼養的牛隻，進城生活之餘，牛奶吧便因應而生，成為盧安達人和乳業傳承的聯繫。

吉佳利的獨立牛奶吧曾經隨處可見，現在已經逐漸被政府資助的單一連鎖店，因亞吉牛奶店（Inyange Milk Zone）取代。庫魯因比是屈指可數的現存社區牛奶吧之一。

婚禮駱駝肉乾

穆克瑪德 • 索馬利蘭 -- MUQMAD · SOMALILAND

穆克瑪德是索馬利版本的肉乾，作法是把肉切成薄長條，掛在太陽底下曬乾，然後切成小方塊，再油炸成鹹香又有嚼勁的小塊肉乾，可以保存長達一年。這種肉乾通常是由駱駝肉製成，有時也會使用牛肉，原本是索馬利遊牧民族保存肉類的方式，現在成為許多北索馬利婚禮儀式的象徵。

駱駝肉乾在婚禮上呈現的方式，是盛裝在女方所準備的希德侯（xeedho），一種以木料及皮革製成的容器裡。然後把代表新娘的希德侯裹上白布，用複雜的繩結綁好，當作禮物送給新郎和他的家人。婚禮過後的第七天，雙方家人齊聚一堂來開啟希德侯，而新郎的一名親戚要負責解開繩結。萬一任務失敗，新娘的家人有權力把她帶回去，新郎和他的家人從此便顏面掃地。如果成功開啟，在希德侯裡面會發現另一個以搗碎硬化的椰棗製成的更小容器，裡頭裝著穆克瑪德。肉乾和椰棗容器碎片要分送給賓客，這時大家才能真正歡慶這椿婚姻。

猴麵包樹種子糖葫蘆

悠布優　•　坦尚尼亞 ──────────── UBUYU · TANZANIA

你要是吃了尚吉巴人（Zanzibar）最愛的猴麵包樹糖葫蘆，悠布優，肯定會在舌頭、嘴唇和手指都留下染了紅漬的證據。這種糖果的製作方法是，把營養豐富又具天然酸味的猴麵包樹種子裹上一層摻了鹽巴、黑胡椒、小豆蔻及香草，再染成紅色的糖漿。吸吮美味的糖葫蘆，體驗酸、辣、甜同時在嘴裡迸發的滋味。不過最後吃到種子時，你的美味之旅就結束了，記得要把它吐掉喔。

How to try it

知名悠布優製造商「巴布伊薩」（Babu Issa）在恩古加（Unguja）及潘巴（Pemba）島，以及坦尚尼亞本土販售杯裝的糖果種子。每 300 公克售價 1,000 坦尚尼亞先令（約 44 美分）。

漲潮島嶼餐廳

岩石　•　坦尚尼亞 ──────────── THE ROCK · TANZANIA

岩石餐廳位在尚吉巴群島（Zanzibar archipelago）中的恩古加島東岸岩石上，因此得名，而這裡原本是某位漁夫駐泊的地點。退潮時，餐廳聳立於米查姆威平維海灘（Michamvi Pingwe beach）之上。漲潮時，海水衝擊下方，餐廳成了一座小島。顧客上門的話要看時辰，才能決定要搭船或走路。

沿著木製階梯來到岩石餐廳，小屋裡有棕櫚樹葉（makuti）搭建的屋頂，裡面擺放 12 張小餐桌。用餐者能飽覽印度洋的美景，漲潮時，後露台有三面都環繞著藍綠色的海水。餐廳供應午餐及晚餐，顧客能依照自己想看的潮汐程度來預約用餐時間。

菜單大多是歐系菜色，佐以當地海鮮及自製義大利麵入菜，不過在每道料理中也試圖呈現尚吉巴及附近地區的風味。鮮魚薄片的佐料是椰子、萊姆和辣椒。大部分甜點都搭配「尚吉巴香料」冰淇淋。牛肉、香料及蔬菜都是來自本地的食材。

岩石餐廳的收費比尚吉巴其他地方要貴許多，但是這家餐廳贊助積潛加基金會（Kichanga Foundation），而這個組織教導社區成員游泳，並且投入永續計畫，例如垃圾分類回收。

How to try it

岩石餐廳提供兩個午餐時段（中午 12 點或下午 2 點）及兩個晚餐時段（下午 4 點或晚上 6 點），只接受預約客人。

料多味美的薄餅船

尚吉巴披薩 ● 坦尚尼亞 ------------------------------ ZANZIBAR PIZZA · TANZANIA

How to try it

庫魯因比位在 KN204
街 14 號。這裡只收現
金，營業時間不固定，
通常是每天早上 6 點半
到晚上 9 點，不過要看
店裡有多少客人而定。

正統披薩的愛好者面對離經叛道的風味可能卻步不前，不過在坦尚尼亞恩古加島及潘巴島，「尚吉巴披薩」是他們自豪的改造料理。這種美味的油炸口袋餅比較像是法式薄餅和鹹味煎餅的綜合體，裡面是各式各樣令人垂涎的餡料，例如酪梨佐花枝及番茄、起司龍蝦、蔬菜佐雞蛋及美乃滋，以及士力架巧克力棒搭配香蕉及能多益榛果可可醬（Nutella）。尚吉巴披薩的口味沒有極限。

小販把一球麵團壓扁，上面再放一層較小的麵團強化底層，然後依照顧客的喜好，大量堆放肉類、甜味餡料、香料及蔬菜。這時再把披薩的側邊往內摺，放到熱煎鍋（tava，平底或凹底的大煎鍋）裡用無水奶油煎烤。當餡料熱了，外皮也酥脆之後，小販把披薩盛到紙盤上，然後澆滿新鮮又香辣的芒果辣椒醬。

在恩古加島及潘巴島起碼能找到 30 個尚吉巴披薩攤。這是熱門的宵夜，據說是在將近 30 年前，有一位名叫哈吉·哈米希（Haji Hamisi）的廚師前往蒙巴沙（Mombasa），從這個肯亞城市知名的雞蛋恰巴提（egg chapati，一種包餡的肉類煎蛋捲）得到靈感，發明了這道料理。尚吉巴披薩也很像是奈洛比的 mkate wa nyama（肉麵包），以及沙烏地阿拉伯、伊拉克、葉門及印度都有的 mutabbaq（包餡燒烤煎餅）。不過尚吉巴披薩的不同之處在於當地醬料、風味融合，以及多樣化的餡料組合。

蛋餅捲

蛋餅捲 ● 烏干達 ------------------------------ ROLEX · UGANDA

How to try it

康培拉市（Kampala）
每年八月都會舉辦蛋餅
捲節，數千名饕客會齊
聚享用各種大小及口味
的蛋餅捲。

走到烏干達的路邊攤前，快速地喊一聲「來一捲」（roll eggs），你就會拿到一份蛋餅捲（rolex）。這種以諧音哏命名的蛋餅捲是街頭處處可見的小吃。蛋餅捲就是字面的意思：把打好的蛋液攤在炭烤煎鍋上煎，再用剛出爐的恰巴提把蛋皮捲起來，然後熱騰騰地拿給客人。蛋餅捲小販通常在彩色的大陽傘底下工作，而且備好蛋餅捲的配料，例如洋蔥、番茄和甘藍菜。要是你在市場附近，菜籃裡有些特別的食材，例如酪梨，熱心的小販會把你採購的食材加進去，做出豐盛的客製化蛋餅捲。在烏干達，蛋餅捲從白天到夜晚都有人吃，而且經常到了清晨還買得到。

復甦幾乎失傳的比格瓦拉葫蘆小號技藝

比格瓦拉（Bigwala）是烏干達傳統君主政體布索加王國（Busoga kingdom）的音樂。在當地的索加語中，「比格瓦拉」是一個包羅萬象的用詞，意指搭配這種音樂的舞蹈、音樂本身，以及樂器。這類樂器包括在歷史上幾乎失傳，以葫蘆打造的五種不同尺寸的小號。幾世紀以來，比格瓦拉小號被視為皇家樂器，在布索加王國的任何重要場合都能聽到它的悅耳聲音。不過比格瓦拉也是大眾的音樂，而且表演時需要大家參與：男人擊鼓，替悅耳又低沉的小號打出節奏，女人則環繞他們跳舞。

不過到了1966年，烏干達總理彌爾頓·奧伯托（Milton Obote）實施一條新法規，為了統一國家而廢除諸王國並禁止比格瓦拉。傳統君主遭到妖魔化，那些國王的音樂演奏者被逮捕。比格瓦拉表演者四處藏匿，音樂大多銷聲匿跡。到了1990年代，約韋里·穆塞維尼（Yoweri Museveni）總統恢復了王國時，皇家音樂傳統已經面臨滅絕的邊緣。

2005年，一位名叫詹姆斯·伊薩畢爾耶（James Isabirye）的烏干達學者立志要在年輕世代之間恢復這種傳統。伊薩畢爾耶讓比格瓦拉登上聯合國教科文組織需要緊急保護的非物質文化遺產名單。他和年長的樂手合作，教導年輕人吹奏小號，不過隨即遇到了一個問題——製作小號需要種植葫蘆，但是它的種子已經不復見了。

伊薩畢爾耶召集社區領導人，到全國各地尋找種子。他們找了又找，範圍越拉越大，騎摩托車跑遍數百公里，直到發現有位年長的婦人在家裡的壁爐上擺放著一顆葫蘆，正是他們要找的那種葫蘆。葫蘆裡面有36顆種子，栽種之後製造出第一批新世代的小號。

2013年，只有四位比格瓦拉大師還在世。不過2015年以來，在聯合國教科文組織的支持下，布索加地區有超過100位來自不同村莊的年輕人接受了訓練，製作葫蘆小號及演奏比格瓦拉音樂（葫蘆長到成熟後，在壁爐上稍微烘乾一個月，然後黏製成不同長度的小號）。新世代的比格瓦拉樂手會在加冕週年紀念及活動中演奏，紀念國王日（Kyabazinga Day）。烏干達年輕人排除萬難，為了一度瀕臨失傳危機的樂器，延續古老的音樂傳統。

樂手詹姆士·路格羅爾（James Lugolole）（左）及友人手持比格瓦拉葫蘆樂器。

How to try it

卡隆吉（Kalonje）的「穆提農多荒野木屋」（Mutinondo Wilderness Lodge）提供蘑菇採集探險，但是別忘了，蘑菇只在冬天的雨季才有。

全世界最大的可食用菇

巨人蟻巢傘菇 • 尚比亞 ·············· *TERMITOMYCES TITANICUS · ZAMBIA*

在尚比亞，採集蘑菇是生活的一部分，而巨人蟻巢傘菇尤其受到喜愛。這是全世界最大的可食用菇，菌蓋的直徑能長到 91 公分以上。這種菇生長在白蟻的蟻巢裡，和這種昆蟲具有共生的關係。它們依賴白蟻的排泄物生長，並分解植物體供白蟻攝食（白蟻也會吃掉腐敗的蘑菇組織）。這種龐大的菇類富有美妙的煙燻氣味及肉質口感，在雨季會蓬勃生長。

▶ 南部非洲

▶ SOUTHERN AFRICA

How to try it

波札那奧卡萬戈三角洲（Okavango Delta）的非洲騎馬獵遊（African Horseback Safaris）公司提供的騎馬行程之中，有一站是品嘗白蟻丘烤爐烘烤的披薩。

昆蟲巢烤爐

白蟻丘烤爐 • 波札那 ·············· TERMITE MOUND OVENS · BOTSWANA

白蟻是厲害的建築工，可以打造出高達 9.1 公尺的蟻丘。白蟻其實不會住在這種結構裡，這種堅固但多孔的尖塔有如下方蟻巢的「肺部」，供氧氣進入以及二氧化碳排出。

在非洲、澳洲及南美洲的部分地區，這些驚人的昆蟲結構還兼具戶外烤爐的功能，能烘烤麵包和披薩（以前的人會拿這些來燒烤肉類，包括鴯鶓和蛇都有）。要把白蟻丘變成烤爐，首先要確認這個蟻丘已經完全廢棄了。接下來在蟻丘底部切割一個洞，裡面塞報紙，點火之後等約莫 10 分鐘，讓整座蟻丘加熱。把一塊牛排丟進去，蓋住洞口，過了一小時，你就能享用晚餐了。

一座生了火的白蟻丘烤爐。

像閃族人一樣狩獵

晚餐前的馬拉松

在喀拉哈里沙漠（Kalahari Desert）的炎熱氣候之下，閃族（San）的男子會出門長跑 32 公里以上。他們是全世界最後一群耐力獵人，從事可能是人類的第一種狩獵方式。他們會用一整天的時間徒步追逐羚羊，奔跑的距離超過一場馬拉松賽事，基本上讓獵物精疲力竭而亡。

閃族人長久以來居住在喀拉哈里沙漠，在這裡狩獵、聚居，並且受到水源匱乏的限制，過著傳統的半遊牧生活。閃族的男子外出進行耐力狩獵時，會依循擁有千年歷史的一套規矩：

時機

狩獵的適當時間是在動物體力最弱的時候。狩獵永遠是在大熱天的正午展開，這時熱氣會消耗動物的體力，直到牠氣喘吁吁地倒下。另外的好時機是在月圓過後，動物可能因為徹夜不眠而疲累不已，或是在旱季接近尾聲，動物缺乏食物來源時。

追蹤

閃族獵人是追蹤專家。若是四下不見透露動物行蹤的跡象，例如蹄印或野草彎折的葉片，他們就會蹲伏下來，想像自己是羚羊，預測牠的行動。

工具

獵人會攜帶足夠的補給品，在樹叢中度過一夜，包括毛毯、生火棒和水壺。他們的弓很小，但是箭尖塗抹以某種當地甲蟲幼蟲製成的毒藥，足以殺死一隻長頸鹿。獵人還會攜帶長矛，組成小組行動，並且使用手勢訊號。他們通常會挑選一位獵人跑最後一棒，經過數小時的追逐之後，以長矛刺殺精疲力盡的動物。

殖民地開拓及環境破壞改變了閃族人的生活方式。鑿孔探水危害原本已經十分有限的水源，牧場設立柵欄，干擾了曾經聲勢浩大的牛羚及其他動物遷徙，而且閃族人在許多地區都遭到禁獵的限制。大部分的耐力獵人都已屆中年或年老，他們感嘆年輕人都不學習這項傳統技術了。

荒漠西瓜

野生西瓜・納米比亞 --- TSAMMA · NAMIBIA

對南非以狩獵採集維生的閃族來說,在荒漠生長的野生西瓜絕對讓狩獵季節變得好過許多。據說一個人只要靠它營養滿分的種子和甜美多汁的果肉,起碼能活六週以上。根據19世紀的傳教士及探險家大衛·李文斯頓(David Livingston)記載,他在南非遇過在沙漠居住的部落,靠野生西瓜度過幾個月。

這種多年生水果最早於數百年前在非洲開始人工種植,通常是透過蜜蜂及蒼蠅授粉。在雨季播種之後,一週內就會發芽生長。這種水果的外表看起來像西瓜(它也確實是西瓜),不過裡面的果肉是像蜜瓜的淺綠色。有些野生西瓜的味道帶點甜,不過大部分都是淡而無味。

閃族人會把這種水果物盡其用:果肉曬乾後可以和燉肉一起煮,富含蛋白質的種子烘烤後可以單吃,也能磨成粉來烘焙。種子也能榨油,用來做菜或滋潤皮膚,果葉可以像菠菜一樣料理。

How to try it

這種野生西瓜(*Citrullus ecirrhosus*)也叫納米比瓜(Namib tsamma),是在喀拉哈里及納米比沙漠野生的水果。

咖哩吐司盒子

小兔盅・南非 -------------------------------------- BUNNY CHOW · SOUTH AFRICA

小兔盅(bunny chow)簡稱小兔子,是把一塊方形吐司的中間挖空,裝上滿滿的咖哩餡料。這道料理是來自南非德班(Durban)為數眾多的印度人,不過源起則是眾說紛紜。有些人說發明者是稱為 bania 的印度商人,因為音近而把 bania chow 說成是 bunny chow。有些人則認為是印度甘蔗工人想出這種便宜又可以食用的午餐「便當盒」。還有人相信這是沒有午休的高爾夫球桿弟想出來的料理。

無論你相信哪種說法,這道料理可以回溯到20世紀中葉,當時南非實施種族隔離政策。1948年起,印度人及南非黑人被禁止進入許多地方,包括餐廳在內,小兔盅就成了一道便宜的餐點,可以從窗口遞出來直接吃,不需要動用到餐具(當時的餐具也分成白人及非白人使用)。經過了這些年,小兔盅不再只是因應需求而生,而是成了一道廣受喜愛的料理。不過它的源起依然深植在南非歷史的黑暗時期。

小兔盅可以選擇蛋白質種類及麵包的容量。例如點了「四分之一羊肉」,你就會拿到四分之一條的吐司麵包盅,裡面裝滿了羊肉咖哩。麵包裡面挖空後,盛裝咖哩,而挖出來的麵包塊會一起端上桌,拿來沾咖哩吃。使用餐具會引起側目,因此這道餐點要在麵包變得太軟爛不好拿之前盡快食用。

How to try it

德班的「甘蔗工」(Canecutters)是高人氣的小兔盅餐廳。你可以點四分之一或半條麵包,搭配羊肉、雞肉、明蝦或素食咖哩。

How to try it

2 月 27 日是全國牛奶派日。在南非國內各地的烘焙坊都買得到牛奶派,網路上也找得到數十種食譜。南非超市連鎖店切喀斯(Checkers)的牛奶派在各大超市中的評價數一數二。

牛奶塔

牛奶塔　•　南非　⋯⋯⋯⋯⋯⋯⋯⋯⋯⋯⋯⋯⋯⋯⋯　MELKTERT · SOUTH AFRICA

荷蘭殖民者在 17 世紀抵達好望角之後,許多人都成了酪農。他們會使用牛奶做成名為牛奶塔的卡士達派,現在成了南非的經典甜點,在超市、麵包店、烘焙義賣、教會活動,以及幾乎每種慶祝場合中,都看得到它的蹤影。它的成分簡單卻雋永:把帶有絲滑口感的香草口味牛奶卡士達倒入脆皮或蓬鬆的酥皮塔餅,冷藏後灑上肉桂粉再端上桌。大部分的食譜都簡單明瞭,不過即使作法單純,每個家庭的食譜還是略有不同。

牛奶塔 Melktert

(2 個份)

塔皮	內餡	配料
奶油 142 公克,室溫	牛奶 1 公斤	糖 25 公克
糖 100 公克	奶油 42 公克	肉桂粉 2 公克
雞蛋 2 顆	雞蛋 3 顆	
麵粉 272 公克	糖 150 公克	
泡打粉 8 公克	玉米澱粉 21 公克	
鹽 少許	麵粉 23 公克	
	香草精 13 公克	

1. 預熱烤箱至攝氏 204 度。

2. 製作塔皮：把奶油和糖一起攪拌乳化。加入雞蛋徹底攪拌。加入麵粉、泡打粉及鹽，攪拌到混合物成為麵團。把麵團分成兩半，分別放入23公分派盤壓平。拿叉子在派皮各處戳洞。放入烤箱烤10分鐘後取出，放在一旁冷卻。

3. 製作餡料：把牛奶及奶油倒入中型平底深鍋，以中火加熱直到奶油融化，並且要經常攪拌。然後放置冷卻 10 分鐘。

4. 把雞蛋、糖、玉米澱粉、麵粉及香草精倒入一個大碗，攪拌均勻。持續攪打雞蛋混合物，緩緩滴入半杯熱牛奶混合液，並且持續攪拌，然後再以每次半杯的量倒入剩下的熱牛奶，別忘了繼續攪打。攪打時緩慢加入熱牛奶能調和雞蛋，讓混合液加熱卻不至於煮成炒蛋。

5. 把卡士達混合物倒入步驟 3 用來加熱牛奶的深鍋，以中火加熱。加熱時要不斷攪打大約八分鐘，直到卡士達醬變得濃稠。

6. 把變得濃稠的卡士達醬倒進事先烤好的塔皮裡。將糖和肉桂粉混合，撒在牛奶塔上當作配料。

7. 讓牛奶塔完全冷卻之後，再放進冰箱冷藏。

莫帕尼蟲

莫帕尼蟲 • 辛巴威 ------------------------------ AMACIMBI · ZIMBABWE

和世界許多地方一樣，蟲子是辛巴威的熱門商品。在十一月到一月的雨季過後，當地人會競相採集盛產的莫帕尼「蟲」。這其實不是蟲，而是毛毛蟲階段的皇帝蛾（*Gonimbrasia belina*）。

這些蟲終其一生幾乎都住在可樂豆樹上。可樂豆樹有蝴蝶狀的葉片，是南非部分地區的原生物種。這種昆蟲在樹葉下蛋，幼蟲孵化後便大肆啃食這些樹葉。牠們會吃到撐爆為止，蛻皮四、五次。毛毛蟲長到約 10 公分便成熟了，可以採集。

莫帕尼蟲的蛋白質含量是等量牛肉的三倍，技術好的採集者一天能採收 25 到 50 公斤的蟲。採收之後，他們會把蟲的一頭掐掉，擠出半消化的綠色樹葉及內臟。

毛蟲的空軀殼會拿去曬乾，然後依廚師的喜好加以煙燻、燒烤、醃漬或熱炒。這些高蛋白質的佳餚能吃上一整年，對國內的經濟及營養都非常重要。它的風味依產地而略有不同，不過質樸的蔬食口感帶有某種肉香，有些人說它像全熟的牛排。牛肉是世界上營養最密集的蛋白質，但是莫帕尼蟲更永續，大約三公斤的可樂豆樹葉就能養出一公斤可供食用的成熟毛蟲。

How to try it

辛巴威各地都吃得到處理好的莫帕尼蟲，特別是在首都哈拉雷市（Harare），小販會把毛蟲裝籃販售，也可以網購。

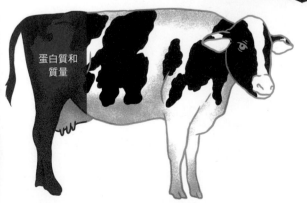

蛋白質和質量

蛋白質和質量

How to try it

因為海椰子已經瀕臨絕種，我們不建議購買含有這種成分的產品。塞席爾政府允許販售少量（不可食用的）種子給觀光客當紀念品，每個要價數百美元。經過核可的種子有雷射防偽貼紙，以及出口許可。在普拉斯林島（Praslin Island）的安斯拉奇歐海灘（Anse Lazio beach）附近的商店可能有賣。

龐大的禁果

海椰子 ● 塞席爾 ------------------------------ COCO DE MER · SEYCHELLES

海椰子是一種不尋常的棕櫚樹，生產出全世界所有植物之中最大的種子。這種種子重達 27 公斤，獨特的造型引人注目，形似女性曲線窈窕的臀部。1881 年，英國將軍查爾斯‧高登（Charles Gordon）看到這種造型曼妙的種子，認定海椰子是知識之樹，而它的種子是原始的禁果。

海椰子棕櫚樹相當罕見，只在東非近海塞席爾群島的其中兩座島嶼上天然生長。國際自然保育聯盟（IUCN）把它列為瀕危物種。當地政府嚴格監管這些樹，任何人的土地上有海椰子生長的話，必須遵守特殊規定──這些種子可以用來送禮、交易或食用，但是不能以金錢買賣未經處理的種子。

在最好的狀態時，海椰子的果實有乳白色的果膠，味道像是甜中帶酸的椰子，口感則像土耳其軟糖。不過這種味道只在內部種子成熟之前出現（並消失），而從青澀果實取得果膠代表損失栽種一棵新海椰子樹的可能性，結果品嘗過新鮮天然果膠的人沒幾個。成熟果實經常被挖空，外殼做為裝飾品販售，成熟的果肉乾燥後運送到國外，例如中國和香港等地，當作藥草販售。幾世紀以來，這種曲線玲瓏的種子染上神話氣息，它的外殼深受羅馬皇帝及歐洲皇室的喜愛，果肉在世界各地被拿來當作催情春藥、肌膚美白劑，以及咳嗽糖漿之類的藥物原料之一。

保守派人士深怕把這種水果當作食物，會帶來大量需求，進一步摧毀這種數量稀少的樹木。所以還是多用眼睛享受這些種子就好了。

海椰子只在塞席爾群島的兩座島嶼上生長。

大洋洲

Oceania

澳洲・紐西蘭
太平洋群島

TASTE THE WORLD!

TASTE THE WORLD!

TASTE T

▶ 澳洲

▶ AUSTRALIA

甘號列車在貫穿澳洲由北至南 3,000 公里的旅程中，供應各地區特產餐點。

The Old Ghan Route
The Ghan Route

Distance Scale in Kilometres

The Ghan's Route

在具有歷史意義的甘號列車上用餐

阿得雷王后餐廳 • 澳洲 ──────── QUEEN ADELAIDE RESTAURANT · AUSTRALIA

阿得雷王后餐廳是甘號列車（Ghan train）上的高級餐廳，這輛列車由北到南，貫穿澳洲內陸。

餐廳菜單的靈感來自澳洲原生動植物，有鱷魚香腸、袋鼠肉排、燒烤澳洲巴羅夢地鱸魚（barramundi）、灌木番茄、寬冬果（quandong，一種野生桃子）煎餅等。

要在阿得雷王后餐廳用餐，旅客必須預訂火車行程，可以安排從達爾文（Darwin）到愛麗斯泉（Alice Springs）的短程旅行，或是以兩週時間穿越澳洲大陸，來回阿得雷德（Adelaide）和達爾文。菜單每天更新，通常會呈現出火車各階段旅程的當地特產。例如在北方時，主廚會提供水牛肉咖哩，這種動物在 19 世紀時引進北領地（Northern Territory）。

在南方時，饕客大啖來自袋鼠島（Kangaroo Island）的羊肉，這個自然保留區位於阿得雷德西南方。

視列車的路線而定，旅客可以駐足體驗其他地方美食，像是造訪頂端地帶（Top End）的牧牛農場，或是在庫柏佩地（Coober Pedy）的地底下，與蛋白石礦工共進午餐。

How to try it

搭乘甘號列車旅行並不便宜，一晚的價格從澳幣 1,099 元起跳。偶爾在車站時，阿得雷德王后餐廳會開放快閃店，讓沒預算或沒時間搭火車的旅客，也有機會能夠體驗餐廳。

美味但不實用的吸管

甜頂餅乾「使勁一推」 • 澳洲 ·············· TIM TAM SLAM · AUSTRALIA

1958 年時，一匹名叫甜頂（Tim Tam）的馬，在肯塔基賽馬大會（Kentucky Derby）獲勝，六年後，澳洲餅乾製造商雅樂思（Arnott's）以這匹馬的名字替餅乾命名，如今已是經典。

甜頂餅乾的靈感來自於英國的企鵝餅乾（British Penguin），兩片餅乾加上奶油夾心，再裹上一層巧克力。這種結構看似平凡無奇，卻能把甜頂餅乾變成可食用的吸管。

沿著餅乾對角線上下咬掉兩角，就可以把餅乾當成吸管，從中間吸入飲料——通常是咖啡或茶，吸入的液體會融化奶油夾心，變成像吸管一樣的空心通道。這個過程很快，所以溶化的餅乾必須在分解之前「使勁一推」（意思是把整塊餅乾塞進嘴裡）。從此甜頂餅乾使勁一推流傳國際，美國天文物理學家奈爾・德葛拉司・泰森（Neil deGrasse Tyson）表示，那種感覺就像是「生命體驗中該記錄下來的一刻，你可以肯定『這是我從前未曾有過的經歷』」。

How to try it
甜頂餅乾的網站有方便的定位功能，可以查到離你最近的零售店。

甜頂餅乾也能當作吸管，不過要在餅乾兩端各咬一口。

世上僅存的純種利古里亞蜜蜂

袋鼠島蜜蜂保護區 • 澳洲 ············· KANGAROO ISLAND BEE SANCTUARY · AUSTRALIA

1880 年代時，有一群義大利女王遷移到袋鼠島，位於澳洲大陸南方約 16 公里處。那裡的氣候類似地中海，還有大致上未遭破壞的荒野，陽光普照的島嶼正適合這些利古里亞皇室——她們全都是蜜蜂。

今日袋鼠島上有最後僅存的純種利古里亞蜜蜂（Ligurian bee）族群，這個島與世隔絕，再加上 1885 年議會通過法案，將該島劃定為蜜蜂保護區，避免蜜蜂感染疾病、雜交繁殖。如今澳洲政府禁止袋鼠島輸入外來的蜜蜂、蜂蜜、花粉、二手養蜂工具，希望能夠維持島上的蜜蜂譜系純正，蜂蜜狀態良好。

蜂蜜的風味反映出自然環境，隨著季節及蜜蜂採蜜的花朵而產生變化。在袋鼠島上，採食尤加利花的利古里亞蜜蜂產出的蜂蜜，通常風味比較強烈，呈現琥珀色。糖桉樹（sugar gum）生產的蜂蜜是島上最著名的一種，顏色較淡、風味溫和，比其他種類尤加利樹的蜂蜜更具花香。

春季時，蜜蜂會採食油菜花和金盞花，產出更清淡的蜂蜜。

How to try it
袋鼠島對遊客開放，島上有很多機會可以品嘗利古里亞蜂蜜。「蜂巢島」（Island Beehive）是澳洲最大的有機蜂蜜生產商之一，提供養蜂參觀行程。

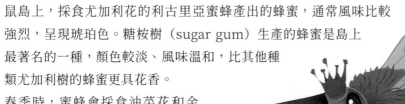

{ 蜂蜜：HONEY }

蜂蜜是少數已知可食用物質中，能夠永久存放而不腐敗的。由於其成分酸度高、水分低，還有天然存在的過氧化氫，蜂蜜具有抗菌特性，從古代起就用於治療皮肉傷和屍體防腐。不過生產蜂蜜的工作很艱難，一般蜜蜂的壽命只有六週，在這段期間，蜜蜂能製造出的蜜可以說只有一滴（1/12茶匙，或是不到一公克）。飛行數公里採集花蜜後，蜜蜂會透過接力反芻，把液體儲放到蜂窩中的蜂巢裡。為了讓新鮮花蜜變得濃稠，蜜蜂必須像小型風扇那樣拍動翅膀，除去糖漿中的水分，再封存到蜂巢中，讓全世界的人可以收成享用。

聖喬治教堂
Bilbila Giyorgis

衣索比亞的聖蜜教堂裡面居住著蜜蜂，根據當地傳說，教堂在5世紀時完工不久之後，就有蜜蜂在此進駐。自那時起，蜜蜂就由每一任神父照顧，教堂會眾認為這些蜜蜂會生產神聖的蜜，能用來治療身心不適。聖蜜通常由為首的神職人員發放，可以吞服或是塗在皮膚上。蜂蜜呈現深琥珀色，參雜些許細沙、蜂巢、蜂蠟，還有死掉的小隻蜜蜂，據信這種蜂蜜甚至能改善像痲瘋病這類重病。拉利貝拉鎮（Lalibela）就位於聖喬治教堂南方，命名來自國王之名，意思是「蜜蜂認可其主權」。

牧豆樹白蜂蜜
White Kiawe Honey

牧豆樹在1823年引進大島（Big Island，又稱夏威夷島），這種沙漠豆科灌木原生於厄瓜多和秘魯，最高會長到18公尺，全年開花，整年都能提供養分給蜜蜂，生產出滑順如奶油般的稀有白色蜂蜜。這種蜜是99%的單花蜂蜜，意思是蜜蜂幾乎只採食牧豆樹的花蜜。有人說這種蜜的後味帶有薄荷餘韻，有人則說嘗起來像香草和杏仁。

土佩洛蜂蜜
Tupelo Honey

土佩洛蜂蜜來自於美國佛羅里達州潘漢德爾（Panhandle）的濕地，那裡是水紫樹（Ogeechee tupelo gum tree）的生長地。這種樹的花期每年只有兩到三週，在這段期間，養蜂人搶著把蜜蜂帶到這些採蜜地點，往往位於遙遠的地方。有些人用貨車載送蜂箱，有些人用船隻運送，或是放在駁船上，以便抵達沼澤地中的偏遠樹叢。純正的土佩洛蜂蜜帶有果香和奶油味，加上些許梨子和玫瑰水的味道，還有一股甜味，帶給北愛爾蘭傳奇創作歌手范·莫里森（Van Morrison）〈土佩洛蜂蜜〉（Tupelo Honey）一曲的靈感。

佛羅里達水紫樹最出名的是能製造費工的蜂蜜，不過它也能結出萊姆果實。

蜜蜂圍籬
Honeybee Fences

這種圍籬出現在非洲和印度的農田裡，是避免大象靠近作物的人道方式。大象怕蜜蜂，蜂螫會導致象鼻柔軟的內側劇烈疼痛，就連蜜蜂的聲音也會讓大象退避三舍，因此一堵蜂巢牆能夠有效阻擋這些原本擋不住的龐大動物。蜜蜂圍籬比混泥土圍牆或電牆便宜多了，還有一大附加好處：蜜蜂。蜜蜂能替作物授粉，還能生產足夠的蜜，是可供農夫販售的經濟作物。

肯亞南部的蜜蜂圍籬提供了甜蜜的防護，能阻擋大象啃食作物。

這些高聳的古老樹木曾經是恐龍的食物。

巨大松子

邦亞 ● 澳洲 ──────────────────── BUNYA · AUSTRALIA

大葉南洋杉（Bunya pine）是個傳奇，恐龍很可能曾經在這種樹林間漫遊過，以此為食。幾個世紀以來，這些聳立的常青樹一直是原住民的食物來源。這種昆士蘭原生植物在該州潮濕的熱帶土壤中茁壯，能長到 46 公尺以上，樹幹直徑超過 1.2 公尺。每年都會產出蛋形松果，大小就像是美式足球，單顆松果就可重達 10 公斤，裡面滿是帶殼的可食用松子，數量由 30 顆到 100 顆不等。

傳統上，澳洲原住民每三年就會盛大慶祝大葉南洋杉的松子成熟，不同族群會放下分歧，齊聚交易、安排婚事，當然也會享用大葉南洋杉松子，可以生吃、火烤、水煮，或是磨成粉烘培。這些節慶以及食用大葉南洋杉的文化，在 20 世紀初時逐漸凋零，因為歐洲殖民者把原住民遷移到政府規劃的聚落，並且開始砍伐大葉南洋杉。

今日昆士蘭的邦亞山脈（Bunya Mountains）仍然擁有國內這種古老樹木最大的樹叢群，大葉南洋杉松子作為食物也漸漸有捲土重來的趨勢，通常可以在超市的原住民食物區找到（或稱為「荒野食材」，bush tucker），也開始有呼聲要復興傳統原住民的大葉南洋杉慶典。

How to try it

「來點野味」（可見 P221）是一家位於阿得雷德中央市場的原住民食材供應商，成熟期間有販售大葉南洋杉松子。

大葉南洋杉松子乾而脆，吃起來味道類似栗子。

野戰口糧餐具

「野外食具」 ● 澳洲 ──────────────── FRED · AUSTRALIA

「野戰口糧餐具」是一種發放給澳洲軍隊的萬用小工具，這是一個偉大的發明，也是一個完全無用的東西，端看你問誰而定。後者稱之為「該死的可笑餐具」（fucking ridiculous eating device，英文縮寫也是 FRED），不管哪個，縮寫 FRED 都是這種工具常見的稱號。

1940 年代初期時問世的「野戰口糧餐具」有三種功能：開罐器、開瓶器及湯匙。其中一側有塊可活動的小刀片，是設計來戳破罐頭蓋子用的，然後再沿著周圍鉅開蓋子（這是公認野戰口糧餐具最棒的功能）。其中一端有個鉤子形狀的缺口，可以當作開瓶器，另一端則可以當湯匙用。湯匙就是有爭議的地方：這湯匙非常淺，用來把食物送進嘴裡是一項危險的任務。

使用者同意，用「野戰口糧餐具」來開瓶罐，頗有軍事精確風格，但用來進食卻是一塌糊塗。截至 2020 年，「野戰口糧餐具」仍然是澳洲軍隊發放口糧包中的標準配備。

How to try it

網路上有販售「野戰口糧餐具」，不過真正軍方發放的款式，是服役才能得到的珍貴個人物品，許多持有者並不願意釋出。

用這個湯匙喝一碗湯試試看。

荒野食材 Bush Tucker

原生（aboriginal）一字來自拉丁文的 *ab* 和 *origine*，合在一起的意思是「源起」。原住民和托雷斯海峽島民（Torres Strait Islander）是澳洲最早的居民，他們依靠這片土地上各種不可思議的特有資源生活，據估計已有 65,000 年。如果知道該上哪兒去找，就能發現澳洲荒野是個富饒之地，充滿各種鮮為人知的可食用美味，許多都具有天然的健康益處。

木蠹蛾幼蟲
Witchetty Grubs

這些肥厚的白色蠕蟲約有拇指粗，是木蠹蛾（cossid wood moth）的幼蟲，取自木蠹蛾灌木（witchetty bush）的木質根部內。幼蟲含有大約 15% 的蛋白質、20% 的脂肪，串起來烤過之後，帶有堅果香味、表皮酥脆。
壓碎成膏狀的木蠹蛾幼蟲通常用來治療燒燙燒跟一般傷口。

澳洲胡桃（夏威夷果）
Macadamia Nut

夏威夷生產全球 70% 的澳洲胡桃，不過 2019 年有項研究顯示，夏威夷所有的澳洲胡桃樹很可能都源自於原生地昆士蘭的某一棵樹。如此缺乏基因多樣性，使得澳洲胡桃植株很容易受到疾病和氣候變遷的影響。不過澳洲的野生澳洲胡桃族群相對強健，為這種酥脆、奶油般的胡桃，提供了基因安全網。
澳洲胡桃富含礦物質錳。

「最後存活者」金合歡樹
Dead Finish

帶有尖刺金合歡樹的別名，是指這種樹木最令人讚嘆的特點，能耐旱撐到最後，成為「最後存活者」。身為資源匱乏期間最後存活的樹木，這是一種極具價值的荒野食材，澳洲原住民用這種樹的種子來製作種子麵包（seedcake）。
樹的針葉具有防腐特性，插入可以讓肉疣乾縮，易於移除。

手指檸檬
Finger Lime

這個橢圓形的微小柑橘裡面有著像魚子醬的小泡泡，一口咬下迸開，會爆發出酸酸的檸檬汁。這種優雅的水果原生於昆士蘭東南部的雨林中，數千年來提供原住民葉酸、鉀、維生素 C 和 E。手指檸檬平均長度 7 公分，顏色有綠、紅、黃、紫和粉紅。

手指檸檬富含抗氧化物質，有助於防止疾病，維生素 C 含量是橘子的三倍以上。

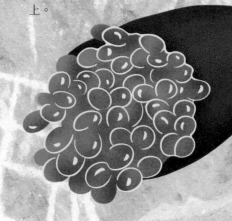

金合歡樹籽
Wattleseed

一種可食用的金合歡樹（金合歡有好幾百種），金合歡樹籽有小型扁平的種莢，內含種子，嘗起來的味道融合了巧克力、榛果和咖啡。通常會連種莢一起烹煮，或是磨成粉（烘焙成「荒野麵包」），將近 40,000 年來，一直是原住民的主要糧食。

金合歡樹籽是公認的荒野超級食物，富含蛋白質、鉀、鈣、鐵、鋅，也是低 GI 食物。

愛德華·亞波特

EDWARD ABBOTT

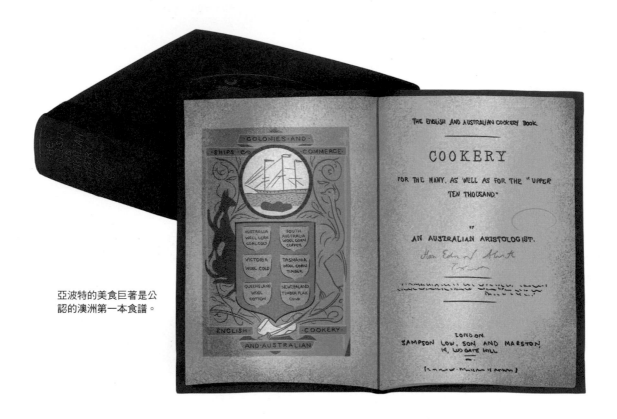

亞波特的美食巨著是公認的澳洲第一本食譜。

歐洲人殖民澳洲沿岸時，許多人對島上原產的食物小心翼翼。當地食材通常被視為新奇玩意，或是逼不得已時才會吃的東西，大多數殖民者寧願烹煮熟悉的家鄉菜。愛德華·亞波特是具有加拿大血統的澳洲人，他想改變這種情況。1864 年時，亞波特匿名出版了《英格蘭與澳大利亞烹飪書》（The English and Australian Cookery Book）一書，這是世界上第一本澳洲烹飪書籍。署名只有簡單的「澳大利亞老饕」，烹飪及享用美食的專家。

這部令人印象深刻的巨著總共有三百多頁，該書口氣很大：「獻給眾人的烹飪術，上流社會（the upper ten thousand）也適用。」（英文 the upper ten thousand 是 19 世紀時用來指上流社會的詞，由美國作家納森尼爾·帕克·威利斯〔Nathaniel Parker Willis〕所創，用來指稱紐約市最富有的 10,000 個居民。）

亞波特 1801 年出生在雪梨，大半輩子都住在塔斯馬尼亞（Tasmania）島上，他曾經當過他父親的員工，擔任過副軍法官，後來還成為報紙發行人和地主。亞波特是個怪人，著名事蹟是他花了 30 年的時間，與殖民當局爭論某處沼澤的土地所有權，並且曾經拿雨傘攻擊塔斯馬尼亞的州長。到晚年亞波特才轉而著手撰寫烹飪書籍，成為他最偉大的遺澤。

《英格蘭與澳大利亞烹飪書》裡面有許多歐洲料理，不過亞波特也詳細列出一些充滿愛意的食譜，充分利用往往受到忽略的澳洲當地食材。有烤袋熊（wombat）和油燜袋鼠尾巴，也有一道菜叫「滑溜鮑伯」（Slippery Bob），以袋鼠腦裹上麵包粉後用鴯鶓油炸熟。有些食譜需要用到針鼴、龜、朱鷺蛋和「袋鼠火腿」。

亞波特獻給食物的長篇古怪情書還包括引用莎士比亞、抽菸的建議、關於大英帝國的深刻思考，還有好幾頁的廣告。這本書也很實用，有許多現代主廚可能會有興趣的食譜，總共只印了不到 3,000 本，亞波特打算寫更多本書，但卻在 1869 年去世。他的烹飪書被人遺忘，一直到最近 150 年才重新印行，獲得新一代的欣賞。

創新的原住民市集

「來點野味」 • 澳洲 ----------------------------- SOMETHING WILD · AUSTRALIA

「來點野味」位於阿得雷德熱鬧的中央市場內,是澳洲主要的原生食材及飲料供應商之一。這家公司提供食材給餐廳和餐會活動,位於中央市場的據點則直接販售本土商品給顧客。

肉品櫃裡有袋鼠、鴯鶓、駱駝。蛋白質替代品還有綠螞蟻,可以買到乾燥的,也有整瓶的綠螞蟻琴酒。除了取得原住民食材,「來點野味」也擅長用現代手法來變化這些傳統食物,例如金合歡樹籽淡啤酒,就是利用澳洲金合歡樹的種子製成。該公司的網站也能找到酸奶油燉沙袋鼠肉(Wallaby Stroganoff)和袋鼠辣肉醬(Kangaroo Chili con Carne)食譜。

合夥人兼總經理丹尼爾 · 莫洛普(Daniel Motlop)本身就是原住民,他是托雷斯海峽島民,致力於優先僱用原住民。他希望能夠推廣播原住民美食,也藉此替澳洲的原住民社群帶來經濟效益。

How to try it

「來點野味」位於阿得雷德中央市場第 55 號攤位,每週二到週六營業。

異想天開的水果遊樂園

班達柏植物園 • 澳洲 ---------- BUNDABERG BOTANIC GARDENS · AUSTRALIA

班達柏植物園是個不可思議的可食用遊樂園,位於澳洲昆士蘭海岸,來到這裡的遊客可以恣意漫步,隨意摘取——包括某些受令人印象深刻的罕見水果在內。在大方提供的果實裡,還有傳說中的花生醬果樹(*Bunchosia glandulifera*)。

在澳洲冬季期間(六月到八月),這種樹會結出鮮橘紅色的果實,嘗起來跟聞起來就像花生醬一樣,就連口感也很類似。植物園中還有雨林李子(rain forest plum tree)、帶刺且有柑橘味的刺番荔枝(soursop)、布盧姆澳洲胡桃(bulburin nut,夏威夷豆的一種),還有巴拿馬莓(panama berry,又稱南美假櫻桃),味道堪比棉花糖。想要在口味上冒險的人應該去找神祕果(可見 P182),這種西非水果含有一種叫做神祕果素的蛋白質,能讓酸的食物吃起來變甜:想體驗這種科學,只要吃一口神祕果,再咬一口檸檬就可以了。

How to try it

從昆士蘭的首都布里斯本出發,搭火車四個半小時,或是搭飛機一小時即可抵達班達柏鎮。班達柏的蘭姆酒和(無酒精)薑汁啤酒也很著名。

有蟲的椰子口味樹瘤

灌木椰子 • 澳洲 ------------------------------- BUSH COCONUT · AUSTRALIA

有種像蛆的介殼蟲（通常是 *Cystococcus pomiformis*），寄居在一種沙漠墨水樹（bloodwood）的樹枝上。寄居的總是雌蟲，會刺激樹木，直到樹木開始自我防衛，長出稱為瘦的樹瘤。瘦圍繞著蛆蟲生長，這隻蟲會在這個堡壘內度過餘生，喝樹上液維生，從一個小氣孔與雄蟲交配。

瘦與蟲一起形成了灌木椰子，有時候也稱作「墨水樹瘦」，聽起來比較沒那麼開胃。這種假椰子小顆且呈瘤狀，因為果肉嘗起來有椰子味道而得名。採集的人通常瘦跟蟲都會吃掉，蟲有一種多汁的甜味。在北方的疏林草原地中，長久以來灌木椰子一直是澳洲原住民的營養來源。

How to try it

北領地的愛麗斯泉沙漠公園（Alice Springs Desert Park）是觀賞（以及品嘗）灌木椰子的絕佳地點。

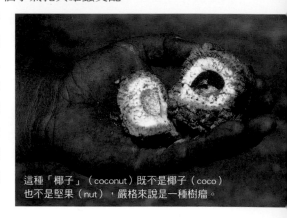

這種「椰子」（coconut）既不是椰子（coco）也不是堅果（nut），嚴格來說是一種樹瘤。

西瓜運動員

西瓜節 • 澳洲 ------------------------------- MELON FESTIVAL · AUSTRALIA

西瓜滑雪是欽奇拉（Chinchilla）兩年一度西瓜節的主要活動，有志參加的水果運動員穿戴頭盔，雙腳分別套上一個挖空的西瓜，然後抓緊了！他們抓的繩子兩端由志工拉住，把滑雪者沿著一塊長長的滑溜防水油布往前拉，布上散落著打碎的西瓜，一直拉到參賽者用趴姿落地（常見）或是抵達終點線（少見）。真正有雄心的人還可以挑戰西瓜鐵人（Melon Iron Man），包括四個項目：西瓜滑雪、吐西瓜子、彈跳西瓜（四個人被一大條彈性帶綁住，奮力朝反方向拿到西瓜）、西瓜賽跑（全程 300 公尺，同時還要抱著一顆八公斤重的西瓜）。

How to try it

欽奇拉西瓜節每隔一年在二月舉辦。

2015 年的欽奇拉西瓜節，西瓜滑雪參賽者沿著滑溜的防水油布道被往前拉。

不尋常的椰子教領袖，奧古斯特・英格哈

1902 年時，26 歲 的 奧 古 斯 特・英 格 哈（August Engelhardt）從德國啟航，帶著滿滿一行李箱的書，還有一個古怪的任務：他要在巴布亞紐幾內亞（Papua New Guinea）陽光炙熱的海岸，建立一個伊甸園式的新教團。英格哈的幸福公式很簡單：拋棄世俗財產、搬到熱帶小島、成為裸體主義者，並且只吃椰子。

他在剛買下的小島住家中，成立了一個叫做「太陽教團」（Sonnenorden）的宗教，崇拜太陽，因為他認為太陽是生命最重要的賦予者，也崇拜椰子，因為他篤信椰子是上帝親身血肉的熱帶變體。「太陽教團」的準則詳細地條列在英格哈的文集《無憂的未來：新福音 》（A Carefree Future: The New Gospel）中，執迷的文字一頁頁滿是瘋狂的理論，宣揚椰子的優點，還有各種崇拜祈禱詩歌，像是〈椰子魂〉〈如何成為一棵椰子樹〉。

英格哈對椰子的迷戀源自於一個薄弱的理論，椰子的毛茸茸球狀外型，是水果中最像人類頭部的，因此椰子是最適合人類食用的水果。根據英格哈所說，椰子是「植物性的人頭，只有椰子才是人類該吃的食物」。

儘管他全心投入，英格哈創立的宗教只吸引了不到 15 個門徒，全部都是德國人，他們一起在島上過著安靜的奉獻生活，每天做幾個小時日光浴，在太平洋的冷水中游泳，食用他們的神聖水果。

不幸的是，天堂並非沒有危險，英格哈的椰子教很短命。不習慣溫暖的氣候和嚴格的椰子飲食法，有好幾個追隨者都死掉了，其他人也得了瘧疾。英格哈本人罹患重病，儘管後來康復，剩下的教友也已經解散，返回德國。英格哈認為他的追隨者之所以會生病，是因為違背了椰子飲食法。

為了因應這個教派造成的災難後果，德國政府發布嚴厲警告，禁止任何人去島上加入英格哈。落單的英格哈撰寫冗長的專著，探討植物的療癒力量，並且研究島上土著的飲食習慣。他變成一個消瘦的裸體主義者，島上觀光客的餘興節目，偶爾有人會請他入鏡拍照。

我們並不清楚英格哈最終的命運，一般普遍認為他在四十幾歲時去世，就在他抵達這個島將近 17 年後。雖然沒有留下墓地或紀念遺跡，據信 1919 年五月時，在巴布亞紐幾內亞海岸發現了他的屍體，雙腿上滿是潰瘍。

英格哈認為椰子是永保健康的祕訣，能夠與神交流。

世界上最迷人的速食店

沿岸城市皮里港（Port Pirie）有棟 19 世紀的石砌教堂，這裡是南澳洲熱門連鎖海鮮店「藤壺比爾」（Barnacle Bill）最豪華的分店。從外觀看來，教堂的尖塔俯瞰著「藤壺比爾」的商標：發福的水手一手端著一盤魚，另一手拿著舵輪。教堂裡面的講道壇如今是油炸台，長木椅換成了桌子和沙拉吧。1879年，公理會教堂在此成立，後來大約在 1991 年時關閉，這棟建築荒廢了五年。就在快要拆除之前，現任屋主史魯夫婦（Kevin and Kym Spirou）買下這裡，把這棟建築改造成「藤壺比爾」的連鎖店，成為世界上最迷人速食店萬神殿的其中一員。

星巴克二寧坂八坂通茶屋店
Starbucks

日本・京都

這棟兩層樓的百年街屋裡有星巴克，座位是席地而坐的榻榻米，客人必須脫鞋才能攝取咖啡因。

琳達瑪塔可貝爾快餐店
Linda Mar Taco Bell

加州・帕西非卡（PACIFICA）

這棟 1960 年代的木造建築如今是海濱的塔可貝爾快餐店，有地方供人放置衝浪板，有一座室內外共用的壁爐，還有純淨的海洋景觀。

 帝國麥當勞
McDonald's Imperial　葡萄牙・波多
「帝國」曾經是 1930 年代很著名的葡萄牙咖啡店，如今是一家具有裝飾藝術風格的麥當勞，有穹頂天花板、高聳的彩繪玻璃窗戶，還有水晶吊燈。

麥當勞
McDonald's　喬治亞・巴統（BATUMI）
這棟具有未來感的麥當勞是建築獎得主，外觀覆蓋 460 片玻璃，四周環繞著映照水池。

出走的美味

澳洲的中國人
CHINESE IN AUSTRALIA

中國人有淵遠的澳洲移民史，雖然某些史學家認為中國人在庫克船長18世紀到來之前，跟這塊大陸就已經有接觸，不過主要是在1850和1860年代的掏金熱潮中，據估計有40,000名中國人來到澳洲的海岸。這些人大多是簽訂契約的勞工，在金礦區遭遇歐洲人的不滿和種族歧視。中國人聚集而居，照料小塊蔬果田，餵飽自己，補貼收入。歐洲礦工能得到的新鮮食物不多，會向中國人買這些農產品，等到淘金熱潮結束的時候，許多中國移民發現，下一個機會就是產銷蔬果園——以小規模的方式栽種，然後在當地市場販售。

到了19世紀末，中國人經營的產銷蔬果園遍布澳洲，尤其是在新興的郊區。中國人掌控了大部分的

農產品市場，經營餐廳和蔬果雜貨店。1901年時，澳洲成為聯邦，政府通過白澳政策，歧視所有非歐洲移民，但有個漏洞——中國廚師可以進入澳洲。儘管對中國人的種族歧視根深蒂固，澳洲人卻培養出對中菜的喜好，到了20世紀之際，澳洲廚師每三人中大約就有一人來自中國。

今日中菜依然是澳洲最受歡迎的料理之一。傳統中國人經營的產銷蔬果園如今已經不敵時代和工業化，不過在雪梨郊區的拉佩魯茲（La Perouse）還保留了一處古老菜園，中國農夫從1870年代起就在這裡耕種，過去80年來，代代相傳，由家族三代傳承經營。就像最初那樣，他們親手耕種作物。這個列入文物保護範圍的地點曾遭遇風險，最近一次是由於墓地擴展計畫，不過當地很努力要保護這個歷史園地。

墨爾本的中國城，成立於1850年代，據信是南半球最古老的中國城。

世界上最古老的鴯鶓農場

鴯鶓放養農場 • 澳洲 ----------------- FREE RANGE EMU FARM · AUSTRALIA

澳洲於 1987 年開始發放養殖鴯鶓的商業許可證，文氏夫妻奇普與夏敏（Kip and Charmian Venn）拿到其中一張，並開設了鴯鶓放養農場。

鴯鶓是澳洲特有種，數千年來受到澳洲原住民的珍視，這種巨大的鳥類不會飛，是個令人興奮的新產業，能提供瘦肉、健康的油，還有比雞蛋大上八倍的蛋。全國各地陸續出現鴯鶓農場，不過對鴯鶓的需求卻沒有跟上，許多農場因而關閉。

今日鴯鶓在商業上有回歸的趨勢，主廚垂涎牠們深色、光亮的蛋，因為尺寸驚人，風味濃郁，還有深橘色的蛋黃。飼養鴯鶓作為食用肉比養牛永續多了，很多人說鴯鶓吃起來像牛肉（鴯鶓生育速度很快，繁殖期可以多次產下 6 到 10 顆蛋）。

不過驅動成長的是鳥脂肪製成的鴯鶓油，長久以來，原住民都用鴯鶓油來治療皮膚病。雖然現代臨床測試仍在初期階段，鴯鶓油已經在全球擁有粉絲，因為據說能夠保濕皮膚、預防曬傷，治療燒燙傷、疤痕和傷口。

鴯鶓放養農場如今是澳洲資歷最深的鴯鶓農場，遊客隨時都能看到 100 隻左右的鴯鶓。這些鳥在四月到八月期間繁殖下蛋，七月到十月孵化，全年都在好幾公頃的放牧地上奔跑。

How to try it

鴯鶓放養農場位於西澳州托迪伊（Toodyay）克拉卡恩路（Clackline Road）681 號，每天早上 10 點到下午 4 點對外開放，遊客可以在此購買鴯鶓肉、鴯鶓蛋、鴯鶓油、鴯鶓羽毛，甚至也可以購買活的鴯鶓雛鳥。

鴯鶓是世界上第二高的鳥，僅次於鴕鳥。

澳洲為何擁有全世界最大的野生駱駝族群？

19 世紀時，英國殖民者被澳洲廣闊內陸的荒漠區域給難倒了，究竟是平地還是山地？是旱地還是巨大的內陸海？歐洲的交通方式例如馬匹，並不適合新地形，早期的遠征也不成功。不過帝國其他的地方提供了解決辦法：駱駝。英國人在殖民地印度遇見駱駝，這種動物非常適合穿越乾燥崎嶇的島嶼。

1858 年時，維多利亞探勘委員會（Victorian Exploration Committee）交付任務給馬匹販子喬治・蘭德斯（George Landells），要他從印度招募駱駝和會騎駱駝的人，引進澳洲。在接下來的幾十年中，據估計引進了 20,000 匹駱駝，加上大約 3,000 個馴駝人，在澳洲內陸形成聚落。

這種強壯、穩定的動物能夠在烈日下步行數小時，不太需要喝水，成為陸路貨物、勞動力和基礎建設網路不可或缺的一部分。但是這些穆斯林移民——白澳人士稱之為「阿富汗駱駝人」（Afghan cameleer，儘管這些人未必來自阿富汗）——是遭猖獗歧視的對象。

1901 年 1 月 1 日，澳洲成為獨立國家，新施行一連串明確的種族歧視移民法，統稱為白澳政策。這些法律停止了幾乎所有非白人的移民，到了 1920 年代時，大部分的馴駝人都已逃出該國。遺留下來的駱駝，有些在 1925 年的南澳駱駝銷毀法令（South Australian Camels Destruction Act）下遭到射殺，有些被野放，後代持續存活到今日。

澳洲如今是世界上最大的野生駱駝族群居住地，據估計有將近 100 萬隻。任由這些駱駝漫遊，會對脆弱的當地生態系統和供水造成威脅。澳洲政府出資，從空中選擇性宰殺，用直升機射殺野生駱駝，不過許多人贊成另一種解決辦法：把駱駝當食物。

澳洲的駱駝肉市場正在成長，不過成功與否的關鍵在於如何捕捉駱駝並運送去加工廠，這通常很昂貴。很多人都說駱駝瘦肉就像是介於羊肉和牛肉之間，賣到許多中東和北非的國家，也賣給這些族群的移民社群。牲口通常在屠宰場處理，再把肉分送到國內外的肉商手上。

印度的駱駝和會騎駱駝的人在 19 世紀末時引進澳洲，馴駝人逃離澳洲時，留下來的駱駝成為野生動物。

野生稻米保育藝術

稻穀—2010 • 澳洲 ⸺⸺⸺⸺⸺ MOMI-2010 · AUSTRALIA

走進澳洲的某些樹叢中，你會看到地形上出現巨大的刻畫圖樣。蜥蜴和昆蟲沿著花崗岩巨石的側面爬行，下方的洪汜平原上刻蝕著一株碩大無比的野生稻米稈，長達 82 公尺。

在北領地邦迪山（Mount Bundey）這裡看到的，是日本雕塑家田邊光彰（Mitsuaki Tanabe）的作品，他的藝術大多致力於凸顯野生稻米的重要性（他稱自己的野生稻米雕塑叫「稻穀」，Momi）。田邊的作品散布全球，

往往描繪種子或其他有機體，有助於提升生物多樣性的意識。

1990 和 2000 年代初時，他在澳洲工作，發想出一個新計畫。田邊與澳洲政府合作，在 2010 年開始著手製作這些雕刻。有長達 10 年的時間，他會在旱季時前往澳洲進行這項計畫。不幸的是，田邊在完成作品前過世了，不過他兒子田邊陵光（Takamitsu Tanabe）與其他幾位雕塑界的朋友，在 2016 年完成了這項作品。

How to try it

雕塑位於阿納姆公路（Arnhem Highway）北方，濕地每年有好幾個月處於氾濫狀態，造訪之前請確認地面的情況。

▶ 紐西蘭

▶ NEW ZEALAND

冒充鵝肉的羊肉

殖民地鵝肉 • 紐西蘭 ⸺⸺⸺⸺⸺ COLONIAL GOOSE · NEW ZEALAND

豐滿的鵝配上優雅的頸子，烤到呈現金黃褐色，這是英式假日餐桌上的標誌餐點。19 世紀的英國殖民者在紐西蘭犯思鄉病時，想吃到鵝肉必須用點創意。紐西蘭沒有鵝，但羊很多，於是他們靈光一現：何不用羊肉來做一隻鵝呢？殖民地鵝肉如今是紐西蘭的經典菜色，在醃過的羊腿中填料，然後捆綁成鵝的樣子。大部分的食譜會要你去除羊肩的骨頭，不過認真假造家禽的廚師會留一段脛骨，模擬鵝的頸子和頭部形狀。填料混合了麵包粉、香草、洋蔥和蜂蜜，綁緊後浸泡在紅酒混合物中醃製，讓外層顯得像鵝肉一樣有光澤。外表是鵝肉，裡面是羊肉，這種古怪的烤肉會像麵包那樣切片食用，每一口都讓人覺得美味又困惑。

How to try it

紐西蘭的餐廳在冬至節慶期間會提供殖民地鵝肉，時間在六月，通常主打受到英國啟發的菜色。

地下毛利烤爐

毛利土窯 • 紐西蘭 -------------------------------- HĀ-NGI · NEW ZEALAND

毛利人在 13 世紀左右登陸紐西蘭海岸，可能來自於玻里尼西亞中東部。他們帶來了一種地下烹飪技術叫做毛利土窯（hāngi）。

這種傳統火坑技術需要挖一個大洞，用大火加熱火山岩石，然後把熱石頭擺在洞底。早期的毛利土窯大師會把採集、狩獵或種植所得到的「凱」（kai，食物）放在石頭上，接著用枝葉和土壤蓋住全部的東西，把蒸氣留在裡面，幾個小時後就有柔嫩的煙燻肉類和蔬菜可吃，散發著充滿泥土氣息、幾乎像是灰燼的香氣。在紐西蘭地熱活動頻繁的地區，例如羅托魯亞（Rotorua），此地以毛利文化著稱，毛利土窯大師會利用天然溫泉來加熱石頭。

自古以來，毛利人就用毛利土窯燒烤魚類、貝類、雞肉、烏龜，還有香蕉、蕃薯和其他澱粉類（到了紐西蘭之後，他們遇到巨大且不會飛的鳥類，土窯的尺寸也隨之變大了）。今日的毛利土窯大師也會放入豬肉、羊肉、南瓜、甘藍等各種填料。

How to try it

華卡雷瓦雷瓦（Whakarewarewa）是現存的毛利村落，位於羅托魯亞的地熱區域，每天早上 9 點半到下午 4 點開放參觀，村子裡使用地熱加熱毛利土窯，村民也會利用溫泉池來煮蔬菜和海鮮。

有數世紀歷史的毛利土窯，利用火山岩烹煮食物。

毛利人剛定居紐西蘭時，狩獵的是 227 公斤重、不會飛的鳥

在人類到來之前，紐西蘭是群鳥之地。島上沒有大型肉食類動物，所以各層級的鳥類興旺，有會住在地洞裡的短尾水薙鳥（muttonbird），也有如今已經滅絕的哈斯特巨鷹（Haast's eagle），這種鳥位居食物鏈頂端。另外還有恐鳥（moa）：九種不會飛的鳥類，其中最小的和火雞差不多大，最大的有三公尺高，重達 227 公斤。在巨恐鳥存在的年代，牠是地球上最高的鳥類，各種類別的恐鳥在紐西蘭大量增加，棲息在適合牠們體型和飲食習慣的不同的生態系統中。

13 世紀時，鳥類層級隨著早期玻里尼西亞人（如今稱為毛利人）的到來，有了翻天覆地的變化。這些人從亞洲啟程，最有可能的出發地點是台灣，利用獨木舟橫越太平洋，幾千年來在沿途的島嶼上居住下來。紐西蘭是終點站，也是人類最後定居的主要無人陸塊。事實證明，這裡是豐饒的狩獵地。

恐鳥沒有翼骨，無法飛翔逃離新來的敵人。不過牠們的腿骨很大，因此據推測牠們跑得很快，踢起來也很有力。初來乍到的毛利人還沒有發展出弓，所以研究人員利用考古學和人類學上的發現，去拼湊出狩獵恐鳥的方法。有些人認為毛利人用陷阱捕抓獵物，有些人則認為他們用狗幫忙，讓狗去狩獵恐鳥，或是讓狗把鳥逼到可以圍捕獵殺的地點。

狩獵成功之後，毛利人的基地營成為屠宰地點（這些營地發現過大量吃剩的骨頭，跟垃圾一起掩埋）。比較小型的恐鳥可以整隻帶走，重達 227 公斤的話，獵人就必須加以肢解，只帶走比較有肉的腿。研究人員認為，這些肉類是在地底烹煮，利用像毛利土窯那樣的坑，用長階花（koromiko）當作火種引火。玻里尼西亞人來到之前，據估計有 16 萬隻恐鳥在紐西蘭信步漫遊。在 150 年之內，牠們都消失了——毀滅的方式就像密蘇里大學某個研究中所說的，「至今紀錄上，最快速、人類所造成的大型動物群滅絕。」恐鳥沒什麼天敵（除了巨鷹之外），很可能也不太怕人類。這種鳥下蛋不多，每個繁殖季節只有一到兩顆，並且要很長一段時間才會成熟。狩獵的速度比繁殖快，恐鳥很快就滅絕了。

英國博物學者理察‧歐文（Richard Owen）在 1839 年以一根骨頭確認了恐鳥的存在，這個發現激發了某種恐鳥狂熱。這種鳥跟奇異鳥（kiwi）一樣特別，跟渡渡鳥（dodo）一樣絕種，比其他鳥類更具有重大意義。20 年後，有個工人挖到一顆史上最大的恐鳥蛋：開庫拉蛋（Kaikoura egg），靠在某個毛利人墳墓中的遺體旁邊。這顆蛋在新鮮的時候重量大約是四公斤，如今陳列在紐西蘭威靈頓（Wellington）的蒂帕帕國立博物館（Te Papa museum）。

目前已知最大的老鷹，曾經在紐西蘭獵食駝鹿大小的恐鳥。

奧克蘭島上，野豬在擺弄一個白頂信天翁的鳥巢。

住在世界盡頭的牲口

1866 年春天，美國軍艦格蘭特將軍號（USS *General Grant*）撞上奧克蘭島（Auckland Island）西側的崖壁，這個遙遠的亞南極大型岩島位於南太平洋中。船艦困在岩洞中，開始下沉到極冷的致命海水中，船上大部分人都跟著沉下去了。少數倖存的人看似希望渺茫，不過這些流落荒島的人，在島上發現了令人意外的資源，讓他們活了 18 個月：一群長鬃毛、窄臉的豬。這群奇異豬隻的起源故事始於 19 世紀初期，捕鯨人跟捕海豹的人航行到奧克蘭島——在紐西蘭本土南方超過 579 公里處——獵捕被吸引到清冷岸邊的海狗、海獅和鯨魚。根據傳說，捕鯨人和捕海豹的人刻意把島嶼位置畫錯，好讓他們的狩獵地點保密。動了手腳的製圖造成毀滅性的影響，在一個世紀內，至少有九艘船的水手，誤認自己置身開闊海域，最後卻撞上島嶼的崖壁。

1806 年時，英國水手亞伯拉罕·布利斯特（Abraham Bristow）偶然發現這處群島，他擔心將來遇難者的安危。一年後，他帶著一群豬隻重返此地，把豬野放在島上。1843 年，更多豬隻在岸邊落地，1890 年代時又有一批。到了 19 世紀末時，野豬族群欣欣向榮。這麼做確實餵飽了幾個流落荒島的人，不過這些豬也吃掉了植物的根、信天翁的蛋和企鵝，整體而言，開始造成島上動植物的浩劫。根據紐西蘭保育部（Department of Conservation，DOC）統計，野豬是三十幾種原生鳥類消失的主要原因。

繼豬隻之後，山羊也在多處地點野放，接著是兔群和一小群牛。將近兩個世紀以來，這些滯留的動物遺世而居，少有天敵，完全不受控制地徜徉在島上，直到保育部決定介入。1991 年時，一群神槍手部署獵殺牛隻，到了 1992 年時，奧克蘭本島上的山羊已經絕跡。為了消滅兔子，他們在草場投放毒藥丸子。

不過後來撲滅活動暫停，為了尊重另一種保育觀念：牲口的生物多樣性。面臨氣候變遷，維持品種多樣很重要，這有助於適應不同的天氣、溫度、土壤成分以及整體環境。隨著農業越來越強調規模、產量和生產力，少數品種（minority brees）的數量變得越來越少。奧克蘭島的動物在相對孤立的環境中生長，展現出難得的適應行為。奧克蘭島山羊是紐西蘭最大型的羊之一，豬則是小型而且明顯很敏捷。由於島上大部分的草都被兔子吃掉了，牛被迫到更高處的陡峭絕壁上尋找植被（有些人宣稱這些牛甚至會吃海草）。

不過這些動物當中，某些最有價值的特點不在於新習得的技能，而是牠們所沒有的。由於 200 年來與世隔絕，奧克蘭島的豬從未暴露在現代豬隻常見的病毒和細菌之下——那些病原體有可能傳染給人，一直是異種移植上的重大障礙，干擾了從動物移植細胞治療人類的可能性。在紐西蘭本土的生物科技公司「活細胞科技」（Living Cell Technologies，LCT）帶回一小群野豬，開始在安全、高科技的隔離設施中飼養這些野豬。這些豬價值數十萬美金。

截至 2019 年為止，奧克蘭群島大部分的島嶼上都沒有外來的害蟲，不過本島持續有野豬和貓群繁殖。2018 年時，保育部長尤金妮·沙奇（Eugenie Sage）承諾投入 200 萬紐西蘭幣，計畫要把廣闊、崎嶇的島嶼，恢復成沒有掠食動物的狀態。如果一切按照計畫執行，再過 10 年這些豬隻就會從奧克蘭群島消失（但不會從世界上絕跡），信天翁也就能夠安穩築巢，企鵝可以漫步，植物也能生長。

紐西蘭最棒的雙殼貝類

布拉夫生蠔 • 紐西蘭 ----------------------------- BLUFF OYSTER · NEW ZEALAND

要在原產地紐西蘭以外的地方找到著名的布拉夫生蠔，得花不少功夫。這種又大又甜的軟體動物帶有礦物味，只有三月到八月之間才有，在布拉夫鎮（Bluff）和斯圖爾特島（Stewart Island）之間冰冷的福弗海峽（Foveaux Strait）可以找到。

多年來，這一段險惡、難以預測的水域，奪走了許多性命。這裡每年大約會收成上千萬個生蠔，但仍然應付不了龐大的需求（直升機快遞運送很常見，並不稀奇）。為了確保能吃到這當地限定、得來不易的生蠔保有絕對當地的美味，許多人會跋涉到布拉夫小鎮，參加一年一度的生蠔節。

布拉夫是位於紐西蘭本島最南邊的港口城鎮，當地居民是熱忱的捕鯨人、貿易商和傳教士後代。他們講話帶有罕見的南地口音，有濃濃的蘇格蘭顫舌音，鎮上只住了大約 2,000 人。

在五月的生蠔節慶，富裕的奧克蘭島民搭乘早班飛機抵達此地，大啖當季美食，到了傍晚再搭機離去。遵循該鎮傳統，節慶由「奏樂歡迎登場」開始（生蠔裝在大淺盤中，伴隨風笛演奏端進來）。接著會有個頭戴蘇格蘭圓扁帽，身穿蘇格蘭格子呢褲的男人，表演傳統的〈生蠔頌歌〉（Ode to the Oyster），大聲呼喊著：「我們奉你為偶像，噢來自大海的生蠔。」接著就是一連串奇特混搭的活動，包括吃生蠔（一般品嘗及競賽組）、海洋主題時裝秀，還有一公升接一公升的啤酒及葡萄酒。

布拉夫生蠔節上，一盤盤珍貴的紐西蘭貝類。

獻給 16 世紀標準酒度的頌歌

火藥蘭姆酒 • 紐西蘭 ----------------------------- GUNPOWDER RUM · NEW ZEALAND

18 世紀時，英國皇家海軍的水手想測試每日配給的蘭姆酒有多烈，於是用了16 世紀的方法：把一小撮火藥混入少量酒裡，然後點燃火柴。如果潮濕的火藥仍然能夠點著，那就表示能「證實酒度」（proof）夠高。

如果點不著，水手就知道酒裡摻了水（「酒度」一詞就是源自於這項做法）。「海軍強度」（Navy strength）通常定義為 57% 的酒精含量（alcohol by volume，ABV），這是酒是否能夠燃燒火藥的分界線。

在紐西蘭，這種火熱的做法啟發了「煙與填絮製造廠」（Smoke & Oakum Manufactory）生產火藥蘭姆酒，以祕密配方製成，結合了傳統火藥的三種主要成分：硝石（硝酸鉀）、硫磺及木炭。深色的蘭姆酒混合了無尼古丁的菸草及辣椒，帶有煙燻及巧克力氣味，嘗起來有香料和糖蜜的味道（請注意硝酸鉀雖然偶爾會用來當防腐劑，但如果大量食用會有危險）。

「煙與填絮製造廠」的火藥蘭姆酒，向幾個世紀之前大部分水手飲用的深色、濃烈蘭姆酒致敬——不論是海軍、海盜或走私犯。當時的蘭姆酒沒有標準化生產，瓶子也是有什麼就用什麼裝，所以「煙與填絮製造廠」的火藥蘭姆酒也是裝在不同形狀的混雜瓶子裡，外面全都用牛皮紙包起來。不過這種酒的酒精含量只有 51.6%，沒有達到海軍強度。

How to try it

「煙與填絮製造廠」的火藥蘭姆酒限量製造，該公司的網站可以查詢各地零售經銷商，請向店家聯繫，確認是否有庫存。

▶ 太平洋群島

▶ PACIFIC ISLANDS

斐濟蘆筍

如杜卡 ● 斐濟 ────────────────── DURUKA · FIJI

斐濟是由數百個島嶼所組成的國家，在斐濟的沼澤地，你會看到高聳的甘蔗食穗種（*Saccharum edule*）草莖，這種筍子跟甘蔗的關係很近。撥開長長的綠色葉鞘，就會看到如杜卡。暱稱斐濟蘆筍，是因為外型長得很像細長的蘆筍，但其實是甘蔗的花。味道偏甜，讓人想到玉米。

如杜卡是最常出現在咖哩中的食材。斐濟大約有 40% 人口的祖先是印度人，是印度契約勞工的後代，19 世紀末時，這些人在蔗糖栽培農場工作。柔嫩多汁的季節性花材煮湯或燉菜都很適合，用炭火直烤或是椰奶煨煮也很不錯。

How to try it

如杜卡產季在四、五月，斐濟首都內的蘇瓦市政市集（Suva Municipal Market）有販售大捆包裹好的如杜卡。

How to try it

特羅布里恩群島上四處可見薯蕷屋，收成季節從六月到八月，傳統上會伴隨著稱作「米拉瑪拉」（Milamala）的節慶（不過慶典是否舉行取決於收成的狀況）。

薯蕷屋

薯蕷屋 • 巴布亞紐幾內亞 ------------------------ BWEMA · PAPUA NEW GUINEA

在巴布亞紐幾內亞近近海的基里維納島（Kiriwina），是特羅布里恩群島（Trobriand Islands）中最大的一個島，在那裡，薯蕷（yam）代表了財富、聲望和權力。這種塊莖植物是特羅布里恩文化生活的核心，非常重要，甚至有塊莖專屬的房屋。這種房屋叫做薯蕷屋（bwema），具有風格的木造結構以同心圓排列，最內層的房屋通常裝飾著精細的雕刻，刻在漆成紅色、白色和黑色的原木上。

幾乎每戶特羅布里恩的人家都會有一間薯蕷屋，還有專門用來種植薯蕷的園子（kaymata）。耕種薯蕷並不容易，需要時常疏伐，而且一年只能種一次。特羅布里恩的島民有時候會尋求專業園藝巫師（towosi）的協助，施行薯蕷生長咒語。當地文化以施與受的傳統體制為主軸，所以薯蕷總是為了社區裡的其他人而種植。準備好之後，就會送到受禮者的薯蕷屋裡，有時候還伴隨著遊行及舞蹈。

生活中的薯蕷幾乎無所不在：可以用來支付地租、慶祝婚禮、祝福新生兒，並且根據薯蕷的收成時節來規劃曆法。有人過世時，家族成員會在薯蕷屋內儲放好幾月的薯蕷，在喪葬宴會上分送。

這種高窄的儲藏房屋以原木蓋成，高架在地面上。牆上有許多開孔，以利空氣流通，讓儲藏在屋裡的薯蕷能夠保鮮好幾個月。為了展現權力，村落首領的薯蕷屋規模最大，裝飾也最華麗。

氣候變遷造成基里維納島上特羅布里恩的薯蕷採集更加困難，也因此比從前更有意義。

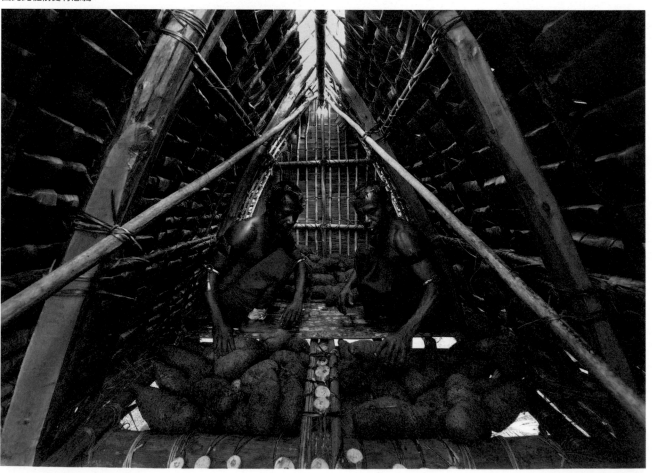

火山鳥蛋孵化器

薩沃蛋田 • 索羅門群島 ---------- EGG FIELDS OF SAVO · SOLOMON ISLANDS

從索羅門群島的首都荷尼阿拉（Honiara），搭船90分鐘橫越鐵底海峽（Iron Bottom Sound），就會抵達薩沃島（Savo Island）；鐵底海峽的名稱由來，是因為二次世界大戰期間，有數十架船艦和飛機在這個海域沉沒。

這個僅有 28 平方公里大小的島嶼上有熱氣蒸騰的活火山，吸引了塚雉（megapode），這種雞隻大小的黑色鳥類會利用火山的熱氣來孵蛋。

在附近村子帕努埃里（Panueli）四周的沙地上，塚雉會在破曉時分來到這裡，下蛋掩埋。火山土能替鳥蛋保溫，讓鳥媽媽免除育雛的職責。不過等到鳥媽媽離開之後，村子裡的男人就來了，他們往下挖至少 90 公分深，找出鳥巢。他們徒手挖掘，小心翼翼不讓鳥蛋破損，接著用香蕉葉把鳥蛋包裹起來妥善保管，之後再由女人把洞填滿，鋪平沙地。

塚雉蛋相對來說比較大，大概有鴨蛋大小，在當地市場上每顆價值約兩美元。帕努埃里村附近曾經有很多塚雉蛋，但是過度挖掘撿拾導致枯竭。截至 2017 年，該地區僅存一處能下蛋的沙地，產量也很稀少。遊客還是可以在黎明時分來到此地目睹塚雉下蛋的驚人場景，不過應該戒絕購買或食用這些鳥蛋。

How to try it

到薩沃島最常見的方式，就是從瓜達康納爾島（Guadalcanal）北端的城鎮維薩爾（Visale）搭船，從這裡出發大約需要 30 分鐘，所以想要安排一日遊欣賞塚雉下蛋的旅客，應該在破曉前就要出發。想要在前一晚抵達的遊客可以投宿日落旅社（Sunset Lodge），在沒有車輛的島上，這裡是主要住宿地。

塚雉將蛋深埋在沙地中，透過薩沃島的火山熱度來保溫。

巨蛋奇觀

溫洛克巨蛋
Linda Mar Taco BellWinlock Egg

美國‧華盛頓州‧溫洛克（WINLOCK）

1989 年時，這個巨蛋被「信不信由你」（Ripley's Believe It or Not!）博物館列為「世界上最大的蛋」，至今已經重建了四次。1920 年代時，為了慶祝該地區興盛的蛋產業，將帆布繃在木頭框架上組成了一顆蛋。這顆帆布蛋在 1940 年代由塑膠版本取代，1960 年代又換成玻璃纖維。目前的版本以水泥製成，興建於 1991 年，長 3.7 公尺，重 544 公斤。

梅里灣之蛋
The Eggs of Merry Bay

冰島‧維庫島（VIKURLAND）

2009 年時，冰島藝術家西古杜爾‧古德蒙德松（Sigurður Guðmundsso）創作了 34 顆巨大的花崗岩蛋，代表著在冰島東部棲息的 34 種原生鳥類。花崗岩蛋分別放在一塊塊的混擬土上，每顆都精確地呈現出所代表鳥蛋的形狀、花紋和顏色。

河濱圓環
Riverside Roundabou

美國‧加州‧洛杉磯

在洛杉磯的賽普拉斯公園（Cypress Park）街區，有個交通圓環裡都是花崗岩蛋型雕塑，每個蛋上都有一張人臉。這些雕塑在 2017 年裝設，不只是視覺上引人入勝的藝術品，在設計上也是可以保持雨水的地景。每一張臉都來自當地社區裡的某一位真人，從數百名申請者當中隨機選出。

日光金蛋
Solar Egg

瑞典·基魯那（KIRUNA）

在瑞典最北方的城鎮之一，雪地中矗立著一個 4.5 公尺高的金蛋，上面的 69 片玻璃反射著白茫茫的一片大地。金蛋的內部是一個桑拿浴房，當地人可以沉浸在熱氣中，放鬆開聊。這裡以木材加熱，能容納八人並且可以免費使用。蛋型桑拿浴房是來自瑞典政府的禮物，用來補償在該地區因過度開挖鐵礦而導致地下被掏空、必須遷鎮的損失。2017 年起，日光金蛋展開延伸之旅，在哥本哈根、巴黎、明尼亞波利斯等地停留。

達利劇院博物館
Dalí Theatre-Museum

西班牙·菲格雷斯（FIGUERES）

從外觀看來，這間博物館就像是依照夢中荒誕邏輯蓋成的早餐城堡，矮護牆上有巨大的蛋，牆上裝飾著滿滿的麵包。巨蛋堡壘由達利（Salvador Dalí）本人設計，裡面收藏著這位西班牙藝術家的作品，擁有世界上最大的館藏量。

以灌木為基底的興奮茶飲

卡瓦茶 • 萬那杜 -------------------------------- KAVA TEA · VANUATU

How to try it

萬那杜的首都維拉港市
（Port-Vila）有很多卡
瓦茶吧，「蒙愛羅」
（El Manaro）是個樸
素的選擇，有開放式的
茅草屋頂座位區，具有
社區氛圍。新手建議飲
用分量為三到四個椰子
殼（當地人可能會喝上
兩倍的量）。

美拉尼西亞群島（Melanesian archipelago）中萬那杜的聖靈島（Espiritu Santo）才剛日落黃昏，前往盧甘維爾（Luganville）市集的攤販吃晚餐之前，當地的男人、僑居的外國人和潛水遊客，會先去山坡上面的某間茅草小屋。小屋裡有個木頭櫃檯，旁邊是一個像水槽般的大型盆子。櫃檯後面有一條撐開的褲襪，最底部有個巨大的團塊，正在滴出灰色的液體到下方的碗裡。

人一個接一個排隊，從剖半的椰子殼碗裡喝一些灰色液體，然後用水漱口，再朝著盆子裡啐吐幾回。接著他們全部都在長凳上坐下，身子往後斜倚，開始興奮晃動。這是萬那杜的卡瓦茶夜間儀式，這種產生溫和精神作用的飲料，是由卡瓦胡椒（*Piper methysticum*）這種灌木的樹根做成的。這種茶飲能帶來一股溫暖、麻醉的感覺，從嘴唇開始，向外散發，微小尖銳的亢奮讓人感到活躍起來。卡瓦含有 15 種以上的有效化合物，稱為卡瓦內酯（kavalactone），其中萬那杜的品種效果最強。

卡瓦在太平洋的歷史悠久——從夏威夷、東加到密克羅尼西亞——不過有些人認為萬那杜才是卡瓦的靈性歸屬。卡瓦的用途從一般放鬆、藥用到儀式目的都有，現代供應商在處理新鮮的卡瓦樹根時，是用粗糙的珊瑚錐研磨，不過傳統上會由婦女備置，切成小塊咀嚼後再吐出到編織的篩網上。

卡瓦通常裝在椰子殼裡飲用。

TASTE THE WORLD!
THE WORLD!
TASTE THE WORLD!
TASTE THE WORLD!

加拿大
Canada

加拿大西部・加拿大東部

▶ 加拿大西部

▶ WESTERN CANADA

How to try it

走28號公路（Highway 28）可以抵達格蘭登，大約在愛德蒙頓（Edmonton）東北兩小時路程的地方，雕塑位於餃子路（Pyrogy Drive）上的餃子公園（Pyrogy Park）。

高聳的玻璃纖維餃子
世界上最大的波蘭餃子 ● 亞伯達省 ┈┈┈┈ THE WORLD'S LARGEST PYROGY · ALBERTA

在格蘭登（Glendon）這個小鎮上，有一個高 8.2 公尺、重 2,721 公斤的餃子矗立在社區公園中，內餡還被一支巨大的叉子刺穿。這個雕塑的名稱叫〈巨大波蘭餃子〉，是「大草原上的巨人」（Giants of the Prairies）之一，這一系列的大型雕塑分布在加拿大西部（其中〈巨大馬鈴薯〉在沃克斯霍

浩瀚的餃子宇宙

蘇格蘭甜糕餃
Scottish Clootie Dumplings

越南包餅
Vietnamese Bánh Bao

玻利維亞餡餅餃
Bolivian Salteña

烏茲別克丘奇瓦拉小餃子
Uzbek Chuchvana

印度甜蒸餃
Indian Modak

中式燒賣
Chinese Shumai

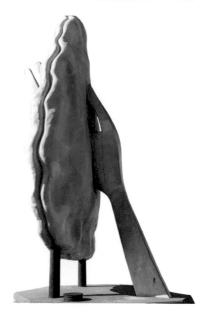

［Vauxhall］，〈世界上最大的蘑菇〉在維爾納［Vilna］）。

位於格蘭登的這個雕塑於 1991 年首次公開，是為了向東歐的餃子致敬，這種餃子是加拿大最受歡迎的外來食物之一。強尼．杜南可（Johnnie Doonanco）在擔任鎮長期間構思出這個雕塑，根據他的說法，原本的設計需要稍加改進。「路過的人反映說看起來像牛糞之類的，」杜南可表示，所以他加上一支叉子，讓人知道那是個餃子。

巨大波蘭餃子旁邊有家咖啡店，是格蘭登的兩間餐廳其中之一，店裡有賣這個玻璃纖維餃子的小型、可食用版本。

俄羅斯餃子
Russian Pelmeni

美式烤蘋果餃子
American Baked Apple Dumpling

義大利巨型餃子
Italian Raviolo Giante

喬治亞卡里大湯包餃
Georgian Khinkali

土耳其小餃子
Turkish Manti

西非肯基發酵玉米麵餃
West African Kenkey

可以喝的蛤蜊義大利麵

「凱薩」‧亞伯達省 ⸺⸺⸺⸺⸺⸺⸺⸺⸺⸺⸺ CAESAR · ALBERTA

蛤蜊義大利麵（alle vongole）是一種傳統義大利菜色，卡加立旅館（Calgary Inn）的經理華特‧謝爾（Walter Chell）在威尼斯嘗過之後，難以忘懷。1969 年，謝爾奉命替旅館新的義大利餐廳打造招牌飲品，於是做了一款受到蛤蜊義大利麵啟發的雞尾酒，使用搗爛的「蛤濃汁」（clam nectar）作為基底，再加上番茄汁、伏特加、萊姆、香料、伍斯特醬（Worcestershire sauce）以及辣醬。他把這款發明命名為「凱薩」（Caesar），雖然謝爾不是第一個在雞尾酒中加入蛤蜊的人（早在 1900 年就有這樣的作法），真正成功的卻是他的配方。

大約在同一時期，番茄蛤蜊汁（Clamato，由蛤蜊與番茄二詞結合製成）這款飲料問世了，發明者來自美國加州，就像謝爾一樣，靈感也來自於海鮮食物：曼哈頓蛤蜊巧達湯（Manhattan clam chowder）。消息傳到加拿大之後，大家知道美國有了調製凱薩雞尾酒的捷徑，紛紛要求要購買番茄蛤蜊汁。到了 1990 年代中期，一箱又一箱的番茄蛤蜊汁輸入加拿大西部，其中有 70% 都加進了凱薩雞尾酒。從那時起，這款飲料就成為加拿大酒吧文化很重要的一部分，每年喝掉 3 億 5,000 萬杯的凱薩雞尾酒，是加拿大國內最受歡迎的雞尾酒（2009 年時成為加拿大的官方雞尾酒）。

不可避免地，這款雞尾酒總會被拿來跟美國的血腥瑪麗（Bloody Mary）比較，加拿大人堅持他們心愛的凱薩雞尾酒好喝多了，也比較有層次，而美國人則固執地一喝蛤蜊就嚇到想吐。研究人員所說的「蛤蜊障礙」是真的，番茄蛤蜊汁在美國的銷售量依然慘澹，不過加拿大人很樂意接收全部多出來的分量。

紅鉤吻鮭復興

奧索尤斯湖的鮭魚‧卑詩省 ⸺⸺⸺⸺⸺⸺⸺ OSOYOOS LAKE SALMON · BRITISH COLUMBIA

數千年來，太平洋西北區的原住民西爾克族（Sylix，或稱奧卡納根，Okanagan）一直食用來自奧索尤斯湖的紅鉤吻鮭。這種魚類以鮮紅色的表皮著稱，在預備產卵時會出現這種顏色，魚肉的味道獨特，清爽卻帶有濃郁奶油般的口味，這是因為紅鉤吻鮭大量食用浮游生物和甲殼類的緣故。

由於過度捕撈和氣候變遷，當地的紅鉤吻鮭數量大幅減少。2003 年時，奧卡納根原住民聯盟（Okanagan Nation Alliance）發起重新增加魚類數量的倡議，稱為 Kt cp'elk'stim'（西爾克語中「使其回歸」的意思）。透過這項計畫，他們改建水壩，讓紅鉤吻鮭能夠通過，清潔水質，並且結合原住民的文化做法，例如餵食當地的老鷹和貓頭鷹。到了 2010 年時，努力有了成果：75 年以來，紅鉤吻鮭的族群數量首度被認為足以永續，變成以數十萬計。

奧索尤斯湖的紅鉤吻鮭季節轉瞬即逝，從七月到九月初，無法到現場品嘗新鮮鮭魚的人，也有用糖、鹽和糖漿做成的蜜汁鮭魚可選購。

出走的美味

里奇蒙夜市
RICHMOND NIGHT MARKET

從 19 世紀起，中國移民就開始到加拿大西部開採金礦，或者是修築加拿大太平洋鐵路（Canadian Pacific Railway），大部分都來自廣東省。儘管當時的法令和氛圍都充滿種族歧視，許多人仍然選擇留下來，建立起加拿大的華裔社群，在接下來一個世紀間蓬勃發展。今日里奇蒙的人口超過一半是華裔，這個城市裡也有北美最大的亞洲夜市。

從五月到十月，日落之後，里奇蒙夜市大約有 300 個攤販在賣零食、衣服和小玩意，場地的安排就像是熱鬧的亞洲夜市。熱氣蒸騰的食物小販賣魚丸、蟹螯、豬腳、餃子、珍珠奶茶，還有無數世界各地的點心，像是墨西哥的吉拿棒（churros）、日本的章魚燒、菲律賓的鐵板豬內臟（sisig）。每晚夜市可招待 5,000 到 8,000 名訪客，大家全都邊走邊吃著亞洲最棒的夜間零食。

How to try it
里奇蒙夜市位於河流街（River Street）8351 號，在五月到十月的每週五、六、日營業。

野牛能量棒之戰

乾肉餅戰爭 • 曼尼托巴省 ---------------------------------- PEMMICAN WARS · MANITOBA

兩百多年來，在橫跨 17 到 19 世紀的這段期間，歐洲強權爭奪加拿大西北部的上等皮草交易領地。為了將生意拓展到亞北極地區，歐洲人面臨了重大的營養問題。一個成人每天需要 4,000 到 6,000 大卡熱量，但是來自歐洲的麵粉滋生象鼻蟲，肉類腐敗，幾乎不足以維持遠征所需。於是他們找上了乾肉餅——北美原住民的能量棒。

乾肉餅是用細細磨碎的動物乾肉，混合提煉的動物油脂製成，營養豐富，輕量化又可以長久保存，每 450 公克含有將近 3,500 大卡熱量。雖然任何肉類（甚至是魚類）都能處理製作成乾肉餅，但撐起皮草交易熱量需求的是野牛。原住民族群梅蒂人（Métis），是第一民族（First Nations people）和殖民時代歐洲人的後代，大部分的乾肉餅都是他們製作的。在大規模狩獵野牛之後，他們會製作乾肉和油脂的混合物，然後填進水牛皮做成的袋子裡，他們稱這種調合物叫「多合」（taureau，公牛肉的意思）。一個「多合」含有 30 萬大卡熱量，不必放冰箱也能保存 10 年之久。乾肉餅在該地區各處的交易站販售，是歐洲河狸商業捕獵帝國擴張的關鍵——重要到引起戰爭的地步。

1800 年代初期時，某個與英國皮草貿易商哈德遜灣公司（Hudson's Bay Company）有關係的新群落企圖通過法令，明文禁止所有的糧食都不得攜出該地區，包括乾肉餅在內。這麼做中斷了對手西北公司（North West Company）的供應，激起了為期兩年的乾肉餅相關爭戰，最後燒毀了兩座堡壘，死亡數十人。

不過，乾肉餅戰爭還不是這種密實肉脂混合物產業最具毀滅性的後果：乾肉餅對於河狸商業捕獵變得如此重要，以至於密蘇里河以北的加拿大野牛群幾乎被趕盡殺絕。

除了北美原住民和歐洲皮草狩獵者之外，乾肉餅也包含在南極探險隊的行囊中，羅伯特·皮里（Robert Peary）還把乾肉餅帶到北極地區。他後來表達了自己對這種食物的喜愛，說「乾肉餅對極地遠征的重要性，再怎麼強調也不為過。」

野牛肉掛在開放式火爐上烘乾，之後再磨碎，用來製作乾肉餅。

新冰島

凍結在加拿大的傳統文化

19 世紀晚期時，西提格·約納松（Sigtryggur Jónasson）帶領著一批冰島移民搬到遙遠的曼尼托巴省溫尼伯湖（Lake Winnipeg）湖濱。這次遠征是希望能在加拿大找到合適的地方，展開新的聚落，要有豐富的農地和自然資源，並且不要跟冰島的北歐地景相差太多。接下來的數十年中，由於冰島火山爆發，重創當地經濟，大約有 20% 的冰島人口移民到北美洲。在曼尼托巴省，初來乍到者面臨嚴峻的冬季，很多人在前幾年就沒命了，但是活下來的人——大部分都多虧了來自第一民族的幫助——決心建立自己的社區，如今稱為新冰島。

比起在北歐，在新冰島往往更容易找到傳統冰島食物。「魯拉普爾沙」（Rúllupylsa）是把搗碎的羊脅腹肉捲成圓條狀，這道菜在冰島已經少見，不過在加拿大地區卻是相對常見，雜貨店和連鎖超市都有販售。冰島利口酒，俗稱「黑死酒」（brennivin）的烈酒在酒吧隨點隨有，地方商店的架上擺滿魚乾、自製血布丁（slátur，像是冰島版本的肉餡羊肚），還有像薄餅的冰島鬆餅（pönnukökur）。新冰島與冰島之間有個引人入勝的脫節之處。二次世界大戰後，冰島與北大西洋公約組織（NATO）及美國建立關係，國家快速現代化，而新冰島則大致上維持傳統的生活方式，這一點在新冰島的飲食文化上尤其明顯。例如「維納塔達」（vínarterta）這種多層梅李醬加豆蔻的四層蛋糕，在 1875 年時最為流行，當時有第一波的移民抵達溫尼伯湖。在冰島，製作「維納塔達」已經退流行了，不過在新冰島，麵包店、禮品店和大部分的阿嬤，都還會烘焙這種古早味甜食。

冰島及新冰島對彼此友善而感興趣，冰島總理總是不嫌麻煩，每年都會飛去新冰島參加一年一度的冰島節慶。這個加拿大的聚落吸引了一車又一車好奇的冰島遊客，還有來自國內移民社群的訪客，大家都想體驗他們的傳統文化，就像是保存在琥珀中一樣——凝結在比較接近 19 世紀火山爆發的時代，而不像現代冰島。

「維納塔達」是 19 世紀時風行的冰島糕點，至今仍在新冰島的商店裡手工製作，例如像「那索雜貨店」（Hnausa General Store）。

一尊 4.5 公尺高的維京人雕像，位於曼尼托巴省的吉姆利小鎮（Gimli），向該地區廣大的冰島族群致敬。

永凍層冷藏室

土克托雅土克冰屋 • 西北地方 ------------------ TUKTOYAKTUK ICE HOUSE ·
NORTHWEST TERRITORIES

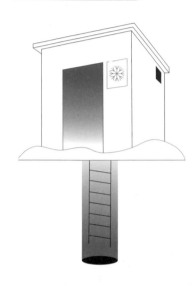

土克托雅土克村莊位於極北之地，那裡的氣候冷到當地人常常騎雪車去商店
採購。一般家庭靠狩獵、漁撈和陷阱捕捉來養活自己，必須配合天氣才能生
存。夏天捕魚，秋天狩獵美洲馴鹿，一整年他們都會利用在永凍層挖出的錯
綜地下房間當作冰箱。

這些看似附屬建築的小型結構，裡面似乎沒什麼，不過走進去往下看：地板
上裁切的方形開口就像活板門，牆面結著毛茸茸的冰霜，一路往下延伸到冰
封的黑暗中。要儲藏肉類的話，你必須拿東西走進洞裡，小心翼翼一步步踏
著木頭梯子往下走。到了底下，空間突然開闊起來，出現像是地下墓穴般的
通道，覆滿冰霜結晶。這裡是土克托雅土克冰屋，村裡共用的冷藏室。

冰屋在 1963 年挖掘而成，深入永凍層九公尺，有三條走廊通往 19 個各別的
房間，當地人在打獵後會把多出來的肉類存放在此。房間裡的溫度相當穩定，
大概是攝氏零下 15 度，是完美的冷凍庫。

有電力之前，大部分的北方村莊都有自己的冰屋。近年來，許多冰屋都已停
用，改成現代的冷藏設備，不過土克托雅土克選擇保存冰屋，還加上小型入
口結構來保護冰屋。每年冰會從天花板落到地上，通道變得越來越窄，當地
人就必須把腰彎得更低，才能拿到儲藏的東西。

曲棍球場社區花園

伊奴維克溫室 • 西北地方 ------------------------- INUVIK GREENHOUSE ·
NORTHWEST TERRITORIES

位於北極圈以北 193 公里的伊奴維克（Inuvik），氣候在各方面來說都很極
端。全年的溫度介於攝氏零下 40 度到 27 度，夏季期間，白晝可說是永無止境，
有五十幾天是 24 小時有日光。利用這段短暫卻強大的季節，伊奴維克的居民
在 1998 年讓一座舊曲棍球場免於遭到拆除，轉變成加拿大最北的商業溫室。
半圓形的玻璃窗構造區隔為兩部分：一邊是 370 平方公尺的商業溫室，利潤
用來資助另一邊的社區花園。大約有 180 塊園地由城裡的居民照料，種植菠
菜、萵苣、番茄、草莓、南瓜，還有許多其他原本無法在北極存活的植物。

一部分的高架花床分配給團體，像是城裡的
年長人士、兒童和當地慈善機構。雖然生長季
節短暫，只有五月到九月，不過季節性的豐收
替這個遙遠的社區帶來寶貴的營養和糧食安全
（food securify）。

富林克林遠征隊的怪異廚餘

比奇罐頭堆石標凹坑 • 努那福特區 ································ BEECHEY CAN CAIRN
INDENTATION · NUNAVUT

在北極圈深處，位於努那福特區比奇島（Beechey Island）的岩岸，有一處苔蘚片片的圓形凹坑，直徑大約有 3.7 公尺。這是曾經高達兩公尺食物罐頭金字塔的僅存痕跡，是過去在此堆疊罐頭的北極遠征隊遺存物之一。

凹陷是由「罐頭堆石標」造成的，那是 1845 年時，由富蘭克林遠征隊的探險家在此堆疊而成。129 名成員由英格蘭搭乘兩艘船隻出航，希望能率先找到西北航道，但是沒人返航，關於他們的命運，留下的線索也不多。最重要的發現之一就是罐頭堆石標，一處高聳堆疊的空罐頭。富蘭克林和手下在航程中攜帶了超過 8,000 個食物罐頭，包括 14,969 公斤的罐頭肉，還有 4,037 公斤的罐頭蔬菜。第一個冬天停留在比奇島時，他們留下了空罐頭（還有最先死亡的三名船員）。

How to try it
現在已經可以飛越西北航道飛到達比奇島。

三年後，富蘭克林等人還是沒有返回英格蘭，有好幾個搜索隊伍開始出發尋找他們。1851 年時，搜尋隊伍登陸比奇島，發現了罐頭和三座墳墓。當時用金屬罐頭保存食物還是新技術，富蘭克林一行人使用的罐頭很薄，蓋口還是用鉛焊接密合。多年來，這些罐頭被認為與船員的衰弱死亡有關，很多人認為他們是因為鉛中毒而死。之後的科學大多駁斥鉛是主要死因的說法，如今的研究大部分都指出，死因其實結合了營養不良、失溫、結核病和飢餓。

從那時候起，罐頭逐漸分解到地下，緊接而來的是綠油油的苔蘚片片，靠著罐頭留下來礦物質欣欣向榮。這塊圓形凹坑是富林克林遠征隊罐頭堆石標僅存的遺跡，不過在不遠處可以看到另一個比較堅固的罐頭堆石標，是由前來救援的搜尋隊伍所留下來的。

1857 年麥克林托克（McClintock）北極遠征隊的版畫插圖，這是富蘭克林一行人的搜救隊伍之一。

因紐特人鯨脂塊

鯨魚皮油脂塊 • 努那福特區 ································ MUKTUK · NUNAVUT

根據因紐特人的傳說，北方海域中的鯨魚、海豹、海象，曾經是海洋女神賽德娜（Sedna）的手指。根據流傳，賽德娜的父親在風暴來臨前夕慌了手腳，於是把女兒丟出船外，賽德娜抓住獨木舟邊緣，她父親還切斷她的手指。一般認為賽德娜是復仇女神（部分原因是手指被切斷的緣故），要平息她的怒火，就必須尊重海洋裡的動物——那曾經是女神本身的一部分。這裡尊重的意思，通常是指充分利用整隻動物，當作食物或工具。

鯨魚皮油脂塊就是這樣的一道菜，利用整隻鯨魚，這是一道傳統因紐特菜色，由鯨魚皮和鯨魚油脂組成，通常是弓頭鯨、白鯨或獨角鯨。傳統上會切成小方塊生食，不過也可以油炸、醃漬或燉煮。

How to try it
鯨魚皮油脂塊本來是因紐特人之間流傳的食物，近來在努那福特區的鄉村食物市場也買得到，那裡有獵人會販售傳統因紐特食物。

根據鯨魚種類的不同，鯨魚皮油脂塊的外觀可能是一塊黑皮加上柔軟的紅白色鯨脂，或者是條紋狀的灰、白、粉紅層疊，就像是五花肉一樣。鯨魚皮有彈性到令人挫敗，不過一般會淺淺地切開幾刀，讓人比較好嚼一點。至於鯨脂則會隨著咀嚼慢慢融化，散發出海洋的香氣，又不會有過重的腥味或鹹味。

幾個世紀以來，因紐特人都把獨角鯨的鯨脂當作零食。

用來以物易物或製作派餅的野生漿果

薩克屯 • 薩克其萬省 ----------------------- SASKATOONS · SASKATCHEWAN

薩克屯的河岸區（River Landing）有尊約翰·雷克（John Lake）的雕像，蹲坐在達科他第一民族（Dakota First Nation）部落酋長白浪（Chief Whitecap）的雕像旁邊。白浪酋長伸長手臂，指向他面前的土地——一片遼闊，上面曾經長滿了薩克屯漿果，而這個城市正是以此命名。

薩克屯漿果（*Amelanchier alnifolia*，唐棣屬）是小型的紫色漿果，帶有杏仁甜味。這種植物在北美野生，是原住民和早期殖民者的重要飲食來源，當時會把漿果壓成塊狀的餅，當作甜味劑來用。根據某則 1900 年的描述，漿果曾是貴重之物，10 塊薩克屯漿果餅可以換得一大塊雄鹿皮。

跟其他的漿果一樣，薩克屯漿果很適合用在果醬、釀酒和啤酒，不過最受歡迎的用法是用在派餅上。薩克屯漿果內餡加上一點檸檬汁、糖，再搭配麵皮是很常見的備料。不過隨著人類侵占薩克屯漿果的生長地，這種漿果越來越難找到，也表示填滿薩克屯漿果內餡的派餅，已經成為勞力密集的珍貴商品。

自 1990 年代起，加拿大和美國就開始進行人工培植薩克屯漿果。雙方的栽種導致了一些文化衝突，因為美國的農民認為薩克屯漿果這個詞，在美國市場行不通，於是重新塑造形象，改名為「六月莓」（Juneberry），在加拿大則維持原名。

How to try it

瓦努斯克溫遺址公園（Wanuskewin Heritage Park）位於薩克屯市中心北方 15 公里，這個活躍的考古遺址暨博物館致力於保存、讚頌北方大平原第一民族的文化，也提供很棒的薩克屯漿果派餅。

鄉村食物市場：挽救傳統食物的非傳統方式

走進加拿大努那福特區的鄉村食物市場，你會發現陳列了美洲馴鹿頭和心臟、整塊帶皮的獨角鯨脂、北極紅點鮭（煙燻、冷凍，或是做成一種叫做 pitsi 的魚片乾）、醃海豹（igunaq，發酵的海豹肉）、麝香牛絞肉（ground umingmak），還有一種叫做大菱鮃的冷凍比目魚，是地球上最不對稱的脊椎動物，兩隻眼睛都擠在頭部的一邊。這些是有「鄉村食物」（country food）之稱的高脂肪伙食，富含維生素，數千年來，努那福特區的人賴以維生，不過一直到最近才能在店裡買到。

鄉村食物是努那福特的生活方式：狩獵、漁撈或採集，與社群分享。在加拿大北部的惡劣氣候下，這種生活型態並不穩定，狩獵量不足會導致「兔子飢餓」（rabbit starvation）的狀況，這是一種致命的蛋白質中毒，起因是身體缺乏脂肪。今日這個地區改變了，先前的半遊牧社群安頓下來，成為定居城鎮，努那福特的小孩也不再花時間學習遷移模式，不再學著判讀海冰。此外全球暖化也讓狩獵季節變短了，這表示鄉村食物越來越少，有 70% 的努那福特小孩都生活在糧食不安全的家戶中。

在比較沒那麼偏遠的地區，喪失狩獵能力也許可以用雜貨店來彌補，但是在努那福特區，所有的商品貨物都必須空運，一把芹菜的要價可能就是驚人的九美元。

商業糧食的價格是加拿大其他地方的兩倍到三倍，當地的家庭根本負擔不起。

為了鼓勵狩獵，替鄉村食物營造經濟誘因，非營利組織像是「努那福特計畫」（Project Nunavut）和「餵飽努那福特」（Feeding Nunavut）等非營利組織會安排快閃市集，讓獵人和漁夫可以向大眾販賣自己捕獲的獵物。「努那福特計畫」的創辦人原本不太確定這個想法是否行得通，不過 2010 年首次舉辦鄉村市場時，不到 10 分鐘就全部販售完畢。幾年後，該地區也開設起固定商店，以合理價格販賣當天捕獵到的各種肉類。

並非努那福特區才有傳統食物市場，附近的格陵蘭傳統食物市場已經有一百五十多年的歷史，不過在努那福特區，這個概念一直有爭議，因為鄉村食物原本應該要在社群內分享，用來建立連結和互相依賴才對。販賣海豹、鯨魚或鮭魚，在某種程度上仍然被認為是背叛了傳統價值。

其他試圖讓鄉村食物重新流行的努力包括政府補助狩獵、教導傳統狩獵方法的課程，以及開放所有人使用的社區冷凍櫃。當地人致力於改善歷史悠久的食物和營養取得途徑，在迅速現代化的加拿大，鄉村食物市場則替努那福特的社群，提供讓傳統食物延續下去的方式，讓人有機會接觸。

努那福特區的獵人用雪橇車運送一頭獵到的麝香牛。

酒杯中的著名附肢

酸腳趾雞尾酒 ● 育空地區 ----------------- SOURTOE COCKTAIL · YUKON

酸腳趾是道森市（Dawson）的招牌雞尾酒，每晚在「酸種麵包酒吧」（Sourdough Saloon）供應。材料可以是任何一種你想喝的烈酒，加上一個必不可少的原料：一隻人類的腳趾，放在酒杯中，一飲而盡時必須碰到嘴唇才算數。腳趾頭經過時間和酒精的醃製，同樣一隻消毒過的人類附肢，重複在每一杯雞尾酒裡使用。這個行之有年的調製方法，是迪克·史蒂文森船長（Captain Dick Stevenson）的畢生傑作，他自稱混蛋，是專業的毒狼人，曾經帶著酸腳趾環遊國內 80 天。

迪克船長首次發現人類的斷腳趾，是在清理小屋的時候，屋主曾經是禁酒時期走私蘭姆酒的林可兄弟（Linken brothers）——兄弟倆一個在販賣私酒時凍傷了腳趾，另一個把凍壞的腳趾切下來。迪克船長本身就愛喝酒，有天晚上，他決定把那截腳趾加到用啤酒杯裝的香檳裡，要人喝下去。酸腳趾雞尾酒俱樂部就此誕生，只要喝酒時願意用嘴唇碰到腳趾，就能獲准加入。

歷年來，腳趾曾經在嬉鬧中遺失。第一個腳趾遺失是因為有個礦工不小心誤食，此人企圖打破紀錄，想喝下 13 杯腳趾香檳。喝到第 13 杯時，他往後跌倒，頭部撞到平台，把腳趾給吞了下去。尋覓新腳趾時，迪克船長用醃過的熊睪丸當作替代品，並且用「陰莖骨」作為雞尾酒攪拌棒（他把這款酒命名為「苦得好熊睪丸高杯雞尾酒」[Better Bitter Bear Ball Highball]，後來多次在腳趾不見的時候代打上陣）。

第二隻腳趾來自長雞眼但無法開刀的腳，不過沒多久就不見了。迪克船長在報紙上登廣告，以 300 美元的代價徵求新腳趾，同時也拜託加拿大警方搜索舊腳趾。警方進行了測謊，以確保弄丟腳趾不是宣傳花招。他們接獲線報，舊腳趾出現在田納西州的曼菲斯，於是追到德州尋回腳趾，最後終於歸回加拿大。第三隻腳趾由另一個凍瘡患者捐贈，用了一陣子後，被一名棒球員誤食吞下。後來出乎意料地，有個礦工失去一條腿，把五隻腳趾都給了迪克船長。有了充裕的腳趾，迪克船長展開「酸腳俱樂部」（SourFoot Club），給願意在雞尾酒裡加入全部五隻腳趾的人參加。

2009 年時，迪克船長寫了一本「腳趾自傳」（au'toe'biography），詳述在全國各地給人喝酸腳趾的經歷。他從來沒靠這些古怪的噱頭賺大錢（包括「北緯 60 度線以北首次裸體選美」，還有失敗的岩石寵物販售），不過他的遺澤長存，就在發黑的木乃伊腳趾中，為了加入他的無厘頭獨家俱樂部，大家經常用來碰觸嘴唇。2019 年時，迪克船長過世，享壽 89 歲。

要獲准加入酸腳趾雞尾酒俱樂部，無畏的酒客必須讓截下的腳趾碰觸到自己的嘴唇。

克朗代克補給清單

1896 年夏季，克朗代克（Klondike）地區發現黃金的時候，全國各地的淘金者爭相進入育空地區，希望能發大財。為了抵達該地，他們搭乘超載的船隻，航行數百甚至數千公里，通常還要徒步跋涉，穿越險峻的山岳地形。

人群如此湧入不毛之地，加拿大法律於是規定進入育空地區的人，必須攜帶一年份的糧食補給。除了野間營的用品之外，男男女女的淘金者平均每人必須拖拉負重將近 907 公斤。大多數的探險者負擔不起駄獸，也請不起當地人幫忙，所以他們會把貨物分成 23 公斤到 36 公斤的分量，在個人儲備物資和下一個邊疆之間來回跋涉，往往必須走上 16,000 公里，才能把物資移動 48 公里的距離。

下面這張一年份雜貨的打包清單由伊頓百貨（T. Eaton Company）所發表，伊頓百貨曾經是加拿大最具規模的連鎖百貨，這份清單出現在 1898 年的產品型錄中。

麵粉 500 磅	12 加幣		脫水蘋果乾 15 磅	1.43 加幣
培根 200 磅	19 加幣		脫水蔬菜乾 12 磅	2.16 加幣
糖 75 磅	3 加幣		牛肉精 1 打	3 加幣
咖啡 10 磅	3 加幣		煉乳 1 打	1.5 加幣
茶 10 磅	2.5 加幣		各種湯品 5 罐	3 加幣
泡打粉 10 磅	1 加幣		鹽 20 磅	0.2 加幣
肥皂 12 磅	0.4 加幣		胡椒 1 磅	0.15 加幣
酵母餅 3 打	1.44 加幣		燕麥片 50 磅	1.04 加幣
芥末 1 磅	0.4 加幣		玉米粉 20 磅	0.29 加幣
蠟燭 25 磅	2.5 加幣		小蘇打粉 21 磅	0.63 加幣
豆子 100 磅	1.67 加幣		萊姆汁 1/2 加侖	2.49 加幣
大麥 10 磅	0.25 加幣		火柴 5 盒	0.5 加幣
去皮豌豆 10 磅	0.25 加幣		洋李乾 10 磅	0.63 加幣
米 25 磅	1.05 加幣		脫水杏桃乾 20 磅	2.2 加幣

1898 年的契爾庫山口（Chilkoot Pass）淘金者，目的地是克朗代克金礦田。

▶加拿大東部

▶ EASTERN CANADA

鮮為人知的鱈魚部位

鱈魚舌 • 紐芬蘭與拉布拉多省 ⸺ COD TONGUES · NEWFOUNDLAND AND LABRADOR

雖然「鱈魚舌」聽起來並不太吸引人，這個誤稱其實比本尊更迷人：指的是取自鱈魚喉嚨底部的多肉小塊部位。這塊雙岔形狀的一口肉是拉布拉多省的美食，口味類似扇貝，口感略帶嚼勁，裹點麵粉炸過之後，是這個海岸省分處處可見的高價餐點。

當年拉布拉多海（Labrador Sea）鱈魚還很多的時候，大部分的漁民根本懶得收集魚喉嚨底部的那塊肉。通常是有生意頭腦的小孩去翻撿人家丟掉的鱈魚頭堆，才會把有肉的地方剔除下來，賣掉賺點零用錢。但是到了 1990 年代初期，過度捕撈猖獗，當地鱈魚瀕臨滅絕，加拿大政府於是宣布暫停拉布拉多沿岸的商業漁撈。新法令使得數千人失業，更多人吃不到鱈魚。

雖然近年來建立起幾座小型漁場，但是鱈魚的數量已經不如從前，不再是取之不盡的食物。如今每個部位都必須尊重以待，就連魚喉嚨後方的小塊膠質也不能浪費。

拉布拉多省從前鱈魚滿滿的時候，小孩會翻揀魚堆，切下「鱈魚舌」賺取零用錢。

多用途布丁

藍莓蒸糕 • 紐芬蘭與拉布拉多省 ⸺ BLUEBERRY DUFF · NEWFOUNDLAND AND LABRADOR

歷史上「布丁」一詞用來描述過很多種菜色，從香腸、肉餡羊肚，到蒸糕和卡士達都有。後來這個詞慢慢演變成主要專指甜點，不過藍莓蒸糕可不管這個，紐芬蘭的這款布丁既是午餐，也是甜點。

藍莓蒸糕是傳統週日中午的「吉格斯晚餐」（Jiggs dinner，加拿大東北部居民的「晚餐」指的是我們一般人認知的「午餐」）的經典配菜，吉格斯晚餐由水煮醃牛肉和根莖類蔬菜在大鍋中一起煮。隨著牛肉和蔬菜煨煮，這時像蛋糕麵糊一般準備麵粉、雞蛋、糖和藍莓，將混合物放入棉布袋中（必要

時可以用枕頭套），袋口綁緊，整個放進吉格斯晚餐鍋中一起烹煮。成品是一塊淺色的海綿蛋糕，有麵糊的甜口味，也增添了牛肉汁的鹹味。

煮好後的蒸糕有兩種食用方式，可以當作吉格斯晚餐的配菜，切片後跟燉肉蔬菜一起盛盤食用。也可以加上蘭姆酒醬，配茶當作甜點。

停產會造成恐慌的醃菜

芥末醃菜 • 紐芬蘭與拉布拉多省 ·························· MUSTARD PICKLES ·
NEWFOUNDLAND AND LABRADOR

在紐芬蘭坐下來吃一頓週日晚餐，可能會一直有人要你幫忙遞一下芥末醃菜：切成塊狀的黃瓜、洋蔥、白花椰菜，用鹽滷水泡過後，混合濃稠的黃色芥末醬。這種醃菜又甜又辣，而且你最好不要說醃菜的壞話，因為在本省境內，芥末醃菜受到永久保護，不得誹謗。

醃菜之所以這麼受歡迎，是因為紐芬蘭的氣候經常寒冷，總很是不穩定。當年沒有便利的雜貨店，早期居民要依靠保藏食品——鹹肉、布丁和根莖類蔬菜——才能度過漫漫長冬。這樣的一盤菜色，加上一小份芥末醃菜，就像是一道有滋味又受歡迎的陽光（紐芬蘭的傳統週日「吉格斯晚餐」仍然會搭配芥末醃菜）。

How to try it

「比克甜芥末醃菜」可以在網路上買到，加拿大的雜貨店也都有販售。

鹽漬蔬菜是當地美食根深蒂固、不可缺少的一部分，以至於最近的生產變動立刻造成眾人驚慌失措。2016 年時，加拿大斯馬克食品公司（Smucker Foods of Canada）宣布即將停產旗下兩個芥末醃菜品牌的生產線——口味比較酸的「橙皮牌」（Zest）和口味比較強烈的「居民牌」（Habitant）。消息一出在紐芬蘭造成一陣哀悼（「與醃菜吻別吧！」當地報紙的頭條寫道），粉絲清空了超市貨架，紐芬蘭與拉布拉多省傳統基金會（Heritage Foundation of Newfoundland and Labrador）開始儲備家傳食譜，而且至少有一醃菜個愛好者為心愛的醃菜譜寫了輓歌。到頭來，醃菜狂熱分子根本是白擔心一場。斯馬克食品公司直接增加了第三種芥末醃菜的產量，某些專家表示，「比克甜芥末醃菜」（Bick's Sweet Mustard Pickles）這個牌子吃起來「味道一樣」。

家庭必備食材

{ 醃菜：PICKLES }

醃菜不只好吃，不必放冰箱也能存放多年，而且還很營養。著名的羅馬政治人物老加圖（Cato the Elder）推薦一早先吃醃高麗菜，能夠治療關節疾病。2 世紀時的希臘醫生蓋倫（Galen）認為，餐前食用鹽漬橄欖和發酵魚醬，能夠清潔並強化消化系統。這些早期的醃菜擁護者並沒有說錯，發酵醃菜富含維生素，是很棒的益生菌來源，自古以來都幫助人類保持活力及健康。

古代名人如希臘醫生佩加蒙的蓋倫吹捧醃製食品的好處。

德式酸菜
Sauerkraut

德式酸菜流行於 18 世紀的歐洲，是荷蘭海軍避免壞血病的方法之一。加鹽、加壓發酵過後，醃高麗菜能保留高含量的維生素 C，英國的庫克船長在船上的飲食補給中加入德式酸菜，但是起初船員拒絕食用。為了提升醃高麗菜的聲譽，庫克船長只提供給高階軍官，之後船員就願意吃了，大家也因此免於罹患壞血病。

日本醃梅
Umeboshi

數世紀以來，珍貴的日本醃梅一直用來滋養該國的戰士。日本醃梅富含酸及礦物質，能用來對抗疲勞、胃痛、脫水症和宿醉。稱為「忍者」的神祕刺客所服用的「止渴丸」，就是用搗成漿的日本醃梅製作。日本武士會在長征時食用這種鹽漬果子，從 16 世紀起，日本醃梅也是日本士兵軍糧的標準配備。

泰國酸肉腸
Naem

泰國酸肉腸是用調味豬肉加上豬皮、糯米，
頂多發酵一週，直到產生招牌的強烈味道。
糯米是乳酸菌和酵母的溫床，充當酸味劑，
鹽則能讓豬肉不要變得太酸。成品酸辣，
帶有蒜味，通常會生吃。

醃菜汁
Pickle Juice

至少在美國是不會隨便丟掉醃菜汁的，美國人會利用醃
菜後帶有鹹味的汁液，來舒緩劇烈運動後的抽筋和肌肉
痠痛。醃菜汁富含鈉與鉀，就像運動飲料一樣，有助於
補充電解質。2000 年時，費城老鷹隊（Philadelphia
Eagles）在酷熱的攝氏 42.8 度擊敗達拉斯牛仔隊（Dallas
Cowboys），就是靠醃菜汁讓隊員保持最佳狀態。

辛奇
Kimchi

這種辛辣的發酵蔬菜是韓國飲食的核心，很可能讓韓國
免於遭受 SARS（嚴重急性呼吸道症候群）。2003 年時，
SARS 在中國爆發，迅速擴散，在七個國家造成 774 人
死亡。然而韓國的民眾雖然時常往返中國，卻沒有任何
人死亡。包括醫生和科學家在內，許多韓國人認為，大
量使用辛奇的飲食含有豐富的健康益菌，能殺死 SARS
的微生物，使得韓國大眾能夠避免感染。

2016 年時，韓國人平均吃掉 36 公斤重的辛奇。

蘭姆酒和鱈魚入會儀式

「尖叫入籍」 • 紐芬蘭與拉布拉多省 ············ Screech-In · NEWFOUNDLAND AND LABRADOR

有個英格蘭船長曾經寫道，紐芬蘭四周的鱈魚「厚積在岸邊，幾乎沒辦法划船通過」。從 16 世紀起，歐洲的水手成千蜂擁而至，捕撈鱈魚，把豐收的鱈魚用鹽醃漬後賣到歐洲及其殖民地。英屬西印度群島成為重要的買家：大型栽培農場的主人需要蛋白質來餵飽奴工，鹽漬鱈魚能提供便宜、不易腐敗的解決方法。作為交換，牙買加送出成桶的當地特產：蘭姆酒。

「尖叫」（Screech）是紐芬蘭對蘭姆酒的稱呼，雖然沒人知道確切的原因，傳說這個名稱來自於一名美國大兵的尖叫聲，因為他一口氣喝下酒精濃度 40% 的蘭姆酒。「尖叫」變得深植於紐芬蘭的生活中，當地人甚至精心打造出一種有點開玩笑的儀式，稱為「尖叫入籍」（Screech-In），歡迎新人加入他們這一省。

要成為榮譽紐芬蘭人（英文稱作 Newfie），正式加入「皇家尖叫團」（Royal Order of the Screechers）的王室行列，首先你必須自我介紹，然後任由當地人嘲弄你。接著你得親吻一條鱈魚（鹽漬、冷凍、新鮮的皆可），吃點波隆那香腸（bologna，人稱紐芬蘭人的牛排，幾乎就跟蘭姆酒一樣受歡迎），接著人家會問：「你是尖叫者嗎？」（Is ye a Screecher?）請驕傲地回答：Deed I is, me old cock, and long may your big jib draw! 這個回答聽起來可能有點粗魯，但其實只是紐芬蘭人的俚語，意思是「沒錯我就是，我的老友，願你在海上永遠一帆風順。」接著由加入者將蘭姆酒一飲而盡，完成儀式。

親吻鱈魚是成為榮譽紐芬蘭人的唯一辦法。

原住民療癒食物

海豹鰭派 • 紐芬蘭與拉布拉多省 ························· SEAL FLIPPER PIE · NEWFOUNDLAND AND LABRADOR

海豹鰭肢的肉是濃郁而細緻的紅肉，味道既有野味也有海鮮味，有點像鴨肉，加上帶有蔬菜的肉汁小火燉煮，足以媲美任何一種肉餡派的填料。

加拿大的原住民和海洋文化，一直仰賴海豹為生。海豹毛皮提供了外套和靴子的防水材料，海豹油可以用來點燈，海豹肉含有重要的鐵及維生素，能預防壞血病。不過海豹的鰭肢並沒有明顯的商業價值，所以做成了派餅。

不過食用鰭肢會遭來批評，動保團體批評每年春季的海豹狩獵傳統，認為這

種儀式不人道。支持狩獵的人士則援引嚴格的狩獵法規，表示海豹族群其實增加了。

海豹在加拿大並未瀕危，在許多地區數量其實還在增加。儘管在紐芬蘭以外的地方，海豹不太可能成為派餅餡料，許多人認為，在這個地區內，海豹肉是可取得的肉類資源中最永續的。

史前雞尾酒冷卻劑

冰山冰塊 • 紐芬蘭與拉布拉多省 ------------------------- ICEBERG ICE · NEWFOUNDLAND AND LABRADOR

紐芬蘭位於冰山巷（Iceberg Alley），這段著名的大西洋延伸水域，引導從格陵蘭冰河崩解下來的巨型冰山塊往南進入外海。從初春開始，冰山開始滾動穿過，許多當地人就會拿出工具，開始採集當季的凍結厚片。

大公司通常會動用吊車、船隻和網子，小型的採冰者則發揮創意，爭奪冰山塊（bergie bit，方法之一是用來福槍射冰）。大塊冰拉上岸後，再用錘子或木槌搭配細釘子，分成小塊，形狀就像小型冰山。

冰山冰塊的使用方法就像冰箱冰塊一樣，通常會搭配酒精飲品，也許是為了消滅可能留在裡面的可疑史前病原體。用 12,000 年的標本來冷卻飲料，不可否認很吸引人，除此之外，大家喜歡冰山冰塊是因為味道，或者應該說是因為沒味道。許多人宣稱，工業革命之前的空氣和水，沒有受到現代污染，因此冰山冰塊有著大家嚮往的純淨無味。

How to try it

如果沒興趣自己採集冰山冰塊，雜貨店通常有整袋的冰山冰塊出售（例如位於福戈島〔Fogo〕的「BJ 雜貨店」）。

波納維斯塔灣（Bonavista Bay）的漁民，今日豐收的是大塊冰山。

阿卡迪亞團聚派餅

瑞皮派 • 新斯科細亞省 ----------------------------------- RAPPIE PIE · NOVA SCOTIA

瑞皮派不是日常食物，食譜要用上九公斤的馬鈴薯，全部都要削皮、磨碎（法文叫 râpé），分批擰絞，去除水分。乾燥後，再加進熱高湯，通常是燉煮了好幾個小時的雞湯。等到高湯充分混合之後，再把注入雞湯的馬鈴薯倒進砂鍋，加上碎雞肉、更多磨碎的馬鈴薯、大塊醃豬肉、幾塊奶油，然後進烤箱烤到酥脆。處理九公斤的馬鈴薯需要時間和團體合作，不管是製作和食用都需要，這正是瑞皮派的重點。這道砂鍋燉菜展現了夥伴情誼——一種凝聚阿卡迪亞（Acadian）社群的方式，這個團體如今越來越小了。

阿卡迪亞人是早期法國殖民者的後代，從 17 世紀開始，定居在如今的新斯科細亞省、新布倫瑞克省（New Brunswick）及愛德華王子島（Prince Edward Island）。過了數十年，阿卡迪亞人自成緊密的社群，多半不受歐洲影響。但是在 1713 年時，法國把阿卡迪亞的掌控權讓給英國，英國擔心阿卡迪亞會持續效忠法國。1754 年時，兩個歐洲強權開戰，法國戰敗，英國以種種暴力方式迫使阿卡迪亞人離開，歷史上稱為「大驅逐」（Great Expulsion）。

超過萬名阿卡迪亞人被迫離開家園，許多都在途中死亡。這些人避難到美國路易斯安那州、加勒比海群島和大西洋沿海地區的英國殖民地，有些人則回到法國。1764 年，阿卡迪亞人獲准重返加拿大，這些人分配到的新土地崎嶇且不易耕種。重新定居的社群開始種植馬鈴薯，進而誕生了以九公斤馬鈴薯加上眾多親族關係一同作菜的傳統。

瑞皮派成為阿卡迪亞困境的象徵，這道菜代表著逆境、適應力和巧思，在看似樸實的形式中，運用了法式烹飪的技巧。瑞皮派雖然很美味，但真正的重點在於這道菜能夠連結起數代流離失所的人。

How to try it

某些阿卡迪亞餐廳有提供瑞皮派，例如位於新斯科細亞省索尼爾維爾（Saulnierville）的「侯比肖料理廚房」（La Cuisine Robicheau）。如果想自己在家做，網路上有很多傳統食譜，內餡從家禽到海鮮都有。

肥皂口味口香糖

「激動口香糖」 • 安大略省 ----------------------------------- THRILLS GUM · ONTARIO

如果你厭倦了同事親友老是跟你要口香糖，試著遞給他們一塊紫色的「激動口香糖」（Thrills）吧。加拿大人說這種懷舊的玫瑰水味口香糖，吃起來就像肥皂一樣，而生產這種口香糖的公司也同意這種看法。包裝盒上寫著令人放心的廣告標語：「吃起來還是像肥皂一樣！」粉絲表示，不必與人分享是吃這種口香糖的一大優點。

How to try it

「激動口香糖」在實體商店跟網路上都還有在販售。

在大半個 20 世紀中，歐皮奇公司（O-Pee-Chee Gum Company）都負責提供「激動口香糖」給加拿大人，他們也有賣球員卡。1950 及 1960 年代時，糖果鋪裡常見芳香口味的產品，像是白珠樹漿果（teaberry）和紫羅蘭，玫瑰水味的「激動口香糖」可以完美融入。雖然花香味道的口香糖如今比較不受歡迎，如果你剛好喜歡的話，你可以獨享整盒口香糖。

···· 飲食先驅 ····

山姆・潘諾普洛斯

SAM PANOPOULOS
（1934–2017）

山姆・潘諾普洛斯是惡名昭彰的夏威夷披薩發明人，他在 1954 年搭船離開希臘，前往加拿大。途中船隻在那不勒斯停留，在此潘諾普洛斯首次嘗到披薩。抵達安大略省的小鎮查坦（Chatham）後，他開了一家「衛星」餐廳（Satellite Restaurant），開始販售 20 世紀中期的加拿大人會吃的食物：早餐鬆餅、午餐漢堡跟薯條、晚餐肝臟和洋蔥。不過潘諾普洛斯想用新菜色取悅顧客，首先他雇用了亞洲廚師，把美式中菜加到菜單上。接著他觀望了底特律和溫莎（Windsor）前景看好的披薩發展，並開始了自己的實驗。

當時披薩對大部分的加拿大人來說還很陌生（1962 年的《多倫多星報》［Toronto Star］上有份「西班牙披薩」的食譜，使用黃米飯和維也納香腸，堆在餅乾麵團上製作而成）。那年頭還沒有披薩盒，所以潘諾普洛斯用隔壁家具店的瓦楞紙箱裁成圓形，把披薩放在上面，然後整個用鋁箔紙包起來。

他混搭配料，想找出行得通的組合，雖然有些發現，像是橄欖配鯷魚，也有其他披薩開發者也同時推出，使用鳳梨的卻只有他一人。

1960 年代時，夏威夷在北美人的幻想中越來越有分量，見識過那個南太平洋天堂後歸來的士兵，講述加油添醋的故事。提基（Tiki）文化大受歡迎，安大略的報紙上大肆宣傳罐裝鳳梨，成為加拿大人家戶儲藏室的必備品。潘諾普洛斯表示，當時酸甜組合是少見的口味，只出現在中菜裡。「衛星」餐廳已經有賣中菜，他認為顧客應該也會喜歡鹹甜口味的披薩。1962 年時，他打開一罐鳳梨罐頭，瀝乾後把切片鳳梨撒到派餅上，他把這個創作命名為「夏威夷披薩」，奇妙的是，火腿與鳳梨的組合流行起來。

潘諾普洛斯在 2017 年過世，他一直很愛這道招牌派餅。81 歲時有人問他，還會不會點這個口味的披薩，潘諾普洛斯回答：「會，我會，我還是很愛吃。」

夏威夷披薩既不是源自夏威夷也不是源自義大利。

一塑膠袋的牛奶

袋裝牛奶 • 安大略省 ----------------------------------- BAGGED MILK · ONTARIO

購買袋裝牛奶有優點也有缺點，而袋裝正好是安大略省最普遍的牛奶包裝。這裡的雜貨店乳製品區陳列著鼓起的方形袋裝牛奶，通常是三包一組。買回家後，安大略人會把袋裝牛奶放進特製的塑膠罐裡，剪開一角，從這個自製的「噴嘴」倒出牛奶。好處是袋裝牛奶可以輕鬆放進冰箱內狹窄的空間，如果是紙盒就放不進去了。極簡包裝也能減少廢棄物，降低運送成本。缺點是袋子不能重新封口，所以相對來說，必須趕快喝完，不牢靠的臨時噴嘴也很容易發生意外。加拿大並非唯一使用袋裝牛奶的國家（其他地區包括東歐、南美、印度及中國），不過加拿大會這麼做幾乎是偶然，發生在從英制度量單位過渡的時候。

1960 年代末登場的袋裝牛奶，一直要到 1970 年代才真正得到接納，當時加拿大正要轉換成公制。重新設計機器，去製造以「升」（liter）而非加侖（gallon）為單位的玻璃瓶和紙盒，太貴也太花時間，不過重新調整塑膠袋的尺寸卻很簡單。牛奶公司開始提供免費的塑膠罐，慫恿加拿大人改用袋裝牛奶，許多人也這麼做了。如今加拿大人約有一半的牛奶消費是袋裝牛奶，在安大略省，這個比例躍升到 80%。

馬鈴薯卡車司機的主題曲

「馬鈴薯巴德」 • 愛德華王子島 ----------------------------- BUD THE SPUD ·
PRINCE EDWARD ISLAND

民謠及鄉村歌手「踩腳」湯姆 · 康納斯（Stompin' Tom Connors）的音樂以加拿大為主題，音樂事業長久而富盛名，吟唱的主題有工會罷工、育空區挖金礦還有曲棍球。從 1960 年代起，康納斯寫了三百多首曲子，其中包括 1969 年爆紅的單曲〈馬鈴薯巴德〉，講述一個名叫巴德（Bud）的卡車司機，從愛德華王子島運送「史上最棒的該死馬鈴薯」。巴德走遍全國，與人交流並送貨馬鈴薯。安大略警方在公路上追捕他，但巴德只不過是個風趣的馬鈴薯英雄，從事重要的工作：把愛德華王子島的馬鈴薯送到全國各地的餐桌上。這首歌非常受歡迎，還啟發了童書創作，同時也鞏固了愛德華王子島馬鈴薯在加拿大人生活中的地位。

加拿大最小的省分愛德華王子島以寧靜的田園景色聞名，有綿延的山丘、林地和被風吹拂的海岸線。鬱蔥的土地上種植了百種以上的馬鈴薯，占加拿大收成量的 25%。當地農民表示，天氣（溫暖的夏季、涼爽的冬季、大量雨水）加上招牌土壤（深紅色富含鐵質），使得他們種植出來的馬鈴薯特別美味。這裡也是小型家庭園地之島，得來不易的耕種知識在親友之間代代相傳（全

部的作物大約只有 300 名農夫在管理）。偉大的康納斯是這樣唱的：

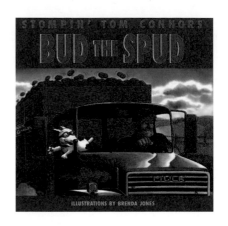

現在我認識了許多人，從東到西

大家最愛來自島上的馬鈴薯

因為能禁得起最艱難的考驗——

就能端上餐桌

所以每當看到大卡車經過

揮揮手或眨眨眼

因為那正是馬鈴薯巴德，來自老愛德華王子島

又載來一大批馬鈴薯！

調味肝臟的更好辦法

蒙特婁牛排香料 • 魁北克省 ⸻ MONTREAL STEAK SPICE · QUEBEC

如果你曾經享用蒙特婁牛排香料調味過的胡椒甜味肋眼牛排，那麼你該感謝一位加拿大的燒烤廚師，人稱「影子」（Shadow）。就像許多醃肉調味佐料，這種受歡迎的混合香料源自於東歐料理。蒙特婁牛排香料裡有胡椒、大蒜、芫荽、蒔蘿，全都是羅馬尼亞食譜中的常見調味料。因此很合理地，大部分的說法追溯這種混合香料來源，都會連結到「施瓦茨餐館」（Schwartz's）這家由羅馬尼亞移民創立的熟食店，它如今是全加拿大最古老，也可說是最有名的熟食店。

比爾·布朗斯登（Bill Brownstein）寫的《施瓦茨氏希伯來熟食店小傳》（Schwartz's Hebrew Delicatessen: The Story）一書中指出，熟食店的每個員工都只能免費吃店裡的某個產品：煮熟的肝臟。大概是因為食物上的限制，讓名為摩里斯·薛曼（Morris Sherman）的廚師變得瘦巴巴的，因而獲得了「影子」的綽號（同事開玩笑說，如果他轉向側邊，就只能看到他的影子了）。根據加拿大的熟食店傳說，某天薛曼用了一種新的混合香料，讓肝臟變得比較好吃，顧客很喜歡，開始要求加在其他品項上，尤其是牛排。蒙特婁牛排香料很快就成為調味料中的經典，「施瓦茨餐館」以燻肉三明治著稱，也成為猶太熟食名店（2012 年時，歌手席琳·狄翁成為該店的合夥人）。

How to try it

想到發源地品嘗蒙特婁牛排香料，可能要在「施瓦茨餐館」排隊好一陣子，不然的話，雜貨店跟網路上都可以輕鬆買到這款香料。

施瓦茨氏熟食店由魯本·施瓦茨（Reuben Schwartz）在 1928 年創店，他是來自羅馬尼亞的猶太移民。

楓糖霍格華茲

山丘糖廠 • 魁北克省 ⸺⸺⸺⸺ SUCRERIE DE LA MONTAGNE · QUEBEC

魁北克人的血液中流著楓糖，這裡生產全加拿大 90% 的金色液體供應量，占全世界楓糖的 70% 以上。為了從樹上萃取 6,700 萬公斤的楓糖，大部分的過程都已經變得高科技化：由電腦控制的真空管，將樹木連結到逆滲透機器上，接著再用大型蒸發器把糖漿煮到含糖量 66% 為止。大部分的天然之美都已經在自動化的過程中失去了，不過在蒙特婁以西約一小時車程的森林深處，「山丘糖廠」是一間正宗的糖廠小屋，製糖的方法就跟早期到此的法國人一樣，使用裝在樹上的水龍頭、水桶和燒柴的蒸發器。

不妨把山丘糖廠想成是楓糖的霍格華茲，有原木小屋和鄉間的怪奇場景。參觀完製造楓糖後，你可以去看看由石材和大量木梁建造而成的巨大宴會廳。一頓糖廠小屋饗宴就送到長長的共享餐桌上，琳瑯滿目的食物任你吃到飽，有脆皮麵包、豌豆湯、楓木煙燻火腿、柴燒燴豆、舒芙蕾歐姆蛋、香腸、燉肉丸、酥炸豬皮、馬鈴薯泥、肉餡派餅（tourtière，加拿大人的肉餅）、自製水果番茄醬、醃菜。桌上也能看到不斷重新裝滿的楓糖罐，可以隨心所欲加在任何想吃的東西上。甜點是楓糖太妃，用楓糖倒在新鮮的雪上製作而成。山丘糖廠甚至也有校長鄧不利多，就是創辦人皮埃爾·佛謝（Pierre Faucher），大把白鬍鬚、寬邊漁夫帽、飄逸的法蘭絨多層次穿著，還有古董毛織飾帶（稱為 ceinture fléchée），身旁伴隨著血統 3/4 是狼、1/4 是哈士奇的寵物露露（Louploup），他就像是楓糖的人類化身。

How to try it

山丘糖廠位於希戈（Rigaud），在蒙特婁以西約一小時車程的地方，全年開放。整夜享用濃郁的楓糖之後，可以在其中某間糖廠小木屋過夜。

佛謝的糖廠用古法採集樹汁，製成楓糖，利用桶子掛在楓樹上。

加拿大楓糖大劫案

這幾乎是完美犯罪。替代用的桶子漆上了一模一樣的白色，仿製的貼紙已印妥，專業堆高機也租好了。在夜色掩護下，成打然後成百、成千的 272 公斤裝桶子被帶走、抽空後重新填滿，再送回來，整齊地擺回以六桶為一組的高聳堆疊貨架上。有好幾個月的時間，這個過程不斷重複上演，無人察覺，接著有人發現楓糖應該不會產生水氣才對。

加拿大楓糖儲備（Canadian Maple Syrup Reserve）分布在幾個魁北克的鄉間城鎮，是一連串的大型倉庫，儲存該國過剩的楓糖。儲備由魁北克楓糖漿製造商聯盟（Federation of Quebec Maple Syrup Producers）掌控，這個組織負責監督魁北克楓糖業的各個層面，包括供給和價格（有些人把這個聯盟比擬為產油國家的石油輸出國組織 OPEC，有些人則說是黑手黨）。2012 年七月時，有位聯盟代表爬上楓糖儲備倉庫裡堆疊的 272 公斤裝桶子，腳下的一個桶子差點滑開。他發現桶子是空的，於是開始檢查其他的桶子，發現都生鏽了，還有凝結留下的水漬圈（楓糖不會產生水氣）。

他起了疑心，把桶子打開，桶裡全是水。於是找來了250 個探員，一一檢查儲備倉庫裡的每個桶子。他們發現有將近一萬桶裝的是水，表示價值將近 1,800 萬加幣的楓糖不見了。這樁盜竊案人稱加拿大楓糖大劫案，是魁北克史上最大的竊盜案。

成立聯盟是為了保護產業不受價格波動影響和破產影響，規定每個製造商能夠生產多少楓糖、要賣給誰、售出價格是多少。所有過剩的楓糖都會存放在楓糖儲備倉庫裡，也由聯盟掌控。

如果有楓糖製造商拒絕遵守這些規定，或者是直接跟買家交易，就會遭到罰款，或是被沒收楓糖。受限的體制催生了楓糖黑市，人稱「滾桶人」（barrel roller）的走私販子接受委託，把楓糖轉移到美國和歐洲，這些地方聯盟鞭長莫及。

2017 年，經過一番大規模調查後，終於有了三個主要判決。艾維克·卡宏（Avik Caron）的妻子是儲備倉庫租用場地的所有人，罰款 120 萬加幣，判五年徒刑。「滾桶人」理查·瓦利耶赫（Richard Vallières）是楓糖走私界的高手，他把桶子弄到比較小的糖廠小屋，用虹吸管吸取糖漿。他被判罰款 940 萬加幣，八年徒刑。艾蒂安·聖皮耶（Étienne St-Pierre）在新布倫瑞克省接應楓糖後，賣到國外，被判居家監禁兩年，罰款百萬加幣以上。

令人訝異的是，大約有 2/3 被盜的楓糖都找回來了，其餘 1/3 依然下落不明，很可能已經在新英格蘭各地，被不知情的食客加在煎餅等食物上吃下肚了。

進行逮捕之後，聯盟與反對者之間的緊張局勢越演越烈。在這個國家，大麻合法，就連硬性藥物（hard drug）也已經除罪化，因此有越來越多的製造商想知道，為何賣楓糖是一種罪。

冰凍蘋果祭酒

蘋果冰酒 • 魁北克省 -- ICE CIDER · QUEBEC

蘋果凍結時，果汁變得濃縮，把這種含糖的金色果汁精心榨出，慢慢發酵後就成為蘋果冰酒，這是魁北克給飲酒界的獻禮。琥珀色的液體以兩種方法製成。第一種方法的風險比較高，也比較費工，把蘋果在果園內留到一月，等氣溫降到攝氏零下 10 度，隨著蘋果變乾，也逐漸皺縮變硬，接著把冰凍的蘋果榨汁（這個過程需要好幾個小時），再把萃取出來的果汁發酵。

第二種方法是用新鮮蘋果榨汁，把果汁擺在寒冷的室外，讓水分結晶，跟含糖液體分離，接著再發酵去除水分的濃縮果汁。

> **How to try it**
>
> 蘋果冰酒通常是開胃酒，也可以搭配甜點，蒙特婁最好的蘋果冰酒可以在網路上訂購。

兩種方法都需要大量的蘋果：每瓶 375 毫升的蘋果冰酒需要將近 4.5 公斤的蘋果，大約是一般蘋果酒所需用量的五倍。這種酒充滿豐富的蒸餾蘋果風味，加上酒精的溫暖，甜而不膩，口感清爽滑順。

河狸俱樂部的奢華晚餐

1785 年時，一群從事河狸毛皮業的早期歐洲移民，也就是蒙特婁的毛皮大亨（Fur Barons of Montreal），成立了一個惡名昭彰的奢華晚餐俱樂部。根據他們的正式規定，河狸俱樂部的目標是要「在冬季期間定期聚會，集結一群在社會上受到高度敬重的人，他們在蠻荒鄉間度過盛年，為了追求加拿大的皮草貿易，曾經遭遇各種艱困和危險事端」。

晚宴通常從下午四點開始，參加者首先傳遞卡琉麥特（calumet），這是一種美洲原住民的儀式菸斗，接著舉杯敬酒五次：敬聖母瑪利亞、敬國王、敬皮草貿易、敬航海者及其家人、敬缺席的會員。

創辦人約瑟夫·弗洛比雪（Joseph Frobisher，左下圖）只讓最「可敬」的皮草貿易商加入他的奢靡河狸俱樂部。

然後通常會演奏高地風笛，引導僕人抬出一個燃燒的野豬頭，放在天鵝絨的主席台上。接著宴飲鄭重展開，餐桌上滿滿的鄉村美食，還有足以淹沒每個人的酒（某幾次的最後一道菜端上的是「一筆金額的支票」）。河狸俱樂部以喧鬧的風格聞名，大家會在桌上跳舞，

打破有俱樂部標誌雕刻的瓷器和水晶器皿。凌晨時分，他們通常會在地上成一縱隊坐下，假裝在划想像中的獨木舟，這是稱為「大航海」（The Grand Voyage）的傳統。他們唱著航海之歌，用撥火棍和手杖當做船槳，同時身上穿著褶襇飾邊的金色蕾絲、金釦環的束袖帶，還有銀釦環的鞋子。

1808 年某天晚上，31 名成員及賓客外出晚餐，累計帳單如下：

主餐 32 人份
馬德拉葡萄酒（Madeira）29 瓶
波特葡萄酒（Port）19 瓶
波特黑啤酒（Porter）14 瓶
愛爾啤酒（ale）12 夸脫
宵夜 7 份
白蘭地和琴酒
雪茄、菸斗、菸草
打破葡萄酒杯 3 個
總金額⋯⋯⋯⋯⋯⋯28.15 英鎊

這個奢華俱樂部對於誰能加入既挑剔又鄭重其事，遴選新成員時，他們會邀請這個人來晚餐，把他灌醉，然後等他離開後再投票（這時他們自己也喝醉了）。如果這位可能的成員獲得全體一致同意，就能加入。前後 40 年來，他們讓將近一百個成員加入，但每次聚會絕不會超過 55 人。

美國

The United States

西岸、阿拉斯加、夏威夷

四州界及西南部

北美大平原‧中西部‧東南部

中大西洋地區‧新英格蘭

CAFE

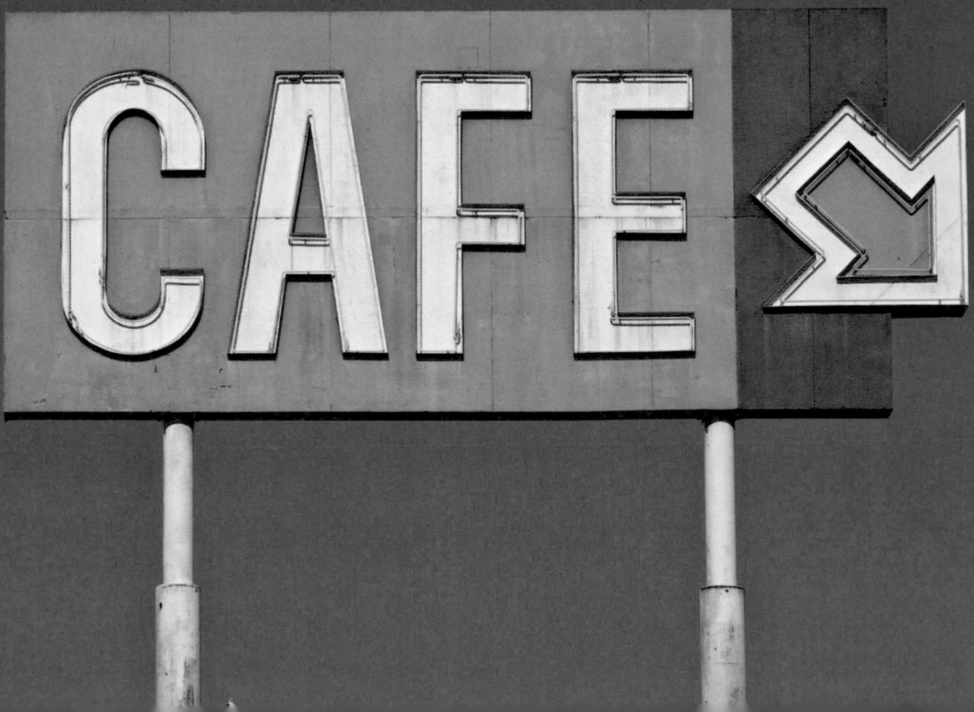

▶西岸、阿拉斯加、夏威夷
▶ WEST COAST, ALASKA, AND HAWAII

柑橘的諾亞方舟
多品種柑橘收藏中心 • 加州 --- CITRUS VARIETY COLLECTION · CALIFORNIA

How to try it

多品種柑橘收藏中心偶爾會舉辦教育活動，可以品嘗混種水果和「親代」水果。

加州大學河濱分校（University of California, Riverside）有全美國最大的柑橘收藏，在九公頃的土地上有一千多種不同的柑橘類。就像諾亞方舟上的動物一樣，每一品種會保留兩棵植株。

現場的數千株樣本展現出柑橘驚人的多樣性，令人驚嘆，因為大部分現代柑橘都僅源於三個古老的種類：馬來西亞柚子、北印度香櫞（citron）、中國橘子。例如超市賣的甜橙，就是透過柚子和橘子多次雜交而產生，葡萄柚則是由柚子和甜橙雜交而產生。

栽培的人如果想要創造新品種柑橘，或是用各個種類來實驗，他們就會來到加州大學河濱分校，嘗試各種基因素材。黃綠條紋的檸檬、足球大小的柚子、帶有深紅內果皮葉脈的心型葡萄柚，還有小到像豌豆的水果，全都在果園內欣欣向榮生長著。切開時，有些種類會流出黏液，有些則會爆出像魚子醬般的果汁小圓球。不論哪一種，都是出自精心設計。

寺廟停車場裡的泰國菜
窪泰寺市集 • 加州 --- WAT THAI MARKET · CALIFORNIA

How to try it

窪泰寺市集位於冷水峽谷大道（Coldwater Canyon Avenue）8225 號，每週六、日上午 8 點到下午 5 點營業。要購買食物必須先換代幣，攤商只收代幣。

從 1980 年代起，洛杉磯的窪泰寺市集就販售了泰國本土以外最棒的泰國食物。這些露天小吃攤位於佛寺的停車場，構想出自一群想分享自家食譜的泰國阿嬤。今日，這個週末限定的市集已經搖身一變成為熱鬧的泰國街景，有許多死忠的加州擁護者。穿過濃厚甜嗆的空氣，就能找到各種經典菜色，像是泰式炒河粉、青木瓜沙拉，還有比較不為人知但同樣美味的淡菜脆煎餅、酸香腸、拉帕碎肉沙拉（larb）、油炸椰子甜餅等。

飲食先驅

布朗尼瑪麗

BROWNIE MARY
(1921–1999)

《紐約時報》把瑪麗·珍·拉斯本（Mary Jane Rathbun）比擬為美國的家事烘焙女神貝蒂·庫洛克（Betty Crocker）、菲爾德太太（Mrs. Field）、李莎拉（Sara Lee）——但她們之間有個重大不同之處，拉斯本的招牌烘焙原料是大麻。

1921 年出生的拉斯本原名就叫瑪麗·珍，當了 50 年的服務生。1970 年代初時，她開始販賣大麻布朗尼當作副業。她的自製傳單上畫著彎彎曲曲的線條和星星，宣傳她的「神奇美味」布朗尼，這種行銷手法讓警察找上門來，進門只見她家廚房有好幾打的布朗尼。拉斯本對警察講的第一句話是：「啊！該死！」57 歲的拉斯本外表看起來就像是個慈祥的老人，記者樂得發掘老阿嬤哈草這種事情（拉斯本喜歡用大麻烘焙，也喜歡抽上兩口），她遭到逮捕的新聞登上全國頭條。

她被控持有及販售非法藥物，判處幾百小時的社區服務，從此成為志工常客。1980 年代時，舊金山飽受愛滋病襲擊，拉斯本去舊金山綜合醫院（San Francisco General Hospital）照顧愛滋和

布朗尼瑪麗別著她的招牌大麻葉別針，展示她的療癒烘焙點心。

癌症病患。她稱這些病患為「孩子」，為了幫助他們減輕疼痛和反胃、刺激食慾，她替病患烘焙她的招牌大麻布朗尼。1982 年時，拉斯本再度被捕，因為她送布朗尼給一位癌症病患。但這並沒有阻止她——據說她每個月都要烘焙多達 1,500 個布朗尼給病患。1986 年時，醫院封她為「年度志工」。

1992 年時她第三度被捕，同樣登上新聞，不過這一次新聞頭條將她描述成愛滋病社運人士，與病患緊密合作。拉斯本最終獲判無罪，1992 年 8 月 25 日也正式宣布定為布朗尼瑪麗日。

拉斯本從來沒有放棄她的招牌布朗尼食譜，「等到有朝一日大麻合法了，我就把食譜賣給貝蒂·庫洛克或鄧肯·海因斯（Duncan Hines）這些蛋糕品牌」，她這麼告訴記者，「然後拿獲利去買一棟維多利亞式的老房子，給我那些愛滋病的孩子。」

「慈悲天使」布朗尼瑪麗在 1999 年因心臟病發過世，數以百計的人現身為她守靈，讚譽她是社會正義的英雄，徹頭徹尾的烘焙大師。

書店裡的原住民美食

奧隆咖啡館 • 加州 ———————————— CAFE OHLONE · CALIFORNIA

奧隆咖啡館是一家復興當地美國原住民美食的餐廳，由兩位奧隆族（Ohlone）的成員開設，幾個世紀之前，他們的祖先在這個地區狩獵採集。文森·麥迪納（Vincent Medina）與陸伊斯·特維諾（Louis Trevino）於 2014 年一場原住民語言會議中相識，在聆聽 1930 年代部落耆老訪談的錄音時，一拍即合。失傳烹飪技術的詳細資訊讓兩人感到驚豔，於是決定動手重現這些食譜。2018 年時，他們在柏克萊大學出版社書店後面的露台端上第一道菜，如今奧隆咖啡館仍然在此營業。

How to try it

2020 年大學出版社書店歇業，奧隆咖啡館後移至柏克萊大學赫斯特人類學博物館（Phoebe A. Hearst Museum of Anthropology）外。開放時間及菜單可參考 makamham.com。

奧隆咖啡館的體驗讓人可以窺見原本鮮為人知的原住民文化，每一餐都會以確承尼爾語（Chochenyo）的禱告莊重展開，簡單說明東灣區的原住民歷史，儘管持續遭受來自西班牙、墨西哥和美國政府的迫害，他們依然保存了自己的文化。每一餐，麥迪納與特維諾都會介紹餐點，全都利用原住民在當地採集的野生食材製作而成。菜單隨季節變化，一般可能會有水芹、酸模和莧菜沙拉，鹿肉丸子佐蘑菇，橡實粉布朗尼，還有許多當地香草製成的花草茶。在這裡用餐常常會以唱歌結束，或是來一輪緊湊的古老博弈遊戲。

奧隆咖啡館的菜單和營業時間會根據能取得的野生食材分量而定，因此開店時間和菜色會提前三到四週更新。

創辦人陸伊斯·特維諾（左）與文森·麥迪納（右）在他們位於柏克萊的咖啡館，裝盤傳統奧隆食物。

加密酩酊

殭屍雞尾酒 • 加州 -------------------------------- THE ZOMBIE · CALIFORNIA

殭屍雞尾酒素有征服者之稱，這種以蘭姆酒為基底的雞尾酒是 1934 年時，在好萊塢一家叫做「海濱尋寶老唐」（Don the Beachcomber）的餐廳發明，充滿衝擊性，客人只要喝下兩杯就會不醒人事。數十年來，只有老闆唐·畢奇（Donn Beach）知道裡面放了什麼，他是殭屍雞尾酒的發明人、提基風格之父。

在「海濱尋寶」店裡的吧台後面，畢奇存放的烈酒、香酒和專屬混合物都沒有標示，每個神祕瓶子上各有編號，調酒師知道哪一瓶該倒多少分量，但是不知道裡面裝了什麼。其他地方的調酒師東拼西湊，用果汁、糖漿和蘭姆酒，試圖調出近似原版的雞尾酒。

2007 年時，提基雞尾酒行家暨作家傑夫·「海濱迷」·貝利（Jeff "Beachbum" Berry）解開了這個謎題，他在畢奇的餐廳找到一本黑色的加密食譜，與「海濱尋寶」的前員工合作，聯手破解了這款雞尾酒。唐·畢奇去世將近 20 年後，他出版了破解的殭屍雞尾酒配方，在《野外喝一杯：找尋偉大的「遺失」熱帶飲料配方及其幕後之人》（*Sippin' Safari : In Search of the Great "Lost" Tropical Drink Recipes . . . and the People Behind Them*）一書中可以找到。

How to try it

想要有老派的體驗，請去洛杉磯只收現金的小酒吧「提基踢」（Tiki-Ti），在 1960 年代時就開幕了。想要體驗 21 世紀的變化版本，請去紐奧良的「海濱迷貝利的緯度 29 度」（Beachbum Berry's Latitude 29），由傑夫·貝利於 2014 年開設。

技藝高超的好萊塢後製雜貨店

1920 年代時，環球影城（Universal Studios）正要從默片轉型成有聲影片，工作人員傑克・弗利（Jack Foley）告訴他們該怎麼做，他的技術如今稱為「擬音」（Foley art），在後製時替影片加上音軌，像是腳步聲和關門聲之類的音效。弗利運用非傳統的方法，創造出令人信服的聲音，今日的擬音師會試遍各種方法，去模仿電影中的嘎吱聲、潑濺聲、重擊聲，這表示食物曾經擔綱演出過某些重要的好萊塢角色。

因為冷凍假髮跟撕扯魔鬼氈都行不通，擬音師於是改用**冰凍過的萵苣**，去模仿電影《鐵達尼號》（Titanic）中，女主角蘿絲結滿冰霜的頭髮，在她等待船難救援而趴在床頭板上時，所發出的碎裂聲響。

負責《鬥陣俱樂部》（Fight Club）的擬音師試過許多方式，去模仿肉搏鬥毆的聲音，勝出的方法之一是猛擊**塞滿核桃的生雞肉**。這部電影曾獲奧斯卡最佳音效剪輯獎。

《魔鬼終結者 2》（Terminator 2 : Judgment Day）的開場是 2029 年洛杉磯的後末日場景，核子火災導致 30 億人死亡。車輛殘骸及人類遺體散落在毀壞之地，畫面上方有隻機器人的腳壓頂而下，踩碎頭骨，傳出一陣碎裂骨折聲，聽起來詭異地像極了人骨。他們怎麼辦到的？答案是：**開心果**。

史蒂芬・史匹柏希望外星人 E.T. 在移動的時候聽起來「有流動感又友善」，擬音師於是到雜貨店裡閒逛，搜索滑溜又開朗的聲響。她發現**包裝好的肝臟**符合要求，混合**果凍**在濕毛巾裡快速移動，再加上**爆米花**輕輕在袋子裡晃動，就成為外星人移動時的聲響。

在電影《謀殺綠腳趾》（The Big Lebowski）中，約翰・古德曼（John Goodman）要把傑夫・布里吉（Jeff Bridges）從輪椅上扶起來的時候，可以聽到主角樂保斯基的背部喀啦作響，他發出痛苦的尖叫──不過其實那只是**芹菜**，把綠色的芹菜莖又扭又折，就能模仿骨頭裂掉的聲音。

在《侏羅紀公園》（Jurassic Park）中，迅猛龍從蛋殼中孵化的聲響，是壓碎**冰淇淋甜筒**的聲音。接下來恐龍寶寶從蛋殼裡爬出來的聲音，是戴上手套塗抹洗手乳後，擠壓**哈密瓜果肉**弄出來的。

奧勒岡州的神祕真菌學

奧勒岡人度假時會去尋找蘑菇，到蘑菇學校學習蘑菇栽培課程，參與真菌節慶，偶爾還會晉升為專業蘑菇獵人。對於業餘愛好者或真菌行家來說，奧勒岡州的森林提供了罕見的真菌自助餐，等著你去辨識、採摘，用焦化奶油煸炒。

熊頭牙菇 BEAR'S HEAD TOOTH
猴頭菇屬（*Hericium americanum*）

這種蘑菇很像白色的大塊蠟滴，會從樹上冒出來，很容易辨識，通常生長在樹木的新切口或傷口上。烹煮後，柔軟的菇刺又嫩又甜，吃起來有點像海鮮。

花椰菜菇 CAULIFLOWER MUSHROOMS
繡球菌屬（*Sparassis crispa*）

有捲曲、茂密的葉瓣，會長成大塊的海綿叢狀。一旦找到花椰菜菇，請把地點記下來，因為這種菇類往往會在同一個地點生長。仔細清洗後，用調味料或高湯燉煮很不錯，能帶出像千層麵的口感。

蜜菇 HONEY MUSHROOM
蜜環菌屬（*Armillaria ostoyae*）

有一株蜜菇千年以來一直緩緩生長在奧勒岡的藍山山脈（Blue Mountains），是世界上最大的生物體，占地超過 7.8 平方公里，往地底延伸一公尺，據估計重達 35,000 噸（相當於 200 頭灰鯨）。蜜菇可食用，不過帶有苦味，相較於其他精巧的孢子，比較沒那麼吸引人。

龍蝦菇 LOBSTER MUSHROOMS
泌乳菌寄生（*Hypomyces lactifluorum*）

嚴格來說這不是一種菇，而是長在菇上的寄生真菌，通常會在大雨後出現在鐵杉樹下，因為顏色跟味道都像煮熟的龍蝦而受到推崇，很適合搭配海鮮。

黑喇叭菇 BLACK TRUMPETS
灰喇叭菌屬（*Craterellus cornucopioides*）

是一種中空漏斗形狀的蘑菇，外表是灰撲撲的黑灰色。因為很融入森林地面，要找這種菇不太容易，不過由於其有濃郁奶油般的木質風味，使得這種菇成為蘑菇界的寵兒，乾燥後會散發出黑松露的氣味。

杏桃果凍菇 APRICOT JELLY
焰耳屬（*Guepinia helvelloides*）

是鮮豔、鮭魚色的耳狀蘑菇，口感如凝膠般滑順。可以在地面上找到，通常在針葉樹附近。薄如花瓣的菇肉拌沙拉生吃很美味，也適合醃漬或蜜漬。

松乳菇 SAFFRON MILK CAPS
乳菇屬（*Lactarius deliciosus*）

有突起的橘色菇頂和細緻的菌褶，切開時，菇肉會分泌出一種渾濁的膠狀液體，帶有夕陽的色澤。這種菇遭碰傷時會變成綠色。松乳菇廣受全球喜愛，口感扎實，近乎爽脆，在歐洲已經有千年的食用歷史。俄國人喜歡用鹽巴醃漬，西班牙人則會用大蒜和橄欖油香煎。可以在松樹林或針葉樹林裡找到這種菇。

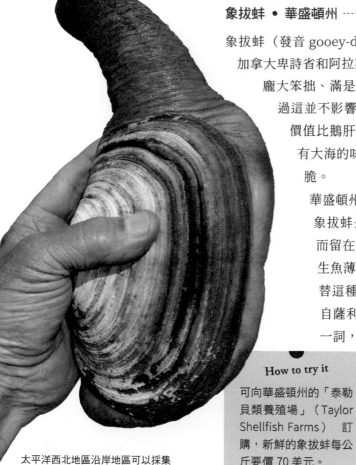

太平洋西北地區沿岸地區可以採集象拔蚌，蚌殼可以長達 20 公分。

巨型陰莖蚌

象拔蚌 • 華盛頓州 ------------------------------- GEODUCK · WASHINGTON

象拔蚌（發音 gooey-duck）是世界上最大的穴居蚌，只出現在華盛頓州、加拿大卑詩省和阿拉斯加州的沿海水域。

龐大笨拙、滿是皺紋的軟體動物外表，招來大量充滿暗示的比喻，不過這並不影響全球衷心喜愛象拔蚌的粉絲。按重量計算，象拔蚌的價值比鵝肝醬更高，許多人認為象拔蚌是理想的海鮮：肉質鮮甜有大海的味道（但不腥），口感清爽，吃起來比大部分的蚌蛤爽脆。

華盛頓州大部分的活體象拔蚌都出口到亞洲的餐廳，在中國，象拔蚌是珍貴的火鍋食材，在日本，象拔蚌會做成生魚片。而留在華盛頓州的也會很快賣掉，由當地人做成海鮮濃湯或生魚薄片。

替這種蚌命名的是該地區的原住民薩利希族（Salish），源自薩利希方言盧紹錫德語（Lushootseed）中「gweduc」一詞，是「深掘」的意思。象拔蚌成長後會利用小腳在海床上挖洞，只留脖子在地面上，會捕食象拔蚌的天敵很少，因此象拔蚌是世界上最長壽的動物之一（紀錄上最高齡的陰莖蚌有 168 歲）。

近來科學家利用象拔蚌的殼來研究氣候變遷。就像樹木，象拔蚌每年會長一圈年輪，其寬度會記錄當年的氣溫。

How to try it

可向華盛頓州的「泰勒貝類養殖場」（Taylor Shellfish Farms）訂購，新鮮的象拔蚌每公斤要價 70 美元。

開放式的可食用公園

燈塔糧食森林 • 華盛頓州 ------------- BEACON FOOD FOREST · WASHINGTON

西雅圖燈塔山（Beacon Hill）這一區有將近三公頃的公有土地，種滿樹木、多年生和一年生的植物——這座森林提供社區源源不絕的免費新鮮農產品。燈塔糧食森林是美國最大規模的公共可食用永續栽培園地之一，栽種 350 種左右的植物和蔬菜。糧食森林的作用是模擬林地生態系統那種天然、以植物為主的食物生產週期。所有植物的配置都是為了有助於和諧生長，例如大型果樹的冠層，能替小型的漿果灌木遮蔭，根莖蔬菜則能提供護根層。植物「分層」而居，表示能夠最大發揮垂直空間，根莖蔬菜在灌木之下，灌木在矮樹之下，矮樹在大樹之下。這種植物的多樣性和密度能確保土壤肥沃，食物產量豐富。

任何人都能在燈塔糧食森林採集。自古以來，燈塔山的居民一直深為取得平價的當地農產品而苦，糧食森林的開放政策就是為了彌補這種營養不足。到此採集及食用不需要任何先決條件，也沒有參與園藝或志工的責任。如此一來，燈塔山不同於其他的社區菜園，一般的農作物產量通常只給參與栽種的人享用。在糧食森林裡耕作的人會分配到小塊園地，供私人栽種，土地不能用買的，只能憑勞力換取。

How to try it

燈塔糧食森林位於南 15 大道（15 Avenue South）以及南達科他街（South Dakota Street）。可搭乘海灣輕軌（Sound Transit Link Light Rail）或金郡巴士（King County Metro）路線 36、50 和 60 前往，下車後森林就在步行距離。

全世界都有糧食森林，從加拿大到摩洛哥到越南，數千年來餵飽了社區。依據地理和氣候的不同，這些糧食森林看起來各有不同，不過每一處設計依循的基本原則都是稠密、多樣化、分層，追尋永續的食物安全。

燈塔糧食森林在 2012 年破土動工。

愛斯基摩冰淇淋

「攪拌混合」冰淇淋 ● 阿拉斯加州 ⸺⸺⸺⸺ AKUTAQ · ALASKA

狩獵滿載而歸之後，阿拉斯加的原住民女性會聚在一起，奮力攪拌碗裡的脂肪（通常取自駝鹿或美洲馴鹿）和油（通常取自海豹），做成 akutaq，又稱為愛斯基摩冰淇淋。akutaq 是因紐皮克語（Inupiaq）中「攪拌混合」的意思，透過反覆攪拌脂肪和油，有時候再加上一點水或新鮮的雪，做出類似發泡糖霜的質地。

愛斯基摩冰淇淋有兩種口味，鹹口味以肉類為基底，含有魚乾或美洲馴鹿碎肉，帶有鹹鹹的野味。漿果版本傳統上使用美洲大樹莓（salmonberry）或藍莓，甜中帶鹹（味道來自基底的油）。愛斯基摩冰淇淋加什麼料要看附近地形所產的動植物而定，在北方可能會加一些美洲馴鹿、熊和麝香牛的脂肪，在沿岸則可能會加海水魚類。西南部製作的愛斯基摩冰淇淋可能會加蠟魚（candlefish）——這種多油的香魚加上油和新鮮的雪混合之後，可做出一種轉瞬即逝的凍結點心，在幾分鐘內就會分解垮掉。

How to try it

可以找看看阿拉斯加伯特利市（Bethel）的尤皮特皮卡瑞特文化中心（Yupiit Piciryarait Cultural Center），這裡辦活動時會提供愛斯基摩冰淇淋。阿拉斯加原住民醫療中心（Alaska Native Medical Center）的病房菜單上，也有提供病患這道食物。可以選擇加魚或不加魚。

How to try it

挽救路殺供人食用目前在美國的 28 個州合法，不過很多都需要許可證。在進行公路採集之前，請先參考該州法律。

拯救公路駝鹿肉

挽救路殺計畫 • 阿拉斯加州 ------- ROADKILL SALVAGE PROGRAM・ALASKA

全美各州有將近 20 萬頭駝鹿各處漫遊，高速公路又穿越棲地，難免會發生車輛與駝鹿相撞的意外，尤其是在最寒冷的幾個月份中，路面結冰，陽光稀微。每年大約有 800 頭駝鹿死於車禍，偶爾還有熊、雪羊或美洲馴鹿。保守來說，這些意外造成全美各地將近 45 萬公斤重的動物肉類四散，而當地人可不想浪費。

阿拉斯加的解決辦法是「挽救路殺計畫」，從 1970 年代開始執行，至今仍然活躍。每當州警發現路上有大型動物死亡時，就會回報給調度員，再由他們聯絡曾表示興趣的市民及慈善機構，請他們去領取駝鹿屍體，做成食物（紅肉的瘦肉部分，可以像牛肉使用於燉煮、香腸或漢堡）。先到先拿，通常是有絞盤的平板貨車能得到戰利品。

對於食物銀行這類機構來說，蛋白質很難取得，有挽救路殺計畫可說是萬幸。阿拉斯加人剛好也很愛駝鹿肉，狩獵駝鹿供私人食用是阿拉斯加人喜歡的消遣，所以吃掉新鮮的路殺動物，算不上是極端的做法。很多當地人也熟知如何辨識駝鹿屍體，例如是否因為太熱、放太久或是內臟受損而腐壞，皆能確保安全及衛生。

雖然很多州都能受惠於像這樣的挽救路殺計畫，但是阿拉斯加的做法可能並不適用於其他地方。在人口比較多的地方，成千上萬的鹿擊事件發生在遠比阿拉斯加更四通八達的道路系統上。食用路殺動物最大的困難，就是在美國本土很難銷售，理由很充分：在阿拉斯加以外的鹿和其他大型獵物，罹病率比較高，天氣也不夠冷，無法避免肉類腐壞。

基奈半島（Kenai Peninsula）的車輛與駝鹿相撞機率居阿拉斯加之冠，像這樣的警示路牌會定期更新。

水底農產品

海桃 • 阿拉斯加州 -------------------------------------- SEA PEACHES・ALASKA

聖勞倫斯島（Saint Lawrence Island）位於白令海中，這裡會遭遇強大的風暴捲起四周深水，聚集海裡的東西扔上海岸。幾個世紀以來，阿拉斯加原住民尤皮克人（Yupik）一直住在這個島上，對他們來說，秋天是一年當中的美味時節，因為海灘上布滿可以吃的鹹食，尤皮克人稱之為海產食品或海中蔬菜，不過嚴格來說，很多都是動物：一種叫做被囊類的無脊椎動物，看起來就像鮮豔的器官，在海床上生活。

How to try it

海桃出現在北太平洋，從北極海到普吉特海灣（Puget Sound），海面下 40 到 100 公尺的地方。在日本有海桃的商業養殖。

最受歡迎的「蔬菜」大概是海桃，看起來像人類心臟，有兩個開啟的瓣膜，吃起來有大海的鹹味，富有彈性嚼勁。海桃平時靜止不動，依附在岩石上，所以風浪要夠大，才能讓這種生物漂流移位。海濱的寶藏不夠分時（暴風過後，海灘上往往人潮洶湧），認真的饕客會用長繩索綁著耙子，沿海岸爬梳海水，或是搭船把耙子垂放進海裡。

其他水底農產品

這些所謂的「海中蔬菜水果」在陸地上有一批忠實的粉絲。

海鳳梨
SEA PINEAPPLES

這些橢圓形、落日顏色的生物布滿尖尖的突起物，一擠壓就會噴水。海鳳梨依附在岩石上，會長出橡膠似的殼保護柔軟泥狀的肉，有點像牡蠣，不過帶有海水鹹苦味，還有一點金屬後味。海鳳梨在韓國和日本很受歡迎，當地人會蘸用醋調成的醬汁生吃。海鳳梨培育從 1980 年代開始發展，自此成為一門大生意：每年大約收成 21 噸。

海葡萄
SEA GRAPES

這些翠綠的小珍珠暱稱「綠色魚子醬」，丟進嘴裡會釋放出含鹽的海藻味。亞洲是主要的食用市場，他們用這種海藻串拌沙拉，或是用來點綴壽司、丼飯和麵條。日本沖繩的居民特別喜愛這種海產，他們大量食用這些綠色球狀物，比世界上大部分人都長壽，這種情況與這種食物的另一個暱稱有關：長壽海藻。

海參
SEA CUCUMBERS

大部分的海參都用人工採收、加以乾燥，是賣到亞洲國家的美食，市場價值 6,000 萬美元。這種雌雄同體的生物住在海底，沒有腦部，共有一千多種，不過只有少數具有商業價值。傳統中醫會用海參來治療很多疾病，從陽萎到腎臟問題都有。這種味道溫和、略帶魚腥味的生物，口感滑溜，需要適應一番，不過很多人都領略了箇中妙處，願意以每公斤高達 1,000 美元的價格品嘗。

香料火腿街頭派對

午餐肉 • 夏威夷州 --- SPAM JAM · HAWAII

每年四月，來自全球的午餐肉粉絲會前往歐胡島，向他們摯愛的神祕肉品致敬。威基基午餐肉節（Waikiki Spam Jam）是一場大型食物節慶，也是世界上最大的午餐肉節慶，從 2002 年開始舉辦，傳遞關於午餐肉的各種奇想，並且越來越誇張、越來越有料。

午餐肉在美國中西部發明，第二次世界大戰期間由美軍傳到夏威夷，受到熱烈歡迎。夏威夷人每年要吃掉 700 萬罐，一般的雜貨店會備貨十幾種口味，包括火雞午餐肉、西班牙香腸午餐肉、山核桃木煙燻午餐肉。有這樣死忠的族群，節慶可是大事。午餐肉節在時髦的卡拉卡瓦大道（Kalakaua Avenue）上舉行，兩旁是高級商店和豪華飯店，這是當地社交活動的盛事。

活躍且備受矚目的午餐肉罐頭人招搖走在街上，興高采烈地向參加節慶的人揮手，大家排隊買午餐肉飯糰、午餐肉披薩、奶油午餐肉酥餅、炸午餐肉條、夏威夷豆佐午餐肉末、椰子午餐肉卡士達、午餐肉裹巧克力。舞台上有現場音樂演奏和草裙舞者，與喜愛午餐肉的名人共同登台。這個節慶沒有臨界點：午餐肉 T 恤、午餐肉刺青、午餐肉吉祥物……越多越好。夏威夷人對午餐肉是真愛，不帶嘲諷的深愛。儘管在其他地方的名聲不佳，午餐肉在夏威夷沒有社會污名，浮誇的節慶每年吸引 35,000 名遊客，就像是這個島自然而然地，流露出對這種美味多變的罐頭肉、無與倫比的崇敬。

完美的鳳梨

「糖塔」鳳梨 • 夏威夷州 ---------------------- SUGARLOAF PINEAPPLE · HAWAII

要說味道濃郁多汁的黃色鳳梨有缺點的話，那就是難以下嚥的鳳梨心跟吃太多會咬嘴的刺痛感覺了。兩種情況的罪魁禍首都是鳳梨蛋白酶，這種酵素會刺激口腔，除了在莖上，鳳梨心的酵素含量最高。

不過傳統鳳梨常見的這些問題，在「糖塔」這個品種上並不存在，這是夏威夷群島上栽種的品種。白色如奶油般的果肉甜不可測，幾乎沒有酸味，鳳梨心也可以吃，而且不管吃多少，後味依然爽口。南美洲跟西非也有栽種這個品種，不過糖塔鳳梨的主要舞台在夏威夷。豐饒的火山土壤與悠久的鳳梨栽培歷史，使得這些島嶼以及島上居民特別擅長培育這種需要呵護的水果。新植株要 18 到 24 個月才能長出第一個果實，因為鳳梨無籽，只能透過得來不易的繁殖素材培養。

夏威夷午餐盤
HAWAII'S PLATE LUNCH

夏威夷美食很容易遭到誤解，外人往往會想到裹著鳳梨的肉類和點火燃燒的雞尾酒。傳統上，夏威夷食物是指芋泥、椰奶凍、煙燻章魚和土窯，不過現代夏威夷食物很不一樣，一般又稱本地食物。

從 1850 年代起，移工從世界各地湧入夏威夷，從事甘蔗和鳳梨種植。夏威夷美食受到獨特混雜的外來影響，持續演變，午餐盤（plate lunch）可說是當地人真正飲食的極致表現。

19 世紀夏威夷的大型栽培農場是文化交流的溫床，中國人、日本人、韓國人、菲律賓人、波多黎各人、葡萄牙人，全都生活在移民社區內，商店與雜貨店要滿足許多種族的需求。日本傳統的可攜式便當據信是夏威夷午餐盤的基礎，因為工人主要是亞洲人，米又是便宜且能撫慰人心的澱粉選擇，再搭配一道來自家鄉的主菜。隨著時間過去，拼湊而成的社群開始交流食譜，一種特殊的美食就此出現。韓式的辛奇搭配日式炸雞

排，中式炒麵搭配菲律賓醋燒豬肉（adobo）還有夏威夷當地的燻醃豬肉（kalua）。可供選擇的菜色持續演變：第二次世界大戰後，夏威夷最終成為美國的一州，午餐肉變成標準菜色，後來還有來自美國本土的經典菜色，像是辣味漢堡排。

大型栽培農場的工作終究結束了，不過午餐盤沒有消失，成為零工和建築工人的預設午餐選擇，最後可以說是成為島上最受歡迎的餐點。而多虧了午餐餐車和餐廳，一種通用的形式形成了。今日的午餐盤一定會有一種蛋白質、兩勺白飯、一勺通心麵沙拉（冰淇淋勺是標準的操作設備）。眾多美食共用有限的空間，午餐盤成為現代夏威夷多元文化的象徵。夏威夷是島嶼，各種文化在有限的區域內碰撞，努力形成整合的社群，同時又保有各別文化的獨特認同，並予以尊重。不同於融合料理（fusion food），午餐盤保留食譜和傳統的完整，重點是在盤子上替每個人都留點空間。

雖然跨越許多文化，但是各種食物都能在這個盤子上找到歸屬。

▶ 四州界及西南部
▶ FOUR CORNERS AND THE SOUTHWEST

巨型管風琴披薩店
管風琴音栓披薩 • 亞利桑那州 ⋯⋯⋯⋯⋯ ORGAN STOP PIZZA · ARIZONA

在亞利桑那的梅薩市（Mesa），史上最大的劇院管風琴架在升降旋轉平台上，放置在大約可以容納 700 人的餐廳裡，每晚高朋滿座，都是來享用披薩、義大利麵和三明治的顧客。演奏者是劇院管風琴名家，這座擁有 276 個琴鍵的樂器，還連接了一連串驚人的樂器，包括木琴、鐘琴、鑼和鈸。

How to try it
管風琴音栓披薩位於梅薩市南方大道東路（E. Southern Ave）1149 號。

這個指標性的誘人景點，是已故威廉·布朗（William P. Brown）的腦力結晶，他是房地產開發商，熱愛披薩，同時也是技藝精湛的劇院管風琴手。管風琴音栓披薩店於 1972 年在鳳凰城開幕，因為大受歡迎，布朗於是在梅薩市開了第二家更大的分店。今天這家奇異的梅薩市披薩店屬於老員工麥可·艾福瑞特（Mike Everitt），他擴大管風琴的規模，所以表演必須在 1995 年搬遷到現在這個最大的地點。

顧客在台下用餐時，四台工業用鼓風機把加壓空氣打進 6,000 多個管子中，這台 1927 年的華利札管風琴（Wurlitzer）加保了 500 萬美元的保險。餐廳每年招待 30 萬名訪客，管風琴演奏各種經典曲目，像是〈The Flight of the Bumblebee〉、電影《真善美》中的〈The Hills Are Alive〉、《小美人魚》中的〈Under the Sea〉，還有電影《星際大戰》主題曲。

難吃蛋糕丟擲競賽
果乾蛋糕拋擲大賽 • 科羅拉多州 ⋯⋯⋯⋯ THE GREAT FRUITCAKE TOSS · COLORADO

How to try it
活動在一月底舉辦，入場費是捐一項不易腐壞的食物給當地慈善機構。已經吃掉過節用果乾蛋糕的人，可以用一美元租一個來扔。

美國耶誕節的傳統是互贈果乾蛋糕，僅管另一個美國傳統是討厭果乾蛋糕，前一個傳統卻屹立不搖。甜膩、濃郁、滿是人工調味的蛋糕，最後往往被扔進垃圾桶。這給了馬尼托泉水市（Manitou Springs）的居民一個好靈感。

1996 年時，一群痛恨果乾蛋糕的人聚在公園裡，一起處理掉他們不愛的耶誕蛋糕。他們不是往垃圾桶裡丟，而是在公園裡把果乾蛋糕發射出去，這在當地激發為一種競賽，20 年來越來越盛行。

每年一月的慶祝演變成一連串的活動，除了經典的徒手拋擲，還有果乾蛋糕
彈弓（三人合力的機械裝置，以發揮機器人精神），以及用空氣槍發射。
2007 年時，一個波音公司工程師團隊利用仿火砲的裝置，把一個蛋糕發射
到 433 公尺高的地方（對比之下，當年徒手拋擲的冠軍能扔到 38 公尺高的地
方）。兒童有自己的組別，有另外的競賽目標，還有競速和平衡比賽。比較
沒有運動細胞的人，可以參加果乾蛋糕扮裝比賽，或是「好吃到捨不得丟」
烘焙比賽。

貓王橫越全國的嗜好

愚人金三明治 · 科羅拉多州 ·········· FOOL'S GOLD SANDWICH · COLORADO

貓王艾維斯·普里斯萊（Elvis Presley）曾經吃過一款三明治，裡面夾了
一整罐藍莓果醬、一整罐花生醬，還有 450 公克重的培根。這個新奇的品
項曾經出現在已結束營業的丹佛科羅拉多礦業公司餐廳（Colorado Mine
Company），叫做愚人金（Fool's Gold）。這種三明治是用一整條挖空的
麵包製作而成，要價 49.95 美元。

貓王忘不了這個三明治，1976 年 2 月 1 日，他回到那家餐廳想再來一輪。他
沒有在雅園（Graceland，他位於田納西州曼菲斯的家）想辦法重現愚人金
三明治，而是搭乘私人噴射機去丹佛，當天往返。科羅拉多礦業公司餐廳的
老闆回憶，他帶了 30 條巨大的麵包直送機場。貓王與他的夥伴在史戴波頓
國際機場（Stapleton International Airport，如今也不存在了）的庫姆斯
（Combs）停機棚吃吃喝喝，然後再飛回家。

How to try it

科羅拉多州戈登市
（Golden）的尼克咖
啡館（Nick's Café），
經營的主廚年輕時曾經
為貓王掌廚，後來開了
這家貓王主題餐館，供
應愚人金三明治。

尼克·安德爾拉基克斯（Nick Andurlakis）在 1976 年替貓王做過愚人金三明治，如今在戈登市經營餐館，提供這款三明治。

小馬快遞的舊西部小餐館

中門驛站 • 內華達州 ----------------- MIDDLEGATE STATION · NEVADA

How to try it

中門驛站位於奧斯丁公
路（Austin Highway）
42500 號，每天早上 7
點開始營業，供餐到晚
上 9 點或 10 點。

美國 50 號國道隸屬於有歷史意義的林肯公路（Lincoln Highway），人稱
美國最寂寞的公路，而中門驛站就位於 50 號國道旁。這是一間孤立的荒野西
部風格酒吧，有塊木頭招牌（精確地）描述該地點是「前不著村、後不著店」。
這家質樸的餐館位於內華達沙漠中心，以公牛頭骨裝飾，還有霓虹燈的 BAR
（酒吧）字樣招牌，以及一輛古董馬車。中門驛站是一家具有歷史意義的小
餐館，創立於 19 世紀，當時是小馬快遞的驛站。1857 年由詹姆斯·辛普森
（James Simpson）開設，這家餐館至今仍然存在，當年曾是歷史道路上熱
鬧的驛站，供人休息。小馬快遞（Pony Express）
在 1861 年 10 月停止營運，中門驛站持續開業，成
為金銀礦工換馬和裝卸貨物的站點。自那之後，這
個驛站就成為雙向道路上將近 80 公里內唯一的加
油站，也是林肯公路旁少見的小餐館。店裡賣的中
門怪獸漢堡（Middlegate Monster Burger）赫赫
有名，分量之大，吃完的人可以獲得 T 恤一件。
中門驛站另一個吸引人之處是貼滿鈔票的天花板，
你也可以留下捐贈。店主表示，鈔票天花板的起源
是因為附近沒有銀行，常客會把一元鈔票貼在天花
板上，鈔票上寫名字，等下次消費時再用來付帳。

中門（Middlegate）是內華達州一個非建制社區，
人口數 17 人。

世界上唯一的辣椒學校

辣椒學院 • 新墨西哥州 ·················· **CHILE PEPPER INSTITUTE · NEW MEXICO**

新墨西哥州人出了名的吃什麼都加辣椒醬，辣椒醬使用該州的官方蔬菜（雖然嚴格來說算是水果）製成，適合搭配三明治、披薩、燉菜、義大利麵，甚至連酒都搭。新墨西哥州的辣椒在炙烤後壓成泥，或是乾燥後重製成紅醬，加在各種食物上，從漢堡到墨西哥辣肉餡捲餅（enchilada）都可以加。新墨西哥州是第一個採用官方認證問題的州：要紅辣椒還是綠辣椒醬（red or green）？兩種辣醬都想要的話，請回答「耶誕節」。

這股對於辣椒醬的狂熱，主要歸功於新墨西哥州立大學的辣椒學院。生於墨西哥的園藝學家法比安・加希亞（Fabian Garcia）是 1894 年的第一批畢業生，他在 1913 年被任命為農業試驗場主任。他致力於培育辣椒，最後成功栽培出第一個擁有標準莢果及辣度的辣椒，命名為「新墨西哥九號」（New Mexico 9）。這款辣椒成為該州興盛辣椒產業的催化劑，如今有將近 3,200 公頃的栽種面積。辣椒學院所在的科學中心，命名即來自這位先驅辣椒行家，這裡研究並培育來自世界各地的辣椒。

辣椒學院是個非營利機構，目標是教育民眾關於辣椒的知識——從培育、採摘，到品嘗、烹煮，還有如何為灼燒的嘴巴「滅火」。世界上最大的辣椒，足足有 30 公分長的大吉姆辣椒（Numex Big Jim），就是 1970 年代在新墨西哥州立大學培育出來的。2001 年時，新墨西哥州立大學測試了來自印度東北部稀有的鬼椒（Bhut Jolokia pepper），宣布這是世界上最辣的辣椒。在校區外的教學園地中種植了超過 150 種辣椒，不只展現出美麗、茂盛的各種辣椒，從經典綠色到鮮豔的紫羅蘭色，一應俱全。同時也是教學基地，教導如何對抗疾病，治療常見問題。這裡也有販售稀有辣椒的種子、提供辣醬試吃，還有販售鬼椒布朗尼預拌粉、袋裝的冷凍炙烤辣椒等。

How to try it

辣椒學院在傑拉德托馬斯館（Gerald Thomas Hall）265 室，教學園地在拉斯克魯塞斯（Las Cruces）大學大道西路（West University Avenue）113 號。參觀請先電話預約，也可以在線上商店購物，辣椒可以寄送至美國各地。

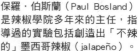

保羅・伯斯蘭（Paul Bosland）是辣椒學院多年來的主任，指導過的實驗包括創造出「不辣的」墨西哥辣椒（jalapeño）。

陶斯鎮的傳統食物

提瓦廚房 • 新墨西哥州 ------------------------- TIWA KITCHEN · NEW MEXICO

美國原住民陶斯族（Taos）一直居住在傳奇的陶斯鎮（Taos Pueblo），這裡有多層的土坯建築，屹立超過千年。「提瓦廚房」就位於通往這個聯合國教科文組織世界遺產景點的路上，在這個餐廳吃飯，幾乎就像是受邀到當地人家裡吃午餐。

店主桑多瓦爾夫妻班與黛比（Ben and Debbie Sandoval）從 1992 年起，就開始著手建造這個土坯建築。他們在後方蓋了一座土坯窯，西班牙文稱作 horno，用來烘焙傳統麵包、餅乾和派餅。提瓦廚房提供少見的家庭式原住

How to try it

「提瓦廚房」從上午 11 點到下午 4 點提供午餐，每週二公休。

「Phien-tye」是炸藍玉米麵包，內餡是野牛肉，外面裹上辣椒。

民部落和新墨西哥療癒食物，餐點都是代代相傳而來，由阿嬤傳承給班。

班在陶斯鎮長大，把地方食材融入菜單。漢堡肉是鎮上的野牛肉，搭配土坯窯烤麵包上桌。自家種植的藍玉米替當地鱒魚裹上一層酥脆，出現在稀有的招牌菜中，例如「Phien-tye」（見左圖）加了玉黍螺、有顆粒感的和蒸玉米粥（atole）。即使是受歡迎的新墨西哥菜色，例如餐廳的祖傳招牌紅辣椒燉菜，也是使用原住民土地上收成的穀物，精心製作而成。

24 小時販賣的派餅

胡桃派自動販賣機 • 德州 ------------- PECAN PIE VENDING MACHINE · TEXAS

如果沿著 71 號公路開車經過德州，記得留意路上有個指標，會帶你找到一尊巨大的松鼠雕像，松鼠的手裡拿著一顆胡桃。看到這尊 4.3 公尺高的松鼠之後（她名叫珍珠太太），請往前到她旁邊，有個比較沒那麼炫但同樣壯觀的地標物：一台自動販賣機，裡面裝滿家常胡桃派。

珍珠太太和胡桃派自動販賣機都屬於附近的伯多爾胡桃農場（Berdoll Pecan Farm），他們的胡桃派很受歡迎，暢銷到可以放在自動販賣機內，24 小時提供給熱愛胡桃派的人。這台胡桃派自動販賣機是全美唯一，位於伯多爾胡桃糖果及禮品公司（Berdoll Pecan Candy & Gift Company）前面，每天補貨，裝滿剛出爐的整模胡桃派和其他胡桃點心，假日期間會更頻繁補貨。如果在營業時間來，可以直接在店裡選購。

How to try it

伯多爾胡桃糖果及禮品公司位於德州 71 號公路 2626 號，自動販賣機全年無休。

要找通宵販售的胡桃派自動販賣機，請先找到一隻跟房子一樣高的松鼠。

牛頭烤肉

牛頭烤肉 • 德州 ------------------------------------ BARBACOA DE CABEZA · TEXAS

在墨西哥北部，barbacoa（烤肉）一字通常仍然是指山羊肉，墨西哥中部的人講這個字是指羔羊，猶加敦（Yucatàn）的人則偏好烤豬肉。德州受墨西哥飲食影響很深，barbacoa 一字通常是指 barbacoa de cabeza，意思是牛頭烤肉。借用傳統墨西哥技巧，把牛頭包在泡過水的粗麻布和龍舌蘭葉子中，接著埋進井（pozo）裡，用木材餘燼加熱。再用更多的龍舌蘭葉子蓋住這個井坑，緊緊包裹的牛頭會留在裡面烹煮好幾個小時，直到肉質變得柔軟，呈現脂肪油花。

牛頭的每個部分幾乎都能食用，牛舌（lengua）富含脂肪而甘甜，牛頰（cachete）既柔軟又結實，牛腦如奶油般滑順，牛眼充滿膠質。軟骨組織與這些柔軟、滑順的口感形成對比。整個牛頭全部切碎後包在熱過的玉米薄餅（tortilla）中（正統的烤肉就該這樣），再加上畫龍點睛的莎莎辣醬、香菜和洋蔥。

How to try it

位於德州南部布朗斯維（Brownsville）的維拉後院烤肉（Vera's Backyard Bar-B-Que）提供老式坑烤肉，每個週末大概會烤 65 個牛頭。

馬鈴薯甜甜圈

馬鈴薯甜甜圈 • 猶他州 ------------------------------------ SPUDNUTS · UTAH

1930 年代時，彭頓兄弟艾爾與鮑伯（Al and Bob Penton）在加州做著沒有成就感的工作，夢想著要改良甜甜圈。鮑伯在海軍服役時做過烘焙，他有一份德國甜甜圈食譜，需要用到馬鈴薯。兄弟倆於是開始拿馬鈴薯做實驗——在甜甜圈麵團內加入馬鈴薯水、混入馬鈴薯泥——最後敲定應該加入脫水馬鈴薯才對。兩兄弟回到猶他州開店，店名叫「馬鈴薯甜甜圈」（Spudnuts），是蓬鬆的大甜甜圈，用酥油炸過之後裹上糖霜。

預拌粉裡的馬鈴薯會吸收濕氣，讓甜甜圈變得柔軟，馬鈴薯的澱粉黏性則能留住空氣，讓甜甜圈顯得輕盈。彭頓兄弟沒有釋出他們的祕密配方，而是決定開放加盟，販售自己的甜甜圈預拌粉，到了 1940 年代末期，全美總共有超過 200 家馬鈴薯甜甜圈店。

馬鈴薯甜甜圈是美國第一家甜甜圈連鎖店，多年來也是規模最大的甜甜圈店（全盛時期超過 300 家，分布在美國、加拿大、日本）。不過馬鈴薯甜甜圈走下坡的速度，就跟當年成功的盛況不相上下。

How to try it

馬鈴薯甜甜圈店如今有各種不同的麵團食譜，由於「Bake-N-Serv」倒閉，當年的預拌粉配方已不可得。在猶他州可以試試看「強尼歐的馬鈴薯甜甜圈」（Johnny O's Spudnuts），在雷頓（Layton）和洛根（Logan）有分店。

1968 年時，彭頓兄弟把公司賣給溫哥華的佩斯工業（Pace Industries），1973 年時，佩斯工業又把公司賣給北達科他州的品牌「Bake-N-Serv」。「Bake-N-Serv」的負責人在 1979 年被判處詐欺共謀，公司倒閉，於是全部的馬鈴薯甜甜圈加盟店都成了孤兒。

馬鈴薯甜甜圈以脫水馬鈴薯製成，在 20 世紀中期的美國風行一時。

How to try it

不必等到有人過世才能吃到葬禮燉馬鈴薯，鹽湖城的「蹄與藤」（Hoof & Vine）牛排館晚餐有這道菜，週一到週六都有提供。

悼喪期摩門教徒的燉菜

葬禮燉馬鈴薯 ● 猶他州 -------------------- FUNERAL POTATOES · UTAH

摩門教社區面臨死亡時，減輕痛苦的方式是一鍋溫暖撫慰人心的燉馬鈴薯（切絲或切丁）、罐裝濃湯（雞湯或蘑菇湯）、黃奶油、酸奶油，還有磨碎的切達起司，最上面一定會灑上一層酥脆的玉米片。沒人確定葬禮燉馬鈴薯的起源，不過大部分的資訊來源都指向慈助會（Relief Society），認為這個耶穌基督後期聖徒教會內的女性團體，與這道菜餚的傳播有關。慈助會的成員照料喪親之人的需求，包含三餐，摩門教徒的食物儲藏室裡，幾乎都會有葬禮燉馬鈴薯的食材。教會呼籲摩門教徒隨時都要準備三個月分量的食物，這種儲備量是為了在艱困時刻自保，有可能是遇到裁員、天災或葬禮。

葬禮燉馬鈴薯充滿奶油般的澱粉質，能提供使人平靜的撫慰，這道菜不只適合摩門教徒，食譜也在猶他州各地流傳。2002 年時，鹽湖城主辦冬季奧運，官方胸章上就有葬禮燉馬鈴薯的縮小圖樣。

反手淫食物

美國長老教會牧師西維史特‧葛萊漢（Sylvester Graham）是19世紀初期禁酒節制運動的領導人之一，不過他真正有興趣的是素食主義，他想用素食治好美國人「自瀆」的問題（更正式的名稱是手淫）。

他的葛萊漢飲食法杜絕了任何提供愉悅的食物，凡是與放縱有關的食物都不行。他稱這些食物是「興奮劑」（excitants），因為他認為這類食物會讓血液變得過於激動，包括所有的香料（甚至是鹽、胡椒）、調味品（例如醋、芥末醬）、糖果、雞蛋，還有大部分的乳製品。為了對抗這些刺激的食物，他發明了葛萊漢脆餅——未經漂白的粗麵粉、麩皮加上小麥胚芽做成的餅乾，目的是為了讓感官遲鈍，讓人不要觸摸自己。葛萊漢在 1851 年過世，享年 57 歲，之後他發明的葛萊漢脆餅開始商業加工，添加了糖用來搭配巧克力和棉花軟糖。

葛萊漢最狂熱的追隨者之一是約翰‧哈維‧家樂（John Harvey Kellogg），他是反對手淫健康的激進分子，也是實際執

業的醫生。約翰的生活大多過得像基督復臨安息日會成員，他也篤信清淡的素食能夠抑制性衝動，讓人保持純潔。他在密西根州的巴特溪市（Battle Creek）經營療養院，在此實驗清淡早餐食物的食譜。大約 1877 年的時候，他烘焙了一個混合小麥、燕麥和玉米的麵團，弄碎後稱為「烘烤穀麥」（granula）銷售。不過家樂氏最大的突破是穀片，他和弟弟威爾‧家樂（Will Kellogg）把走味的麵團放進擀壓機時，發現了這種製程。穀片成為健康潮流，這種清淡冷食與當時標準早餐的肉類、馬鈴薯、蛋糕和派餅，形成直接對比。約翰認為，食用他的穀片能讓民眾避免肉體衝動，要不是弟弟威爾堅持在穀片中添加糖分，當作有趣、美味的食物來行銷，他的目標可能會成功（讓甜口味穀片成為主流的家樂氏公司，背後的主導者是威爾而非約翰）。

北美大平原

▶ GREAT PLAINS

愛達荷州鱘魚子

白鱘魚子醬 • 愛達荷州 ---------------------- WHITE STURGEON CAVIAR · IDAHO

愛達荷州的魚子醬算是某種業界機密，世界上大部分人想到這種奢侈產品，通常還是會想到大白鱘（beluga sturgeon），這種魚類在 20 世紀時嚴重過度捕撈，如今極度瀕危。1988 年時，愛達荷州的漁民發現，該州的河流很適合白鱘（white sturgeon）生存，這是一種北美原生魚類，於是他們著手永續養殖這種魚。白鱘就像大白鱘，體型巨大，一般可以長到兩公尺長，重達 454 公斤。驚人的體型代表驚人的魚卵：大顆、閃耀的小球體，在口中进出清爽甜美的海洋鹹味。

愛達荷州如今擁有幾家魚子醬養殖場，各有自家技術。在哈格曼（Hagerman）的里歐雷之家（Leo Ray's），鱘魚養在池子裡，不斷更新冷的山泉水和地熱溫水，藉以防止不受歡迎的藻類生長，那會讓魚子風味變得泥濁。魚卵收成的時機是在魚即將產卵之前（太早的話風味不夠成熟，太晚的話，魚卵又會失去緊繃、Q 彈的口感）。在收成前幾天，魚類會接受活組織檢驗，利用塑膠管檢驗一小部分的魚卵。耐心與精確是重點，因為必須宰殺鱘魚才能取出魚卵。等時間一到，用手移除魚肚中的卵囊，輕輕把魚卵從薄膜中分離出來，洗清後再醃製裝罐。魚的其他部分也會販售。

研究人員在地獄峽谷（Hells Canyon）的蛇河（Snake River）替白鱘上標記。

愛達荷州的巴斯克人
BASQUES IN IDAHO

巴斯克人（Basque）居住在法國及西班牙邊界的一個小自治區，一般認為他們是歐洲最古老的文明（他們的語言巴斯克語〔Euskera〕是最古老的歐洲語言）。據説羅馬人早在西元前200年就與巴斯克人有接觸，不過巴斯克人沒有留下文字紀錄，因此他們的起源是一團費解之謎。他們的移居路線也很難追蹤，因為大部分的人口普查不會區分巴斯克人和西班牙人。不過在愛達荷州，巴斯克人廣為人知地從1800年代晚期開始定居，這個州如今竟是巴斯克自治區以外，最密集的巴斯克族群據點——光是在波夕（Boise）就有大約15,000人。

早期的巴斯克移民來到愛達荷州，從事牧羊及銀礦業，他們帶來妻子和工人，協助發展牧羊業。第一批巴斯克人的供膳宿舍在1900年開設，提供牧羊人住宿。牧羊生活孤寂，這些住宿處成為充滿活力的社交場所，讓巴斯克人可以聚在一起，用自己的語言聊天、吃家鄉菜，暢飲來自家鄉的酒。巴斯克裔美國人那種大規模、家庭式的餐點風格，就源自於這些供膳宿舍。在波夕的巴斯克區，這種美食光彩火力全開。「格尼卡酒吧」（Bar Gernika）的招牌菜是雞肉可樂餅（croquetas），還有經典索羅莫三明治（solomo，醃豬肉佐甜辣椒）、牛舌、西班牙香腸。除了烹飪課，巴斯克市集還有小菜（pintxos，巴斯克語的tapas）和品酒套組，讓人可以品嘗該地區最棒的酒。「好奧納」（Leku Ona）餐廳能找到家庭式的菜色，讓人回想起供膳宿舍的年代，有燉羊肉、肉丸子和炸鱈魚。最有巴斯克風格的大概是紅酒調汽水（kalimotxo），街上每家酒吧都能找到。這種飲料完美結合了巴斯克及美國的影響：一半紅酒、一半可口可樂。

傳統巴斯克舞者在愛達荷州海利市（Hailey）的趕綿羊節（Trailing of the Sheep Festival）表演。

最早的美國煙火

遠在美國人點亮夜空慶祝獨立紀念日之前，最早期的歐洲殖民者就會聚在一起，觀看夜間煙火表演。「這樣的火花極為壯觀，夜間航行在河中，兩岸的森林閃閃發光」，紐約早期的著名居民阿德里安·范·德·鄧克（Adriaen van der Donck）如此寫道。他講的不是現代的煙火，而是當地美洲原住民部落每年放火燃燒，藉此大規模改變周遭地景。

在美洲大陸各地，不同部族會因為不同的理由放火。火能阻擋響尾蛇和蚊子，清出土地建造家園，也能避免敵對部落利用掩護進行攻擊。火在北美洲的飲食系統中也扮演著關鍵的角色。

野牛棲地
BISON HABITATS

早期美國的殖民者很吃驚地發現，有大批的野牛在整片土地上漫遊，這裡後來稱為北美大平原。大平原上的原住民利用火來增加野牛的棲地，基本上就是創造了一個人工的野生動物保護區。

狩獵
HUNTING

每年放火清除矮樹叢，讓美國的森林就像規畫過的公園一樣，能夠輕鬆愉快地穿越，這麼做增加了鹿、野牛和其他獵物的數量。不過火也用在狩獵本身，不論是要追馱鹿、美洲鱷、兔子或蝗蟲，部落的人都會利用放火來阻止獵物逃走。

漿果和堅果
BERRIES AND NUTS

放火燃燒創造出條件，讓人得以採集越橘莓（huckleberry）、覆盆子、草莓和黑莓，同時也增加了堅果的數量，尤其是橡實。火替橡樹清出空間，這些樹會長出橡實，每年秋天可以採集，用來煮粥或是製作麵包。

農耕
FARMING

北美是地球上樹木最多的地方之一，因此放火是必要的手段，能夠清空土地，種植作物，利如南瓜、豆類、玉蜀黍等美洲主要穀物。在現有的農地上放火也能除掉害蟲和雜草，還能提供灰分，成為下一批作物的肥料。

歐洲藝術家卡爾·博德默（Karl Bodmer）的畫作〈北美草原上的野牛狩獵〉（*Bison Hunting on the Prairie*），描繪19世紀的美洲原住民獵人。

大自然的香料架

美國山胡椒 · 堪薩斯州 ----------------------- AMERICAN SPICEBUSH · KANSAS

咬一口美國山胡椒的漿果，體驗整個香料架在口中炸開的感受：這顆小巧渾圓的果實包含了肉豆蔻、粉紅胡椒、檫樹根粉（sassafras）及多香果（allspice）的氣味。不過這種北美植物不只是果實有味道——美國原住民曾經用它的樹皮和葉子來調味肉類、烹煮藥草茶，帶有胡椒味道和一點肉桂的溫暖。

有了這些熟悉味道的碰撞，這種萬用山胡椒也能當作方便的調味替代品。在美國獨立戰爭期間，來自加勒比海的多香果存貨剩得很少，一般家庭烹飪時，就從後院摘取山胡椒果實磨成粉，替代食譜中的多香果。

> **How to try it**
>
> 在堪薩斯州，山胡椒是東南部的原生植物，生長在潮濕的河岸和濕地土壤中。在堪薩斯州以外的地方，從東岸到德州之間，只要環境條件類似的地方都能找到。這種植物在初春開花。

歷史上的假期漿果

越橘莓 · 蒙大拿州 --------------------------- HUCKLEBERRIES · MONTANA

越橘莓是藍莓的野生分身，從來沒有商業栽種過。果實酸中時而帶點苦味，種子脆脆的，生長在陡坡上的茂密灌木叢裡。越橘莓需要陽光、溫度及濕度的平衡，才能在短暫的兩個月季節中結果。

蒙大拿州的越橘莓產量全國數一數二，原住民部落將豐收歸因於有施行間歇燒墾土。放火燒過之後，越橘莓會休眠停止生長，不過最後含灰的營養土壤又會帶來爆炸性生長的作物。幾個世紀以來，美國原住民燒墾這些地區，然後收成果實，漿果是他們賴以為生的主要糧食。他們利用鮭魚的脊骨做成梳子，從灌木上剔下果實，大量儲存漿果，乾燥後搗碎，壓成餅狀。

1910 年時，蒙大拿州北部發生大規模野火燃燒，20 年後，該地區結實纍纍，越橘莓產量大增。美國原住民在土地一側紮營，搭起好幾百個圓錐形帳篷，其他當地人也聚集在附近，在另一側搭起帳篷。當結果季節到來，熱鬧的氣氛堪比加州淘金熱潮。

如今採收越橘莓仍然是種競賽，大部分季節的產量都不夠分配，所以越橘莓的價格每年都會重新調整。

越橘莓的食用方式跟藍莓很像（用在煎餅、瑪芬鬆糕、派餅、果醬），越橘莓愛好者認為，比起超市賣的標準藍莓，這種野生漿果的味道、口感和特色都比較濃郁。對於忠誠的支持者來說，不易取得也是越橘莓的魅力之一。

> **How to try it**
>
> 大約盛夏時節，在蒙大拿州西北部的弗拉特海德谷（Flathead Valley）可以開始採集越橘莓。在弗拉特海德國家森林（Flathead National Forest）可以免費採集，不需要許可，除非你打算一個人採收 37 公升以上的分量。

改變天氣的農業

玉米帶的氣候變遷

美國的「玉米帶」（Corn Belt）——中西部一望無際的玉米田——是世界上最有生產力的農業區域，近年來的玉米產量暴增：從 1950 年到 2010 年，年產量從 30 億增加到 100 億蒲式耳（bushel，使用於農產乾貨的計算單位，以玉米來說，一蒲式耳為 56 磅，約 25.4 公斤）。

內布拉斯加州的農民從此感受到天氣的變化，夏季變得更潮濕，攝氏 37 度以上的日子比起從前減少了——這樣的觀察與許多全球暖化的預測有所抵觸。

這種新的天氣模式，與農民所說的「玉米出汗」（corn sweat）有關，植物打開毛細孔吸收二氧化碳的時候，也會釋放出水分，這個過程叫做蒸散，能讓植物及周遭的空氣冷卻，同時也會增加空氣中的水分，最後變成降雨。玉米越多，蒸散越多，這解釋了天氣為什麼會變涼變濕。

透過研究觀察到的資料，建立該地區的氣候模型，麻省理工學院（MIT）的研究人員發現，增加玉米的產量也增加了該地區的夏季降雨量，多了 5% 至 15%，溫度則減少了攝氏一度之多。全球氣溫上升，但這項研究證實內布拉斯加州的東部，由於密集農業抵消了溫室效應氣體排放的效果，反而變涼了（在中國，種植稻米的區域也觀察到類似的效應）。

這個地區的爆炸性農業成長其實無法永續，在有限的土地上就只能種植那麼多的玉米，但溫室效應氣體排放可沒有極限，到最後，農業產生的抵消效應終將被趕上。對於某些農民來說，明白這一點有助於他們替未來做好準備，有可能會再次發生乾旱。在那一天來臨之前，許多人致力於減少使用燃料，並且在風調雨順的期間提高工作效率。

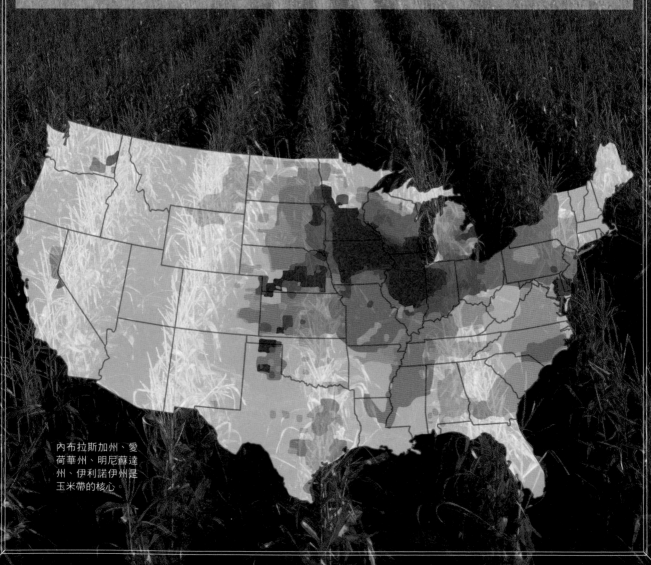

內布拉斯加州、愛荷華州、明尼蘇達州、伊利諾伊州是玉米帶的核心。

席捲全球的 玉米魅力

世界上很多地方將玉米稱為玉蜀黍（maize），在 10,000 年前由現代墨西哥的原住民開始人工栽種。當時玉米被尊為來自於神的禮物，是母親般的物質，甚至可以說是生命本身。玉米一直都是中美洲獨有的植物，直到 15 世紀時引起了歐洲航海者的注意。哥倫布把玉米帶回西班牙，從那裡慢慢往北傳播。大約在同一時期，葡萄牙貿易商把這種植物往東帶到非洲和亞洲。玉米持續在各地移動，到了 16 世紀末時，鄂圖曼的軍隊食用玉米，中國有玉米的繪畫，德國、印度、泰國都有種植玉米。

玉米所到之處茁壯成長，有些人（也就是歐洲人）一開始不相信這種新植物能當食物，不過在全球的飲食中，玉米都占有一席之地。這種萬用、適應力強的蔬菜兼澱粉，由無數的美食傳統採納並加以轉變，從全世界吃整穗玉米的無數種方式就能明顯證明。

台灣式
塗上蒜茸醬油膏和甜辣醬，在烤架上烤到變黑，然後再塗上一層厚厚的豬油。

肯亞式
炙烤後浸入萊姆汁，在磨碎的鹽和辣椒中滾一下，接著裝在原本的玉米外殼中上桌。

秘魯式
大顆粒白玉米（西班牙文稱為choclo）煮熟後，加上一塊新鮮起司和一種叫做瓦卡蝶（huacatay）的香草醬一起吃。

韓國式
糯玉米蒸熟或用鹽水或糖水煮熟，直到口感變得有黏性又有嚼勁。

波斯式
在烤架上烤到起泡，然後浸入熱鹽水中調味。

美國南方式
整穗玉米插在竹籤上，浸蘸玉米粉麵糊後，炸到酥脆。

整穗玉米在全世界都是很受歡迎的街頭小吃，從台灣台北的士林夜市（左圖），到秘魯庫斯科（Cusco）的玉米攤販（右圖），都有在賣。

內布拉斯加州的牛肉暖手爐

朗薩口袋餅 • 內布拉斯加州 -------------------------------- RUNZA · NEBRASKA

朗薩口袋餅的歷史從凱薩琳大帝（Catherine the Great）開始，這位日耳曼公主在 1745 年嫁入俄羅斯皇室，在身為俄羅斯女皇的 30 年期間，她邀請日耳曼人與她一起移居到她的第二祖國，並且以承諾享有自治權來吸引他們。30 年內，男人不必服兵役，家戶不必繳稅，所有移民均享有完全的政治掌控，能管理自己的村落和學校。許多日耳曼人接受她的邀約，來到窩瓦河谷（Volga River Valley）耕種。他們開始製作一種叫做「必羅克」（bierok）的食物，在酵母麵團裡填裝肉類，成為在田裡工作者的攜帶便餐。日耳曼人在窩瓦河待了將近一世紀，一直到亞歷山大二世（Alexander II）掌權，廢止了他曾祖母凱薩琳的法令。1870 年代，在俄羅斯的日耳曼人被剝奪了特權，他們沒有向新政權屈服，而是派出探子到世界各地尋找新據點，要找一個像窩瓦河谷的地方來居住。探子回報，推薦了美國內布拉斯加州。

德文中「朗薩」（runza）一詞的意思是「小圓麵包形狀」，成為內布拉斯加用來稱呼「必羅克」的詞。內布拉斯加俄羅斯－日耳曼社群的成員開起小店，專門販售這種可以拿在手上吃的調味肉類口袋餅，並且大受歡迎，最後促成了連鎖店。第一家朗薩專賣店在 1949 年開幕，如今大約有 85 家店。當地人平常就會吃，不過在美式足球比賽期間吃得更多，因為能當作可食用的暖手爐。

How to try it

朗薩口袋餅在內布拉斯加州的麵包店很容易就能買到，朗薩連鎖餐廳使用自製麵團，加上當地的牛肉，主要來源是內布拉斯加州。口味有瑞士起司蘑菇、燒烤培根，還有 BLT（培根、萵苣及番茄）。

牛仔約會夜

乾草叉起司火鍋 • 北達科他州 ------ PITCHFORK FONDUE · NORTH DAKOTA

如果你知道瑞士起司火鍋，那麼只需要稍微調整一下，就能完成牛仔風版本。不是用小尺寸的瓷鍋架在小火焰上，而是豪邁改用 30 公升的金屬大鍋架在戶外瓦斯爐上；不用起司醬料，只要在大鍋中倒入大量的油，把油加熱，就可以浸下去了。在鄉村起司火鍋中，只有牛肉一種食材。牛排串在乾草叉上，然後浸到熱油中，帶有深色酥脆外皮的一分熟牛排，三分鐘內就完成了，五分熟要五分鐘。

How to try it

梅多拉（Medora）是北達科他州惡地（Badlands）的一個城市，夏季期間會提供戶外乾草叉起司鍋晚餐。

想當年的奧克拉荷馬州飲食趨勢：吃烏鴉

1930 年代時，奧克拉荷馬州的土爾沙市（Tulsa）烏鴉太多。成群的烏鴉劫掠田地，城裡的鳥糞鋪天蓋地。為了對抗這些具有攻擊性的鳥群，前郡健康局長史多林斯醫生（Dr. T. W. Stallings）決定推銷大家吃烏鴉。史醫生開始舉辦宴會，宣揚主要食材是鵪鶉。等到當地人愛上「鵪鶉」的味道之後，他們並不介意史多林斯揭露的大祕密，就算是烏鴉，他們還是繼續照吃不誤。最坦率的粉絲之一是奧克拉荷馬州的州長，他還成立了州議會烏鴉肉愛好者協會。

史多林斯的常勝食譜包括在拔了毛的烏鴉上抹豬油，以便克服乾柴的肉質，然後放在密封的鑄鐵盤裡和芹菜一起烹煮，最後再加上大量肉汁。

史多林斯對於吃烏鴉的熱情造成流行，1935 年時，《匹茲堡郵報》（*Pittsburgh Post-Gazette*）報導「烏鴉熱潮席捲奧克拉荷馬州」。在經濟大蕭條餘波盪漾的日子裡，吃烏鴉提供了大家樂見的蛋白質來源，也是農民解決田裡嚴重掠食動物的方法。對於許多人來說，這種深色的肉類具有討喜的濃烈野味，也還算可口。培養這種觀點是一場硬仗，因為以腐肉為食的烏鴉很可能會吃肉和垃圾──不過大家還是努力推行。烏鴉數量眾多，容易狩獵，有好些年「黑鸝鴣」一直是奧克拉荷馬州晚餐菜單上的菜色。對烏鴉來說，幸運的是這股潮流終究逐漸消退，可能是因為後來經濟不再那麼不景氣。

夸帕部落的產地直送餐廳

紅橡木牛排館 • 奧克拉荷馬州 ────── RED OAK STEAKHOUSE · OKLAHOMA

美國原住民夸帕（Quapaw）部落向來以擅長農業著稱，他們定居在阿肯色河與密西西比河交匯處（現代的阿肯色州），與該地區肥沃的土壤發展出特別的關係。幾個世紀以來，他們提升農業技術，生產出數量驚人的美味農產品。身為地區糧倉的守護者，夸帕族強化與附近部族的聯繫，後來又贏得法國人的軍事支援。他們在美國早期糧食經濟中扮演了關鍵的角色，有助於他們保持完整的傳統生存至今──在奧克拉荷馬州的部族自營賭場中，仍然可以品嘗到他們的傳統。

路易斯安那購地（Louisiana Purchase，1803 年美國以每英畝三美分的價格跟法國購買大量土地的交易案，使得美國領土面積自此翻倍）後，美國政府強迫夸帕族離開祖居地，在「順流賭場度假村」（Downstream Casino Resort）裡，紅橡木牛排館的菜單就是向他們的農業遺澤致敬。

How to try it

紅橡木牛排館位於部落自營的「順流賭場度假村」裡，就在奧克拉荷馬州的夸帕鎮（Quapaw）。

來自部落一千多頭牛和野牛的肉，在當地自營的加工廠處理。綠色蔬菜、香草和香料來自部落的五座離廚房不遠的溫室。蜂蜜由部落自己的蜂群生產，加在雞尾酒和沙拉醬裡。部落自己烘咖啡豆，也自己釀啤酒，在鄰接的牛排館裡都有販售。紅橡木牛排館的菜單忠於自然，菜色會配合每種食材的盛產期輪替。

餐廳的農產品都來自當地的溫室。

給士兵的免費雉雞

雉雞沙拉三明治 • 南達科他州 ⸱⸱⸱⸱⸱⸱⸱⸱⸱⸱⸱⸱⸱⸱⸱⸱⸱⸱ PHEASANT SALAD SANDWICH · SOUTH DAKOTA

How to try it

雉雞餐廳在亞伯丁食堂關門三年後開張，主打現場音樂演奏和雉雞沙拉三明治。

南達科他州的漁獵及公園官方網站宣稱，該州以兩大事物聞名：依序是雉雞和拉希莫山（Mount Rushmore）。他們的頭號明星雉雞是 1908 年時，從原生地中國引進美國的，到了 1940 年代，這種鳥類在南達科他州激增，多到亞伯丁市（Aberdeen）利用過多的鳥類，開始發送數以千計的雉雞沙拉三明治，自稱是世界上最突出的贈品。

二次世界大戰期間，搭乘密爾瓦基鐵路（Milwaukee Road）要去受訓或下部隊的士兵，都會經過亞伯丁，而當地食堂有免費雉雞沙拉三明治的事也就漸漸傳開了。志工大多是家庭主婦，每天早上 8 點開始顧店到半夜，就連假日也不例外。他們的招牌內餡包括胡蘿蔔、洋蔥、芹菜、醃酸黃瓜、水煮蛋、美乃滋，不過讓三明治顯得突出的是雉雞肉。當時工業化養殖還沒有開始大量生產雞肉，美國人仍然很迷戀家禽，在那個時候很昂貴，被認為是紅肉以外的奢侈選擇。

亞伯丁食堂在 1946 年關閉，不過雉雞沙拉三明治仍然是南達科他州的特產，在布魯京斯市（Brookings），恰如其名的雉雞餐廳（Pheasant Restaurant）仍然提供這道菜色。因為這款三明治不再是贈品，內容物也升級了，加上了蘋果、蔓越莓乾和烤胡桃。

沉浸式野牛體驗

泰瑞野牛牧場 • 懷俄明州 ⋯⋯⋯⋯⋯⋯ TERRY'S BISON RANCH · WYOMING

你是否曾經夢想搭乘老式的火車餐車廂，享受一頓悠閒的週日午餐，一邊隆隆經過大片野牛放牧地？在夏安（Cheyenne）的泰瑞野牛牧場，可以實現這些夢想。1993 年時成立的野牛養殖場，該產業的歷史可以回推到更早以前：1910 年時，這片土地屬於 F・E・華倫（F. E. Warren），他是懷俄明州第一位地方首長，當時熱愛野牛的老羅斯福總統也來用餐過。野牛大餐的菜單包括野味湯和鱒魚，這份菜單目前陳列在牧場的牛排館中。

今日的泰瑞野牛牧場是個營業中的養殖場，結合了野牛互動體驗和得過獎的野牛肋排。訂製的火車載著遊客穿越野牛國，蜿蜒經過鴕鳥和駱駝，最後來到重頭戲：撫摸和餵食野牛。你也可以騎馬或搭乘越野車欣賞景色，然後到室內享用野牛漢堡。

餵食野牛後又去吃野牛，感覺似乎是個有點矛盾的體驗，不過像養牛一樣飼養野牛，是讓這個物種免於滅絕的關鍵要素。19 世紀末時，美洲野牛幾乎絕種，保育上的努力主要著重在找尋受保護的棲地，但進展緩慢。不過在 1970 年代左右，美國的牧場主人齊心努力，推動像牛隻一樣飼養野牛，今日養殖食用的野牛數量已經將近有傳統保育數量的 20 倍。

美洲野牛（*Bison bison*）在北美有幾十萬年的歷史，是美國的國家哺乳動物。野牛能長到 1.8 公尺高，907 公斤重，望之壯觀，尤其在原生地上看起來更是如此。在泰瑞野牛牧場，你可以在慢慢前進的火車上，舒舒服服地欣賞。

How to try it

泰瑞野牛牧場位於 I-25 銜接道路（I-25 Frontage Road）51 號，一般的火車之旅大約需要 90 分鐘，每天發車多個班次。餐車列車每週日 12 點發車，需事先預約。

▶ 中西部

▶ THE MIDWEST

世界上最糟糕的酒之一

傑普森馬洛特酒 • 伊利諾州 ························· JEPPSON'S MALÖRT · ILLINOIS

How to try it

90% 的傑普森馬洛特酒消費都在芝加哥，傳統方式是一飲而盡，不過城裡也開始出現苦艾雞尾酒。

1930 年代初期時，瑞典移民、雪茄店老闆兼老菸槍卡爾·傑普森（Carl Jeppson）開始兜售一種自家製的酒，叫做傑普森馬洛特酒——這是一種辛辣、惡臭的烈酒，傑普森的嘴巴抽雪茄抽到遲鈍，這種酒是少數他能嘗到味道的東西。

瑞典文中「馬洛特」（malört）的意思是苦艾，這是一種用來治療寄生蟲的苦味藥草。這種藥草是酒裡唯一的調味，而且味道很可怕。在禁酒令期間，

來自芝加哥世界博覽會的美食獻禮

1893 年時，芝加哥主辦了哥倫布紀念博覽會（World's Columbian Exposition），這是一項充滿雄心的驚人文化與創新展示，用來紀念哥倫布到達新世界 400 週年。為期六個月，有超過 2,700 萬人來到新近落成的展覽中心參觀，發明家、創業家、科學家和藝術家展出他們新奇的商品和想法——其中有些成為 20 世紀美國的重大開拓性產品。

據傳啤酒品牌「帕布斯精選」（Pabst Select）在芝加哥博覽會贏得頭獎後，改名為「藍帶啤酒」（Pabst Blue Ribbon）。博覽會舉行的時候，這家出身密爾瓦基的公司已經贏得許多啤酒獎項，也會在每瓶啤酒繫上藍絲帶（花了不少錢）。他們是否真的在芝加哥贏得頭獎並不確定，不過帕布斯公司推出這個得獎名稱的啤酒，在博覽會之後成為全美最受歡迎的啤酒（一直到一次世界大戰絲緞短缺之前，帕布斯公司每年至少都要用掉 30 萬公尺以上的緞帶）。

麥麩格格脆（Shredded Wheat）也在芝加哥博覽會首度公開亮相，發明者是俄亥俄州的律師亨利·派其（Henry Perky），此人深為腹瀉所苦。他看到有人吃煮過的小麥加鮮奶油，於是想出這種營養豐富又有益健康的食物。他向一個機械師朋友推銷這個想法，兩人一起發明了一台機器，

能夠產出「全麥小餅塊」。這兩個人來到博覽會想銷售麥麩格格脆機器，但是大家對於小麥點心本身更有興趣。博覽會結束後，派其搬到東部，開起麥麩格格脆公司，最後在 1928 年把公司賣給納貝斯克公司（Nabisco）。

奧匈移民埃米·賴歇爾（Emil Reichel）與山姆·勞達（Sam Ladany）帶來了（對於當時的美國群眾來說）很新奇的純牛肉熱狗，在芝加哥博覽會銷售。出乎他們意料，小攤車賣出了幾百萬份香腸。一年後，他們用獲利開了第一家「維也納牛肉」（Vienna Beef）店鋪，接著開始供貨熱狗給城裡所有的小販。1930 年代時，某些販售維也納牛肉的攤子開始宣傳一種「上面有沙拉」的熱狗，就是著名的芝加哥式熱狗：芥末醬、洋蔥、醃酸黃瓜、蒔蘿醃黃瓜條、番茄、醃辣椒及芹菜鹽。

執法單位允許傑普森繼續販售這種酒，因為喝起來味道太可怕了，他們想不出來這種酒除了藥用還有誰要喝。

描述酒的味道變成一種消遣，那味道幾乎是舉世憎惡，殺蟲劑、汽油、燒過的塑膠，這些是常見的比喻。多年來，酒瓶背面標示著：「大部分初次品嘗本款酒的人都很排斥……傑普森馬洛特酒風味粗獷，對味蕾毫不留情（甚至有些殘暴）。」然而這種酒卻是芝加哥最出名的酒，幾乎城裡每家酒吧都有提供。飲用者最常見的反應是「馬洛特臉」（Malört face）：皺臉、震驚、厭惡。不過傑普森的行銷宣傳這麼說：「能留下來喝幾輪酒的吹牛大王，很可能會成為傑普森酒的永久粉絲。」芝加哥市民（只有他們）已經培養出對這種烈酒的喜愛，這種辛辣的酒已經成為外地人的入會儀式，同時也是當地人證明自己有能力像鬥士一口灌下烈酒的方式。

喬瑟芬．柯克藍與一台後期版本的洗碗機。

米爾頓．好時（Milton Hershey）也有參加博覽會，不過當時他是焦糖製造商。他在博覽會看到一台德國的巧克力製造機，印象深刻，最後決定賣掉他蓬勃發展的焦糖事業，「蘭卡斯特焦糖公司」（Lancaster Caramel Company）以驚人的100萬美元售出（相當於今日的3,000萬美元），接著他傾全力投入巧克力。

小威廉．瑞格利（William Wrigley Jr.）到芝加哥的時候，是瑞格利家族事業的銷售員，當時他們銷售肥皂和泡打粉。為了促進銷售，他開始在每次賣出時加贈一條免費口香糖，過不了多久，他就發現比起家用品，顧客對於口香糖更有興趣。1893年時，他把自己的口香糖系列產品帶到哥倫布紀念博覽會，讓民眾首次嘗到黃箭口香糖（Juicy Fruit）。

伊利諾州的富裕社交名媛喬瑟芬．柯克藍（Josephine Cochrane）喜歡招待客人，她受夠了僕人手洗碗盤時老打破她的高級瓷器。1887年時，她想出一種機器，能夠溫和又有效率地洗淨碗盤，於是著手跟技師一起打造這種機器。她發明了第一台成功的手動洗碗機（dishwasher），在芝加哥博覽會亮相。她的奇妙洗碗裝置（一開始叫做 Lavadora〔洗碗工〕，後來改叫 Lavaplatos〔洗碗機〕）獲得設計及耐用獎。1950年代之前，柯克藍發明的洗碗機主要賣給餐廳和旅館，後來家庭主婦也開始有興趣，最後柯克藍的機器有了另一個不同的名稱：廚房幫手（KitchenAid）。

緬甸社群中心

欽族雜貨店 • 印第安納州 .... CHIN'S GROCERY · INDIANA

How to try it

「欽族兄弟」位於 11 號站東路（E Stop 11 Road）2318 號，在印第安納波利斯南邊，幾乎每天都營業。

在緬甸（1989 年之前稱為 Burma，之後稱為 Myanmar），大部分的社交都在茶館裡進行，但是譚赫利（Than Hre）在 2002 年抵達印第安納州時，那裡沒有茶館。他是第一波到印第安納波利斯（Indianapolis）的欽族人之一——信仰基督教的緬甸種族之一。許多欽族人為了逃離緬甸的宗教迫害，跟隨他的腳步而來。今日印第安納波利斯的欽族人數之多，甚至有了「欽第安納波利斯」（Chindianapolis）的暱稱。

2007 年，工作五年後，赫利存了一點錢，他認為迅速發展的欽族社群該有屬於自己的空間了。儘管沒有做過生意，但他買下一間雜貨店，開始在店裡擺滿家鄉味食物。不過 2007 年時緬甸受到制裁，沒有東西能夠進口。赫利費盡千辛萬苦，也花了不少錢，收購在泰國、越南和柬埔寨包裝的緬甸產品，讓店裡有商品，像是茶葉沙拉（lahpet，發酵茶葉）、魚麵（rakhine noodles）、魚蝦醬（ngapi，乾燥蝦粉製成）、糯米糕（htoe mont）。欽族人開始上門買東西，不到一年半，他又開了一間餐廳。

欽族廚師負責廚房，他的妻子在前場顧店，欽族兄弟餐廳（Chin Brothers Restaurant）以緬甸客群為主。早上店裡會提供傳統早餐水煮豆（pe pyot），用冒芽的黃豆跟薑黃和炒過的洋蔥一起煮，然後搭配油條（ei kya kway），或是搭配饢餅、拋餅（paratha）一起吃。稍晚則提供欽族招牌菜玉米肉湯（sabuti，磨碎的白玉米燉牛骨或豬骨、雜碎和去皮豌豆）、欽族

赫利夫妻譚與碧亞（Biak），透過他們的雜貨店和餐廳推廣欽族文化。

豬血腸（vok ril）和魚湯米粉（mohinga）。在店裡，這一桌可能是來自欽邦裡小村莊的一家人，旁邊那桌則可能是一對中西部的夫妻，生平第一次嘗試欽族食物。早餐時間的餐廳，看起來總像是緬甸社區中心。

「欽族兄弟」這個店名，是赫利在登記時心血來潮決定的，當時他還沒有想好店名，不過出身在宗教上、種族上皆痛苦分歧的國家，他想表達的是包容，「我們都是兄弟姊妹，」赫利解釋道。

傳家種子保護區

保種交流會 • 愛荷華州 .... SEED SAVERS EXCHANGE · IOWA

How to try it

保種交流會的網站上有販售數百類的種子，詳見 seedsavers.org。情況許可時，「珍稀農場」歡迎訪客參觀，但請先致電確認。

保種交流會是美國最大的非政府種子銀行之一，致力於保存與交流種子，目的是為了保護並延續可能消失的植物。總部位於「珍稀農場」（Heritage Farm），一處占地 356 公頃的有機農地，交流會保存了兩萬多種植物。每年，他們致力於再生稀有品種的植物，記載所保存的每個種子的詳細名冊和歷史紀錄。

由種子栽培出來的植物存放在中央冷藏收藏系統，種子則冷凍在地下保存庫裡。或許蘋果園最能代表交流會的使命：一千多個品種的傳家蘋果並肩栽種，基本上就是一個鮮活的傳家蘋果收藏園地。

保種交流會再生稀有品種的植物。

美國最後一輛夜間餐車

貓頭鷹餐車 • 密西根州 ———————————— THE OWL · MICHIGAN

1800 年代末期，大多數餐廳都是晚上 8 點打烊，肚子餓的人就只好在街上遊蕩。羅德島有個名叫沃爾特·史考特（Walter Scott）的男人嗅到商機，開始提著籃子兜售三明治和咖啡，後來改用手推車，一路生意興隆到最後改用馬車。他的主意流行起來，「夜間餐車」很快席捲全國。

餐車的尺寸平均約 2.4 X 4.3 公尺，空間僅能容納一個小檯面，放上烹飪用具，再供幾個顧客用餐。很多餐車都有壁畫加上優雅的雕刻，設計得很華麗，吸引的客群也很多元（花俏的內部裝潢跟菜單並不相襯，菜色通常是簡單的三明治、派餅和咖啡）。餐車大多禁不起在城裡四處移動，所以開始留在原地，演變成如今我們熟知的路邊小餐館。

目前已知最後僅存的餐車是貓頭鷹夜間餐車，亨利·福特（Henry Ford）曾經是貓頭鷹夜間餐車的顧客，1927 年底特律禁止餐車（因為餐廳聯合遊說，反對這些流浪創業家），於是福特買下這輛餐車，放置在格林菲爾德村（Greenfield Village），這個戶外歷史村落是亨利福特博物館的一部分。福特讓貓頭鷹餐車維持原有功能，有很多年，廣闊的格林菲爾德村內，唯一能買到食物的地方就是這輛餐車。

1980 年代時，貓頭鷹餐車全面翻修，現在斗大的紅藍雙色字體裝飾兩側，蝕刻玻璃上描繪出貓頭鷹棲息在一彎新月上，是一首獻給過往夜晚時光小餐館的頌歌。

How to try it

亨利福特博物館位於密西根州底特律的郊區第爾非（Deerfield）。格林菲爾德村一週七天都有開放，時間從早上 9 點半到下午 5 點。

在路邊小餐館出現之前，像貓頭鷹這樣的夜間餐車滿足了深夜的食慾。

中西部速食沙拉

在美國的中心區域，「沙拉」（salad）一詞忠於地區方言，往往跟蔬菜毫無關係。這些經典配製源自於加工食品的懷舊年代，當時的食譜是由朋友鄰人之間用手寫卡片流傳。那段輝煌的日子也許已經過去，不過這些沙拉仍然存在於中西部，會出現在夏季的百味餐會（potluck）、教堂地下室，還有各種假日聚會中。

餅乾沙拉
COOKIE SALAD

是在明尼蘇達州發明的，在當地，最適用的餅乾是奇寶軟糖條紋餅（Keebler Fudge Stripe），這是一種輪胎造型的奶油酥餅，上面淋有巧克力。餅乾壓碎後泡進白脫牛奶，加上香草速食布丁、發泡鮮奶油點綴，最後再添上一個橘子罐頭，如果想要花俏一點，可以再加上香蕉切片。

榮耀米飯
GLORIFIED RICE

在上中西部的熟食店櫃檯，如今還能看到它，煮熟的白米塗上發泡鮮奶油後變得榮耀了，再加上切碎的鳳梨罐頭，攪拌後以當地很受歡迎的棉花軟糖和醃漬櫻桃裝飾。

水門沙拉
WATERGATE SALAD

跟尼克森的醜聞無關，也許除了開心果布丁應該要「掩蓋」其他食材這一點之外。食譜在 1975 年由大眾飲食公司（General Foods）發表，在鮮綠色的開心果速食布丁上面加點發泡鮮奶油，能夠完美掩飾罐裝鳳梨、胡桃及小顆棉花軟糖。

吉露果凍沙拉
JELL-O SALAD

因為讓家庭主婦能以輕鬆、平價的方式，準備新奇又時髦的餐點變而變得盛行——它被行銷為一種精緻的速成食物，源自於維多利亞時代的肉凍。只要小小一包吉露果凍粉，就可用模型做出無所不包的沙拉，可甜可鹹，像是萊姆果凍中加上蝦子和橄欖，或是橘子果凍中加上茅屋起司。

明尼蘇達州議員砂鍋燉菜

國會熱燉菜競賽 ● 明尼蘇達州 ⋯⋯⋯⋯⋯⋯ CONGRESSIONAL HOTDISH COMPETITION · MINNESOTA

2010 年時，明尼蘇達州參議員艾爾·弗蘭肯（Al Franken）向該州議會代表的 10 名成員發出挑戰，要舉辦熱燉菜烹飪比賽。有六名成員響應，帶著家常、明尼蘇達式的砂鍋燉菜齊聚一堂，試圖證明他們還有政治領域以外的才華。結果引發了口水戰，砂鍋燉菜較勁就此開始。

熱燉菜是經濟大蕭條年代時，要餵飽一群人的節儉方式，已經成為明尼蘇達州最具象徵性的食物。這種一鍋烤的食物結合了一種澱粉、一種肉類、一種罐頭或冷凍蔬菜，加上一罐濃湯。例如鮪魚罐頭、冷凍豆子、雞蛋麵、蘑菇湯，就能做出經典的鮪魚熱燉菜。另一個常見的是炸薯球（Tater Tot）熱燉菜，使用的食材有牛絞肉、玉米罐頭、冷凍薯球和切達起司湯。

How to try it

熱燉菜競賽在華府舉行，不對外公開，大概因為大家會過度興奮。每年公布優勝者之後，經鑑定過的食譜就會刊登在政府官方網站上。

比賽當天，議會成員把立法的精力都拿來做砂鍋燉菜。2013 年時，眾議員蜜雪兒・巴赫曼（Michelle Bachmann）告訴弗蘭肯：「我會打敗你。」

這個活動很快就成為國會山莊的寵兒，除了經典食材之外，參賽者必須加入一種來自家鄉的原料，讓熱燉菜明確保有明尼蘇達的特色，像是參議員艾美・克羅布夏（Amy Klobuchar）的「真不敢相信這不是午餐肉義大利辣香腸披薩」熱燉菜（I Can't Believe It's Not Spam Pepperoni Pizza，午餐肉源自明尼蘇達州），還有眾議員提姆・華茲（Tim Walz）的「德國人赫曼」熱燉菜（Hermann the German），裡面加了當地的布拉德香腸和謝爾啤酒（Schell's）。

特等獎獎品是特製的署名康寧 Pyrex 耐熱玻璃盤，附帶可炫耀一年份的特權。華茲贏過三次，2018 年進場比賽時還帶著三名員工，高舉先前獲勝的烤盤紀念品。

國會熱燉菜競賽優勝者

2012：參議員艾爾・弗蘭肯的「母親的瘋狂馬諾門」（Mom's Mahnomen Madness）與眾議員奇普・克拉瓦克（Chip Cravaack）的「明尼蘇達野生地層」（Minnesota Wild Strata）平手

2013：眾議員提姆・華茲的「德國人赫曼」

2014：眾議員提姆・華茲的「火雞路跑炸薯球」（Turkey Trot Tater Tot）

2015：眾議員貝蒂・麥凱倫（Betty McCollum）的「火雞佐地瓜燉野米」（Turkey, Sweet Potato, and Wild Rice）

2016：眾議員提姆・華茲的「火雞塔可餅炸薯球」（Turkey Taco Tot）

2017：眾議員科林・彼得森（Collin Peterson）的「攜帶武器的權利」（Right to Bear Arms）

2018：眾議員湯姆・艾默（Tom Emmer）的「冠軍熱燉菜」（Hotdish of Champions）

2019：眾議員貝蒂・麥凱倫的「朋友之間」（Among Friends）

參議員艾美・克羅布夏、蒂娜・史密斯（Tina Smith）以及眾議員安姬・克雷格（Angie Craig）品嘗 2019 年熱燉菜競賽的參賽菜色。

乳品公主的奶油塑像

乳品之道的凱伊公主 • 明尼蘇達州 ----------------------- PRINCESS KAY OF THE
MILKY WAY · MINNESOTA

每年春季，來自明尼蘇達各地將近百位有志的乳品公主，都想爭取獲得加冕，成為乳品之道的凱伊公主。這些女性（全體未婚，年齡在 24 歲以下）必須是在籍的乳品大使，本身從事乳品業或是乳品生產人員的直系親屬。進入決賽的 12 人會接受訪問、發表演說，然後再進行加冕，優勝者將成為該州未來一年的乳品巡迴推廣大使。不過這個競賽沒有輸家，因為所有進入決賽的人，都能得到表彰，獲得一座自己的頭像，以 41 公斤的 A 級奶油塊雕塑而成。

四十多年來，琳達・克里斯汀森（Linda Christensen）一直擔任駐地的奶油雕塑師。這段期間，她總共雕刻了五百多座頭像，用掉 14,515 公斤的奶油。為期 12 天的明尼蘇達州博覽會（Minnesota State Fair），克里斯汀森就坐在玻璃隔間中，一個個雕塑這些女性，每天製作一座「奶油頭像」。凱伊公主是第一個，她身穿多層次保暖衣物，在攝氏 4.4 度的展示間裡坐上六到八小時，替肖像擺姿勢，觀眾則可在玻璃隔間外觀看。克里斯汀森利用刀子和其他雕塑工具，慢慢從大塊油脂上召喚出公主的樣貌。

每位進入決賽者都能留著自己的奶油頭像，有些人選擇當作藝術品保存下來，有些人則喜歡吃掉，把奶油頭像捐給社區大餐使用，用在煎餅早餐或玉米大餐。

How to try it

明尼蘇達州博覽會在聖保羅的郊區城市法爾康高地（Falcon Heights）舉行，時間在每年的八月底到九月初。令人著迷的奶油雕塑表演每天都有。

2008 年乳品之道的凱伊公主克莉絲蒂・穆斯曼（Kristy Mussman）在博覽會期間替她的官方奶油頭像擺姿勢。

卡羅琳‧莎克‧布魯克斯

CAROLINE SHAWK BROOKS
(1840–1913)

1877 年 11 月時，有將近 2,000 名觀眾聚集在愛荷華州狄蒙市（Des Moines）的某個大禮堂中，觀賞一場獨特的表演。台上有個三十多歲的女子坐在一張凳子上，手裡拿著幾把木製奶油壓板和一把稻草刷子。她面前是一個畫架和一個金屬牛奶鍋，裡面裝滿奶油，旁邊有一整個銅管樂隊。

表演開始，音樂家演奏法國國歌〈馬賽曲〉（La Marseillaise），女子用壓板又刮又刷，創作出拿破崙的寬顴骨和明顯的前額頭髮。樂隊轉換成比較偏美式的歌曲，藝術家很快重塑那張臉，做出皺眉高鼻子的喬治‧華盛頓。低音號突然響起，擾亂了畫架，華盛頓的肩膀開始滑落。藝術家沉著應付，一把接住黏了回去，全場一陣掌聲。

卡羅琳‧莎克‧布魯克斯又名「奶油女士」（Butter Woman），是世界上第一個奶油雕塑家。從 19 世紀中期到 20 世紀初，她不尋常的天賦讓她聲名遠播。

布魯克斯從小就展現出運用非正統素材的本領，她小時候在俄亥俄州，用附近小溪裡的泥巴做了一尊但丁（Dante）胸像。婚後她搬到阿肯色州的某個農場，用奶油雕塑是出於經濟需求。女性在農場通常負責製作及販售奶油，做丈夫的則在田裡工作。1867 年時，農場棉花歉收，布魯克斯為了讓自家的奶油顯得突出，把奶油雕刻成細緻的動物、貝殼和臉部造型。相較於其他農場主婦使用的現成模型，這是一大突破，鄰居都想買布魯克斯的優雅造型奶油。

1873 年時，布魯克斯發現了她的永恆繆思：熱門歌劇

1877 年，布魯克斯在波士頓博覽會上雕刻奶油。

《勒內國王之女》（*King Rene's Daughter*）的主角、盲眼公主約蘭瑟（Iolanthe）。這齣歌劇感動了布魯克斯，讓她首次單純出於靈感，拿起了奶油工具。她的《夢中約蘭瑟》（*Dreaming Iolanthe*）在辛辛那提一個當地藝術館表演展出，有 2,000 人付費觀看，每人 25 分錢。這個作品也引起了《紐約時報》的注意，稱之為「可能會（讓布魯克斯）出名的一張臉」。

未來的第一夫人露西‧韋伯‧海斯（Lucy Webb Hayes）是布魯克斯的忠實粉絲，委託她雕刻一尊〈夢中約蘭瑟〉，放在 1876 年費城的百年博覽會（Centennial Exposition）婦女館（Women's Pavilion）展出。雕塑展覽吸引了大量人群，於是大家要求布魯克斯現場表演雕刻技術。在記者和評審的注視之下，布魯克斯把 5.4 公斤的奶油塊雕刻成浮雕胸像。為了維持雕刻所需的質地，整塊奶油在冰箱推進又推出。

多年來，隨著布魯克斯變得出名又受歡迎，評論家呼籲她把雕刻材料換成他們眼中的「真正」素材。最後她的確嘗試了新的媒介，甚至還花了七年的時間到義大利追隨大理石石雕藝匠，但是她從來沒有放棄奶油。「之前我用過各種可塑的材料，黏土、海砂、馬鈴薯泥、油灰等等」，1893 年時她告訴《阿克倫民主日報》（*Akron Daily Democrat*），「（不過）我最好的作品是從奶油起家的，所以我也會用奶油畫上句點。」

爆紅的設計師蘋果

蜜脆蘋果 • 明尼蘇達州 ----------------------------- HONEYCRISP · MINNESOTA

咬一口蜜脆蘋果，果肉迸出酸甜果汁——這些全都是精心設計而來。明尼蘇達大學蘋果培育計畫的科學家，設計出比較大的細胞，能當作液體膠囊，將令人垂涎的蘋果風味發揮到極致。科學家也讓蜜脆蘋果擁有薄皮，豔紅果色，能保存更長的時間。許多人認為這樣的成果造就了世界上第一個名流蘋果。

蜜脆蘋果花了 30 年的時間才準備好上市，1990 年代出現在蘋果市場上時，這種設計師蘋果讓美國人為之瘋狂。他們開始直呼其名，並且慢慢習慣以超市一般蘋果三到四倍的價格購買。對蜜脆蘋果的愛好很快散播開來，立刻成為全國最迷人的蘋果，果園、農夫攤位、市集紛紛大規模地陳列出這種當季水果寶石。

蜜脆蘋果的成功開啟了蘋果品牌的新年代，香蕉依然是香蕉，藍莓仍舊是藍莓，但是蘋果卻有了各種特性。粉紅佳人（Pink Lady）明快帶有酸味，充

滿活力。爵士蘋果（Jazz apple）果肉扎實，口感清爽多汁。蘋果一直是美國最受歡迎的水果（每人每年食用七公斤），不過蜜脆蘋果樹立了新標準，讓人知道小小的蘋果在市場上也能有一番作為。

蝙蝠洞裡的高爾夫球車酒吧

蝙蝠酒吧 • 密蘇里州 ----------------------------- BAT BAR · MISSOURI

位於奧札克（Ozarks）山頂峭壁的「岩石之巔」（Top of the Rock），是該地區最棒酒吧的入口——裡面全是蝙蝠，只有開高爾夫球車才到得了。租一輛兩到四人座的車子，訪客就能穿過約四公里的林地小徑，越過溪流、橋梁，途中可以選擇是否要在蝴蝶花園停留，看看風景。啟程後不久，路徑就會陡降到失落峽谷洞穴（Lost Canyon Cave），獨一無二的酒吧就在裡面。雖然旅程中每個人都必須待在高爾夫球車上，這趟路仍充滿驚喜：以掛燈照亮的洞穴裡有天然瀑布、蝙蝠棲地，還有劍齒虎跟短面熊的骨架。想喝一杯的時候，就在木製吧台旁停車，點一杯「蝙蝠咬一口」（Bat's Bite，草莓桃子檸檬水）或是「約翰檸檬水」（John L's Lemonade，伏特加、葡萄柚、檸檬水和紅石榴糖漿），然後到瀑布池子旁逛逛，走上一圈。

密蘇里首間山頂酒吧，只有高爾夫球車才到得了。

經濟大蕭條時代的蕭條餐點

1929 年時股市崩盤，經濟暴跌，想弄頓正常的餐點成了嚴苛無休止的考驗。為了幫助飢餓的民眾，全美各地開始出現「一分錢餐館」（penny restaurant），讓人可以用一分錢買到簡單的食物，像是豌豆湯和麵包。這些餐館是慈善計畫，目的是為了重建人民的尊嚴，大家原本早已習慣在無止境的救濟食物隊伍中排隊等待。在紐約，舉重選手和健身先驅伯納・麥克法登（Bernarr MacFadden）開設了一間四層樓的「一分錢餐館」，提供具有健康意識的菜色，像是洋李乾和全麥麵包。在加州，克里夫頓自助餐廳（Clifton's Cafeteria）以餵飽身無分文的食客為己任，遵循著他們的口號「不美味就免費」（Dine free unless delighted）。在最初三個月裡，克里夫頓自助餐廳提供了 10,000 人免費餐點（這家餐廳至今仍在洛杉磯營業）。他們的服務令人敬畏，對於由於稀缺而拼湊出來的家常、非傳統餐點來說，是令人樂見的及時雨。

仿蘋果派　MOCK APPLE PIE

是沒有用蘋果製作的蘋果派，不用水果，而是用奶油蘇打餅加糖漿一起煮，混合肉桂和檸檬汁，再放到派皮裡烘烤。蘇打餅的甜香調味令人驚喜，口感濕潤，能完美取代蘋果，雖然並不含維生素或礦物質。

花生醬美乃滋三明治
PEANUT BUTTER AND MAYONNAISE SANDWICHES

曾經跟花生果醬三明治一樣受歡迎，由於高卡路里的蛋白質和脂肪組合而受到重視，只要花小錢就能提供很棒的營養密度。到了 1960 年代時，「好樂門美乃滋」（Hellmann's Mayonnaise）宣傳了各種方式，能讓經典的花生醬美乃滋三明治更好吃。「雙響脆」（double crunch）加了培根和醃菜，「瘋狂組合」（Crazy Combo）是指薩拉米肉腸、切片蛋和洋蔥。

失業者布丁　POUDING CHÔMEUR

是加拿大法語區魁北克省的工廠女工發明的，她們將走味的麵包浸在黑糖漿裡，烤到呈現金黃焦糖化。儘管名稱有點貶低，這道菜提供了療癒慰藉，失業者布丁一直是很受歡迎的甜點，不過現在通常以麵糊製作，不再使用走味的麵包了。

經濟大蕭條期間，「一分錢餐館」提供等候領取施捨食物的人，另一種有尊嚴的選擇。

北美芒果

泡泡果 ● 俄亥俄州 ------------------------------- PAWPAW FRUIT ● OHIO

How to try it

泡泡果節慶九月時在奧巴尼市的斯諾登湖（Lake Snowden）附近舉行，不然若想找泡泡果，就必須鍥而不捨地到當季的農夫市集尋找。

泡泡果原生於美國中部和東部，比酪梨大一點，相對也比較重。成熟的泡泡果質地近乎液體，有股強烈的甜味，嘗起來讓人想到芒果和香蕉之類的熱帶水果（這種水果有時候被稱作「窮人的香蕉」或「鄉巴佬的芒果」）。擁護者讚美泡泡果奶油般的熱帶滋味，批評者則認為那種澀味比較適合味蕾遲鈍的人。

泡泡果是北美最大的原生可食用水果——千年之前，這些水果餵飽了乳齒象（mastodon）。今日常見的蔬果如玉米、草莓、胡蘿蔔，在人類為了尺寸和口味，介入進行漫長而乏味的嫁接育種之前，原本都既小又苦澀。但是野生的泡泡果很大，是最有營養的水果之一，能提供良好的鉀、數種胺基酸、維生素 C、鐵和銅。泡泡果是許多美國原住民的主要糧食，在 1804 至 1806 年劉易斯與克拉克（Lewis and Clark）首度橫越美國的探險旅程中，有一段路就是靠泡泡果維生。華盛頓也很喜歡這種水果。

不過泡泡果自有難搞之處，這種果樹只有在八月底到十月中能收成，如果放置在室溫內，果子會在三天內成熟到發酵的地步。泡泡果很容易碰傷，唯一有效的運送方式就是冷凍。等到人工培植改良了蘋果和草莓的缺點，泡泡果就不再受歡迎了。

這並不表示現在沒人喜歡泡泡果了，每年俄亥俄州的城市奧巴尼（Albany）都會舉辦泡泡果節慶，屆時到處都可看到泡泡果，種植的人也會讓自家水果參賽。

世界上最苦的島

華盛頓島 • 威斯康辛州 ⸱⸱⸱⸱⸱⸱⸱⸱⸱⸱⸱⸱⸱⸱⸱ WASHINGTON ISLAND · WISCONSIN

享用苦精的方式是適量淺嘗——加一、兩滴在曼哈頓（Manhattan）或賽澤瑞克（Sazerac）雞尾酒中，能增添一股強烈的泥土氣味。不過在華盛頓島這個位於密西根湖威斯康辛州那一側的偏遠小島上，當地人偏好直接飲用，百年來都是如此。他們的首選品牌是安格式，這種黃色蓋子的酒瓶，幾乎在世界上的每個酒吧裡都能看到，而且他們喝的分量之多，光是小小的華盛頓島（僅有 700 名居民），就得到了「全世界最大苦精消費者」的頭銜。安格式的銷售代表表示，他們每年至少要喝掉 10,000 杯苦精。

How to try it

「尼爾森會堂苦精酒吧」位於華盛頓島大路（Main Road）1201 號，每週營業七天。

這種傳統是從湯姆‧尼爾森（Tom Nelsen）開始的，他是丹麥移民，在 1800 年代末來到這個小島。橫越威斯康辛最北的流域，從波濤起伏的險阻水域「死神之門海峽」（Death's Door Strait，因為這裡發生過許多船難）倖存歸來，尼爾森決定安頓下來，開了一家舞廳兼酒吧，他在店裡賣酒，直到 1920 年禁酒令頒布，賣酒變成違法。起初尼爾森有點絕望，後來他弄到一張藥物許可證。

苦精雖然含有酒精，販售時卻可以被分類為「藥用健胃劑」。有了藥物許可證，尼爾森就能合法販售苦精，不需要醫師處方，所以他開始提供酒精濃度 45% 的「藥用酊劑」給「病患」。這種滋補劑大受歡迎，發掘出好幾百例先前沒有診斷出來的胃病患者。病患持續湧入，尼爾森持續供藥，「尼爾森會堂苦精酒吧」（Nelsen's Hall Bitters Pub）在禁酒令期間一直有營業，因此成為威斯康辛州最古老、營業不間斷的酒館。

1933 年禁酒令廢止，酒吧恢復正常營運，但是當地人沒有放棄苦精。安格式烈酒成為當地的飲酒傳統，一直是酒單上的暢銷單品之一（尼爾森本人據說每天要喝掉 500 毫升的苦精，大概是 16 小杯，直到他高齡 90 過世為止）。

20 世紀中葉時，尼爾森把酒吧傳給了姪子岡納（Gunnar）與他的妻子貝絲（Bessie），他們成立了苦精俱樂部，想加入你就得喝一杯苦精。首次到島上的人通常會先到尼爾森的酒吧一遊，因為喝一杯就能得到官方苦精俱樂部會

員卡，上面說明你「如今已是成熟的島民，有資格與其他的島民往來共舞等等」。俱樂部會員卡經由酒保公證，用拇指沾取空杯底的沉澱物，然後在卡片蓋上拇指印，接著在帳本上記錄新會員的姓名。

▶ 東南部

▶ THE SOUTHEAST

夏季的意外海鮮收穫

莫比爾灣週年慶 • 阿拉巴馬州 ⸺ MOBILE BAY JUBILEE · ALABAMA

每年夏天，在悶熱的滿月夜裡，莫比爾灣沿岸地區民眾的睡眠就會被自然奇觀打斷。在阿拉巴馬州一段 24 公里長的海岸邊，大量海鮮從莫比爾灣的海底浮現。活跳跳的鯰魚、蝦子、比目魚被沖刷上沙灘，在水邊掙扎扭動，旁邊還有鰻魚和螃蟹鑽來鑽去。海洋生物的出走，提供了居民隨意捕撈海鮮的機會，或網或舀，氣氛歡慶，因此他們稱之為週年慶。

週年慶對居民來說有點傳奇的成分，不過科學可以解釋這種年度收穫。河口灣有一層層的水，密度及含鹽度各有不同。週年慶會出現，是因為底層的低氧含鹽水受到東風吹拂，推升到莫比爾灣海岸線的淺灘區。為了因應這種不宜棲息水域的夏季鹽度增加和移動，海洋生物搶在前頭逃離，最後被沖刷上海岸線。

最古老的週年慶可以追溯到 1860 年代，經過這麼多年之後，居民說他們能夠感受到週年慶即將到來。一旦跡象浮現，午夜過後他們就會聚到碼頭。夠幸運沒弄錯的話，當地人就會通知鄰居，數百人穿著睡衣來到海岸，橫掃海鮮，還有成群的鵜鶘和海鷗也會加入。週年慶是一年當中漁撈配額唯一不必受監管的時候，雇主和學校在週年慶的隔天也會比較寬容，因為所有人都忙著蒸魚、剝蝦蟹，忙著享用免費的豐盛美食。

How to try it

美國有線電視新聞網（CNN）、《時代雜誌》（*Time*）、《國家地理雜誌》（National Geographic）以及其他媒體，多年來一直到莫比爾灣想記錄這個活動，但都沒有成功。不過只要願意耐心等待一個夏天，就能得到回報——沒有週年慶的年份非常罕見。

當地人充分利用每一次的海鮮週年慶，像是 2012 年時在普安克利爾（Point Clear）這位滿載而歸的採收者。

花生慶典

全國花生節 • 阿拉巴馬州 ⸺ NATIONAL PEANUT FESTIVAL · ALABAMA

全國花生節在 1938 年首度登場，客座講者是花生界的重量級名人喬治・華盛頓・卡弗（George Washington Carver），他在 1918 年發表了著名的農業彙報《如何種植花生以及 105 種供人類食用的加工方法》（*How to Grow the Peanut and 105 Ways of Preparing It for Human Consumption*）。卡弗在復興阿拉巴馬州的農業經濟上，扮演了重要的角色。該州一直以來都靠經濟作物棉花維生，使得這個地區的土壤枯竭，棉子象鼻蟲肆虐。在卡弗的建議下，阿拉巴馬州的農民改種花生，如今這個興盛的產業每年生產 1 億 8,100 萬公斤的花生。

全國花生節為期 10 天，有 20 萬人參加，是再美式不過的活動了，有啦啦隊比賽、槍枝秀、撞車大賽、專業電鋸雕刻家、陸軍直升機體驗，還有「油豬爭奪賽」，參賽的學生必須抓住場內滿身抹油的豬，然後逼哄豬隻穿越終點線。另外還有花生主題打扮的人，在花生主題花車上遊行，大量的食物，全是為了慶祝萬能的花生。

How to try it

全國花生節每年秋天舉行，通常在十一月，以對農民表示敬意，也歡迎收穫季節的到來。一般入場費是七美元，一杯水煮花生是三美元。

阿拉巴馬州多森（Dothan）歷史街區的壁畫，紀念當地的花生產業和節慶。

最認真的比賽大概是全國花生小姐選美，參賽者必須來自生產花生的州，像是阿拉巴馬、佛羅里達或喬治亞。比賽在大型市民中心舉行，根據官方規定，評審項目有「外表、儀態、溝通技巧、個人訪問，另外當然還有關於花生的知識」。

How to try it

瓊斯烤肉餐館位於路易斯安那西街（W. Louisiana Street）219號，早上 7 點開始營業，賣完為止，有可能是早上 10 點，所以計畫去吃豬肉當早餐比較保險。

來自祖宅的完美豬肉

瓊斯烤肉餐館 • 阿肯色州 ⋯⋯⋯⋯⋯ JONES BAR-B-Q DINER · ARKANSAS

瓊斯烤肉是位於馬里安納市（Marianna）僅有兩桌座位的小餐館，是阿肯色州唯二獲得過享有盛譽的詹姆斯比爾德獎（James Beard Award）的餐廳之一。店主瓊斯夫婦詹姆斯與貝蒂（James and Betty Jones），在 2012 年贏得「美國經典」（America's Classics）這個獎項時，甚至根本沒有聽過這個獎。

小餐館位於夫妻倆自宅的一樓，外頭高掛的招牌寫著「1964 年至今」，不過這家人開始營業其實可追溯到至少 1910 年。詹姆斯的食譜跟祖父的一樣，當年他祖父在自家販賣烤肉，他父親早期開餐廳時也使用同樣的食譜，當時的餐廳名叫「牆上的洞」（Hole in the Wall，因為他父親從窗戶上菜）。

今日詹姆斯經營坑爐和餐廳，同時由一位名叫西爾維斯特（Sylvester）的夥伴負責砍柴及經營附設的燻製房，其實就是個木棚而已。在空心磚砌成的烤肉坑爐中燃燒橡木和山核桃木，豬肩肉每次要煙燻 12 小時，瓊斯只賣這個部位的豬肉。菜單上包括以磅計價的豬肉和三明治：加點微甜醋醬汁，夾在白土司裡一起吃。除了甘藍沙拉之外，沒有別的配菜，不過有這麼完美的燻肉，也就不需要配菜了。

瓊斯家族販賣完美的烤肉已經一百多年了。

飲食先驅

喬琪雅·吉爾摩

GEORGIA GILMORE
(1920-1990)

1955 年 12 月，羅莎·帕克斯（Rosa Parks）在種族隔離公車上遭到逮捕，引起非裔美國人在全市抵制公車，但在這發生之前，蒙哥馬利（Montgomery）本地人喬琪雅·泰瑞莎·吉爾摩就已經展開了她自己的抗議。

兩個月前，有個白人司機因為她從前門上車，將她踢下公車，然後帶著她的車錢揚長而去。「當下我立刻決定，我再也不搭公車了」，吉爾摩說道。

認真展開抵制市公車時，籌辦單位蒙哥馬利改進協會（Montgomery Improvement Association，縮寫 MIA）需要錢。他們需要數百輛的汽車、卡車、馬車，來載送抗議者在城市內來回。

為了支持這項活動，吉爾摩集結了一群女性，她們湊了 14 美元，買了雞肉、麵包、萵苣，然後在集會時賣三明治。三明治大受歡迎，於是她們擴大到磅蛋糕、地瓜派、炸魚和蔬菜，並且挨家挨戶叫賣。

喬琪雅·吉爾摩的客廳式餐廳成為民權領袖的俱樂部。

蒙哥馬利改進協會每週集會兩次，吉爾摩的募款資訊更新是集會的亮點之一。在一年多的時間裡，每週兩次，她會悠閒漫步踏上走道，唱著〈Shine on Me〉或〈I Dreamt of a City Called Heaven〉，然後把募得的款項倒在收款盤裡，伴隨著歡騰的掌聲和踩步聲，宣布金額。她的食物每週可以募到 125 到 200 美元，相當於今天的 1,100 到 1,800 美元。據信她為抵制所募到的金額，比蒙哥馬利的其他人都還要多。

最後吉爾摩作證指認把她踢下公車的白人司機，這個舉動使得她丟了在「國家午餐」（National Lunch）的工作，那是一家種族隔離餐廳。不過有個喜歡她手

藝的粉絲出面相助：金恩博士（Dr. Martin Luther King Jr.）住在附近的街區，他鼓勵吉爾摩自己開餐廳。在金恩博士的金援之下，她把自家飯廳變成臨時餐廳，也作為民權領袖的聚會所。

每天早上，吉爾摩會在凌晨 3、4 點起床，輪流準備的菜色有火腿肉、填餡豬排、馬鈴薯沙拉、羽衣甘藍、蜜漬山藥、麵包布丁、黑眼豆。到了中午，整個屋子裡都是客人。餐桌旁大概能擠得下十幾個人，其他人就得站在客廳或廚房裡吃。「喬琪雅小屋」（Georgia House）成為金恩博士的非正式辦公室和社交俱樂部，他會在餐桌舉行祕密集會。

由於她的態度直截了當又富有幽默感，吉爾摩本身就跟她的食物一樣吸引人。她常常會從廚房裡招呼客人，用暱稱呼喚大家，像是叫金恩博士「小母牛」或是叫迪克森牧師（Reverend Dixon）「小蕩婦」，金恩博士也會親暱回應，叫這個大塊頭的女人「小不點」。

吉爾摩一輩子都熱中於民權運動，利用她的食物來支持社會變革。她在 1990 年 3 月 7 日過世，那天正好是「塞爾瑪—蒙哥馬利遊行」（Selma to Montgomery march）的 25 週年紀念日，當時她不顧醫囑，早起替參加紀念遊行的人準備雞肉和馬鈴薯沙拉。結果是家人替她分送食物給前來哀悼的人。多年後，吉爾摩的妹妹貝蒂（Betty）回憶道：「很多人都帶了食物來家裡，但是大家都想先吃喬琪雅準備的雞肉和馬鈴薯沙拉，沒有人做得比她更好了。」

馬拉著廚房奔馳

炊事馬車賽 • 阿肯色州 ⌁⌁⌁⌁⌁⌁⌁⌁⌁⌁⌁⌁⌁ CHUCKWAGON RACES · ARKANSAS

美國各地保存的炊事馬車（chuckwagon）是一種可攜式的「野地廚房」，在 19 世紀時用來餵飽流動勞工或拓荒移民。這種木製馬車繫在馬匹上，用來運送儲存的食物和烹飪用具。這些炊事馬車雖然偶爾還是會發揮原本的功用，但本質上就是一輛四輪車。而有車的地方終究會有賽車。

在阿肯色州的克林頓市（Clinton），勞動節週末會聚集來自各地的炊事馬車，參與美國的馬車賽盛事。一開始是 1986 年時朋友之間的即興比賽，後來演變成為期一週的戶外盛大聚會，有將近 30,000 人聚集，參賽者數以百計。在阿肯色州的炊事馬車賽以三人成團：有車夫、廚師、伴騎士（outrider）。比賽開始前，廚師和伴騎士在地面上，車夫在馬車上。裁判發出訊號後，廚師把爐子裝上馬車，隨後跳上馬車。槍聲一響，伴騎士把帳篷裝進馬車，然後躍上他的馬匹（參賽者幾乎清一色是男性）。車夫和廚師駕著炊事馬車在草地上奔馳，伴騎士騎馬在後面試圖趕上。伴騎士必須在隊友跨過終點線之前超越他們，炊事馬車上的爐子和帳篷必須保持完整，才能取得比賽資格。

炊事馬車賽 1923 年誕生於加拿大，這項運動至今仍是卡加利牛仔節（Calgary Stampede）的重頭戲，為期 10 天的牛仔競技吸引了上百萬人。這種高速競賽也引來動物福利團體的批評，因為激烈的賽程和笨重的廚具曾經造成馬匹受傷，甚至死亡。主張應該保留這項運動的人，則宣稱動物損傷本來就是牧業、農業和養馬的一環。

How to try it

炊事馬車賽入場費用是單日 20 到 35 美元，不過進場會有免費的露營、擲套索教學、牛仔競技表演、卡拉 OK、牛仔騎射比賽、繞桶賽、裝馬蹄鐵，還有「牛仔教堂禮拜」。慶典持續八天，其中三天有炊事馬車賽。

1994 年全國冠軍賽中的參賽者：福什山莽騎兵（Fourche Mountain Rough Riders）。

熱帶水果大賣場

「羅伯特在此」 • 佛羅里達州 ----------------- ROBERT IS HERE · FLORIDA

How to try it

「羅伯特在此」位於荷母斯特（Homestead）西南 344 街（SW 344th Street）19200 號。

1959 年時，羅伯特·莫林（Robert Moehling）的父親要兒子在路邊賣剩太多的黃瓜，他是一個佛羅里達州的農夫。當時羅伯特六歲，呼嘯而過的車子根本沒有注意到他。為了替這項臨時小生意吸引顧客，他父親在窗戶遮風板上噴字，寫著「羅伯特在此」（Robert is Here），擺在黃瓜旁邊。

六十幾年後，這句話仍然成立，不過當年搖搖欲墜的攤位，如今已是熱帶水果的迪士尼樂園。這間俗麗的大型店鋪就位於美國國道 1 號旁，主打農產品、果醬、紀念品、動物（包括山羊、鴯鶓、鬣蜥和鳥類），還有野餐區和週末的現場音樂演出。像穀倉一樣的大賣場已經成為當地地標，參觀大沼澤地（Everglades）、沿著國道一路往基威斯特（Key West）和佛羅里達收費公路的人都會到此一遊。羅伯特如今已經六十幾歲了，仍然與家人一同工作，大部分的水果都是他親自種植的。

攤子專營種類特殊的水果，像是果仙桃、火龍果、蓬萊蕉（*Monstera deliciosa*）、釋迦。每樣產品都有異想天開的描述，例如刺番荔枝的味道像是「鳳梨棉花糖」。不過最受歡迎的可能是奶昔，用羅伯特店裡的新鮮水果，加上牛奶、優格和霜淇淋，旺季時每天可以賣出 1,400 份。

羅伯特·莫林依然在此，在他的同名水果攤整理農產品。

佛羅里達州種植的水果多樣性居全美之冠

佛羅里達州南部的城市荷母斯特氣候濕熱，緯度只比北回歸線高兩度，因此擁有種植熱帶水果的完美氣候。耕種者來自國際社群——從拉丁美洲到非洲，加勒比海群島到亞洲——大家將荷母斯特打造成全球水果愛好者的天堂。在如拼布般繽紛的農地中，你可以看到數十種不同的芒果和酪梨，還有荔枝、龍眼、菠蘿蜜、青木瓜、白柿果（sapote）、羅望子、楊桃及番石榴。

世界上最大的懷舊金屬盒收藏

午餐盒博物館 • 喬治亞州 ----------------- LUNCH BOX MUSEUM · GEORGIA

原本的兒童金屬午餐提桶簡單實用，是仿效工人使用的無趣容器而來。1935 年時，米老鼠登場出現在午餐盒側面，一切都改變了，其他品牌紛紛效法。授權角色開始出現在午餐盒上，1950 年代的電視激增更是引爆熱潮。突然間有了數以百計的選擇，從史努比、神槍手安妮·奧克利（Annie Oakley）到披頭四，應有盡有。

不過到了 1985 年時，金屬午餐盒大多由比較便宜的塑膠或乙烯樹脂製品給取代了，留下將近 450 個金屬餐盒的歷史遺產，各個都有獨特的角色設計。

收藏家艾倫·伍鐸（Allen Woodall）在喬治亞州的哥倫布市經營午餐盒博物館，他擁有全部 450 種款式。這個博物館是如今世界上規模最大的午餐盒收藏，有超過 3,000 個，大部分都有搭配同款保溫瓶。阿奇與朋友（Archie

摩登原始人（Flintstones）
圖案的午餐盒及保溫瓶古
物，約 1962 年。

How to try it

午餐盒博物館週一到週
六開放，時間是早上
10 點到下午 6 點。伍
鐸自豪於博物館的親自
動手原則：全部的午餐
盒都可以拿起來打開把
玩。

& Friends）、亞瑟小子與朋友（Arthur & Friends）、復仇者聯盟、小精
靈（Pac-Man）、花椰菜娃娃（Cabbage Patch Kids）、藍色小精靈、披頭
四、金剛、霹靂遊俠（Knight Rider）——伍鐸全都有。某些最罕見的午餐
盒價值超過 10 萬美元。伍鐸不斷精選他的主要收藏品，並按字母順序排列。
在如此大量的午餐盒收藏中，有很多重複了，或者是複製品。伍鐸有個「以
物易物室」，裡面會販賣某些午餐盒，或是跟其他的午餐盒迷進行交換。

美國高爾夫名人賽的起司三明治醜聞

甜椒門 • 喬治亞州 ----------------------------------- PIMENTOGATE · GEORGIA

甜椒起司醬——起司、美乃滋和甜椒的醉人濃烈混合物——是一種濃烈的美
味抹醬，美國南方稱之為「醬」（paté）。雖然名人賽的主要吸引人之處本
該在於高爾夫球，甜椒起司醬卻是體驗中的精髓部分。這項傳統始於 1950 年
代中期，當時南卡羅來納的外燴業者尼克·蘭戈斯（Nick Rangos）開始販
賣三明治給飢腸轆轆的參賽者，漸漸培養出一群粉絲，把高爾夫錦標賽跟他
的招牌三明治連結在一起。他的甜椒起司醬盛行了將近半個世紀，直到 1998
年時，錦標賽把三明治合約改簽給當地的餐廳「老婆救星」（WifeSaver）。
蘭戈斯被拒於門外，也拒絕放棄他心愛的食譜（事實上，他把食譜帶進墳墓
去了），因此「老婆救星」著手進行重建。食譜測試員訂購了好幾打成箱的
起司來做實驗，把嘗試的成果呈現給錦標賽的特許經營委員會——結果全都
被否決了。到最後，有個在名人賽工作的女性出面了，她的冰箱裡有一批原
版食譜的成品，有了這些樣本（以及來自蘭戈斯供應商的一些小提示），「老
婆救星」得以破解出滿足高爾夫球粉絲的甜椒起司醬。

但是在 2013 年時，錦標賽決定自己來做三明治。「老婆救星」就像蘭戈斯一
樣，也不願意交出配方，這一回少了冷凍樣本，錦標賽的運氣沒那麼好。甜
椒起司醬三明治的售價仍然是 1.5 美元，仍然還是裝在經典的綠色塑膠袋中

How to try it

「老婆救星」餐廳仍
然有在販售祕密配方
的甜椒起司醬，喬治
亞州的奧古斯塔女青
年 會（Junior League
of Augusta）把這份食
譜收錄在她們出版的
食譜《標準桿 3：名人
賽的午茶時間》（Par
3 Tea-Time at the
Masters）書中，被許
多人譽為是最接近原版
的食譜。

販賣，不過已經明顯不同了：口味更重，有些人說美乃滋放得太多。

粉絲都震驚於一個世代的唐突終止。娛樂體育節目網（ESPN）有篇文章報導了這樁最終轉手，引用了一名不滿粉絲的話：「我對女性會員加入沒意見，加長型推桿也可以忍受，但是連甜椒起司醬的食譜都改掉，就他媽的太過分了。」

名人賽風格甜椒起司醬三明治 Masters-Style Pimento Cheese Sandwich

（8 個份）

白切達起司（刨絲）3 杯
濃味黃切達起司（刨絲）2 杯
藍紋起司（磨碎）4 盎
帕馬森起司（刨絲）1 杯
切片甜椒 1 罐（4 盎司）瀝乾水分
低脂美乃滋 1 杯
第戎芥末醬 2 大匙

白土司 1 條
在食物調理機內加入起司、甜椒、美乃滋、芥末醬，攪拌到滑順為止。密封冰過後，塗抹在麵包片上。

蒸餾酒學位

私酒大學 • 肯塔基州 ⸺⸺⸺⸺ **MOONSHINE UNIVERSITY · KENTUCKY**

當年走私犯想賣私釀酒時，會把一瓶瓶非法的自家製烈酒，放在森林裡的空心樹樁中。一兩天後回去看，酒已不在，只剩下錢在樹樁中等著。不受規範的烈酒在美國南方各地家戶和偏遠地區蒸餾而成，是一場長達數世紀之久，關於製造與躲避的祕密勾當。私釀酒的名聲險惡，使用有風險的機器，像是車用散熱器來當作冷凝器，另外還有鹼液這類有害的添加物，更是助長了惡名。反叛深植於製造威士忌的歷史中：1791 年時，賓州（美國威士忌誕生地）的烈酒生產商面臨烈酒稅的衝擊，他們起身反抗稅務員，以私刑把稅務員渾身塗滿柏油、黏上羽毛，攻擊其中主要成員的房子，史稱威士忌暴亂（Whiskey Rebellion）。

但是 2010 年時，私釀月亮酒（moonshine）在美國合法化——這個詞如今是指清澈、未陳年放置的威士忌——在肯塔基州的路易斯維市（Louisville），

How to try it
為期六天的烈酒釀造課程在路易斯維市的蒸餾酒中心（Distilled Spirits Epicenter）進行，每年開課四次，要價 6,250 美元。

現在還有學校教人如何製作私釀月亮酒。

私酒大學是為了想進入蒸餾酒這個行業的人所設立，學員會去研究產業的科學及經營層面，然後埋首於生產：碾磨穀物、蒸煮糊料、測量、品嘗、嗅聞。經過六天的密集課程之後，結業的人帶著充實的知識離開，足以展開自己的蒸餾酒廠事業。肯塔基州生產全世界 95% 的波本威士忌，每年的威士忌出口值達 10 億美元以上，因此許多人認為肯塔基州是世界的威士忌中心。如今私釀月亮酒已經合法，私酒大學提供速成課程，預計會有更大的事業，遠勝過空心樹樁中的一捆鈔票。

  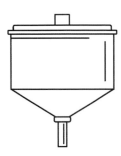 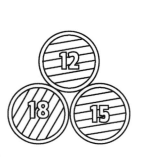 

鍛鍊手臂的雞尾酒

拉莫斯琴費茲 • 路易斯安那州 ⌁⌁⌁⌁⌁⌁⌁ RAMOS GIN FIZZ · LOUISIANA

How to try it

紐奧良的「賽澤瑞克酒吧」（Sazarac Bar）提供非常蓬鬆的拉莫斯琴費茲雞尾酒。

1888 年，亨利・拉莫斯（Henry C. Ramos）買下了紐奧良的「帝國內閣沙龍」（Imperial Cabinet saloon）。一年後，全新的紐奧良琴費茲雞尾酒問世了，這款與他同名的「拉莫斯琴費茲為」他的下一間沙龍「雄鹿」（Stag）酒單增色不少，位於熱門的聖查爾斯旅館（St. Charles Hotel）附近，這間沙龍成為紐奧良的勝地，拉莫斯琴費茲則成為這個城市的標誌。

拉莫斯琴費茲使用標準組合的琴酒、糖、檸檬汁和蘇打水，加上蛋白、橙花水、萊姆汁、鮮奶油、糖粉（取代蔗糖）。根據飲酒傳說，接下來的步驟是用雪克杯搖盪 12 分鐘，不過專家認為五分鐘大概比較準確。儘管如此，這款以他為名的酒品必須達到近乎發泡的程度才算完美。

調製過程如此費力耗時，拉莫斯僱用了好幾個全職的「雪克男孩」，協助準備琴費茲。尤其是在狂歡節（Mardi Gras）期間，數十個雪克男孩連續搖個不停，持續好幾個小時，試圖滿足顧客的需求。

儘管有這股狂熱，拉莫斯卻不容忍酒醉胡鬧，他力行反醉鬼政策，嚴格執行晚上 8 點打烊。沙龍是平靜的空間，是優質雞尾酒的舞台，不是深夜放蕩和失序的場所。拉莫斯遵守這些原則，隨著憲法第十八修正案批准，他在 1919 年永久關閉酒吧。在禁酒令解除之前，他就過世了。

1928 年某期的《紐奧良新聞論壇報》（*New Orleans Item-Tribune*）刊出已故拉莫斯的建議，他堅持調製這款雞尾酒的關鍵是細心、耐心以及優良的原料。他指示讀者，「搖搖搖，搖到不剩半點泡泡，飲品滑順雪白，呈現濃郁牛奶的黏稠度。成功的祕訣在於發揮細心與耐心，並且一定要使用好的原料。」

路易斯安那州的法式傳統

巨型歐姆蛋慶典 • 路易斯安那州 ---------- GIANT OMELETTE
CELEBRATION · LOUISIANA

組成路易斯安那州城市亞布維（Abbeville）的土地，是 1843 年時，由一位法國神父安托萬・德希雷・梅格雷（Father Antoine Désiré Mégret）以 900 美元買下。

在阿卡迪亞人的協助下——他們是法裔加拿大殖民者的後代，18 世紀時定居在路易斯安那州（可見 P260）——梅格雷著手設計法式鄉村風格的村莊，以抹大拉廣場（Magdalen Square）的區域為主要中心。

將近兩個世紀以來，梅格雷的廣場一直是社區的聚會地，在過去數十年間，也是一項新法式傳統的地點，叫做巨型歐姆蛋慶典。

每年十一月，亞布維兄弟會（Confrérie d' Abbeville）齊聚一堂，打 5,000 顆蛋倒進直徑 3.7 公尺的大平底鍋裡，用柴燒大火烹煮，能餵飽每一個出席慶典的人。這項法式傳統可以追溯到拿破崙一世，據說他到法國南部時，吃到如此美味的歐姆蛋，因此下令隔天要做一個夠大的版本供他的軍隊食用。

貝西耶赫（Bessières）正是讓拿破崙愛上歐姆蛋的小鎮，這裡的「巨型歐姆蛋騎士全球兄弟會」（Confrérie Mondiale des Chevaliers de l'Omelette Géante），每年復活節會出現打 15,000 顆蛋的壯觀場面。他們也負責替全球各地的國外分會，指派新的「歐姆蛋騎士」。

1984 年時，有三個亞布維當地人參加了貝西耶赫的慶典，決定要把這項傳統帶回路易斯安那州。雖然亞布維的廚師還是維持主要的作法，在市民廣場製作歐姆蛋與市民分享，不過亞布維的歐姆蛋具有明確的卡津風格（Cajun，路易斯安那州阿卡迪亞人後代的稱呼）。南方的版本用了 23 公斤的洋蔥、34 公斤的甜椒、七公斤的路易斯安那小龍蝦尾。基礎還是炒蛋，不過在蛋裡加上大量的塔巴斯科紅椒汁（TABASCO），這是路易斯安那州的招牌辣醬。

How to try it

巨型歐姆蛋慶典每年十一月在亞布維的抹大拉廣場舉行。每年進行新慶典時，他們會在原本的 5,000 顆蛋上再多加一顆，2018 年時，他們打了 5,034 顆蛋。

亞布維的廚師受到法國貝西耶赫巨型歐姆蛋騎士的啟發。

How to try it

還在營業的著名場地包括紐約市的阿波羅劇院（Apollo）、華盛頓特區的豪瓦德劇院（Howard Theater），還有密西西比州格林維（Greenville）的「南方細語」（Southern Whispers），這裡也是密西西比藍調之路的其中一站。

黑人歧視法之下美國的娛樂安全屋

「豬小腸巡迴地：黑人娛樂劇場」 • 密西西比州 ⋯ THE CHITLIN CIRCUIT · MISSISSIPPI

豬小腸（chitlin）是非裔美國人奴隸的常見食物，小腸需要仔細清洗，而奴隸主人偏好上選部位，不需要費工處理，像是腿背的上部（因此有富含寓意的片語「養尊處優」，字面意思是豬比較高的部位，high on the hog）。西非人尤其習慣食用豬的所有部位，所以吃腸子並不算新鮮事。豬小腸用油炸過後放進湯裡燉煮，搭配玉米麵包和羽衣甘藍——這些食譜全都屬於靈魂料理（soul food）的烹飪傳統，靈魂料理匯集了美洲原住民、非洲、歐洲和南方的料理，是非裔美國人在蓄奴期間所發展出來的烹飪方式。

在黑人歧視法（Jim Crow）之下，大約從 1930 到 1950 年，豬小腸有了新的意義。對於全國巡迴的黑人表演者來說，豬小腸成為某種圈內暗語，因為他們知道有提供豬小腸的地方會歡迎他們。這些餐廳、音樂表演場地和夜店，成為所謂的「豬小腸巡迴地」（Chitlin Circuit），從德州延伸到麻州，是黑人表演者的巡迴路線。偶爾會有名人巡迴演出，不過這些地方大部分是家庭式經營，通常位於小城鎮，提供非正式的舞台給有志從事表演的後起之秀。

這麼多有才華的人出現在同樣的巡迴路線上，在同樣的房間裡表演，「豬小腸巡迴地」是星探和經紀人的沃土，他們開始支持自己喜愛的表演。某些表演者像是路易·喬登（Louis Jordan）和羅伊·布朗（Roy Brown）非常成功，甚至登上告示牌榜（Billboard）。今日美國對於藍調、搖擺樂和搖滾樂的喜愛，大多得歸功於透過靈魂料理巡迴地崛起的黑人表演者。

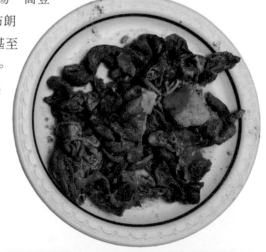

表演者像是弗洛伊德·史密斯（Floyd Smith，圖上者）及迪克·威爾森（Dick Wilson，圖下者），在 1940 年代時替豪瓦德劇院增色不少。

亞涅特・考柏（Arnett Cobb）
與 華 特・布 坎 南（Walter
Buchanan）於紐約阿波羅劇
院，約 1947 年 8 月。

ND

SD

NE

KS

OK

TX

MN

WI

IA

MO

AR

LA

MI
底特律
（Detroit）

芝加哥
（Chicago）

IL

IN
印第安納波利斯
（Indianapolis）

艾凡士維（Evansville）

KY

路易斯維
（Louisville）

納許維爾（Nashville）

曼菲斯
（Memphis）

印第亞諾拉
（Indianola）

格林維（Greenville）

MS

傑克遜市（Jackson）

納奇茲
（Natchez）

巴頓魯治
（Baton Rouge）

紐奧良（New Orleans）

達拉斯（Dallas）

奧斯丁（Austin）

休士頓（Houston）

OH
克里夫蘭
（Cleveland）

哥倫布
（Columbus）

WV
藍田（Bluefield）

萊辛頓
（Lexington）

TN

亨次維
（Huntsville）

AL
伯明罕（Birmingham）

莫比爾（Mobile）

朋沙科拉
（Pensacola）

比洛克夕
（Biloxi）

VA

羅里（Raleigh）

NC

哥倫比亞
（Columbia）

亞特蘭大（Atlanta）

SC

GA
梅肯（Macon）

塔拉哈西
（Tallahassee）

達德城（Dade City）

聖彼得堡（St. Petersburg）

ME

VT
NH

NY
水牛城（Buffalo）

PA
費城
（Philadelphia）

NJ

MD
DE

MA
CT
RI

波士頓（Boston）

紐約（New York）

巴爾的摩（Baltimore）

華盛頓特區（Washington, DC）

里奇蒙（Richmond）

音樂及靈魂料理的
熱情迎賓，從德州
到麻州，吸引了大
批群眾。

FL
傑克森維爾（Jacksonville）

根茲維（Gainesville）

奧蘭多（Orlando）

坦帕（Tampa）

邁阿密（Miami）

酷愛飲料醃黃瓜

酷醃瓜 • 密西西比州 ························ KOOLICKLES · MISSISSIPPI

蒔蘿醃黃瓜和酷愛飲料（Kool-Aid）的古怪組合源自於密西西比河三角洲，這種效果迷幻的醃黃瓜條在社區和便利商店都有販售，價格是一美元，再和美國的經典飲料粉加在一起，當地人稱之為酷醃瓜。這種酸甜醃菜廣受歡迎，食用者眾。櫻桃是經典口味，不過酷醃瓜的口味僅受限於手邊有的酷愛飲料粉種類：包括粉紅檸檬水、西瓜、桃子芒果、草莓奇異果。

要製作酷醃瓜，首先要把醃黃瓜罐裡的鹽鹵水倒進碗裡，接著加進一包不甜的酷愛飲料粉和一點糖，再倒回罐子裡。浸泡其中的整條醃黃瓜會在瓜身形成一整圈的色環，如果在醃製前把黃瓜縱向開切片，就能用酷愛飲料把裡面也染成明亮的寶石色調。無論是哪一種，熱愛人士建議至少要用酷愛飲料粉浸泡一週以上。

> **How to try it**
> 來自密西西比的連鎖便利商店「加倍快」（Double Quick）有在販售，叫做「醃瓜樂」（Pickoolas）。

吃到飽的蕭條漢堡

銅板漢堡大胃王比賽 • 密西西比州 ··················· SLUGBURGER EATING
CHAMPIONSHIP · MISSISSIPPI

在經濟大蕭條的匱乏年代中，「增量肉」是一種必要的變通做法，密西西比州的平價漢堡店開始在碎肉餅中加入馬鈴薯粉，油炸後夾在加了芥末醬和洋蔥的麵包中。口味出乎意料地令人滿意，外酥內軟。銅板漢堡的售價是五分錢，就算在經濟大蕭條過後還是很受歡迎，純粹出於喜好，密西西比人還是繼續替肉增量。

從 1987 年起，科林斯市（Corinth）就開始舉辦銅板漢堡節，為期三天的活動向這美妙的組合致敬，牛肉加上澱粉（如今已改成黃豆粉），還有一大桶熱油脂。

有銅板偶像歌唱比賽，還有沙包洞（cornhole）拋擲競賽，不過最吸引人的還是世界銅板漢堡大胃王比賽。

這項比賽從 2012 年起登場，職業大胃王聯盟（Major League Eating，MLE）協會榜上有名的食客名流，紛紛來到科林斯市爭取銅板漢堡大胃王的國際稱號。

來自聖荷西的麥特·史東尼（Matt Stonie，暱稱大蟾蜍，〔Megatoad〕）前三年都贏得金牌，2014年時創下世界紀錄，在10 分鐘內吃下 43 個銅板漢堡。2015 年時，史東尼休息沒有參賽，第一名就落到知名的「大白鯊」

> **How to try it**
> 銅板漢堡節每年七月在科林斯市中心舉行，首獎 1,500 美元，參賽者必須年滿 18 歲，並且遵守職業大胃王聯盟的規則。

喬伊・徹斯納特（Joey Chestnut）手上，此人是納森熱狗大胃王（Nathan's Hot Dog Eating Contest）現任冠軍（2018 年時，他創下世界紀錄，在 10 分鐘內吃下 74 個熱狗）。徹斯納特在 2013 年的比賽中第一次吃到銅板漢堡，他自己表示很享受這種漢堡，不過吞嚥起來比預料中困難。替粉絲簽名時，他致歉表示：「明年我會捲土重來，現在我知道面對的是什麼，可以吃更多了。」（他辦到了，2014 年時他吃下 42 個，比前一年多了一打。）

肯特大胃王

早在大胃王競賽流行起來，變得名人眾多、聲勢浩大之前，就有這麼一位尼可拉斯・伍德（Nicholas Wood），人稱肯特大胃王（the Great Eater of Kent）。

伍德的職業生涯橫跨 17 世紀初期，大部分都由英格蘭詩人約翰・泰勒（John Taylor）記載下來，他對伍德非常著迷，後來成為伍德的經紀人。泰勒對於伍德的驚嘆之情，收錄在他撰寫的小冊子中，題名為《肯特大胃王，或稱尼可拉斯・伍德令人欽佩的運用牙齒與胃，來自肯特郡哈里薩，極度缺乏禮節的吃相，奇異而真實的舉止描述》（*The Great Eater, of Kent, or Part of the Admirable Teeth and Stomach Exploits of Nicholas Wood, of Harrisom in the County of Kent His Excessive Manner of Eating Without Manners, In Strange and True Manner Described*）。

據說泰勒在肯特一間小旅店中首次遇見伍德，目睹他吞下 60 顆蛋、一大塊羊肉、好幾個派餅，然後宣布他還有點餓。伍德以務農維生，在當地以過人的食量聞名，據說他會在鎮上的節慶表演，也會接受貴族挑戰和下賭注。雖然伍德有許多獲勝的英勇事蹟（有次他一口氣吃了七打兔子），但他絕非無往不勝。某次與一位名叫威廉・賽得利爵士（Sir William Sedley）的人較量時，伍德吃太多，跌倒昏了過去。他被架上枷鎖刑具，作為失敗的處罰。另外還有一次是一個名叫約翰・戴爾（John Dale）的人，他給伍德吃了 12 條浸泡過艾爾啤酒的麵包，伍德醉到昏厥，再度出醜。

儘管有這些失敗的紀錄，伍德在肯特算是名人。詩人泰勒向伍德提議，說服他如果到倫敦發展，他們兩人都能賺到錢。泰勒負責提供報酬、住宿和大量的食物，作為回報，伍德負責每天到城裡的鬥熊場（Bear Gardens）表演大吃大喝，當時那裡是動物格鬥的表演場地（提議的餐點有滿滿一手推車的牛羊肚，還有排成一排能跨越泰晤士河的布丁麵包）。

不過伍德拒絕了，他不再年輕，決定結束密集暴食的職業生涯。他最近才剛吃掉一整個羊肩，包括骨頭等全部東西，導致他只剩下一顆牙齒。他沒把握自己還能表演，所以拒絕了有事業心的詩人。

儘管泰勒沒機會到大城市為了成名一搏，他對伍德的欽佩不減。在他的寫作中，他把伍德的重大暴食功績比擬為查理曼大帝和亞歷山大大帝的成就，宣稱他「確實不辜負大胃王的稱號」。

全豬鄉村聚會

手扒豬 • 北卡羅來納州 ⸺⸺⸺⸺⸺⸺⸺⸺⸺ PIG PICKIN' · NORTH CAROLINA

在北卡羅來納，「烤肉」（barbecue）是名詞，而且都是指豬肉。「手扒豬」（pig pickin'）也是名詞，在該州是指以多汁慢燉全豬為主角的派對，肉質柔軟，賓客可以直接扒下來享用。

南北戰爭之前，南方人吃豬肉與牛肉的比例是五比一，豬在森林中放養，需要食物的時候再去獵捕、宰殺，然後用開放式火爐烹煮。負責露天燒烤的往往是黑人奴隸，精通以火烹調肉類，奴隸主人往往會宣稱自己掌握了這樣的技巧。在西非和中非，煙燻和燒烤動物是很常見的作法，非洲奴隸把這樣的知識帶到美國南方，造就了今日的北卡羅來納手扒豬。

到了 19 世紀的時候，政客開始利用手扒豬來聚集大量群眾聽他們演講。為了攏絡人心，政客會想辦法在手扒豬派對上提供最多的食物，因此有「端上全豬」（going whole hog，「貫徹到底」的意思）這樣的片語。尤其在北卡羅來納，豬與政治變得密不可分，參加造勢大會就相當於享用豬肉大餐。

今日手扒豬仍然能夠吸引群眾，同時也會招來很多意見。烹煮一整隻豬需要團隊合作，費時約八小時，還需要協議好幾項重大議題。有些燒烤大師喜歡丙烷的均勻烹調熱力，有些人則偏好木炭的煙燻氣味或是木柴香氣。在北卡羅來納的皮埃蒙特（Piedmont）地區，豬肉會抹上番茄做的醬，往東邊去，當地人會用稀醋加胡椒醬。儘管這個州不一定有辦法針對豬上面或旁邊該放些什麼佐料達成共識，豬本身一直是北卡羅來納烹飪遺產近乎神聖的一面，由好幾個世紀的歐洲、非洲和政治影響塑造而成。

How to try it

每年的詹姆斯鎮（Jamestown）手扒豬活動都有對外開放，過往的主題包括彘與莎士比亞（Swine & Shakespeare）、軟木與豬肉（Cork & Pork）、火腿音樂會（Hammin' & Jammin'）。

時報廣場以外的選擇

除夕醃黃瓜降落 • 北卡羅來納州 ············· NEW YEAR'S EVE PICKLE DROP · NORTH CAROLINA

在黃瓜大道和藤蔓街的轉角，數百個狂歡的人齊聚在橄欖山醃菜公司（Mt. Olive Pickle Company）外，迎接新年的到來。就在晚上 7 點的時候，眾人歡呼，一條一公尺長的螢光醃黃瓜，從高 14 公尺的旗杆落下，掉進一個紅杉木的醃漬槽裡。醃黃瓜降落時，醃漬槽噴濺出美味的噴泉，眾人為之瘋狂，吹著派對紙笛，讚嘆這個壯觀的場面。從 1999 年開始，橄欖山醃菜公司就開始舉行巨型醃黃瓜降落慶典，這項活動吸引了全家大小和銀髮族，以及任何想要伴隨現場音樂，在巨大醃黃瓜的光輝籠罩之下跳排舞，但也想在合理時間上床睡覺的人。東部標準時間晚上 7 點正好是格林威治時間的午夜，因此這樣倒數具正式意義，也能讓人順理成章地早早上床睡覺。

How to try it

醃黃瓜派對從下午 5 點半開始，地點在黃瓜大道（Cucumber Boulevard）1 號的橄欖山醃菜公司。活動有一部分是捐贈愛心罐頭食品，參加者都有機會能贏得一個充氣醃黃瓜泳池玩具。

非洲芝麻餅

班尼薄酥脆餅 • 南卡羅來納州 ············· BENNE WAFERS · SOUTH CAROLINA

「班尼」（benne）是班圖語系（Bantu）中「芝麻籽」的意思，班圖語系屬於非洲撒哈拉沙漠以南的語系。1700 年代時，奴隸販子把非洲人帶到南卡羅來納的田裡工作，船上的貨艙滿載非洲穀物，打算在橫越大西洋的行程中給這些俘虜吃。其中有芝麻——這種有奶油香、般富含蛋白質的種子，後來非洲人在南卡羅來納種植，榨成食用油。

大型栽培農場主人利用芝麻的潛力，當作進口橄欖油的替代品，不過以芝麻為基礎的替代品，一直到 19 世紀以前都乏人問津。南卡羅來納人反而培養出對於班尼薄酥脆餅的喜愛，這種輕脆的餅乾以烘烤芝麻籽做成，混合了紅糖、奶油和少許麵粉，烘烤成帶有堅果香味的小圓餅。過去兩個世紀以來，班尼薄酥脆餅已經成為美國南方的常見食物，被視為南卡羅來納的地方美食，在該州內的麵包店和禮品店都有販售。不過很多人始終不知道這種又鹹又甜的點心，其實是奴隸制度的遺跡，這項傳統應該歸功於那些種植、照料，並且讓芝麻籽普及的人。

How to try it

蒙普列仁市（Mount Pleasant）的「老殖民地烘焙坊」（Olde Colony Bakery）使用百年食譜，宣稱那是班尼薄酥脆餅的原版配方。

來自歷史悠久查爾斯頓市集（Charleston City Market）的班尼薄酥脆餅，該市集成立於 1790 年代。

玉米粥圈套競賽

墜入玉米粥 • 南卡羅來納州 ····· ROLLING IN THE GRITS · SOUTH CAROLINA

聖喬治（St. George）這個小村莊人口 2,000，有個重大著名事蹟：這裡的每人玉米粥食用量居全球之冠。為了慶讚對於這種南方食物的熱情，聖喬治鎮每年舉辦全球玉米粥節，邀請地方上受敬重的成員在充氣泳池內打滾，裡面裝滿 1,361 公斤的玉米粥。

這項比賽叫「墜入玉米粥」，目標是要儘可能在身上留住最多的玉米粥。參賽者穿著能吸附玉米粥的服裝：反著穿的大連帽長袖運動衫，袖子捲起用大力膠帶黏成口袋，還有寬鬆的運動長褲，在腳踝的地方緊繫。選手在墜入玉米粥之前和之後都要秤重，體重增加最多的人獲勝。在泳池內有 10 秒的時間可以運用，游泳、打滾、鏟舀（規則說明：「一旦 10 秒時間到，打滾的人必須慢慢站起來，雙臂朝上，不得抓住褲子。」）2015 年時，蒂芬妮·麥吉爾（Tiffany McGirr）創下世界紀錄，增加了 30 公斤的玉米粥。

準備比賽要用的玉米粥本身就是一項挑戰，27 箱玉米粥煮到濃稠，程度要能夠讓槳直立地插在裡面。每年視天氣而定，會調整配方（例如天氣熱會讓玉米粥變乾，也需要更多時間才能放涼）。自從 1986 年比賽首次展開以來，一直都是使用原味玉米粥。不過廚師菲利浦·藍克（Philip Ranck）最近表示想試試鮮蝦口味，他從 2001 年起開始負責準備玉米粥。

How to try it

墜入玉米粥競賽有兩個年齡分組：12 到 16 歲以及 17 歲以上。想參賽的人可以在節慶上報名。最好提早預訂住宿，因為節慶期間，鎮上的人口數會增加到 45,000 人。

比賽時間只有 10 秒，參賽者穿著寬鬆的衣物，儘可能增加留在身上的玉米粥。

第一間現代雜貨店的複製品

粉紅宮博物館的小豬商店 • 田納西州 ⸺ PIGGLY WIGGLY AT PINK PALACE
MUSEUM · TENNESSEE

1916 年之前，購買生活雜貨是一項費時的社交任務：店員一對一服務顧客，
把他們要買的東西從貨架上拿下來。沒有標價，必須用手寫計算帳單。

克拉崙斯·桑德士（Clarence Saunders）是麵粉及穀物的售貨員，他想出
一種自助雜貨店，讓顧客可以自行購物。1916 年時，他開設了第一間小豬商
店（Piggly Wiggly）。桑德士在報紙和看板上刊登廣告，告訴大家，購買生
活雜貨的方式即將永遠改變。開幕那天，有 487 個顧客來買東西——在需要
靠店員服務的情況下，這是不可能的成就。一年之內，在曼菲斯又開了八家
店，到了 1923 年時，全國有 1,200 家分店，還有無數的仿效者。雖然桑德士
的預言成真，他的自助概念永遠改變了美國的生活雜貨購物，但他應該沒料
到自己會財務破產。1923 年時，小豬商店在證券交易所上市，桑德士進行了
一些有風險的交易，失去了公司和好幾百萬美元。

失去雜貨店的財富時，桑德士正在曼菲斯郊外興建一棟像宮殿的大宅，表面
鋪著粉紅大理石。原本的規畫中會有舞廳、打靶場和室內泳池，不過尚未完
工的房屋由債權人接手，後來捐給了曼菲斯市政府，如今成為粉紅宮博物館，
參觀者可以看到桑德士早期小豬商店的複製品，回到從前那個自己從架上取
貨（並且知道價格）還是新鮮事的年代。

How to try it

粉紅宮博物館位於田納
西州曼菲斯市中央大
道（Central Avenue）
3050 號。在美國南部
和中西部，仍然有營業
中的小豬商店。

有蓋啤酒杯私人博物館

啤酒杯無限公司 ● 維吉尼亞州 ------------------- STEINS UNLIMITED · VIRGINIA

位於維吉尼亞州美國國道 460 號獨立延伸道路上的潘普林鎮（Pamplin），是一個只有 200 人的小村莊，坐落在這個村子外的啤酒杯無限公司私人博物館（Steins Unlimited home-museum）有兩塊手繪招牌，一塊掛在信箱上，另一塊擺在院子邊緣。

訪客踏入大型的兩房戶外棚屋後，會看到一整面落地架子，擺滿裝飾華麗、具有歷史意義的酒器。一萬多個稀有的有蓋啤酒杯收藏，是喬治‧亞當斯（George Adams）一生的迷戀，他花了五十幾年才蒐集到這些酒杯。

亞當斯利用這些可觀的收藏，講述從 1350 年到現代的啤酒飲用歷史。他是博物館的唯一主人，會立刻為訪客送上美國最古老的雲嶺啤酒（Yuengling）喝到飽，啤酒來自現場的酒桶冰箱（啤酒及入場免費，歡迎捐款）。

導覽大約需要一小時，亞當斯會引導訪客進入兔子洞，一覽德國和美國的啤酒史。導覽通常會涵蓋有蓋啤酒杯透過 15 世紀的衛生法令（在黑死病之後實行）制度化，還有隨後的歐洲啤酒「黃金年代」，精心製作的美麗有蓋啤酒杯興起，成為地位的象徵，然後是美國禁酒令，第三帝國的飲酒習慣等等。

亞當斯把最好的珍寶陳列在他家裡，一棟四房的磚造牧場房屋。收藏品的基礎是一間大約收納了 500 個酒器的房間，包括手刻木製啤酒杯、銀製啤酒杯，甚至也有金蓋子的啤酒杯，許多都有數百年的歷史。

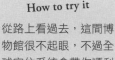

How to try it

從路上看過去，這間博物館很不起眼，不過全球定位系統會帶你順利抵達。理論上開放時間是每天早上 8 點到下午 5 點，但因為只有亞當斯一人，所以最好事先打個電話。

▸ 中大西洋地區

▸ THE MID-ATLANTIC

內行人的果醬

海濱李果醬 • 德拉瓦州 ---------------------------- BEACH PLUM JELLY · DELAWARE

要嘗到海濱李果醬，你很可能要先採集一些海濱李，登上風大的沙丘，爬梳粗糙多節的灌木，在尖突的葉叢中找出得來不易的酒紅色果實。海濱李從來沒有在雜貨店裡上架過，想在野外採集也越來越困難了。不過能找到的人，就能獲得美味又令人垂涎的果醬材料。

從前海濱李沒有這麼難找，探險家從 1524 年起就記載過海濱李的蹤跡。農夫在 1800 年代栽種過這種植物，農業合作社優鮮沛（Ocean Spray）甚至在 1930 年代販售過海濱李果醬。不過近年來，沿岸開發占據了海濱李大部分的天然生長地。有些人開始嘗試在自家後院人工種植，就為了製作果醬，不過力求正統的人認為花園裡種植出來的果實，風味不如野生。目前還會去野外採集的人，通常會牢牢保密現有的灌木叢地點，就連家人也不透露。

How to try it

德拉瓦州的公司「後院果醬」（Backyard Jams and Jellies）製作的海濱李果醬深受歡迎。從春末到初秋，德拉瓦州的利霍博斯海灘（Rehoboth Beach）、米爾頓（Milton）和古雷威斯（Historic Lewes）三座農夫市集會販售這種果醬。另外全年都可以在該公司網站上列出的專門店裡買到果醬。

海濱李像梅子一樣酸，一口大小的尺寸像櫻桃，生長在沙丘上。

不斷演變的辣度

魚椒 • 馬里蘭州 ---------------------------- FISH PEPPERS · MARYLAND

魚椒（fish pepper）一開始是淺乳白色，慢慢轉變成淺綠然後深綠，接著是棕色調的橘，最後變成紅色，也是最辣的時候。這種產自加勒比海群島的辣椒大約在 19 世紀的時候來到北美。

住在切薩皮克灣（Chesapeake Bay）地區的非裔美國人欣然接納這種辣椒，在此成為祕密食材，出現在螃蟹和生蠔餐廳中（因而有了魚椒的名稱）。幼嫩淺白色的魚椒，能不著痕跡地融入白醬中，加在魚類上，有股無以名狀

How to try it

保種交流會網站上有販售魚椒種子，列在「最受歡迎」這一項。

魚椒在成熟各階段的顏色
不同，變成紅色時最辣。

的無形勁道。這個祕訣口耳相傳，很少有文字食譜紀錄，這表示到了 20 世紀魚椒不再受歡迎，僅存於私下傳聞中的狀況，差點導致這種植物絕跡。

1940 年代時，賓州有個畫家名叫賀拉斯·皮平（Horace Pippin），他用一帖古老民間藥方治療關節炎，需要給蜜蜂螫一下。為了得到蜜蜂，他用種子跟養蜂人交換，其中就有被遺忘的魚椒種子。養蜂人名叫拉爾夫·維弗（H. Ralph Weaver），把這些種子在家族中流傳下去。1995 年時，他的孫子透過愛荷華州的保種交流會（可見 P300），讓民眾可以取得魚椒種子。

魚椒嘗起來很像新鮮的塞拉諾辣椒（serrano）——明快、爽脆，並且辣味明確——用法也很類似。魚椒的獨特之處在於鮮豔的裝飾性外表，不只植株上的果實在不同階段的顏色和成熟度會一直變化，每片大理石花紋的葉片也都帶有獨一無二的白綠混搭斑點。任兩片葉子、任兩顆魚椒都不相同，因此魚椒非常適合用在園藝造景。

小型食物競賽

袖珍食物派對 · 馬里蘭州 ----------------- SMALL FOODS PARTY · MARYLAND

從 2006 年開始，巴爾的摩（Baltimore）當地人一直在想辦法縮小食物，餛飩、蟹肉餅、香蕉船，還有其他各式各樣的一般尺寸食物。這個傳統是由一群藝術家在假日派對上開始的，從那之後，他們對於袖珍食物的迷戀就化為年度競賽，如今吸引了超過 500 人加入。

袖珍食物派對的參賽者有各種競賽項目，從「餿主意獎」（例如有吸引力但沒人想吃的迷你汰漬洗衣膠囊，以椰子果凍做成），一直到「國際獎」（頒

發給源自美國以外的食物）都有。

最有創意的參賽者可以贏得「好主意獎」，準備出一整套最佳餐點的主廚，則可以獲得「藍盤特獎」（Blue Plate Special）。指尖大小的杯子蛋糕和小型潛艇堡，是過去「金牙籤獎」的優勝作品，這個獎項表揚的是原尺寸食物與迷你複製版之間，比例最精確的作品。「美味獎」（Yummo!）的得主則是一盤凱薩沙拉，盛在一片炸過的帕馬森起司上（這個獎項是為了發揚派對的命令，「汝等不應因小失味」）。

為了贏得大獎，袖珍食物必須抓住「大家的心靈與胃」。某個優勝隊伍表演了制服員工的組裝生產線，魚貫生產出微型的「垃圾食物餐」，內含漢堡、薯條，還有一杯加蓋飲料。除了成為袖珍食物的傳奇人物，大獎得主還能得到一個裝飾過的大罐頭，裡面是迷你玉米，同時還有機會主持來年的決勝賽。

How to try it

袖珍食物派對在美國視覺藝術博物館（American Visionary Art Museum）舉行，活動的收益全數捐贈給「流動的饗宴」（Moveable Feast），這個組織會提供營養的食物給馬里蘭州的重症或慢性病患者。任何人都可以參加比賽，只是參觀也可以，不過建議不要餓著肚子出席。

名稱有爭議的泰勒火腿

豬肉卷・紐澤西州 ------------------------- PORK ROLL・NEW JERSEY

每天早上，花園之州（Garden State，紐澤西的別稱）當地人都以同一種三明治展開一天：兩顆蛋、美國起司，還有豬肉卷——這是一種加工肉品，幾乎每家餐館和熟食店的菜單上都有。豬肉卷是紐澤西州的本地特產，是再老派不過的食物。1856 年時，一位名叫約翰・泰勒（John Taylor）的州參議員開始製作很有分量的筒狀切片肉卷，這是一種介於香腸、波隆那香腸和加拿大培根之間的食物。他稱之為「泰勒加工火腿」，但在 1906 年被迫更名，因為純淨食品藥物法案（Pure Food and Drug Act）下令，火腿必須是真正的火腿才行。

從此開始了分歧的紐澤西州爭議，南部的人接受了改名，泰勒把產品改名成「約翰・泰勒的獨創泰勒豬肉卷」（John Taylor's Original Taylor Pork Roll），他們欣然接受，開始稱之為豬肉卷。但是在北部，當地人繼續使用泰勒火腿的名稱——而且用了一百多年。如今這個不大的州在用語上依然分歧，一個人怎麼稱呼這種豬肉美食，立刻就會透露出他的紐澤西出身地，一直是友善鬥嘴的題材。但不管叫豬肉卷還是泰勒火腿，享用的方式可沒有爭議：切片後在邊緣切上幾道，避免在鍋裡捲起，煎到酥脆，當早餐吃。

How to try it

紐澤西州的特倫頓市（Trenton）每年五月會舉行豬肉卷節，而菲利普斯堡（Phillipsburg）則在十月舉行豬肉卷瘋狂派對（Pork Roll Palooza），其他月份可以在當地任何一家貝果或熟食店買到豬肉卷。

紐澤西小餐館的黃金年代

20 世紀初時，剛進入工業化的美國迫切需要用餐的地方，預先組裝、可供運輸的路邊小餐館，提供了創業家完美的解決方案，能滿足所有需求。小餐館設計成像火車餐車廂的樣子，先在工廠裡製作組裝好以後，再運送到全國各地的固定地點。

從 1912 年起，數千間閃亮的金屬餐館在紐澤西州建造後運送出去，雖然今日餐館製造業已經不復存在，某些紐澤西州的原版手工製品，依然屹立全美各地，持續營運中。

白瑪納
WHITE MANNA

紐澤西州‧哈肯薩克
（Hackensack）

1946 年開業，1939 年由紐澤西州奧克蘭的首要餐車（Paramount Diners）製造。

阿加萬餐館
AGAWAM DINER

麻薩諸塞州‧羅利（Rowley）

1970 年開業，1954 年由紐澤西州紐華克（Newark）及布隆非（Bloomfield）的法德洛餐車公司（Fodero Dining Car Company）製造。

珍珠餐館
PEARL DINER

紐約州‧曼哈頓

1960 年代初期開業，由紐澤西州黎巴嫩（Lebanon）的庫爾曼餐車公司（Kullman Dining Car Company）製造。

米奇餐車
MICKEY'S DINING CAR

明尼蘇達州‧聖保羅

1939 年開業，由紐澤西州伊莉莎白（Elizabeth）的傑瑞歐馬尼餐車公司（Jerry O'Mahony Diner Company）製造。

golden time

戴維斯炊事馬車餐館
DAVIE'S CHUCK WAGON DINER

科羅拉多州·萊克伍德（Lakewood）

1957 年開業，由紐澤西州席涅克
（Singac）的山景餐車公司（Mountain
View Diners Company）製造。

DAVIES'
chuck
wagon
DINER

OPEN

PANCAKES

STEAKS

FRIED CHICKEN

法蘭克餐館
FRANK'S DINER

威斯康辛州·基諾沙（Kenosha）

1926 年開業，由紐澤西州伊莉莎
白的傑瑞歐馬尼餐車公司製造。

CAR

DINER

紐約冷飲服務生的失落語言

1930 和 1940 年代期間，全美各地的冷飲服務生以使用罕見的圈內人行話聞名。櫃檯等於他們的舞台，而在台下，冷飲服務生的職責有很多：單手打蛋、切雞肉、牢記訂單、藥房汽水櫃檯的龍頭軸要拉對，還有最重要的一點，要能應付所有訂單的有趣速記語言。尤其在紐約市，糖果店和藥房林立，顧客讓冷飲服務生必須機靈地忙個不停，櫃檯後的工作人員本身就成為一場表演。

點一杯簡單的飲品加霜淇淋，很可能就會聽到大喊「燒一個放去游泳！」（burn it and let it swim!）稍微複雜一點的巧克力麥芽牛奶加巧克力冰淇淋則是「燒到底！」（Burn one all the way）。如果把上面這一款去掉冰淇淋再加一顆蛋，服務生就會說「扭一扭、掐一下，讓它咯咯笑」。（twist it, choke it, and make it cackle）。可口可樂加櫻桃是「搞點赤字」（shoot one in the red），飲料不加冰是「冰雹先不要」（held the hail），大杯飲料叫「拉長」（stretched），小杯飲料叫「縮短」（short）。不過各家藥房的用語可能見不得通用，事實上，大部分的詞語可能都只在一、兩家飲料店通行，不斷混用也會造成一定的困擾。簡單一杯牛奶可能有各種不同的稱呼，像是「母牛果汁」（cow juice）、「牛萃取物」（bovine extract）或「罐頭母牛」（canned cow），水的稱呼則有「純水」（aqua pura）、「城市雞尾酒」（city cocktail），還有很讓人倒胃口的「哈德遜河艾爾啤酒」（Hudson River ale）。

可嘆的是，當重視端莊得體的店主開始強制實行使用便條簿，並且壓制大聲喊叫，眼花撩亂的熱鬧冷飲服務生年代走到了末路，大部分的俚語和嬉鬧早已遭到遺忘，以下列出冷飲服務生全盛時期的一些用語。

在冷飲服務生的世界裡，你可以用「一杯濃霧」（a mug of murk）展開一天，再用「一團」（a glob）畫上句點。

ADD ANOTHER：咖啡
ALL BLACK：巧克力蘇打加巧克力冰淇淋
BABY：一杯新鮮牛奶
BLACK BOTTOM：巧克力聖代配巧克力糖漿
BLACK COW：巧克力牛奶
C. O. COCKTAIL：蘇打水加蓖麻油
CANARY ISLAND SPECIAL：香草蘇打水加巧克力鮮奶油
CHOC IN：巧克力蘇打水
CHOKER HOLES：甜甜圈
COFFEE AND：一杯咖啡配蛋糕
COWCUMBER：醃菜
DRAW SOME MUD：咖啡

GIVE：大杯新鮮牛奶
GLOB：原味聖代
IN THE HAY：草莓奶昔
MAIDEN'S DELIGHT：櫻桃
MUG OF MURK：咖啡不加鮮奶油
NINETY-FIVE：不付錢就走掉的顧客
OH GEE：橘子水
ONE ON THE CITY：水
POP BOY：對工作不熟悉的冷飲服務生
RHINELANDER：巧克力蘇打加香草冰淇淋
SALTWATER MAN：冰淇淋攪拌機
SCANDAL SOUP：茶
YUM-YUM：糖

有機都市屋頂農耕

布魯克林屋頂農場 • 紐約州 ---- BROOKLYN GRANGE ROOFTOP · NEW YORK

布魯克林屋頂農場映襯著曼哈頓的天際線，這裡是一片廣闊的都市農場，橫跨三處屋頂，蔥翠茂盛的占地有 2.3 公頃。這裡是全世界最大的屋頂土壤農場，每年生產將近 45,360 公斤的有機農產品。

布魯克林屋頂農場由幾個紐約人在 2010 年成立，當時有一小群工人用吊車把 3,000 袋的土壤弄上七樓樓頂，然後在兩週內鋪出農田。農田的基礎由排水層和濾布組成，能保護屋頂，在雨天成為一塊大型海綿，留住暴雨水，之後再慢慢排放出去。令人感到意外的是，即使留住了數萬公升的暴雨水，農田的重量還是低於建築屋頂的承重量。農場很聰明地設置在高於道路交通的位置，也表示污染比較少：密度比空氣大的重金屬污染物，比較不容易落在蔬菜上。

布魯克林屋頂農場種植數十種葉菜類、四十幾個品種的番茄，還有茄子、青椒、蕪菁、豆子、胡蘿蔔和香草，全都透過社區協力農業（CSA）會員在市集販售，市內各處的餐廳廚房也會使用。他們也有經營蜂房，有 30 個以上生產蜂蜜的蜂巢箱。

根據在地永續體系栽種有機農產品的使命，布魯克林屋頂農場同時也是教育園地，在不易接觸農耕的城市中，每年有數千名孩童與成人來到這裡參加工作坊，把一捆捆用心培育的蔬菜帶回家。

How to try it

布魯克林屋頂農場從五月到十月的週六免費開放參觀，可以事先預約私人導覽，另外有瑜伽課、養蜂工作坊和果醬製作課程。

紐約隱藏版小餐館

紐約市裡某些最美味的地點隱身在其他機構中，很難找到，營業時間有限，店名也有好幾個。不過只要知道該上哪兒去找，這些隱藏版的小餐館就能提供通往美食行家世界的美味入口。

奈米撞球台咖啡館 NANO BILLIARD CAFÉ

在一棟不起眼的住宅建築地下室內，有個亮著霓虹燈的撞球室，撞球室裡有個便餐櫃檯，提供全紐約市內最棒的多明尼加食物。在夜間打撞球的人出現之前，這裡大多提供外帶的島國經典美食，像是雞肉飯（locrio de pollo）和菜肉湯（sancocho），大家從大老遠的地方開車越過州界來享用。

地址：185 E. 167th Street, Bronx

五月五日節食物市集
5 DE MAYO FOOD MAR-KET

週間時，這裡就像典型的羅斯福大道雜貨店，備有水果和糖果。但在週末的時候，朝著雜貨店後方走去，你會看到一個受眾人喜愛的塔可餅攤，有極具吸引力的烤羊肉。慢燉好幾個小時的肉，用熱乎乎的新鮮玉米薄餅捲起來，再加上洋蔥、香菜和綠莎莎醬（salsa verde）。

地址：81-06 Roosevelt Avenue, Queens

思脆家 STREECHA

看到西里爾字母（Cyrillic）標誌後往樓下走，就會來到思脆家，掛著蕾絲窗簾的房間裡鋪著塑膠桌布，供應的是一流的傳統烏克蘭食物。這家餐館替附近的聖喬治烏克蘭天主教會（St. George's Ukrainian Catholic Church）募款，廚師都是志工，替這個地方帶來一種家常、教堂地下室的感覺。

地址：33 East 7th Street, New York

戈文達素食午餐
GOVINDA'S VEGETARIAN LUNCH

在一間國際黑天覺悟會（Hare Krishna）寺廟的地下室裡有個無肉自助餐，輪流提供各式各樣的菜色（大部分是印度菜），分量很大。音響播放吟誦讚美詩歌，客群是商務人士、銀行家、官員和僧侶。

地址：305 Schermerhorn Street, Brooklyn

俄羅斯娃娃 MATRYOSHKA

從曼哈頓金融區的俄國澡堂往下走，就能找到「俄羅斯娃娃」，這家餐廳位於三層樓的地下水療中心內（正如其名，俄羅斯娃娃就是俄文中互相套合的公仔）享用醃菜拼盤、牛舌、俄羅斯餃子、羅宋湯，還有大量的伏特加——穿著浴袍享用，讓這一切更愉快了。

地址：88 Fulton Street, New York

素肉的道教供應商

美華素食總匯 ● 紐約州 ------- MAY WAH VEGETARIAN MARKET ・ NEW YORK

紐約中國城最不起眼的地標之一，就是開業 25 年的老雜貨店，店外有亮綠色的雨篷，店內架上擺滿了雞翅、豬五花、斑點蝦——全部都沒有用到動物。雖然未來肉好像是現代才有的現象，不過其實素肉傳統已有數世紀之久，由於佛道教的不殺生原則而普及，美華素食總匯就是肉類替代品的首選目的地，種類之多，令人印象深刻。

1994 年時，兩名來自台灣的道教移民伍麗婧（Lee Mee Ng）和她女兒伍家慧（Lily）開了美華素食總匯，她們想念家鄉的素肉（在台灣，很多菜都會

How to try it

美華素食總匯已由伍家慧接手經營，並改名為 Lily's Vegan Pantry，地址為赫斯特街（Hester Street）213 號，每天營業，時間為上午 9 點到傍晚 7 點。

有素肉版本）。早些年時，以植物做成的肉類很難賣出去，不過隨著素
食主義越來越受歡迎，她們的店也開始上軌道。

伍家人與台灣的製造商錦馨食品合作，確保她們的素肉品質就跟
家鄉貨一樣好。店裡賣的雞塊以黃豆蛋白製成，撕開會有像雞肉
一樣的纖維。魚翅是用植物基底的吉利丁製成，蝦子是用日本蒟蒻
做的，魚味則是來於海草。另外還有肉乾、火腿、培根、羊肉、干貝、
烤肋排、螃蟹、鴨肉……全部都用愛製成，沒有傷害任何一隻動物。

傳奇鰻魚燻製屋

德拉瓦美食 • 紐約州 —————————— DELAWARE DELICACIES · NEW YORK

雷·透納（Ray Turner）的煙燻鰻魚由他本人在德拉瓦河中捕撈後燻製，然
後在紐約漢科克（Hancock）樹林中的木頭小屋裡販售，是當地的傳奇之物。
透納用鹽和深色蜂蜜醃製鰻魚，接著在蘋果木上煙燻，做出甜甜鹹鹹、非常
具有當地特色的美食。

要買到這些鰻魚需要走上一趟朝聖之旅：
先照著 17 號州際公路上的「德拉瓦美食
燻製屋」（Delaware Delicacies Smoke
House）標示走，接著轉向一條泥土路，
往前經過採石場，一直走到小店和燻製屋。
在店裡會看到有長長白鬍子的雷，正掌管一
箱燻製好的好料，裡面不只有鰻魚，還有蝦
子、鱒魚、鮭魚、培根和高達起司。

How to try it
德拉瓦美食位於漢科
克羅德路（Rhodes
Road）420 號。鰻魚
季節在秋天，供應量有
限，跋涉進入樹林前，
請先致電確認。

想找到雷·透納和他的傳奇燻製美食，按照
泥土路旁樹上釘的「鰻魚」標示走就對了。

開國元勳的派對開胃菜

富蘭克林的牛奶潘趣酒 • 賓夕法尼亞州 --------- BENJAMIN FRANKLIN'S MILK PUNCH · PENNSYLVANIA

18 世紀的英格蘭盛行烈酒，並且沒有冰箱，澄清（clarification）可以解決這兩個問題。1711 年時，家庭主婦瑪莉·羅其特（Mary Rockett）記下了已知最早的澄清牛奶潘趣酒配方：白蘭地加上檸檬汁、糖、水，混合一大口熱牛奶，靜置一小時，再用法蘭絨布袋過濾混合物，就會產生清澈、絲滑的香酒，可以保存好幾個月，不必放冰箱。

班傑明·富蘭克林是澄清牛奶潘趣酒的大粉絲，他甚至有自己的配方，1763 年時，還附在信裡交給後來的麻薩諸塞州州長詹姆斯·鮑登（James Bowdoin，他們兩人是 40 年的筆友）。富蘭克林在信中寫道：「隨信附上你想要的食譜」，表示這不是兩人第一次談到潘趣酒。

How to try it

網路上有許多富蘭克林招牌配方的現代變化版本，如果你調出來的酒清澈不混濁，那麼你就做對了，表示過濾的步驟確實做到澄清。

富蘭克林的牛奶潘趣酒配方

取 6 夸脫白蘭地和 44 個檸檬的外皮，要削得很薄，把外皮在白蘭地中浸泡 24 個小時，然後撈掉檸檬皮。加入 4 夸脫的水、4 大個磨碎的肉豆蔻、2 夸脫檸檬汁、2 磅再精製糖。糖溶解後，煮沸 3 夸脫的牛奶，由火上拿起，直接趁熱加進其他材料，攪拌均勻。靜置 2 小時，再用濾袋過濾至清澈，裝瓶完成。

澄清牛奶潘趣酒的祕訣在於凝乳，讓人可以用布袋或細網濾掉固體乳品，使飲料變得清澈。由於製作過程需要好幾個小時，澄清牛奶潘趣酒無法「現點現做」，不過製作流程並不貴，所需設備不多，做出來的牛奶潘趣酒基本上不會腐敗（文豪狄更斯去世後，大家在他的地窖裡發現牛奶潘趣酒，比他還長壽）。

19 世紀地下釀酒廠中的主題宴會

布貝釀酒廠及地下墓穴 ● 賓夕法尼亞州 ⸺ BUBE'S BREWERY AND
CATACOMBS · PENNSYLVANIA

每個月至少一次，布貝釀酒廠會舉辦一場海盜主題晚宴，地點就在他們的 19
世紀地下室餐廳中，叫作「地下墓穴」（Catacombs），位於地底 13 公尺。
身穿古裝的演員與在燭光下用餐的英勇賓客交際往來，一旁是巨大的陳釀啤
酒木桶。在非海盜主題的夜晚，布貝釀酒廠看起來既像是文藝復興市集（這
是每月一度的中世紀節慶時它的身分），又像是維多
利亞時代鬼屋（這是定期鬼魂導覽時它的角色）。

這個具有歷史意義的釀酒廠建立於 1876 年，建立者
是一位名叫阿洛伊斯·布貝（Alois Bube）的德國移
民。當時布貝釀酒廠所在的蘭開斯特縣（Lancaster
County）人稱「美國慕尼黑」，因為德國啤酒在此十
分盛行。利用美國人對淡啤酒的喜愛，布貝慢慢建立
起一個啤酒王國，有酒吧、「地下墓穴」還有小旅館，
特色是擁有城裡的第一個沖水馬桶。今日的布貝釀酒
廠仍然有自己的小啤酒廠，釀酒的地方是以前的冰窖。

How to try it

布貝釀酒廠位於喬伊山
鎮（Mount Joy），網
站上列出的活動陣容極
其驚人。

非裔美國人傳統自助餐廳

甜蜜的家咖啡館 ● 華盛頓特區 ⸺ SWEET HOME CAFÉ · WASHINGTON, DC

在 19 世紀的紐約，非裔美國餐館老闆湯瑪士·唐寧（Thomas Downing）
經營一家高檔生蠔吧，以海鮮招牌菜聞名。

顧客在樓上用餐，唐寧則利用餐廳地下室收容逃跑的奴隸，作為「地下鐵
路」（Underground Railroad，當年黑奴逃跑的路線）的一站。今日，你
可以在「甜蜜的家咖啡館」點一客煎鍋烤生蠔來向唐寧致敬，這家自助餐廳
位於史密森尼非裔美國人歷史與文化博物館（National Museum of African
American History and Culture）裡面。

自助餐廳分成四個區（南方農業、混血海岸、北方各州、西部牧場），分別
致敬富裕非洲人、美洲原住民、加勒比海群島、拉丁美洲及歐洲，各自對於
非裔美國人烹飪所產生的影響。從「約翰豆子飯」（Hoppin' John，南方新
年的常見菜色）的古拉變化版本（Gullah，美國南方講克里奧
語〔creole〕的黑人），到西部風格的煎鍋烤虹鱒魚佐玉米麵包
和芥菜餡，用餐者能嘗到展現非裔美國人料理廣度的各種菜色。
咖啡館的裝潢試著讓來訪者了解非裔美國食物的重要性，包括背
後滋養的政治角力：一幅 1960 年格林斯伯勒（Greensboro）
伍爾沃斯午餐櫃檯靜坐（Woolworth's Lunch Counter sit-
in，由黑人大學生針對種族隔離制度發起的和平抗議運動，後延
燒至全美 55 個城市）的照片，橫掛在整間自助餐廳裡，提醒來
用餐的人，是這些人去爭取，才讓非裔美國人能平等地使用公共
空間，例如大家現在所在的咖啡館。

How to try it

需要事先申請通行證才
能進入史密森尼非裔美
國人歷史與文化博物
館，並進到「甜蜜的家
咖啡館」，餐點會輪替
供應，不過訪客都很
推薦布倫斯威克燉肉
（Brunswick Stew）和
炸雞拼盤（Gospel Bird
Family Platter）。

路殺肉類回收再利用

路殺動物烹飪比賽 ● 西維吉尼亞州 ⋯⋯⋯⋯⋯⋯⋯⋯⋯ ROADKILL COOK-OFF ·
WEST VIRGINIA

How to try it

路殺動物烹飪比賽是
波卡洪塔斯縣（Poca-
hontas County）的秋
收節慶活動之一，通常
在九月舉行。

從 1991 年開始，馬林頓鎮（Marlinton）全鎮的 1,000 個鎮民開始奪回「鄉
巴佬」（hillbilly）這個字。數十年來，這個小鎮深受貧窮與資源匱乏之苦，
尤其是在礦業垮掉之後，他們開始渲染自己的鄉巴佬名稱，為當地經濟注入
活力和資源。每年他們會在大片草地上設立商店，迎來數千名訪客、電視台
和記者到鎮上，這些人全都是為了有機會大啖路殺動物而來。

嚴格來說，使用的肉類並不一定要是路殺動物，競賽規則說明，菜色必須使
用「常見死在路上的動物」，但沒有規定一定要是路殺才能用來烹飪。可接
受的肉類包括北美土撥鼠、負鼠、烏鴉、蛇、熊和松鼠，每一種動物在賽前
都會經過檢查，以確保食用安全。有些人說，不知道肉類的來源替當天的活
動增添了刺激感。

衛生檢查之後，就到了烹飪時間，遵循節慶的精神，許多道菜色都有明顯鄉
巴佬風格的玩笑菜名。例如「被禿鷲嘔吐物悶死的擋泥板油炸小鹿」（Fender
Fried Fawn Smothered in Vulture Vomit）並沒有嘔吐物，而是混合了蘋
果、墨西哥辣椒和洋蔥。其他菜名像是「媽！有豬在鳳梨裡狂奔！」（Ma,
them hogs are runnin' wild in the pineapple）應該就不用多做解釋了。
這些年來，比賽吸引了來自全美的鄉村廚師。2014 年時，有個團隊從加州開
車來參賽，他們準備的菜色是鬣蜥塔可餅。

參加節慶的人只要付五美元，就能吃遍各種路殺動物菜色，全都以方便淺嘗
即可的 56 公克分量發放。經典菜色有熱騰騰的烏龜燉菜鍋，還有松鼠肉醬汁
餅乾拼盤，不過口味也可能很國際化，有炸鹿肉餛飩，還有鹿肉加鱷魚肉所
羅門醃漬醬（Solomon Gundy，一種牙買加抹醬）。第一名可獲得 1,200 美
元，由評審團選出，評審團的成員均「經認證擁有鑄鐵般的胃，且全都宣示
過沒有素食主義的傾向」。每年這個節慶都會替馬林頓鎮帶來好幾萬美元的
收入。

節慶中的獎項不只在於烹飪，每年當地的女孩都有選美競賽，角逐好幾個年
齡層的后冠：路殺小姐、路殺妙齡小姐、路殺青春期前小姐、路殺小小姐、
還有迷你路殺小姐。

▶ 新英格蘭

▶ NEW ENGLAND

女性主義素食自助餐廳

血根草廚房 • 康乃狄克州 ············· BLOODROOT KITCHEN · CONNECTICUT

血根草廚房由一個小型女性聯合組織在 1977 年成立，是美國女性主義餐廳運動僅存的小餐館之一。舒適的餐廳裡沒有服務生，牆上裝飾著政治海報，還有許多折扣書籍可供優惠選購。這個空間帶人重回到較早的年代，介於 1970 到 1990 年代初期之間，當時有數百間女性主義餐廳開張，經營者通常是女同性戀團體。這些空間是第二波女性主義者聚會的地方，她們能在此放鬆、籌畫事情。

血根草廚房就像許多女性主義餐廳，提供的自助食物是純素食。菜單依季節輪替，通常是素食，招牌菜有泰式素「雞肉」、櫛瓜冷湯、秋葵湯。還有一道熱門巧克力甜點叫「重創」（devastation）餅，以酸麵團做成，你可以邊享用邊欣賞公布欄上的各種標語，像是「我會在後父權年代成為後女性主義者」，或是「通往健康的道路是由好腸子所鋪成的」。

How to try it

血根草廚房的經營者是終身女性主義者塞爾瑪 · 米莉安（Selma Miriam）及諾爾 · 傅喜（Noel Furie）。餐館位於橋港（Bridgeport）費利斯街（Ferris Street）85 號。

美國少數僅存的女性主義者餐廳內部情況。

多刺魚的壯觀場面

烘烤鯡魚 • 康乃狄克州 ···························· SHAD BAKE · CONNECTICUT

成功的烘烤鯡魚要從熟練使用剔骨刀開始，單一塊魚片就有將近千根小魚刺，必須全部移除，才能把魚片釘到木板上，環繞在熱煤炭四周。木板的角度要對，才能讓鯡魚釋放出多餘的油脂，同時也讓木板賦予鯡魚煙燻味——通常會選用山核桃木、橡木或雪松木——用這種方式不需翻面就能烹煮鯡魚。魚燻熟之後，燒烤師傅會大喊「上船了！」意思是可以把木板從火邊移開，準備開動了。

How to try it

雖然漁獲量不如從前，每年從五月到將近六月中，還是可以在新英格蘭的海鮮市場買到鯡魚。康乃狄克州的艾賽克斯鎮（Essex）每年春末都會舉辦一場大型的烘烤鯡魚活動。

這種烹飪方式至少有數百年的歷史，可能是由美國原住民教給新英格蘭的殖民者。當時的鯡魚數量非常多，每年魚群都會從北大西洋遷移到上游的交配地區，囚犯甚至為了每天伙食都是這種多刺的魚而造反（有則 19 世紀的故事把鯡魚描寫成惡魔的造物）。

1800 年代晚期時，鯡魚經過重大的形象重塑。為了吸引新興中產階級對於旅行和美洲文化的興趣，行銷商把烘烤鯡魚宣傳成典型的春季活動。烘烤鯡魚在東北部流行起來，不過康乃狄克州的居民疾呼這是屬於他們的活動。

鯡魚以培根當作安全帶，繫在木板上。

鰻魚苗的賺錢生意

幼鰻 • 緬因州 -- ELVERS · MAINE

2011 年時，因地震引發的大海嘯襲擊日本，摧毀了許多鰻魚養殖場，大約在同一時期，歐洲開始緊縮鰻魚出口的限制。有利可圖的國際鰻魚市場出現了缺口，進口商於是轉向美國。

緬因州這裡原本將稱作幼鰻（elver）的超小鰻魚視為被沖刷到河流與溪澗中的生物，突如其來的海外鰻魚需求改變了牠們的生活。大部分的需求來自亞洲，這裡的幼鰻會養到成鰻，然後賣給日本的食物市場。2018 年時，一磅重的透明鰻線可以賣到 2,700 美元，該州允許漁民捕撈的上限為 4,394 公斤。除了南卡羅來納州有小型的鰻魚業，緬因州是美國唯一允許捕撈幼鰻的州。

政府限制漁撈，使得鰻魚族群能維持一定的數量，但是價格暴漲引來新一波的非法鰻魚走私客。

漁民都是在夜間捕撈幼鰻，安靜地單獨作業，在淺灘淡水裡撒網。這種原本就已經很鬼祟的方法，讓持槍的盜捕者很容易就能介入，非法捕獲，在傍晚切斷或偷走漁網，恐嚇合法漁民，然後在黑市賣出幼鰻換現金。

一項叫做「破玻璃行動」的臥底聯邦調查（Operation Broken Glass，因為幼鰻

How to try it

大部分的美國鰻魚苗都在日本培育食用，不過某些緬因州餐廳的菜單上會有這道當地美食。可以試試「豪華山米」（Sammy's Deluxe）或「北燈塔生蠔」（North Beacon Oyster），兩家餐廳都位於洛克蘭（Rockland）。

玻璃般透明的外觀而得名），成功定罪了數名鰻魚強盜。其中一人是號稱「鰻魚祖父」的比爾·謝爾頓（Bill Sheldon），此人被控七項「共謀走私鰻魚」罪。謝爾頓算是緬因州幼鰻業的名人，他在建立該州的漁業上扮演著核心的角色，被視為這個剛起步產業中的先驅（他開的卡車車牌甚至就是「鰻魚車」，EEL WGN）。2018 年時，他供認自己從禁止捕鰻的一些州購買了127 公斤、價值約 545,000 美元的幼鰻，這麼做在那些州都是違法的，用他的「鰻魚車」運送這些幼鰻，然後空運到亞洲去。

國際糧食犯罪

起司是世界上最常被偷的食物。根據一項 2011 年的英國研究指出，每年世界上大約有 4% 的起司遭竊，這反映在過去幾十年間的起司搶劫案中：價值875,000 美元的義大利帕馬森乾酪（Parmigiano-Reggiano）、700 大塊法國聖奈克戴爾起司（Saint-Nectaire）、兩大圓塊得獎的英國切達起司，還有數十輛滿載起司的卡車，全都神祕地失蹤了。起司竊盜廣受矚目，不過還有更多種類的食品犯罪。

焗豆搶劫案（英格蘭·伍斯特郡）

2013 年時，有個亨氏（Heinz）卡車的司機睡著了，簾幕車廂被切開一個洞，竊賊帶著 6,400 罐香腸焗豆逃走，價值約 10,000 美元。

警方發言人表示，他們「呼籲民眾提供資訊，特別是關於任何可疑情況下企圖販賣大量亨氏焗豆的人」，不過焗豆竊賊始終未落網。

葡萄酒詐欺（美國·加州·矽谷）

魯迪·卡尼萬（Rudy Kurniawan）在 2000 年代初時，冒充自己是勃根地葡萄酒專家，在自家地下室將一瓶瓶紅酒重新包裝，當成是稀有昂貴的葡萄酒，賣給拍賣會和有錢的買主。他賣了數百萬美元的偽造葡萄酒才被抓到。2009 年時，因為買了卡尼萬的假酒，有數十億身家的藝術品和酒類收藏家威廉·柯赫（William Koch）對他提起訴訟。卡尼萬被判在加州監獄服刑 10 年，他個人收藏的葡萄酒也賣掉償債。

綁架酪梨（墨西哥·坦西塔羅）

坦西塔羅市（Tancitaro）每天出口價值超過 100 萬美元的酪梨，這個數字引起了墨西哥販毒集團的注意。幫派開始綁架農民、勒索地主，恐嚇所有拒絕配合的人。坦西塔羅成為暴力和恐懼的地點，直到居民攜手合作，成立了酪梨警隊。從 2014 年開始，受過訓練的人員搭配裝甲巡邏卡車和防彈背心，設立管制站，巡邏農田，從整體上保護酪梨和酪梨從業人員。警力一半的資金來自政府，一半來自酪梨生產商，據回報，這些新的民兵能有效遏止犯罪。

蓄意破壞松露犬（義大利及法國）

搜尋歐洲難找的白松露往往需要狗的幫忙，通常是指示犬（pointer）、獵犬或雪達犬（setter），專門訓練來嗅聞找出這種昂貴的蘑菇。近年來，松露生意的競爭激烈，松露犬也成為敵對採集者的目標。每年有數十隻狗遭到蓄意破壞，被從家中帶走或誘捕陷入圈套。在義大利的切拉諾（Celano），下毒的肉丸子會藏在灌木叢裡，以除掉一流松露採集區內的犬隻。這些狗接受好幾年的訓練，價值高達 9,000 美元，深受飼主喜愛——因此損失松露犬是大事，這表示在松露季節期間，會看到報紙尋狗廣告，找尋失蹤的狗。飼主也會帶著狗繞路，試圖甩掉可能的跟蹤者（神奇的是，許多失蹤的松露犬，在松露季節結束後就會現身回家）。

How to try it

熟食冷肉店營業時間只
有週三、週五和週六，
位於團結鎮的里陵路
（Leelyn Road）上。

阿米許熟肉

熟食冷肉店 • 緬因州 ------------------------------------- CHARCUTERIE · MAINE

10 年前，馬修・塞維奇（Matthew Secich）在一家米其林星級餐廳的廚房
裡工作，之後他就把這個高壓的世界拋在後頭，改信阿米許教派，在緬因州
的團結鎮（Unity）開了一家熟食冷肉小店。

今日可以在松樹林間一條長路的盡頭找到塞維奇，他的鬍子留到胸口，正在
手動絞肉準備製作香腸。配合信仰，
塞維奇的小店照明點油燈，用柴爐
保暖。他販售的肉放在松木房間裡，
以 72,560 公斤的冰保冷，這些冰
塊是每年冬季從當地的湖裡採集而
來，再手工切割。低科技廚房中生
產出高品質的熟食冷肉，像是楓糖
龍蒿波蘭香腸（maple-tarragon
kielbasa）、燻鴨肉香腸、甜波隆
那香腸、煙燻切達起司——全都出
自大廚的高超廚藝。

可怕的糖蜜事故地點

糖蜜洪災紀念牌匾 • 麻薩諸塞州 ---------------- THE GREAT MOLASSES FLOOD
PLAQUE · MASSACHUSETTS

How to try it

牌匾位於港口海岸步
道（Harborwalk）
的入口處，就在商
業 街（Commercial
Street）和科普丘
平 台（Copps Hill
Terrace）的交會處。

1919 年 1 月 15 日下午 12 點 45 分，波士頓的巡邏警察法蘭克・麥曼諾斯
（Frank McManus）對著報警專用電話亭的話筒大喊：「全體可用的救援
車輛和人員，立刻過來！有一波糖蜜正沿著商業街流！」一個直徑 27 公尺、
五層樓高的金屬圓筒槽爆裂了——一波兩層樓高、870 萬公升的糖蜜，朝四
面八方湧去。

據估計，糖蜜以每小時 56 公里的速度擴散到全市。圓筒槽本身也很致命：碎
裂成尖銳的拋射物，金屬螺栓從它的側面像子彈般射出去。糖蜜浪潮和碎片
沿著商業街搞破壞，建築物粉碎成片，甚至是整棟都浮在糖蜜潮中被帶走。

電線桿倒塌，露出帶電的電線。鋼鐵墊高的火車支撐梁成了碎片，糖
蜜掩蓋了一切。根據《波士頓郵報》（Boston Post）上的文章，「馬
匹就像黏蠅紙上的許多蒼蠅那樣死去。」而且不只馬匹，波士頓糖蜜
洪災中死了 21 個人。

經過多年訴訟，圓筒槽公司被判該對這場災難負起責任，必須支付相
當於今日 800 萬美元的和解費。清理一切需要 87,000 個工時，據說事
發之後有好幾年的時間，該地區都感覺黏答答的，空氣中有甜味。

站在波士頓的北區（North End），你絕不會察覺曾經有場致命的糖
蜜洪災毀了街區——除了事發現場有塊很容易就會錯過的牌匾，很容
易就會錯過，上面記錄了這場災難。綠色的小塊標示儘管不起眼，卻
很值得去找看看，不妨站在前面想想，兩層樓高的糖蜜以每小時 56 公
里的速度移動，有多麼可怕。

總統起司簡史

美國政府有長達數個世紀的傳統，會向民眾傾送大量的起司。饋贈起司、不當處置起司和開起司派對狂歡的做法，可以追溯到傑佛遜年代——雖然起司的意義隨著年代而有所改變，情況倒是一直都有點誇張。

傑佛遜 （Thomas Jefferson）

1801 年 7 月，麻州赤夏鎮（Cheshire）的居民替鎮上每一隻母牛擠奶，製作了一輪巨大的起司，重達 544 公斤，以表達對總統候選人湯瑪斯·傑佛遜的支持。由當地的牧師老約翰·利蘭（Elder John Leland）主導，利用一台巨大的蘋果榨汁器製作起司。他想出這個巨型起司的主意，用來讚揚傑佛遜對於宗教和公民自由的支持。利蘭堅持「聯邦母牛」（由聯邦黨農民所飼養的牛隻）不得貢獻製作這個起司所需的牛奶，只有自由人才能參加，在「沒有任何奴隸的協助之下」完工。在這塊龐大的切達起司上，他印上了這段話：「反抗暴君就是順從上帝」。

這塊起司巨大到無法用傳統的方式運輸，利蘭用雪橇將 1.2 公尺寬的起司拉到哈德遜河，再帶著起司一起搭船到巴爾的摩，接著用馬車拉到華盛頓特區。經過長達三週、805 公里的旅程後，利蘭在 1802 年 1 月 1 日把這塊起司致贈給傑佛遜總統。到了那個時候，全美國大部分地方都已經聽說了這塊著名起司的事蹟。

傑克森 （Andrew Jackson）

安德魯·傑克森的支持者可不願意讓傑佛遜的起司搶了他們總統的鋒頭，這檔事成了競爭，1835 年時，酪農業者湯瑪斯·米查姆（Thomas S. Meacham）製作了一塊重達 635 公斤的切達起司，重量跟厚度都贏過傑佛遜的起司，用一條刻有政治口號的皮帶包起來。傑克森的起司在紐約奧斯威哥（Oswego）的某個愛國派對中展出（在場還有另外九塊起司），接著到好幾個城市巡迴宣傳，最後抵達白宮。

不過傑克森對起司比較沒興趣，他不知道該拿那塊起司怎麼辦。龐大的切達起司在總統辦公室展出將近兩年，但是到了任期的最後一年，他必須把起司處理掉。在總統任期的最後一場派對，傑克森邀請民眾來吃起司，在兩個小時內油滋滋香噴噴任人吃，把 635 公斤的起司拆解掉了。根據傑克森的後繼者范布倫（Martin Van Buren）表示，擺放起司的房間後來必須通風透氣好幾天，拆掉窗簾，並重新粉刷牆壁。

雷根 （Ronald Reagan）

我們所熟知的政府起司，是政府挹注太多錢到酪農業的結果。1977 年時，酪農業陷入困境，因此創造出 20 億的政府補助，投入穩定牛奶價格和酪農的收入。為了利用這些新的資金，酪農開始盡可能生產牛奶，導致大量剩餘。凡是酪農賣不出去的牛奶（數量相當龐大），政府都會收購做成起司，加進不斷增加、無止境的循環儲備量中。到了 1980 年代時，供應量成長到驚人的 2 億 2,700 萬公斤起司，平均每個美國人有 900 公克的起司。

政府的亮黃色切達起司分送到全國各地，發給低收入的民眾，一直到 1990 年代酪農業穩定下來為止。今日對於政府起司的看法各異，有些人回想起的是發霉、不可食用的起司，要吃這種東西令他們感到羞愧。有些人則是愛上這種起司，堅稱這種加工品能做出很棒的烤起司三明治和起司通心麵。

雷根展示在賦稅改革演說後收到的起司塊。

歐巴馬 （Barack Obama）

總統起司名單中，還有由歐巴馬加上的大塊起司日（Big Block of Cheese Day）。連續三年（2014 到 2016 年），歐巴馬政府都主辦受到傑克森起司盛宴啟發的活動。大塊起司日雖然不如傑克森的起司盛宴那麼怪誕，但也是一個政治活動，把國會山莊的大咖聚在一起，回答民眾的問題。雖然重點比較是在政策而非起司，不過歐巴馬提供大量的起司，還有很多起司的雙關語，就像白宮網站上所說的：「你興奮嗎？我們和布里起司也是。」（Excited? So are brie，布里起司 brie 與我們 we 諧音。）

白山小屋

山屋酷協作　●　新漢普夏州 ………… MOUNTAIN HUT CROO · NEW HAMPSHIRE

How to try it

小屋是由阿帕拉契山脈俱樂部（Appalachian Mountain Club）經營，全套服務只有夏季才有，但訪客全年都能使用廚房設施。

新漢普夏州崎嶇的白山山脈（White Mountains）綿延 140 公里，涵蓋東北部最高峰，山脈沿線共有八處基地，人稱高山小屋。這些精心設置的住宿小屋，以阿爾卑斯山小屋為本參考，讓健行者在路途中可以睡覺補給。從五月底到秋季中期，一群稱作「酷」（croo）的工作人員全心投入，替健行者準備 2,300 頓家庭式餐點。

「酷」的工作人員很少有專業廚師，不過豐富的口述傳統，能確保新人學會野外烹飪術。登山季節展開之前，「酷」的工作人員會參加為期五天的訓練，其中包括六小時左右的烹飪及烘焙課程。五月時，直升機會把將近 7,257 公斤的沉重物資——包括丙烷、麵粉和罐頭食品——空運到每個小屋，之後的運送就由酷協作負責。工作人員大約有 50 個，每週兩次會有人負責把垃圾和回收物拖出來，然後帶回 18 到 27 公斤的蔬菜、冷凍肉類、奶油和起司——全都放在一個以木頭、帆布和皮革做成的奇妙裝置上，稱為「背架」（packboard）。

今日可以接待 36 到 90 名遊客的小屋，大概會由 5 到 11 名「酷」的工作人員經營。家庭式餐點是主要賣點，小屋內的活頁夾陳列出備受喜愛的食譜：扁豆湯、第戎芥末雞、千層麵、大蒜切達起司麵包、純素巧克力蛋糕。為了確保在小屋之間來來去去的背包客，一路上能吃到不同的餐點，每個小屋都會在週間同一天晚上烹煮類似的主菜，例如週日吃鑲貝殼麵、週一吃牛肉等等。

「酷」的工作人員表示，隨著夏天過去，背負食物和垃圾上下山會變得起來越輕鬆，許多人表示每週兩次的補給停留時間，使他們處於自己人生中最好的生理狀態，提供一種力量，讓徒步跋涉變得令人愉快。

綠葉小屋（Greenleaf Hut）位於拉法葉山（Mount Lafayette）附近，是提供白山山脈健行者補給加油的八個小屋之一。

撥火棍雞尾酒火炬

焊鐵頭 • 羅德島州 ---------------------------- LOGGERHEAD · RHODE ISLAND

英國移民在美國殖民地需要煮沸雞尾酒、燒灼傷口，或是偶爾要點燃火砲時，焊鐵頭就是他們的多功能工具首選。

焊鐵頭以長鐵棒加上短木柄，是一種桿狀工具，金屬端可以放在明火上加熱。紅熱後可以用來熔化固體、封住肉體。酒保很愛用這種火熱的桿子，有助於製作熱騰騰、引人注目的雞尾酒。把加熱過的金屬快速放進陶罐或白鑞大酒杯中，就能把調製出來的酒加以焦糖化、煮沸、弄出泡沫，變成各種蒸氣彌漫的飲料。

在中央暖氣設備普及之前，來客需要用熱飲暖身，像是熱托迪酒（toddy）、熱潘趣酒（punch），還有最受歡迎的殖民地雞尾酒「菲麗普」（flip），用起泡沫的艾爾啤酒、蘭姆酒和甜味劑調製而成。

在英格蘭，焊鐵頭似乎到處可見，英國人把這個詞當作罵人的話，暗指對方的腦子跟鐵塊一樣。在多喝了幾杯菲麗普的夜裡打了起來，因而產生了「嚴重分歧」（at loggerheads）這個片語，意指與他人不合。在酒吧圈子裡，這個詞語變成表示分歧升高到肢體暴力的地步。有些針對這類酒吧鬧事的敘述指出，雙方從火中抽出焊鐵頭，朝著彼此揮舞，這應該是全部詞源說明中最清楚的一個了。

> **How to try it**
> 焊鐵頭已無人使用，不過金屬製成的撥火棍仍是常見的家用品。請謹慎使用。

美國現存最老小酒館

白馬酒館 • 羅德島州 ------------------ WHITE HORSE TAVERN · RHODE ISLAND

1673 年時，紐波特（Newport）開了一家小酒館，招牌上畫著一匹白馬，這是酒吧共通的標誌（在文盲眾多的年代很實用）。這個圖案最後成為此地的正式名稱。

小威廉·梅耶斯（William Mayes Jr.）是個惡名昭彰的海盜，1702 年他帶著劫掠來的物資回到紐波特，並且從他父親手上繼承了這間小酒館。他一直經營白馬酒館，直到英國人逼著他把酒館讓給他妹與妹夫。因為這個地方已成為羅德島政界的官方聚會地點，店主是個海盜有損政府形象。

一直到 1730 年代該州興建殖民地之家（Colony House）之前，白馬酒店都是羅德島州議會、刑事法庭和市議會舉行的地點。很多人說商業午餐就是從這裡發源的，因為政客會把餐飲費掛在國庫的帳下。

美國獨立戰爭期間，英國人讓黑森傭兵（Hessian mercenaries）住在這棟建築物裡，逼迫屋主華特·尼可斯（Walter Nichols）及其家人遷出。戰爭結束後，殖民地贏得獨立，尼可斯返家，重新裝潢他的酒館。

但幾百年來的耗損對白馬酒館造成破壞，到了 1954 年時，建築物急需修繕。由紐波特保護協會（Preservation Society of Newport）接手，一絲不苟地修復了建築物，完工後在 1957 年重新開放。今日的建築維持忠於 17 世紀的樣子：屋頂粗梁下點著蠟燭和油燈。冬季期間，巨大的壁爐裡燃著火焰。食

> **How to try it**
> 白馬酒館位於紐波特馬爾博羅街（Marlborough Street）26 號，餐廳晚餐的著裝守則是「商務休閒」，男性必須穿著有領襯衫。

物依然是經典的新英格蘭菜色，懸掛的旗子依然只有十三顆星，酒館鬼魂也依然健在，就潛藏在餐廳壁爐的右邊。

好幾層樓高的 17 世紀白馬酒館，屋主曾經是海盜。

殖民地運動飲料

生薑果醋蜂蜜水 • 佛蒙特州 ⸺⸺⸺⸺⸺⸺ SWITCHEL · VERMONT

從 1700 到 1900 年代，田野中很常見到陶罐——可能擺在樹蔭下或是藏在溪流中——裡面裝滿美國的解渴、電解質補充妙計：生薑果醋蜂蜜水。

這種飲料用薑、蘋果醋、甜味劑加水調製而成，味道喝起來很像檸檬水，濃郁、提神又甜蜜。農夫注意到飲用這種液體對健康有許多好處，其中之一是能保持喉嚨及鼻竇通暢，提供能量，抵抗疾病。當時沒人確切知道這種飲料為何有效，不過現在的科學指出，薑可以抗發炎，糖蜜含有鉀，還有生蘋果醋對腸道菌有益。除了水以外，所有的成分都含有鉀，就是一種電解質，不過大家一直要到 19 世紀末才了解電解質。

除了健康的特性之外，大家真的很愛喝這種飲料。醋能替喉嚨帶來喝酒般的暖喉感受，但卻不含酒精，因此成為禁酒擁護者的最愛。雖然喝起來像檸檬水，但是製作這種飲料卻不需要柑橘類，當時柑橘比醋難取得。

How to try it

佛蒙特生薑果醋蜂蜜水公司（Vermont Switchel Company）能把這種提升免疫力的靈丹妙藥運送到全美各地，單喝或調成雞尾酒都好喝，網路上也有很多調製配方。

拉丁
Latin America
美洲

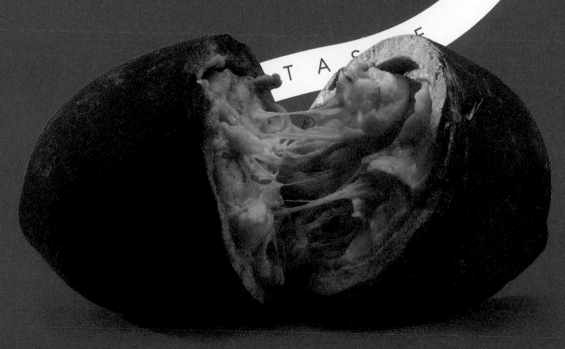

墨西哥・中美洲
加勒比海群島・南美洲

▶ 墨西哥

▶ MEXICO

蘑菇風味的玉米真菌

玉米黑穗病 • 墨西哥 --- HUITLACOCHE · MEXICO

當阿茲特克（Aztec）農夫發現這種藍黑色孢子大舉入侵玉米時，他們並不擔心，反而開心不已。這是玉米黑穗病，也就是玉米受到致病真菌——黑穗菌（*Ustilago maydis*）的感染，會帶來一種濃郁的蘑菇風味，是製作墨西哥餡餅（quesadilla）餡料的聖品。

玉米黑穗病（huitlacoche）的名稱源自阿茲特克的那瓦特語（Nahuatl），大多數人認為最傳神的翻譯是「沉睡的贅疣」，因為這種真菌會包圍玉米粒，妨礙它們生長。美國農夫使用的名稱就沒有那麼詩意了，他們稱它為玉米瘤黑粉病（corn smut）。

雖然玉米黑穗病基本上算是一種植物疾病，卻是墨西哥料理的一項珍貴食材。受感染的玉米穗價錢比正常版高出一大截。球根狀的孢子不但保留了玉米大部分的原本味道，更添加了真菌獨特的堅果及蘑菇風味。拿它和洋蔥及辣椒拌炒而成的墨黑色醬料，無論搭配塔可餅或歐姆蛋，都能增添絕佳風味。

這種眾人爭相品嘗的珍饈（有些菜單上形容它是「墨西哥松露」）見證了阿茲特克人的巧思，主要作物遇到了災害，卻讓料理因禍得福。

墨西哥城批發市場裡的珍貴真菌。

愛情魔藥要你的命

托洛艾可 • 墨西哥 ----------------------------------- TOLOACHE · MEXICO

拿一片毛曼陀羅（*Datura innoxia*）葉來抽，你可能會產生幻覺。喝下它的種子調配的飲劑，你可能會墜入愛河。拿一把這種植物，浸泡在滾燙的液體裡，那麼你就要當心死神上門了。據說大約 150 公克的劑量就能讓人一命歸西。

這種多年生灌木會長出白色喇叭狀花朵以及帶刺的球根狀果實，在美洲各地有許多不同名稱。在墨西哥，大家都叫它托洛艾可，是那瓦特語的「低頭」加上「虔敬」的意思。至於在其他地方，它的名字就沒有包含那麼多感情了：納瓦霍人（Navajo）稱它為 ch'oxojilghei，意思是「致狂者」。

這種植物會引發譫妄，是一種致幻劑，會造成心智迷失、精神錯亂，而且無法控制自己的身體。幾世紀以來，墨西哥的薩滿會在進行占卜儀式時，抽這種植物葉片捲成的雪茄，或是吞服它的種子。墨西哥西北部的塔拉烏馬拉人（Tarahumara）依然會準備儀式用的發芽玉米及托洛艾可飲品，以便助長幻覺。

少量的托洛艾可具有止痛效果。根據記載，古代阿茲特克人曾使用添加少許托洛艾可浸劑的發燒療法，而猶他阿茲特克人（Uto-Aztecan）的口述歷史描述接生婆熬製托洛艾可，幫助減輕生產過程的疼痛。在現代墨西哥，從事巫術的人（brujería）會調製托洛艾可愛情靈藥。民俗說法建議把一點靈藥摻入喜歡對象的食物或菸草裡，對方就會是你的了。

How to try it

墨西哥城的索諾拉市場（Mercado de Sonora）有販售托洛艾可產品，還有其他的粉末、藥水和植物。

修車廠塔可攤

威西多 • 墨西哥 ----------------------------------- EL VILSITO · MEXICO

白天造訪「威西多」，你會看到技工在修車。晚上 8 點過後來到這家不起眼的修車廠，你會發現這是墨西哥最棒的塔可攤之一。

店員手起刀落，從笨重的旋轉鐵叉削下一片片的烤肉（al pastor），這種以胭脂樹紅（achiote）醃漬的豬肉是墨西哥的國民美食。這個多汁的豬肉大烤串是把豬肉薄片層層堆疊在一根垂直的鐵叉上，效法黎巴嫩移民帶來的沙威瑪（shwarma）作法。鮮嫩多汁又略帶焦香的烤肉一片片落在熱乎乎的玉米薄餅上，烤肉上面再加一片鳳梨，最後灑上洋蔥、芫荽、莎莎醬和萊姆汁。甜美又鹹香，油滋滋又帶酸度的風味令人一吃就上癮，烤肉塔可會被視為墨西哥首都最具代表性的美食之一，可不是沒有原因的。

How to try it

可先到「威西多」的臉書查看塔可的供應時間。除了那些時段，不要出現在修車廠，除非你要來修車。

修車廠在晚上架設起旋轉的烤肉串。

{ 蛋：EGGS }

雞蛋是營養最豐富的食物之一，人體所需的每一種維生素幾乎都包含在內。然而蛋類的營養多寡不一，只有少數幾種的營養成分勝過雞蛋，而且有許多種蛋幾乎沒有任何營養。但是話說回來，這並沒有阻止我們大費周章地去找各種蛋來吃。

鱷魚蛋

想在野外採集鱷魚蛋嗎？你得先通過兇猛的鱷魚媽媽這一關。最安全的方法是去例如東南亞的鱷魚養殖場購買。這些地方的產量非常豐沛，當地人甚至會舉辦吃蛋大賽，例如在泰國東南岸的芭達雅，比賽規則是最快吃完 10 顆水煮鱷魚蛋的人獲勝。人們形容這種蛋的味道強烈，有一種鹹味和魚腥味。

蝸牛蛋

歐洲老饕不惜花大錢品嘗蛋類料理。在他們的心目中，這些散發光澤的白色小球彌足珍貴。蝸牛是出了名的慢吞吞，產卵要花上兩、三年的時間。不過西西里人找到方法，利用加速成熟技術，讓蝸牛只要大約八個月就能產卵。這種口感鬆脆的魚子醬有一種像泥土又帶木質調的味道，經常被拿來和烤蘑菇或蘆筍相比，而且 50 公克（約莫兩大匙）就要 100 美元左右。

鱷魚蛋
7.6cm

海鷗蛋

每年只有四到六週的時間，紅嘴鷗的蛋會在英格蘭濕地出現蹤跡。有一小群擁有執照的「獵蛋人」獲得許可能夠去找蛋，但是規定很嚴格，每個鳥巢只能取走一顆蛋，而且鳥巢的所在地要保密。獵蛋人拿走一顆蛋之後，會在剩下的蛋上面作記號畫叉，這樣下一位獵蛋人就知道別碰這些蛋，要繼續找下去。水煮海鷗蛋雖然沒有太多特別的味道，但是又感覺很尊榮，因為每顆要價高達 7 美元。

海鷗蛋

章魚蛋

章魚媽媽最多會花長達六個月的時間，辛苦照顧她的蛋。她通常會在位於岩縫之間的陰暗水底洞穴裡築巢，徘徊其上護著她的蛋，讓充滿氣泡的活水在蛋的四周流通。在這段孵蛋期，她通常不會離開她的巢或是去進食，情願餓著肚子也不會丟下她的小孩。章魚媽媽的生命通常在任務完成之後便結束了。有時候日本壽司料理會使用章魚卵，讓顧客生食這種乳白色的囊。在自然環境中，它們看起來像是透明的淚滴。隨著它們日漸成熟，你能看到裡面有小章魚在不斷長大。

章魚蛋

海龜蛋

世界上的大多數地方，吃瀕臨絕種的海龜蛋是違法的，然而在不少國家，這種蛋依然被視為珍饈佳餚。尼加拉瓜人從前哥倫布時期就開始吃烏龜了，烏龜蛋被視為催情劑，而且目前在黑市的交易依然猖獗。當夜幕降臨，盜獵者便來到沙地尋找海龜的窩，每次出擊可能盜取上百顆的蛋。對於吃不慣的人來說，這種軟殼、黏稠又帶霉味的口感，足以讓他們退避三舍，不過在傳統下，這種做法依然持續進行。

海龜蛋

鵪鶉蛋

幾世紀以來，世界各地都對這些迷你蛋推崇有加，因為它們具有療效。在中醫裡，鵪鶉蛋具有滋陰的功效。陰是指女性的陰柔面，和陽形成互補。陰能延緩老化過程，因此會在美容產品中添加鵪鶉蛋。食用鵪鶉蛋也能治療過敏、血中雜質和皮膚病。

鵪鶉蛋

供應靈丹妙藥的酒吧

普逵酒館 • 墨西哥 -- PULQUERÍAS · MEXICO

阿茲特克的女神瑪雅維爾（Mayahuel）經常被描述為擁有 400 個乳房，每個都溢出龍舌蘭的汁液。根據古老的神話，第一棵龍舌蘭植物就是在瑪雅維爾的墳地冒出嫩芽，而其甜美汁液被認為是她神聖的鮮血。這種蜜汁（aguamiel）是來自龍舌蘭的莖。把莖切開之後，可以像從井汲水一樣，把蜜汁從中舀取出來。蜜汁經過蒸餾提煉，就成了龍舌蘭酒（tequila）或梅斯卡爾酒（mezcal）。把它拿去發酵，經過兩小時便成為普逵酒（pulque）。這是擁有千年歷史的靈丹妙藥，在以前非常的神聖，專門保留給祭司、貴族以及少數病人和長者飲用，同時也做為儀式獻祭犧牲者的最後饗宴。當西班牙基督教殖民者在 16 世紀抵達時，因為他們想要徹底消滅當地的宗教及習俗，普逵酒因此而失寵。

現在普逵酒再度盛行。新的普逵酒館吸引了新一代的年輕追隨者，在傳統口味添加一些現代的新變化。（有人想試試餅乾奶油口味的普逵酒嗎？）在普逵酒館沒有小酌這種事，大家是以酒杯的大小來論英雄。最大的玻璃酒杯能容納兩公升，叫做 maceta（花盆），接下來是 cañone（大砲）、chivitos（小山羊）、catrina（花花公子）和 tornillo（螺絲釘）。

普逵酒帶有酸味以及類似唾沫質地的泡沫，主要賣點不是它的味道。這種乳白飲品自古以來便享有盛譽，能治療糖尿病、胃痛及不孕。它是酒精飲品無誤（酒精濃度 2% 到 8%），不過喝下之後，大家所描述的感覺不一，從莫名出現麻痺到滔滔不絕嗨到底都有，普逵酒館因此生意興隆。

一名男子從龍舌蘭的莖吸取「蜜汁」。

帶有肉汁香氣的煙燻風味酒

肉香梅斯卡爾酒 • 墨西哥 ------------------- MEZCAL DE PECHUGA · MEXICO

傳統的梅斯卡爾酒是以龍舌蘭的芯——通稱為皮納（piña）的球莖釀製而成。釀酒師先烘烤皮納，為這種酒帶來經典的煙燻風味，然後添加水果、堅果和香料，再將混合液發酵並蒸餾三次。在第三次蒸餾時，肉香梅斯卡爾酒會多了一種特別的添加物：在上方吊掛一塊生雞肉。

這塊雞胸肉（西班牙文 pechuga 意為「胸部」）垂吊在開放式的陶製或銅製蒸餾器上方，融合了水蒸氣，肉汁的香氣有助於平衡酒精的強烈氣味。有些酒類歷史學家相信，這種傳統作法一開始是為了要掩蓋劣等梅斯卡爾酒的風味。

在墨西哥，通常是在特殊場合，例如女孩成年禮及婚禮，才會喝這種酒。不過它在美國也越來越受歡迎了，另外也有比較傳統的無肉風味梅斯卡爾酒。

雖然雞肉的氣味不明顯，但是垂掛肉塊的步驟依然很重要。有些版本的肉香梅斯卡爾酒使用其他的肉類，包括兔子、鬣蜥或伊比利火腿。

How to try it

大部分的梅斯卡爾酒都在瓦哈卡（Oaxaca）製造。可以前往「梅斯卡爾酒專賣店」（Mezcalillera）購買，這裡同時也是品酒室。

沙漠魚子醬

螞蟻卵 • 墨西哥 ------------------- ESCAMOLES · MEXICO

在墨西哥，螞蟻的蛹及幼蟲是美食佳餚，看起來像松子，味道像奶油，而且口感類似茅屋起司。為了嘗到這種精緻風味，螞蟻卵通常簡單料理，以奶油、洋蔥及辣椒一起拌炒，然後拿玉米薄餅裹著吃。

這是由俗稱絲絨樹蟻（*Liometopum apiculatum*）的螞蟻所產的卵，但是當地人喜歡使用另一個名稱。他們暱稱牠為 la hormiga pedorra，意思是「愛放屁的螞蟻」，因為牠們的蟻窩會飄散出硫磺臭味。

螞蟻卵是從墨西哥中部的高原沙漠採集來的，這些螞蟻會在龍舌蘭根部周圍挖鑿蟻穴。在荒野採集這些蟻卵的人面臨供不應求的情況，雖然有許多人會仔細刮掉蟻窩的上方，用網篩分開螞蟻和幼蟲，但是有些人就沒那麼用心了。這種沙漠美食（每公斤可以賣到 100 美元）正面臨過度採集的風險。

在螞蟻幼蟲開始風行之前的幾世紀，當時西班牙人還沒來到我們現在稱為墨西哥的地方，螞蟻卵是當地原住民最愛的美食之一：古老的菜單告訴我們，阿茲特克的帝王們會舉辦盛宴，大啖這種沙漠魚子醬。

螞蟻卵是精緻又富奶油風味的墨西哥美食。

How to try it

螞蟻卵無法帶出境外，因此有興趣品嘗的人一定要去墨西哥，許多餐廳的菜單上都看得到這道料理。墨西哥城的「卡丹那」（El Cardenal）餐廳提供精緻風味的螞蟻蛹塔可。想要追求大分量的人可以前往聖璜市場（Mercado San Juan），那裡的蟻卵是論公斤販售。

奢華的蛋糕展示中心

完美甜點 • 墨西哥 ----------------------------- PASTELERÍA IDEAL · MEXICO

「完美甜點」位於烘焙坊二樓，是一處大型展示中心，裡面擺放了令人眼花撩亂的各色訂製西點，都可以在樓下的店面訂購。高塔般的多層蛋糕據說重量超過 90 公斤，糖霜冰柱從高達 2.4 公尺的頂層垂墜而下。蛋糕上裝飾著糖製動漫英雄及電影公主，還有數不盡的奶油擠花和各種完美的翻糖圖案，從小丑到骷髏頭都有。這些蛋糕只供展示用，所以先在樓下的烘焙坊吃些點心，然後再上樓來逛逛這個絕美的蛋糕王國吧。

墨西哥城最知名的烘焙坊樓上，展示各色精緻的蛋糕樣本。

酸甜糖果義大利麵

莎莎義麵 • 墨西哥 ----------------------------- SALSAGHETI · MEXICO

莎莎義麵結合了「莎莎」（在西班牙文和義大利文中都是「醬汁」的意思）和「義大利麵」的後半都（但少了一個 t），聽起來像是加了滿滿大蒜番茄醬的義大利麵料理，其實是一種辣味的墨西哥糖果條。

這些管狀的酸味西瓜水果軟糖外層沾滿辣椒羅望子粉末和砂糖混合的細粉，隨包附贈的羅望子醬，也就是莎莎醬，有一種類似肉汁的流質質地。把醬汁擠在義麵上，享受幾乎沒有營養價值的一餐吧。

令人一吃就上癮的甜、鹹、酸、辣組合，正是墨西哥無奇不有的糖果世界特色。這些糖果口味聽起來像是一個有甜食癮的瘋狂科學家調製出來的：糖果莎莎醬、兼作調味料的糖果粉、造型像玉米不過味道像草莓的糖果。這些出乎意料又令人驚訝的口味組合，是為了滿足這個國家熱愛辣椒的味蕾而生，放眼世界獨一無二。

莎莎義麵

帶著像是啤酒泡沫的鳳梨棒棒糖

酸甜羅望子醬擠壓瓶

辣椒粉硬殼包覆的西瓜棒棒糖

裹滿辣椒粉的酸甜鹽漬杏桃

單包裝的柑橘及鹽巴粉

辣味蜜餞軟膏糖

香蕉軟芯口香糖

小黃瓜配辣椒的辣味蔬菜糖果

喜歡酪梨嗎？感謝這種絕種的巨型樹懶吧

墨西哥是世界酪梨之都，兩個中部州（米卻肯州〔Michoacán〕及墨西哥州，也稱為酪梨帶）供應全球將近半數市場。酪梨是阿茲特克的愛與生育象徵，現在成了大都會的沙拉食材。這種綠色水果自從史前時代的某個大恩人在不知情的情況下，為這種綠色水果提供第一次大好良機，它便一直廣受大家喜愛。

雖然掠齒懶獸（lestodon）聽起來像是長了尖牙和鱗片的恐龍，不過這些新生代（Cenozoic-era）生物其實就是樹懶。牠們是現代樹懶的直系祖先，不過體型巨大無比，是巨型動物（megafauna）裡的佼佼者。牠們的體重可能高達二到四噸，和其他的地懶同在南美洲的草原四處遊蕩。牠們會吃青草和樹葉，偶爾也吃點更有營養的好料——早期的酪梨。

巨型樹懶和其他巨型動物，例如嵌齒象（gomphothere）和雕齒獸（glyptodont），會大啖整顆酪梨，然後把種子散播到南美洲各地。這些巨型生物的消化系統可以處理大顆種子，酪梨因此而獲益。當這些種子在遠離母樹的地方被排泄出來，它們就可以發芽生長，不必爭搶水分和陽光。這在各方面來說都是好事一樁，結果造就了我們所知的酪梨——富含油脂又有大果核，更能吸引那些巨大的樹懶。

在大約11,000年前，更新世冰期（Pleistocene Ice Age）接近尾聲時，變動的氣候造成許多巨型動物群的滅絕，不過有些存活了下來，例如體型比你想像中還要大的麋鹿。酪梨原本很可能只在幾個小山谷存活下來，長出不知名的小果實，但是幸好出現了新的散播者——我們。人類並未吞下整顆水果，而是將果核種在南美洲及中美洲各地。

巨大的史前樹懶散播酪梨的方式是把它整顆吃掉，然後把種子排出來。

肉桂風味的昆蟲

椿象 • 墨西哥 ———————————————————— JUMILES · MEXICO

在塔斯科鎮（Taxco），椿象的傳統吃法是趁牠還活著的時候食用。這些古老的臭蟲從山區的窩被採集下來之後，通常會浸泡萊姆汁，用玉米薄餅包起來，然後趁牠的腳還在掙扎亂踢時，一口吃下去。牠的風味是結合肉桂和薄荷的藥味，氣味辛辣刺激，不負「臭蟲」之名。

根據 1930 及 1940 年代的報告記載，墨西哥原住民使用椿象來治療腎、肝及胃部疾病。據說牠們也能激發性慾。

塔斯科每年都會舉辦椿象節，向這些多用途的昆蟲致敬，時間是在亡靈節（11 月 1 日至 11 月 2 日）過後的週一，因為許多當地人相信，昆蟲是他們的祖先轉世化身。你經常會聽到當地人問：你帶了家人一起嗎？他們真正的意思是問你是否有椿象。

How to try it

你要生吃這種昆蟲才能體會牠們那種讓人嘴裡發麻的特性，但是煮熟再吃就更美味也更順口了。在塔斯科，椿象是最受喜愛的塔可餡料，在當地市場可以成袋地買。

16 世紀熱巧克力打泡器

莫里尼洛 • 墨西哥 ———————————————————— MOLINILLO · MEXICO

莫里尼洛是有史以來最棒的單一功能工具，唯一的任務就是把熱巧克力攪拌到出現完美泡沫。

這支木製攪拌棒源自殖民時期。當西班牙人在 16 世紀抵達墨西哥時，他們並不喜歡當地的巧克力飲料。埃爾南·柯爾特斯（Hernán Cortés）和他的征服者們一開始拒絕飲用。1590 年，一名耶穌會修士記載這種甜飲料，把它的泡沫質地和排泄物相提並論。

但是西班牙人發現巧克力是阿茲特克的地位象徵而有其價值後，便保留這種飲品，最後終於喝習慣了。歷史學家甚至懷疑莫里尼洛其實是西班牙人的發明，因為中美洲調製這種飲品的方式，是把融化的巧克力從一只壺中倒進另外一只。

莫里尼洛既實用又美觀，通常是用一整塊木頭雕刻而成。它有一個長把手，末端是一顆球或一個方塊，上面刻有凹口環，用來加快攪動的過程。使用莫里尼洛時，把圓球端浸到巧克力液體裡，將把手夾在兩個手掌之間，然後來回搓動，直到飲料產生豐富的泡沫。

這種可可飲料長期以來被視為有催情功效，它的影響力不只是在廚房裡。傳說在墨西哥的某些地區，年輕女子想要找到另一半的關鍵是，她要有能力做出完美泡沫的熱巧克力。

How to try it

想煮墨西哥熱巧克力，得先在一鍋熱牛奶裡面融化苦甜巧克力，然後加糖、肉桂棒、少許鹽和卡宴辣椒粉，接下來就用力搓吧！

▶ 中美洲

▶ CENTRAL AMERICA

醉人的耶誕節傳統

黑色水果蛋糕 • 貝里斯 ----------------------------------- BLACK FRUITCAKE · BELIZE

有誰能抗拒得了這樣的食譜——一開始先來一磅奶油、一品脫烈性黑啤酒，以及一夸特蘭姆酒。這就是黑色水果蛋糕會成為貝里斯耶誕節重頭戲的原因了。在貝里斯，烘焙耶誕節水果蛋糕可說是強制性的，在裡面添加蘭姆酒也是。當然了，有些食譜說你可以用葡萄汁替換烈酒，不過那會變成什麼樣的水果蛋糕呢？絕對不是黑色水果蛋糕。

這種特殊蛋糕的起源要追溯到 17 世紀，當時英國殖民者把他們的甜布丁帶到加勒比海地區。多年來，當地人把食譜調整到符合他們的口味，以蘭姆酒取代英國白蘭地，並且添加群島生產的香料。最棒的黑色水果蛋糕要提前幾個月、甚至一整年開始準備。當地人說最少需要一週才能看到真正的變化，不過時間越長效果越好。把一夸特（約 946 毫升）的蘭姆酒淋在各種果乾上，例如葡萄乾、醋栗、椰棗和柑橘皮。整個夏天及秋天，果乾就這樣浸泡在蘭姆酒和一些紅糖裡，散成多汁又濃郁的碎粒，而蘭姆酒則成了濃稠的糖漿。

貝里斯蛋糕的黑色是來自那一品脫（約 473 毫升）的烈性黑啤酒。把它倒進麵粉、糖、蛋、奶油、多香果及豆蔻混合而成的麵糊，再把浸泡的果乾放進來。蘭姆酒糖漿就留著淋在烤好之後冷卻的蛋糕上。

黑色水果蛋糕應該要添加滿滿的果乾，口感要扎實濕潤，還要有濃郁的酒香。在貝里斯，果乾不便宜，因此送水果蛋糕當禮物絕對能展現出你的熱情和敬意。而且果乾要浸泡整個夏天，所以這可不是臨時可準備的伴手禮。

How to try it

要吃黑色水果蛋糕，怎麼少得了一杯蘭姆蛋酒呢？這是一種乳白色雞尾酒，加了牛奶和雞蛋調製而成。蘭姆酒的最佳搭檔，當然是更多的蘭姆酒。同理可證：假如蛋糕放得太久有點乾，當地人建議不妨再淋上一點蘭姆酒吧。

玉米飲料舞曲

玉米飲 • 薩爾瓦多 ----------------------------------- ATOL DE ELOTE · EL SALVADOR

玉米飲是一種暖心又香甜的玉米風味飲品，經常濃稠到要用湯匙舀來喝。這是一種富含文化習俗的飲料，墨西哥的昆比亞（Cumbia）樂團弗萊莫（Los Flamers）甚至錄製了一首名為〈玉米飲〉（Atol de elote）的熱門舞曲，副歌部分鼓勵聽眾跟著跳三個簡單的舞步：一開始要蹲低，然後抓起勺子，最後搖晃玉米飲。幾乎可以肯定玉米飲是「臀部」的委婉說法。在這支 MV 中，舞者和傳統用來攪拌玉米飲的木製大湯匙隨著樂曲起舞，四周響起歡欣鼓舞的擊鼓及喇叭聲。

玉米飲濃郁又滑順，這種討喜的口感來自以石磨碾碎的新鮮玉米。小販將它混合牛奶、糖及肉桂和香草之類的香料，然後用大鍋煮到濃稠為止，通常不需要舞曲的幫助就能搞定。

How to try it

去聖薩爾瓦多（San Salvador）的中央市場看看，一勺熱騰騰玉米飲只要大約 25 美分。你也可以用食物調理機在家自己做。

萊姆醃漬牛蛋蛋

酸醃牛睪丸 • 瓜地馬拉 ················ CEVICHE DE CRIADILLAS · GUATEMALA

酸醃牛睪丸和酸醃海鮮一樣清新又可口。有些人說它的味道介於酸醃料理的兩種經典款式之間——鮪魚和章魚。牛睪丸以柑橘類醃漬之後，廚師會把它切成片狀或小塊，和切碎的洋蔥、辣椒、香菜及番茄拌在一起。這道又辣又酸的菜色可以先冰鎮過或以常溫端上桌。要是它合你的胃口，小心不要吃過頭，畢竟瓜地馬拉人說這可是催情春藥。

How to try it

酸醃牛睪丸是瓜地馬拉的安地瓜（Antigua）及秘魯卡哈馬卡（Cajamarca）的名菜。雖然有些餐廳備有新鮮牛睪丸，但你或許必須自己去肉販或市場攤位購買食材。別忘了，酸醃鮮肉不會像加熱一樣具殺菌效果，所以要確保使用新鮮乾淨的肉類。

亡者的起司及熟食

沙拉盤 • 瓜地馬拉 ···················· FIAMBRE · GUATEMALA

每年 11 月 1 日的諸聖節，瓜地馬拉的家人朋友會齊聚在過世親友的墓地，紀念亡者的一生。他們會說故事、誦念祈禱文，用鮮花蠟燭裝飾墳墓。到了晚上，這些人會一起用餐，而且總是不忘留些食物和飲料給那些胃口大開的亡魂。

Fiambre 在西班牙文通常是指冷盤肉，不過在瓜地馬拉，這是諸聖節的代表性料理。這一大盤彩色的沙拉平均會有 50 種食材，經常包括蝦、水煮蛋、義式臘腸、起司、醃黃瓜、棕櫚花（pacaya flower）、沙丁魚及牛舌。家人們會在幾天前就碰面，事先採買、醃漬、燒烤和切塊，然後合力做出一道料理，把所有食材都混合在一起，以油醋醬汁醃漬至少一天的時間。

瓜地馬拉人會把自家的食譜傳承下去，大沙拉盤的設計是為了給亡者有多樣的選擇。常見的種類包括素食版本、一種叫做「離婚」的未混合沙拉盤，還有「紅色」或「白色」，意指加或不加甜菜。當地人知道要猜對亡者想吃什麼太難了，因此沙拉盤給了他們多樣化的選擇。

How to try it

瓜地馬拉沙拉盤是只有在諸聖節才會做的家庭料理。在其他西語國家，這道菜專指冷菜，例如熟食和起司盤。

死後享用的漂亮菜色。

How to try it

魚雨通常伴隨年度首場大雨而來,若是想親眼目睹這個奇觀,最好在五月之前抵達,並做好耐心等待到七月的心理準備。

下「魚」了

魚雨節 • 宏都拉斯 ---------------------------------- LLUVIA DE PESCES · HONDURAS

一百多年來,宏都拉斯約羅鎮(Yoro)的居民描述著相同的年度異象——豪雨、打雷及閃電,宛如《聖經》中的暴風雨,每個人都足不出戶。經過這麼多年,當地人很清楚流程。他們迫不及待地等著天氣放晴,然後出門去給自己添菜。

這些居民說,每年春天,這場天賜的大雨會在鎮上灑落數百條銀色小魚。那些魚在街道上拍打扭動,新鮮活跳跳!然而,距離當地最近的水域是 200 公里外的大西洋。許多人相信這些魚是上天賜予的禮物,其中一個熱門的理論把這一切歸功於 19 世紀的荷西·曼紐爾·蘇比拉納(José Manuel Subirana)神父,他向上帝祈求食物,餵飽鎮上飢餓的人們,然後在他祈禱完的時候,天空下起了魚。氣象學家提出第二種看法。他們把箭頭指向水龍捲,它的力量足以把一些小生物,例如沙丁魚,從水域之中吸取而出,然後拋落在其他地方。另一種理論則是,或許約羅鎮底下有地下水。暴洪可能把魚推出地面,害牠們擱淺。不過就連專家也承認,這些氣候模式會如此固定地發生,真是相當神奇。

大部分居民相信這些魚是上天的賜予,利用這場大雨來賺錢是違法的,過剩的魚會在約羅鎮的年度慶典期間分送給整個社區。

來自天上的原始食物?

根據〈出埃及記〉,摩西帶領以色列人離開埃及的奴役之後,他們在沙漠中忍受了兩週,然後才抱怨飢餓。神聽到他們的抱怨,於是嗎哪便隨著晨露出現了,「野地面上有如白霜的小圓物」(出埃及記 16:14)。這種來自天上的食物「樣子像芫荽子,顏色是白的,滋味如同攙蜜的薄餅」(出埃及記 16:31),而且可以在以色列人流浪沙漠 40 年的期間餵飽他們。

有些科學家相信,在當時及現在,嗎哪都是在西奈沙漠出現的自然現象。最熱門的解釋指向檉柳樹(tamarisk tree),一種在歐亞大陸乾燥地區的原生植物,會產生類似蠟的黏性樹脂,在太陽底下融化,而這種物質大部分是由糖分組成的,正如《聖經》所描述。還有一種昆蟲是吸食檉柳樹的汁液維生,然後從屁股分泌一種叫做蜜露的甜味液體,很快便失去水分,變成富含碳水化合物的黏性固體,據說可以搗成很有營養價值的餅,正如〈民數記〉的描述。從歐洲到中東,有許多文化習俗都會吃蜜露。

不過這並非完美的科學。宗教學者相信,在摩西帶領的那群人之中,可能有多達 200 萬名猶太人,這麼多人得需要多少檉柳樹和昆蟲分泌物才足夠呢?此外,那些樹和昆蟲只有在五月到七月這段時間才會生產那種甜美的食物,但是《聖經》裡的嗎哪一週有六天會

落下，而且持續了 40 年。

某個更駭人聽聞的理論引述〈出埃及記〉16:7，內容是：「早晨，你們要看見耶和華的榮耀，因為耶和華聽見你們向他所發的怨言了。」幾位研究菌類植物的歷史及社會影響的學者相信，嗎哪可能取自某種迷幻蘑菇。古巴裸蓋菇（*Psilocybe cubensis*）會產生一種像霜花的分子，能引發靈性及宗教體驗。學者認為蘑菇帶來幻覺的效果（他們認為這效果包括強化感官，因而幫助這群人在險惡的條件下存活），跟《聖經》裡記載以色列人會吃下嗎哪以「看見耶和華的榮耀」的警示差不多意思。

〈以色列人採集嗎哪〉（*The Israelites Gathering Manna*），埃爾寇・羅伯提（Ercole de, Roberti）的作品，大約 1490 年代。（倫敦國家美術館）

瘋女人的招牌菜

炸豬皮沙拉・尼加拉瓜 ---------------------------- VIGORÓN・NICARAGUA

炸豬皮沙拉是尼加拉瓜格拉納達市（Granada）的代表性料理。這是街頭小吃，食材有半熟的絲蘭（yucca）、酥脆的炸豬皮（chicharrón）、浸泡醋及辣椒的高麗菜沙拉（curtido），還有一種味道強烈的當地水果，叫做 mimbro。這道帶有鬆脆、鹹味及酸味三種層次的料理盛放在香蕉葉上，然後以手抓取進食。

這種街頭小吃的發明者是瑪麗亞・露易莎・西西奈洛・拉卡尤（Maria Luisa Cisnero Lacayo），綽號瘋女人 (La Loca)。1914 年，拉卡尤在當地的棒球場擺攤。她想出了這道料理，在一般販售的水煮玉米及甜味玉米粽（sweet tamale）之間，顯得格外突出。她在看了保健飲料威哥朗（Vigorón）的廣告海報之後，把她的比賽日點心取了這個名字。過了一世紀，她的創作變成了這座城市最出名的料理。當地人說這道料理吃了會上癮，你會忍不住把手指上最後一滴醬汁都舔光。

How to try it

格拉納達或許沒了瘋女人，不過接下來有位女光頭（La Pelona）的表現毫不遜色，她在市立市場（Municipal Market）送上最出色的炸豬皮沙拉。

美味的怪物

鳳梨蕉 ● 巴拿馬 ----------------------- *MONSTERA DELICIOSA* · PANAMA

鳳梨蕉（即觀葉植物龜背芋的果實）應該要附上食用手冊。還沒成熟的果實富含草酸鹽結晶，這種物質以草酸型態呈現的話，強度足以漂白木材及清除鐵鏽。萬一不小心吃到還沒成熟的果實，你的喉嚨及皮膚都會感覺到嚴重的不適。然而，這種果實成熟後確實美味無比。

完全成熟的鳳梨蕉果實富有濃郁的熱帶風味，像是鳳梨、椰子及香蕉。假如不想單吃的話，最常見的吃法是把它做成果醬，或是製成甜點。想要品嘗那種美味，又想避開它的毒性，關鍵在於時間點。若想催熟果實，你可以把它放在罐子或玻璃杯裡，拿牛皮紙袋蓋起來。經過一段時間，結成堅硬外殼的六角形鱗片會從一頭到另一頭緩慢地剝落。你可以用一根手指頭輕輕把鱗片推開，但是假如需要出力的話就表示還不行。

How to try it

鳳梨蕉果實就算已經成熟，還是帶有少量的草酸鹽，如果會過敏的人應該要避免。你可能也會看到果實上有一些黑點，那些是可以吃，不過可能會刺激你的口腔。

當綠色鱗片脫落時，果實就成熟了。

一名巴拿馬原住民，安布拉部落的婦女，以哈瓜人體彩繪顏料正式地裝飾自己。

天然水果墨汁

哈瓜紋身 • 巴拿馬 ────────────── JAGUA TATTOOS · PANAMA

在刺青貼紙出現之前的幾世紀，中南美洲叢林裡那些離群索居的部落會使用一種叫做哈瓜（jagua）的水果，創作 20 天內便會消失的漆黑紋身藝術。

尚未成熟的哈瓜會產生一種無色的汁液，暴露在空氣中會逐漸氧化，從淺棕色變成藍黑色，最後變成瑪瑙黑。把這種水果墨汁塗在皮膚上，能做出鮮明細緻的刺青，看起來跟永久紋身沒兩樣。在那些偏僻的部落裡，紋身依然有數不盡的功能，包括和其他部落交戰時展現威猛氣勢、區分不同部落的成員，以及一般的美化作用。這種水果也具有療效，主要做為抗生素使用，因此把果汁塗抹在皮膚上也被認為能預防寄生蟲。

在現代的刺青文化中，哈瓜經常和指甲花混合，打造更豐富的色彩，或是在永久刺青之前拿來試畫圖案。除了把東西染黑（不只是皮膚，餐具、籃簍和布料也可以）的功用之外，哈瓜當然也能吃。這種水果的尺寸範圍從奇異果到葡萄柚都有，熟透的味道像是蘋果乾或楄梓（莎梨）果乾。喜歡吃這種水果勝過刺青的人，可以選擇哈瓜糖、哈瓜酒或哈瓜糖漿。

How to try it

巴拿馬的安布拉原住民（Emberá）會使用哈瓜來紋身。有些傳統的安布拉村落，例如巴拿馬市以北的艾拉杜亞（Ella Drua），歡迎觀光客走訪，也會邀請他們接受紋身。

How to try it

離多雷加最近的機場是在大約 19 公里外的大衛市（David）。兩個城鎮之間有公車行駛，單趟車程約 20 分鐘。

油炸餡餅是手工製作，首先捲成管狀，然後在兩個點掐一下，做出傳統的彎曲形狀，成為巴拿馬地形的縮影。

起司麵包的嘉年華會

起司麵包節 • 巴拿馬 ------------- FESTIVAL DEL ALMOJÁBANO CON QUESO · PANAMA

拉丁美洲的起司麵包（almojábano）樣式繁多，從鬆軟的烤圓麵包到米粉油炸餡餅都有。不過只有在巴拿馬，才有為了慶祝這種食物而一連舉辦四天的節慶。這裡的起司麵包會做成 S 形，而且從早吃到晚。

嚴格來說，這個節慶慶祝的是當地的鹽味白起司。徒手將起司掰碎，然後丟進由玉米粉、水、糖和鹽調製而成的鮮黃色麵團裡。從熱騰騰的油鍋撈出來時，起司的酥脆外層會有裂痕，而內裡應該是軟 Q 的口感。

每年一月或二月，有數千人會湧入多雷加（Dolega）這座小山城，盡情享用這種傳統的起司條。販售這種美食的小販有好幾十攤，每個都拿自家的配方大量製作。多年來，這個節日融合了活力充沛的民俗元素，有來自國內各地的團體演奏巴拿馬音樂，表演傳統舞蹈，並且在坦波里多舞（tamborito）的樂聲中，搭乘公牛拖拉的花車參加遊行——坦波里多舞是巴拿馬以打擊伴奏、一唱一和式的歌舞，非常有活力。

▶ 加勒比海群島

▶ THE CARIBBEAN ISLANDS

安地瓜國徽之寶

黑鳳梨 • 安地瓜 ------------------------------ BLACK PINEAPPLE · ANTIGUA

How to try it

島上處處看得到販賣黑鳳梨的路邊攤販，不過如果若想要購買最優質的，那就往南到一個叫做 舊 路（Old Road）的地區，這裡是安地瓜知名的水果籃。

安地瓜的國徽集結了這座島嶼的代表性元素——藍色及白色的大海、兩頭雄偉的鹿、鮮紅色的木槿，還有當地最重要的農產品。右側的一株絲蘭，是安地瓜的招牌料理，另一側相對而立的是一株甘蔗，這是歷史悠久的經濟作物。像耀眼皇冠置頂的是安地瓜最出名的黑鳳梨，據說甜度居世界之冠。

阿拉瓦克人（Arawak）從南美洲把黑鳳梨帶到了安地瓜，在島上的南岸種植了幾世紀。小型農場現在依然栽種黑鳳梨，不過幾乎只供當地人食用。

黑鳳梨的口感清脆，酸度低，甜度高，連鳳梨心都好吃，大家通常吃得一滴不剩。雖然名為黑鳳梨，但是這種水果根本不是黑色的。它的外皮是綠色的，就算熟透了也是。所以要挑一顆完美的鳳梨，主要是靠嗅覺和觸摸。當地農夫說，島上土壤豐沃、雨量適中、陽光普照，造就了其他地方無法複製的理想生長氣候。

EACH ENDEAVOURING ALL ACHIEVING

狂人卡斯楚的冰淇淋店

柯貝莉亞 • 古巴 ──────────────────────── COPPELIA · CUBA

卡斯楚（Fidel Castro）對乳製品的熱愛永不滿足，他以一處命名為「柯貝莉亞」的復古現代風格龐大綜合建築群，將冰淇淋帶給他的人民。1960 年代，在卡斯楚親自委託設計之下，這座壯觀的冰淇淋大教堂在一處醫院舊址創立，外型設計有如幽浮，長形混凝土輪輻從建築物上方呈輻射狀向外伸展，外圍有延伸整個街區的公園環繞。負責這項企畫案的是卡斯楚的祕書及紅粉知己，西莉亞·山薛茲（Celia Sánchez），而她以自己最愛的芭蕾舞劇替這家公司命名。

卡斯楚立志要提供比美國冰淇淋店更多的口味，於是從美國當時最大的連鎖飯店及餐廳豪生飯店（Howard Johnson's）訂購了 28 桶冰淇淋，試吃他們的每一種口味。在剛開始的那段期間，柯貝莉亞販售 26 種口味及不同組合，並且取了一些奇怪的名稱，例如特調綠松石、印第安獨木舟及巧克力士兵。現在，老顧客能有三種口味可選，就算幸運了。

然而，柯貝莉亞每天依然服務大排長龍的顧客。古巴人懷抱熱情地大啖冰淇淋。1990 年代出現貿易波動，該國必須決定乳製品來源要選擇奶油或冰淇淋，人們選了冰淇淋。

How to try it

柯貝莉亞位在哈瓦那繁忙的維達多區（Vedado）23 街。大家最常點的 en sala da 是五球冰淇淋再灑上餅乾，售價約 25 美分。

卡斯楚的公營冰淇淋店可容納上千人。

非法補藥變成催情劑

媽媽歡樂 • 多明尼加共和國 ············ MAMA JUANA · DOMINICAN REPUBLIC

How to try it

在多明尼加共和國的大
多數酒吧和市場都喝得
到媽媽歡樂,你也能依
據你的需求客製化。假
如你想壯陽,要求補
藥裡要多加一點海鮮
(mariscos),特別
是龜鞭(miembro de
carey)。假如你想懷
孕,你要找一種叫做貓
爪(uña de gato)的
食材。

住在現為多明尼加共和國土地上的原住民泰諾印第安人(Taíno Indians)腦
筋動得很快。在 15 世紀時,他們便能去除絲蘭裡的氰化物,用天然橡膠製造
球,並且探究當地豐富的植物療效。他們用樹皮和樹葉熬茶,舒緩一般感冒
及呼吸系統、血液循環及消化系統疾病。直到 1492 年哥倫布和他的船員抵達
這座島嶼之後,這個配方才添加了酒精,結果就成了現在廣為人知的媽媽歡
樂(Mama Juana)。

媽媽歡樂這個名詞是由法文的 Dame Jeanne(意即大肚瓶)衍生而來,作法
是把一個壺裝滿樹皮和香草植物,例如八角、丁香、羅勒和龍舌蘭,然後添
加蘭姆酒、紅葡萄酒和蜂蜜。它略帶木質調及甜味的酒味越陳越濃烈,有時
會拿來和波特酒相提並論,有時候則是被比擬為咳嗽糖漿。

1950 年代,一個名叫黑穌斯·羅德里蓋茲(Jesus Rodriguez)的男子開始
把它當作補藥和春藥來販賣,媽媽歡樂因此人氣暴漲,聲名大噪。這項商品
大賣,引發創業家加入這個戰場,推銷各類藥劑,吹噓各種聲稱的療效。當
時該國從總統變身獨裁者的楚希約(Rafael Trujillo)出手阻止這種瘋狂行
為,宣布販售媽媽歡樂是非法的,除非是由具有醫療執照的人開出處方。這
項法令終止了瘋狂販售,但是也使得大家相信,媽媽歡樂確實具有療效。

現在媽媽歡樂不但合法,貨源也充足。多明尼加人經常把它稱為「寶寶製造
者」,或是 El Para Palo,意思是「升旗手」。人們通常是在家裡調製,而
且幾乎總是常溫喝的一口酒。要是酒倒完了,只要再加些蘭姆酒和葡萄酒。
當地人表示,這個過程最多可以重複持續 10 年。

格瑞那達的聖喬治市場販售料理煮出油所需的各式新鮮農產品。

合作海灘日盛宴

煮出油 • 格瑞那達 ————————————— OIL DOWN · GRENADA

格瑞那達人喜歡放鬆（lime），在海邊的咖啡館放鬆是他們最喜歡的消遣。在海邊放鬆時，當然要帶上一只大鍋，在沙灘上點燃火堆，然後開始煮出油。格瑞那達的國民料理是全天候的社交活動。這個大鍋從一早就開始料理，然後一整天會被慢慢地填滿。婦女負責掌控這項任務，雖然這道料理是為了要在海灘度過慵懶的一天，但是準備可要下點工夫。你要先把熟透的麵包果切碎，和綠香蕉、芋頭及山藥一起浸泡。鹹魚也要浸泡跟沖洗，葉菜類也是洗好再切。餃子要從揉麵團開始，擀成傳統的長棍形。豬鼻和尾巴一定要清洗、切碎再浸泡，這是甘蔗種植園留下的遺俗，當時園主大宅會把這些碎肉留給工人。

每位大廚都有自己的料理方式，但是常見的方法是把肉類和澱粉類放在鍋底，蔬菜放中間，魚類和餃類在最上面。這些好料要用椰奶加香料煮滾，例如薑黃、豆蔻和薑。煮出油的名稱來自這個過程，你要讓食材吸飽椰奶，直到鍋底只剩下油脂。麵包果和餃子具有軟綿的口感，和鹹魚及葉菜很搭。依照慣例，每位客人要帶一樣食材過來，所以有了等一下會吃掉這道料理的人貢獻的食材，每一鍋都是獨一無二。

How to try it

週四是聖喬治（St. George's）「椰子海灘」（Coconut Beach）餐廳的煮出油日，你可以腳踩沙灘享受這道料理。

饒富歷史意義的加勒比湯品店

安裘迪耶拉 • 瓜地洛普 --------------------------------- AN CHODYÈ LA · GUADELOUPE

在波因特彼得（Pointe-à-Pitre）的一條小街上，有一間咖啡館坐落在一幢藍綠色的建築裡。這家咖啡館叫做安裘迪耶拉（An Chodyè La），專賣營養又美味的湯。這些湯品訴說著瓜地洛普的故事，包括黑暗的殖民過往到人民的韌性。

根據餐廳主廚尚克勞德‧馬格奈特（Jean-Claude Magnat）表示，他的湯品起源深植於島上的奴役史。受奴役的家庭被迫靠著主人的廚餘活下去，他們於是把剩菜加水煮成湯。多年以來，廚師們融合自

己傳承的口味和技巧，烹調新口味。馬格奈特的湯是將他的高祖母，露西兒‧德里斯（Lucille Deris）的料理改造而成。他的餐館所在的藍綠色建築曾經是她的家，那是她用洗衣服掙來的錢買下的。

這家咖啡館的菜單是以口頭告知，各種湯品輪流替換，例如傳統的加勒比海螺、牛尾湯、海螺湯、龍蝦濃湯，以及名為 ouassous giraumon，以南瓜湯加淡水蝦煮成的湯。

義大利麵加熱狗早餐

香腸義大利麵 • 海地 ———————————— ESPAGETI · HAITI

沒人能解釋海地人為什麼吃義大利麵當早餐，而且它還是招牌早餐，是國民的療癒料理。海地的香腸義大利麵有兩個基本食材：一定要有加工肉腸類（通常是熱狗，不過維也納香腸也行），另一樣必不可少的就是番茄醬。這是一款愉快地活在自己世界裡的麵食料理，對義大利一點敬意也沒有，所以並不適用傳統的義大利麵規矩。

促生這道創意料理的是美國人，不是義大利人，結果造就了大膽的非歐洲風格。當美國在 1915 年侵略海地的時期，同時也帶來了加工食品。他們把乾義大利麵條引進當地的飲食，還有番茄醬和耐放的鹹肉品。在兩片海洋之外的另一個美國前殖民地，菲律賓群島，你會發現完全不同的料理，不過他們也愛熱狗搭配義大利麵，他們把這道料理叫做 spags。

對於時間緊迫或是正在忙的人，海地人研究出變通的方法，讓他們能吃到香腸義大利麵，或者應該說是喝到吧。店家很樂意把麵條和醬汁丟進食物調理機，攪拌到你可以拿吸管享用這道料理。

How to try it

廚師可以發揮巧思替義大利麵加料，不過上面灑些番茄醬是一定要的。

加了蘇格蘭圓帽辣椒的花生醬

曼巴辣味花生醬 • 海地 ———————————— MAMBA · HAITI

手工製作辣味花生醬（mamba）時，你要先在明火上架一只大鍋，通常是在後院裡。當地人會烤花生，讓它們沿著熱鍋的內壁不斷移動，然後倒到一個編織篩盤。把花生和膜分開的過程是一種需要練習的技術，有節奏的拋接過程，直到花生去膜變得光滑。這時把花生倒進研磨機，和蘇格蘭圓帽辣椒或哈瓦那辣椒（habanero）一起研磨，然後準備把它塗抹在它的最佳搭檔，樹薯脆餅上。花生醬裡的辣味不會立刻顯現，而是最後在濃郁綿密的口感之中慢慢釋出。

除了在自家後院手工製作，海地也有新興的花生種植產業供應幾個商業品牌。在海外的海地人經常抱怨，其他國家的花生醬無法滿足他們的口腹之慾，因此你經常能看到要帶出國的行李箱裡裝滿了一罐罐的辣味花生醬。

PEANUT BUTTER

How to try it

Rebo 及 Compa Direct 是百分之百的海地品牌。曼巴（Manba）牌是用海地的花生製造的，不過工廠在加拿大蒙特婁。在王子港（Port-au-Prince）的街道上，你能找到攤販在賣塗抹曼巴花生醬的樹薯脆餅。

在果樹上的新鮮阿開木具有劇毒。

美味卻致命的水果

阿開木 • 牙買加 ································· ACKEE · JAMAICA

How to try it

牙買加出口罐裝阿開木到全世界，但是你不可能找到新鮮的果實，除非是在島上。不想錯過的話，建議在一月到三月及六月到八月的產季造訪。

牙買加最珍貴的國民美食——阿開木煮鹹魚是一道結合鹹鱈魚和美味黃色水果的料理。這種水果含有大量毒性，在新鮮時出口是違法的。然而，牙買加人想盡辦法去除毒性之後，放心大啖美食。這種水果含有次甘氨酸 A，根據美國食藥署（FDA）資料，這種毒藥會導致「嘔吐及嚴重低血糖、嗜睡、肌肉疲勞、虛脫，而且可能陷入昏迷及死亡」。把成熟的果實煮熟，可以過濾毒素，讓阿開木能安全食用。這種有毒的水果是西非原生植物，在 1770 年代由奴隸帶到這個島上。

牙買加人會種植兩種阿開木：黃色調的軟質「奶油阿開木」，以及乳白色的硬質「起司阿開木」。兩種在受熱之後都會變黃色，而且有一種溫和的味道，許多人都會用棕櫚芯或炒蛋來類比，因此它們在早餐時段特別受歡迎。

打顆蛋來預測未來

雞蛋占卜 • 牙買加 ························· EGG SETTING · JAMAICA

How to try it

為了保險起見，在睡前先打半打的蛋，結果不可能全都是棺材吧。

當太陽在聖週五（Good Friday，復活節前的週五）升起時，許多牙買加人會盯著一杯水看，想占卜他們的未來。蛋象徵新生，在基督教的節慶總是占有一席之地。不過在牙買加，它們不只是拿來繪畫或擺在籃子裡。更古老的當地傳統是，在聖週五之前，把一顆蛋白倒到一杯水裡，然後在太陽升起時，研究它形成的造型。飛機或船代表來年會出遠門，長洋裝表示會結婚。有些島民會避開這種迷信，因為傳說有人看到棺材，不久之後就死了。

塔羅牌的食物替代品

占卜未來很有趣，直到有人因此遭到逮捕。令人意外的是，在 1930 年代紐約市的靈媒茶館，這種事屢見不鮮。警方進行臥底行動，突擊占卜師收費解讀茶葉。1931 年，《紐約時報》的一篇社論指控這些大多服務女性顧客的靈媒，由於她們驚人的預言，引發了「一波女性憂鬱症風潮」。不過茶葉只是食物預言熱鬧登場的序幕而已：茶葉解讀師遭到追捕，但是洋蔥神諭者和椰子先知還在自由橫行。

蘋果

幾個世紀以來，蘋果被用來預測愛情——1714 年，有一首英文詩描述一名鄉村少女把蘋果皮扔向頭頂上方，而且很開心看到它形成 L 字型，因為她愛上的牧羊人叫做魯柏金（Lubberkin）。在歐洲及中東，蘋果長期以來都是女性生育力及青春的神話象徵。把蘋果皮從肩上向後扔，依然是預測戀愛對象首字母的常用方法，不過你也可以在削皮時背誦字母，當皮削斷時就停下來。如果要做更詳盡的預言，這時蘋果籽就能派上用場了。假如你在兩個情人之間難以抉擇，拿兩顆種子，分別代表這兩人。把種子沾濕，然後黏在你的臉上。看最後剩下哪一顆，那個就是你的真愛。

椰子

椰子最適合用來回答是非題。奧比（Obeah）算命術是一種西非占卜法，算命師的手中會拿四塊椰子，一面是殼，另一面是果肉。在針對提出的問題快速祝禱後，把椰子塊像骰子一樣扔到地面上。四塊都是白色朝上，代表最堅決的肯定答案。四塊都是深色面朝上，那就是絕對不行，這同時暗示問事者需要一些深層的心靈淨化。一半一半的話表示肯定，三塊白色是或許，三塊深色是否定。在優魯巴（Yoruba）文化，可樂果（kola nut）是原始的占卜工具，不過在大移居之後，椰子取代了這種不容易找到的堅果，現在大家普遍接受這種熱帶水果做為神明的傳聲筒。

腹響卜

腹響卜（gastromancy）算是受歡迎的古希臘占卜術，方法是傾聽人類肚子的咕嚕聲，據說那是在肚子居住的亡者所發出的聲音。這些神祕肚子的管理人會解讀聲音，除了預測未來，也用它們來和死者溝通。這是熱門的晚餐後活動，甚至連肚皮上的疤痕都會被視為線索。皮提亞（Pythia），或者更廣為人知的名字是德爾菲神諭使者（Oracle of Delphi），是最早使用腹響卜算的預言者之一，她最出名的是透過自己的腹部和阿波羅溝通。在中世紀，這種方式被視為是一種巫術。到了 18 世紀，大家知道了這些腹部預言家原來是世上的腹語術表演先驅，藉由操控腹部來傳出聲音。當他們的靈性可信度蕩然無存後，他們便直接將腹語表演搬上了舞台。

洋蔥

洋蔥和快速長出的嫩芽，是古歐洲、非洲及西伯利亞占卜的最佳工具。想探究某個人的靈魂深處，你必須把對方的名字刻在一顆洋蔥上面，然後把它放在祭壇上。發芽是一種正向的回應：快速發芽的洋蔥可能表示那個人很開心、健康，或是適合婚姻，要視問題而定。德國有一項傳統，你可以拿 12 片洋蔥，每片代表一個月份，把它們攤在桌面上，每一片上面放一顆鹽巴。到了第二天早上，有最多液體的洋蔥片預示那個月會下最多的雨。

路邊的春藥小販

潘趣小販 • 牙買加 --- PUNCH MEN · JAMAICA

想像融化冰淇淋的口感，加上鹹味海藻，喝一大口這種黏稠的液體，然後問你自己：「我很性感嗎？」牙買加男性的答案是肯定的。

在這座島上，潘趣小販會沿著路邊販賣液體春藥。引發性慾的靈丹妙藥主要是一種紅色海藻，叫做鹿角菜（Irish moss），它的賣點是能滋潤肌膚，復甦心靈，而且最重要的是增強性慾。要調製這種飲品，潘趣小販要清洗鹿角菜，然後熬煮，讓它釋放出一種叫做鹿角菜膠的萃取物。這是天然的增稠劑，乳製品商經常把它添加到優格裡。鹿角菜膠為這種飲料帶來特有的黏稠口感，牛奶、香草、肉桂和豆蔻則增添這種飲料的風味。要先把它放涼，才能給那些想在臥室裡尋求表現的男士（以及一些女士）。

紅色海藻是愛爾蘭原生物種，富含營養成分，有 10% 是蛋白質，15% 是礦物質。1800 年代中葉，在愛爾蘭馬鈴薯飢荒的時期，這種海藻幫助滋養這個國家挨餓的人民。愛爾蘭人移民到牙買加，把他們的神奇海藻也帶來了，現在生長在島嶼的岩石上。

How to try it

鹿角菜在咖啡館和酒吧都買得到。最近在市面上也販售罐裝，取名「大棒子」，以免有人不清楚它的功效。

加工復活節乳酪抹醬

美味乳酪 • 牙買加 --- TASTEE CHEESE · JAMAICA

製作牙買加「美味乳酪」需要什麼呢？——紐西蘭切達起司。

方特拉（Fonterra）乳製品公司（前身是紐西蘭乳製品公司）把起司研磨、殺菌及裝罐，然後才運到牙買加。儘管有大約 10,500 家紐西蘭乳製品農場提供原料，「美味乳酪」是牙買加的產物無誤，裡頭會添加各種風味，例如煙燻香料（jerk，一種加勒比海地區綜合香料），以及 Solomon Gundy（一種牙買加醃漬魚類抹醬）。

美味乳酪也是經典的牙買加復活節美食，圓麵包夾乳酪的雙重元素之一。這是英式復活節十字麵包的牙買加改良版，將美味乳酪抹在牙買加香料麵包裡。當地人將食譜做點變化，把麵團揉成條狀，蜂蜜換成糖蜜，然後添加果乾。

How to try it

「美味乳酪」在牙買加的商店、麵包店和咖啡館都買得到。其他地方就比較難找到了，不過在美國、英國及其他加勒比海群島都有販售。

海盜做的海盜版雞肉料理

煙燻雞 • 馬丁尼克 ------------------------------ POULET BOUCANÉ · MARTINIQUE

17 及 18 世紀期間，馬丁尼克島上戰火連連。法國人帶著一船又一船擄獲來當奴隸的非洲人抵達，毫不留情地開戰，要把原住民加勒比人（Carib）趕走，在這片土地上種植甘蔗。接著海盜也加入大戰，劫掠前來島上的歐洲船隻。1717 年，在馬丁尼克近海，海盜黑鬍子（Blackbeard）奪下一艘法國奴隸船，後來成了他惡名昭彰的海盜船旗艦：安妮女王復仇號（Queen Anne's Revenge）。

早在法國人還不知道馬提丁克島的存在時，島上的原住民便練就了煙燻及保存食物的技術，通常會用到鹽、木材及香料植物。這群入侵者改良這種方法，煙燻雞就此誕生了。

How to try it

想吃到煙燻雞，找冒煙的烤肉攤就對了。它幾乎總是搭配狗醬（sauce chien）一起吃。這種醬料混合了荷蘭芹、細香蔥和辣椒，名稱來自法國的俗語：avoir du chien，意思是獲得勇氣。

先將全雞長時間浸泡在洋蔥、大蒜、辣椒、萊姆汁、百里香和油裡，晾乾之後放進煙燻桶（通常是將鐵桶從中間縱切開而成）裡。廚師會把燃燒的甘蔗放在鐵桶底部，再把全雞放在中間的鐵網上，然後蓋上鐵桶，讓煙燻發揮作用。最後的成果是軟嫩多汁又帶草本香氣的燻雞，可以帶著進行漫長又嚴酷的戰役遠征，或者就拿來當午餐吃。

加勒比海別無分號的披薩船

披薩派 · 美屬維京群島聖湯瑪斯島 ·············· PIZZA PI · ST. THOMAS, US VIRGIN ISLANDS

美屬維京群島評價最高、最受喜愛的餐廳之一，並沒有正式的地址，而且最好是包船、小艇或者游泳過去。這家叫做披薩派（PiZZA Pi）的水上披薩屋是加勒比海地區唯一的餐船，船上有營業用廚房，能做出紐約風味的披薩。餐船透過船上無線電、電話或電子郵件接受點餐，但是取餐就有點麻煩了，因為船隻停泊在聖湯瑪斯島的耶誕灣（Christmas Cove），距離岸邊約 1.6 公里。

披薩派的創辦人是一對美國夫婦：沙夏·布宜斯（Sasha Bouis），麻省理工學院畢業的機械工程師轉職船長，以及從教師變成得獎遊艇大廚的塔拉（Tara）。他們花了兩年時間整修一艘廢船，加裝雙層磚造披薩烤爐、排油煙機、製水系統以及太陽能板。2018 年，沙夏和塔拉把披薩船賣給海瑟及布萊恩·山謬森（Heather and Brian Samelson），這對移民夫妻的女兒在披薩派工作。一整天不斷有船隻開到海上披薩屋旁，繫泊之後，享用剛從廚房送餐口遞出來的現烤披薩。餐船也有小艇能提供外送服務，偶爾有泳客上門時，小艇也能兼做小型的用餐區。

How to try it

披薩派繫泊的地點在聖湯瑪斯島東邊的耶誕灣岸邊，營業時間是每天早上 11 點到下午 6 點。預定餐點要撥打 +1-340-643-4674，或是透過海上無線電 VHF 16 頻道。

376

How to try it

「白色小屋」（La Casita Blanca）是一家溫馨的餐館，位在聖胡安（San Juan）的一幢白色小屋裡。如果顧客夠聰明，懂得開口要鍋巴的話，他們就會提供給你。

有技巧的鍋巴

鍋巴 • 波多黎各 --- PEGAO · PUERTO RICO

在波多黎各，把飯燒焦是一門藝術。

Pegao 的意思是沾黏，因為米飯要黏在一種叫做 caldero 的鑄鋁鍋鍋底。波多黎各的主廚荷西·山塔拉（Jose Santaella）寫了一本料理書《熱帶廚房》（*Cocina Tropical*），內容有一整頁專門討論這層酥脆的鍋巴：「米飯、鍋子、方法和最後工序都非常重要。」這種料理方式包括把飯煮熟後，有技巧地在最後幾分鐘把火開大來烤焦鍋底。最後這道工序很難做得恰到好處，因為你沒辦法看到鍋底的狀況。讓米飯有嚼勁、帶堅果香又酥脆，和帶出焦苦刺鼻的味道之間，只有一線之隔。這個技巧需要練習、嗅覺靈敏，還要熟悉鍋子和爐具。

在波多黎各，共享一鍋白米飯是有規矩的。用餐者要挖一杓上層的鬆軟米飯，再刮兩塊鍋巴放在白飯上。這種比例不能搞錯：你只能舀一、兩口，再多就會被當作失禮了。

鍋巴 guoba

鍋巴泡飯 nurungji soup

席捲全球的鍋巴魅力

幾乎每一種米食文化都發現了把穀物烤焦的美味魔力。多明尼加人把它叫做 concon，用經過養鍋處理的鋁鍋煮飯。在哥斯大黎加，這個用語是一種酥脆的擬聲字：corroncho。在哥倫比亞，大家熱愛 cucayo，因此巴蘭基亞（Barranquilla）有一家專賣這種酥脆米飯的餐廳。1973 年，有一首秘魯歌曲叫做《烤焦的飯》（Arroz con Concolón），至今仍然廣為流傳。

在地球的另一端，鍋巴和亞洲料理傳統息息相關。韓式料理石鍋拌飯通常以一種叫做 dolsot（돌솥）的熱石鍋盛裝，在餐桌上燒烤米飯。在中國，鍋巴是萬用的脆米塊，是國民零食，也是許多料理的澱粉基底，其中最受歡迎的就是糖醋蝦了。鍋巴是傳統日本懷石料理之中重要的一環，這種焦香的米飯會泡在開水、湯或茶裡。

波斯人把鍋巴做成豪華大餐──穀物在鍋裡烤出金黃酥脆的底層，叫做 tahdig，接著整個翻轉盛裝在盤子裡，看起來像一塊米餅。伊拉克人把這一整塊鍋巴掰成小片，比較容易分食。

接著是國際巨星「西班牙海鮮飯」，它的鍋巴是在上桌前，開大火精心料理，烤出焦糖化的酥脆外層。

韓式石鍋拌飯 bibimbap

日式鍋巴 okoge

西班牙海鮮飯 paella

波斯鍋巴 tahdig

How to try it

棕醬是許多廣受歡迎的菜色基底，例如當地的米食料理 pelau、燉牛尾、豆飯，還有黑蛋糕。假如你懶得自己把糖焦糖化，市面上也有許多品牌可選，例如 Uncle Panks 和 Grace Browning，這些都一樣合用。

加勒比海料理的祕密醬汁

棕醬 • 千里達及托巴哥 ----------- BROWNING · TRINIDAD AND TOBAGO

在千里達及托巴哥，大部分的料理都從一種叫做棕醬（browning）的東西開始，這是當地料理繁複口味背後罕為人知的祕密。你可以買到瓶裝棕醬，但是在加勒比海地區的廚房裡很少看到它的蹤影，因為要自製很簡單。

先熱油，再放入紅糖，然後就慢慢地——沒錯，熬成棕色的。糖和油一起熬煮幾分鐘，變成咖啡色之後，千里達的廚師會拿它做出千變萬化的運用。先把大塊的肉和這種黏稠的醬汁拌炒，再做成燉肉，或者也可以把棕醬加入蛋糕麵糊裡，增添一種淡淡的特殊太妃糖口味。棕醬很簡單卻不可少，是千里達及托巴哥料理的獨特風味。深焦糖風味不僅平衡了通常香辣又濃郁的料理，也讓口味更添層次。

豆飯的祕密食材經常是棕醬。

千里達經典料理

紅索羅、印度烤餅以及雙份 • 千里達及托巴哥 ----------- RED SOLO, ROTI, AND DOUBLES · TRINIDAD AND TOBAGO

How to try it

每個當地人都有自己最愛的店，不過可試試「阿米安的烤餅王」（Amin's The Buss Up Shut King）或「夢那印度烤餅店」（Mona's Roti Shop），你能看到他們手作麵餅。雙份的話，你可以下載「Trinidad & Tobago Doubles Director」應用程式，裡面有超過 400 家雙份餐館。點餐時別忘了，雙份總是複數，就算點一份，也要點一個雙份。

從 1845 年起，有超過 10 萬名印度人移居千里達當契約勞工，約滿之後，許多人決定留在這座島上。印度風味很快就融入了當地料理。印度烤餅和雙份是島上最具代表性的兩道料理，搭配由一名契約移工之子發明的汽水，這就成了思鄉的千里達人口中能讓他們一秒回到島上的餐點。

印度烤餅（roti）在印地語是麵包的意思，在這裡添加了一點加勒比海風味，當地人把它叫做 Buss Up Shut，因為烤餅在淺鍋裡被撕成碎片，拿來沾咖哩吃，看起來就像一件破舊的襯衫。達爾普里（dhalpuri）是另一種型態的烤餅，食用方法像墨西哥口袋餅，裡面填塞磨碎的乾豌豆瓣泥。然後還有「雙份」，也就是兩片叫做巴拉斯（baras）的油炸麵餅夾咖哩鷹嘴豆、大量水果及辣椒調味果醬。這些印度千里達菜色要當早、中、晚餐都可以，尤其適合宵夜和週六一大早。

要吃印度烤餅和雙份，絕對少不了當地人稱為紅索羅的飲料。這種超甜的汽水是以草本酸模植物製成，有些人把它的味道比作奇異果或酸野草莓。想嘗試真正的千里達體驗，紅索羅一定要冰得涼透，而且用玻璃瓶喝。

飲食先驅

約瑟夫・查爾斯

JOSEPH CHARLES（1910–1965）
（瑟拉德・馬克馬迪恩 SERJAD MAKMADEEN）

說到千里達人最愛的紅索羅汽水（Red Solo）的故事，就要從一個名叫瑟拉德・馬克馬迪恩的印度加勒比海混血年輕男孩開始講起。他是家裡八個小孩的老么，10 歲就不念書了，幫忙賺錢養家。在青少年時期，他很快成為當地麵包店最厲害的店員。這個年輕的創業家知道要先花錢才能賺到錢，於是提出買 12 條或以上的麵包，就免費送一條。多年後，他借了 250 美元，再加上他存的錢，買下同街的一間小型手搖汽水工廠。在妻子的協助下，他開始熬煮少量糖漿，手工填充二氧化碳製造汽水。他開始跟買麵包的顧客推銷汽水，結果大為成功。他同時也寫信給英國的軟性飲料製造商，詢問要如何讓剛起步的生意發揮更大的效益。他的信全都石沉大海。某天他靈感乍現，又開始寫信，這一次用的是英文假名，約瑟夫・查爾斯。來自英國的建議開始陸續出現了。生意持續有起色，但是二次世界大戰導致瓶罐短缺，生產速度面臨威脅。剛獲得新名字

的約瑟夫・查爾斯聽說有一家位於蒙特婁的汽水公司準備關門大吉，正在出清所有的設備。他沒先看貨就買下他們的汽水瓶，貨物運抵千里達時，上面已經印著索羅的名稱，還有一名飛行員和一架飛機的圖案。查爾斯於是又做出大膽之舉。他占用了這個現成的標誌，把這個名稱給了他自己一手打造的汽水。距離加拿大 3,219 公里之外，在查爾斯的指示下，索羅這個商標得到重生的機會。

查爾斯在 1965 年辭世，事業由他的兒子們接手，這時幾乎每個當地人都知道這句耳熟能詳的廣告詞「印度烤餅和紅索羅」。這種櫻桃紅的甜味飲料找到完美的另一半：香辣又美味的印度烤餅和雙份，在千里達及托巴哥的文化字彙中掙得一席之地。許多島民相信，千里達的速食要是少了這種汽水就不完整了。這種裝在厚重玻璃瓶裡的汽水是由那位大膽又固執的創業家親手打造，他克服了那個知識淺陋的童年、公然的種族歧視，以及 20 年叫賣麵包的人生，打造了一個汽水帝國。

西班牙港（Port of Spain）哈特夏普（Hott Shoppe）的雞肉印度烤餅。

How to try it

麵包果沙拉很像美國的馬鈴薯沙拉，是千里達的餐廳裡深受喜愛的配菜。麵包果在加勒比地區很便宜，在海外的身價水漲船高，最好是在當地品嘗。

英國皇家海軍邦蒂號的失物

麵包果 • 千里達及托巴哥 .... BREADFRUIT · TRINIDAD AND TOBAGO

1787 年，威廉·布萊（William Bligh）船長帶著一項指令，離開英國前往大溪地。他的任務是採集麵包果，這種果實有麵包的口感及馬鈴薯的味道。皇家學會推選這種綠色水果，做為遠在西印度群島數千名非洲奴隸的理想廉價食物。布萊的船就是惡名昭彰的英國皇家海軍邦蒂號（HMS *Bounty*），在海上航行了漫長的 10 個月，接著在大溪地待了五個月的時間，採集麵包果。當船隻終於啟程航向西印度群島，指揮官的船艙塞滿了 1,015 株麵包果樹。

任何熟知《叛船艦喋血記》（*Mutiny on the Bounty*）這本小說或其改編電影的人都知道，情況從此急轉直下。大約在大溪地以西 2,092 公里處，船員群起叛變，對抗船長。

大家對布萊的印象是殘酷又自負，因此通常把這場起義怪到他的性格頭上。不過這群人也很想念大溪地的島居生活，而且據說還有船員出現脫水的情況，因為布萊把水都拿去澆他的麵包樹了。布萊和少數幾位忠誠的追隨者被趕上小船遭到放逐，反叛者也對他們自負的船長珍藏的麵包果大感不滿，將它們全都扔進海裡。

當布萊抵達帝汶島，距離他遭逐的地點有 5,794 公里遠時，他設法回到了英格蘭。1971 年，他不氣餒地再次遠征到大溪地，採集麵包果幼苗，成功送到加勒比海群島。但是結果沒人喜歡麵包果。奴隸工人比較喜歡香蕉和大蕉，麵包果大多拿去餵豬了。

後來麵包果成了島上最受喜愛的主要澱粉，食用方法和馬鈴薯差不多。布萊的植物衍生的許多樹至今依然矗立在加勒比海群島。下次你在島上用餐時，它們的後代很可能就成了你的盤中飧。

▸南美洲

▸ SOUTH AMERICA

一整頭牛

烤全牛 • 阿根廷 ┈┈┈┈┈┈┈┈┈┈┈┈ VACA ENTERA · ARGENTINA

在阿根廷，牛肉代表一種生活風格，沿著任何一條街道走，你都會遇到烤肉大廚（parillero）叫賣現烤牛排和其他頂級肉品。這個國家對牛肉如此熱中，難怪會把新鮮現宰的整頭牛懸掛在明火上方燒烤。

烤全牛的第一步是準備超大烤架。12 個人把龐大無比的牛抬放到設備裡，先綁緊，然後在火坑的四個角落點燃四把柴火。整個過程要 24 個小時，前面 12 個小時的重點在控制火侯。烤肉主廚通常要到進入下半場的時候才會去碰那頭牛，他們必須使出渾身解數，靠人力轉動烤籠，就像旋轉烤肉架那樣。這時高溫的油脂從烤肉滴落，火勢熊熊，金屬烤網燒得滾燙，你會需要專心、力氣和技巧才有辦法應付。

烤全牛要準備的材料不多：一頭對半剖開的牛，加上 0.45 公斤的鹽。有 3.78 公升阿根廷青醬（chimichurri）的話也不錯，但不是絕對必要。食材以外的設備就比較複雜了：兩捆木材，也就是堆疊成 4.9×1.2×1.2 公尺的圓木；固定在混凝土的滑輪組；雙面桁架；三公尺的波浪金屬板，像大片錫箔紙那樣遮蓋烤牛。最後而且可能也是最難的部分是，烤全牛需要 12 個忠心又健壯的失眠患者，願意徹夜等待，並且驅趕成群結隊的野狐狸，還要照顧熊熊火堆，而這一切都是出自對牛肉的熱愛。

How to try it

布宜諾斯艾利斯西北邊的「Los Talas del Entrerriano」是當地人最愛的鄉村風味牛排屋，你可以在等待餐點的同時欣賞烤全牛。

世界僅此一家的冰河冰塊酒吧

冰河酒吧 • 阿根廷 ┈┈┈┈┈┈┈┈┈┈┈ GLACIOBAR · ARGENTINA

阿根廷的卡拉法提市（El Calafate）是前往冰河國家公園（Los Glaciares National Park）的閘口。這座公園是健行及登山的熱門地點，有多樣化的冰河，包括 250 平方公里的莫雷諾冰河（Perito Moreno）。想對冰河有進一步認識的人，可以造訪冰河研究中心（Glaciarium），這裡有多媒體展覽，說明冰是如何形成，以及冰河是如何移動並塑造周遭的環境。假如這些聽起來有點太嚴肅，冰河研究中心也是冰河酒吧的所在地，這是全世界唯一完全以冰河的冰打造的酒吧。

冰河酒吧超級冷，你要穿上他們提供的披風、手套和靴子才能進去。裡面的每樣東西都是以冰打造的，包括座椅、桌子和玻璃杯。就算有適當的穿著，你也只能待上 20 分鐘，剛好夠你在冰凍的沙發上喝完一杯雞尾酒。

How to try it

冰河研究中心的門票要 480 阿根廷披索，大約 11 美元；進入冰河酒吧要另收 300 披索，大約 7 美元，這包括一杯飲料和租用保暖衣物的費用。

How to try it

從波托西市中心花一美元搭計程車到「多納尤吉尼亞」（Doña Eugenia）火山湯餐廳，當地人會來這裡喝一碗冒著熱氣的火山湯當早餐。一碗湯通常要價 35 玻利維亞諾，大約五美元，而且一定要搭配一杯黑麥芽早餐啤酒。

火山岩湯

火山湯 • 玻利維亞 --- K'ALAPURKA · BOLIVIA

里科山（Cerro Rico）的意思是「富山」，位在波托西市（Potosí），銀礦產量曾經高達全世界的 80%。在 16 到 18 世紀，這筆財富成為西班牙帝國的金援。這份大禮是許多人命換來的，幾十萬名礦工，主要是秘魯原住民及非洲奴隸，在疾病猖獗又危險的礦坑裡死去。他們在進去變幻莫測的惡劣環境之前，經常喝一碗火山湯（k'alapurka）當早餐。

這碗豐盛又熱騰騰的湯能撫慰人心。把陶碗端上桌，將一塊在桌邊燒得滾燙的火山岩丟進黃色玉米粉濃湯裡。加入石塊之後，湯碗裡便熱氣蒸騰地泛出波紋並激烈地咕嘟冒泡。里科山還沒成為全世界最大的銀礦之前，原本是一座火山，這些湯使用的石頭就是從那個古老的石塊鑿下來的。

許多遊客認為火山湯是玻利維亞最美味的料理。它又甜又香，加了辣椒、奧勒岡葉、辣椒醬、香氣十足的恰恰克馬葉（chachacoma）。馬鈴薯、蔬菜和鹹肉（通常是牛肉乾或炒豬肉）讓辣味變得溫和，也增加湯的飽足感。這種湯和 3,962 公尺的高海拔、強風及低溫是完美的搭配，它蘊含著一段暗黑歷史，卻又美味無比。

太陽島的悠閒晚餐

燭光餐廳 • 玻利維亞 --- LAS VELAS · BOLIVIA

太陽島（Isla del Sol）坐落在南美洲最大淡水湖泊的的喀喀湖（Lake Titicaca）中央，街道上沒有任何機動車輛，一切都要靠自己的雙腿。燭光餐廳位在一座岩峰上，從南邊碼頭過去要走 30 分鐘，上坡穿越一處尤加利樹林。就在你認為自己可能迷路時，眼前豁然開朗，出現美得驚人的湖光水色，這表示你已經抵達目的地了。

一頭太陽島上的駱馬，正眺望著的的喀喀湖。

燭光餐廳是一間茅草屋頂的小木屋,由主廚帕布羅(Chef Pablo)和他的妻子經營,店裡沒有電力。白天時,帕布羅會利用天光做菜,到了晚上,他便點起蠟燭,有時會戴上頭燈。這裡的招牌菜是藜麥佐烤鱒魚,魚是從下方的湖裡捕來的。帕布羅使用柴火爐灶,自己一個人做菜。他都是點餐之後親手料理一切,所以顧客要有待上兩、三個小時的心理準備。餐廳提供玻利維亞葡萄酒和撲克牌供消遣,不過欣賞風景就夠你消磨時間了:的的喀喀湖在白天呈現水藍色,到了晚上則是一片漆黑,閃爍著銀光。你不難看出它為何是印創世加神話的背景,據說太陽神就是出生在這座島上,第一批印加人隨後而至。

How to try it

燭光餐廳每天早上9點營業到晚上10點半,但是別忘了島民的時間觀念可能會有些隨興。大多數人都是徒步前往,不過你也可能租得到驢子。

農夫在高地利用天然的方式,冷凍乾燥馬鈴薯。

全世界最早出現的冷凍乾燥食品

馬鈴薯乾 • 玻利維亞 ————————————————— CHUÑOS · BOLIVIA

冷凍乾燥是一種食物保存技術,因為美國太空總署(NASA)的使用而聲名大噪。據說這種技術是1906年在一家巴黎的實驗室所發明。不過要是在安地斯高地提起這件事,就會有人糾正你,因為在這些地區,人們冷凍乾燥馬鈴薯的歷史已經有上千年了。

這些馬鈴薯乾在當地叫做 chuños,是拿現採的新鮮馬鈴薯製成的。農夫把這些馬鈴薯放在戶外幾個晚上,在冰凍的山區氣溫下結霜為止。在比較暖和的白天時段,農夫用腳踩踏馬鈴薯,把它們踩扁,盡可能擠出裡頭的汁液。

這個程序要進行好幾天,白天踩踏,晚上再冰凍,直到馬鈴薯準備好要進行徹底脫水了。如果放在太陽底下,它會變成黑馬鈴薯乾。如果清洗後放在外面乾燥,但是避免太陽曝曬,它就成了白馬鈴薯乾。

馬鈴薯乾可以保存多年不會變質。這是安地斯嚴酷氣候下的天賜寶物,你可以拿來煮湯,或是磨成粉做為烘焙用途。有些人把這種能夠長期保存的馬鈴薯說得天花亂墜,表示能在乾旱或荒年時期拿來餵飽許多人。在前哥倫布時期,太空人需要可攜式餐點之前的數百年,印加軍隊就看著這種全世界最先出現的冷凍乾燥食物,活力滿滿地大步走向戰場。

How to try it

馬鈴薯乾在六月及七月製造,因為這段期間的日夜溫差最大,不過在市場及餐廳,全年都買得到。它能搭配玻利維亞的傳統料理燉雞肉(sajta),或是煮成黑色馬鈴薯湯。

神奇之地

拉巴斯
LA PAZ

搭機前往拉巴斯會是你永生難忘的經驗。這座城市位於安地斯山脈，山頭長年積雪的高聳山脈之間。拉巴斯是全世界地理位置最高的首都城市，它的國際機場也是。磚造建築攀附在懸崖邊緣，往下延展到一處盆地。下面的氣候較宜人，在那裡能找到色彩繽紛的市場、街頭攤販，還有無數的餐廳，讓大部分的遊客喜出望外。以下是拉巴斯的必吃清單：

焗餡餅
Salteñas

玻利維亞到處都有賣焗餡餅，不過在拉巴斯，這是傳統的上午點心。它介於餡餅和湯餃之間，是半月形的酥皮點心，內餡是肉類加馬鈴薯，用橄欖和葡萄乾調味，還有飽滿的醬汁。不想吃得太狼狽的話，先在上面咬一口，把醬汁吸乾。

裘拉三明治
Sanduíche de chola

是拉巴斯的招牌三明治，以慢火料理的脆皮豬肉搭配醃漬洋蔥和辣椒醬。這個名稱是取自販售三明治的艾馬拉原住民婦女（cholitas），其中最厲害的攤販在同一個地點賣同樣的三明治，已經有半世紀之久。這種三明治用的橢圓形麵包口感鬆脆，叫做馬拉各塔（marraqueta），也是拉巴斯的特產之一。

海產
Seafood

拉巴斯擁有豐富的海產，因為的的喀喀湖就在北方約 80 公里之外。和其他城市不同的是，這裡的焗餡餅是鮮蝦和各式魚類口味，酸醃海鮮新鮮又多元。在湖裡有一種叫做艾氏山鱂的小魚，可以酥炸後整條吃下去。

花生醬
Llajwa de mani

Llajwa de mani 是罕為人知的花生醬，值得被大大推廣，因為它使用的花生源自於古代的玻利維亞。這種濃郁、香辣又帶蒜香的花生醬，會被塗在隨處可見的街頭小吃串烤牛心（anticuchos）上——對於想嘗試內臟料理的人，這種烤肉串是最佳入門選擇。

巴西的葡萄酒教堂

雪地聖母教堂 • 巴西 ········· CAPELA NOSSA SENHORA DAS NEVES · BRAZIL

雪地聖母教堂坐落在巴西釀酒區的中心，是一座以葡萄酒建造而成的不起眼小型古老建築。1800 年代末期，義大利移民打造了巴西的葡萄園谷（Vale de Vinhedos），像在義大利家鄉一樣，開始種植葡萄及釀酒。1904 年，20 個當地家庭開始建造雪地聖母教堂，但是一場嚴重的乾旱來襲，拖慢了他們的進度。由於缺水，他們決定動用他們的葡萄酒庫存。每個家庭貢獻 300 公升，拿來揉製黏土和麥稈，做成灰泥漿，教堂於是在 1907 年完工。這教堂的外觀也在向不尋常的建材致敬，包括外部油漆的酒紅色色

當教堂建造的進度因旱災而停滯時，居民使用葡萄酒調製灰泥漿。

調，以及用葡萄酒木桶製成的祭壇。現在葡萄酒教堂已經不再舉行儀式，處於整修階段，不過依然歡迎訪客前往參觀。

How to try it

葡萄酒教堂位在南方小鎮本圖貢薩爾維斯（Bento Gonçalves），這裡是巴西的葡萄酒釀造及義大利移民中心。

可可風味濃郁的親戚

古布阿蘇 • 巴西 ································· CUPUAÇU · BRAZIL

古布阿蘇的名氣雖然不如它的親戚，也就是製造巧克力的原料可可來得高，不過它也自有用處。這種橢圓形的大果實成熟時，在樹上便散發出濃郁的熱帶氣味，混合了鳳梨、巧克力，有些人還說有口香糖的香氣。在堅硬的棕色外殼底下，它的味道甚至更複雜。大家喜歡用梨子、香蕉、椰子和巧克力來形容。

古布阿蘇和可可也有些異曲同工之處。它的種子壓榨出來的果油富含脂肪酸，和可可脂有類似的黏稠度，塗抹在頭髮、嘴唇和皮膚上，具有天然保濕、防曬及抗發炎的效果。研究顯示，這種富含抗氧化成分的水果對免疫系統有幫助，攝取之後也能降低血壓。

最近這種生長快速的叢林果實受到全新的關注，成為巴西莓（acai）的強力競爭者，取代它登上巴西超級水果的寶座。科學家發現在抗氧化、維生素及價格方面，古布阿蘇確實勝過熱門的巴西莓。

How to try it

除了亞馬遜叢林外，你可以在亞馬遜網站買到古布阿蘇的整顆果實、膠囊、粉末、飲料和果油。

How to try it

港口城市聖多斯
（Santos）在聖保羅
（São Paulo）以南 70
公里處，可以搭飛機、
巴士及開車前往。

咖啡版的紐約證券交易所

咖啡交易所 ● 巴西 ------------------------------ BOLSA OFFICIAL DE CAFÉ · BRAZIL

在 20 世紀初期，咖啡是巴西的主要出口商品，而交易就是在官方咖啡交易所
進行的。

這棟富麗堂皇的建築建造於 1922 年，咖啡產業的巨頭在這裡協調咖啡的價
碼。要參加這種討論，咖啡商要先買一個席次，要價可能和買房一樣貴。交
易所在 1960 年代結束營業，不過在那之前，這裡是巴西的金融樞紐。

咖啡帶來的財富在這座壯麗的殿堂顯露無遺。建築上方有一座 39 公尺高的鐘
塔，農業女神席瑞絲（Ceres）及商業之神墨丘利（Mercury）在入口的兩
側眺望遠方。奢華風格延續到室內，有寬廣的彩繪玻璃天花板、大理石地板，
交易室裡還有一張藍花楹木會議桌。

食物貨幣
Food Currencies

把培根帶回家，製作切達起司，賺得大量蛤蜊

2014 年，俄國農夫米蓋爾·席亞普尼科夫（Mikhail Shlyapnikov）提出申請，
要設計、印製及使用他自己發明的貨幣，叫做柯里昂（kolion），貨幣價值將隨
著馬鈴薯的價格連動。一柯里昂的價值等同 10 公斤馬鈴薯，能在他的鄉村農耕區
用來交易商品。他的小鎮很難取得盧布，以馬鈴薯為本的貨幣能阻絕外部的經濟
動盪。雖然莫斯科法院否決了席亞普尼科夫的申請，最後宣判他的柯里昂不合法，
歷史依然讚許這位農夫的創意。幾世紀以來，食物也兼具廣為接受又有效率的貨幣
角色，因為它有與生俱來的價值、相對的穩定性，以及在市場受到重創時，讓人們
活下去的能力。

巧克力

在阿茲特克人統治中美
洲的時期，可可被視為
一種屬靈、甚至是神祕
的東西。馬雅人種植這
種植物數百年，拿可可
豆和新來的阿茲特克人
交易，結果他們愛上
了可可。征服馬雅人，
拿走了他們的可可豆。
阿茲特克人想要更多，
他們要求以可可繳稅，
以這種神奇作物為單位
來制訂商品的價格。在
1500 年代，一隻火雞價
值 200 顆可可豆，一個
火雞蛋是三顆可可豆。

胡椒粒

在羅馬帝國時期，胡椒是珍貴的商
品，貴重到要把它儲藏在金庫裡。
羅馬帝國滅亡之後，這座城市的侵
略者，包括匈奴王阿提拉（Attila
the Hun），都要求贖金要以胡椒
支付，而不是黃金。

現在這棟建築成了咖啡博物館，根據館方的資料，當初把咖啡帶到巴西的男子是法蘭西斯柯·梅羅帕爾塔（Francisco de Melo Palheta）。帕爾塔是在巴西陸軍服役的葡萄牙中校，在 1727 年被派駐到法屬圭亞那，名義上是要去平息法國及荷蘭僑民之間的一項土地糾紛，而真正的任務是把咖啡樹帶回去。

法國官員拒絕分享這種珍貴的作物。這個流傳 300 年的故事下文是，帕爾塔色誘那位官員之妻，在他離開圭亞那的前夕，她送了一束花給他，裡面夾帶著咖啡樹的枝條。

這棟建築曾經只對富有的咖啡產業鉅子開放。

帕馬森起司

在義大利要取得貸款不容易，不過要是你剛好有一大塊用不到的輪狀帕馬森乾酪，你的機會就會高出許多。義大利的一家地方銀行，艾米利亞諾信用（Credito Emiliano），當地人稱為克里登銀行（Credem），自從 1953 年起便接受以輪狀起司作為貸款的抵押品。根據最近一次的盤點，銀行一共擁有 36 萬顆輪狀起司，堆疊了 20 層高。克里登對每筆貸款收取 2% 到 3% 的利息，依起司的品質而定，再加上起司保險箱的管理費。他們會像起司製造商一樣照料這些起司，溫柔地清理並輪流轉動他們的投資。

茶磚

從 9 到 20 世紀，超過 1,000 年的期間，壓製的茶磚一直是亞洲部分地區愛用的貨幣。磨碎或完整的茶葉壓實成各種大小，使用香草植物增添風味；偶爾也會添加動物糞肥，避免散開。茶磚會蓋印價值的戳章，這和它本身的品質有關。在西藏，馬匹和長劍的價格是以茶磚為單位。在中國，你可以用茶葉向皇帝繳稅。

非洲馬鈴薯搗碎器

在現在的喀麥隆地區，巴非亞人（Bafia）使用罕見又笨重的鐵製馬鈴薯搗碎器，叫做因蘇巴（ensuba）。它重達五公斤左右，作用是在重要的交易中增添一些「分量」。在 19 世紀，一個巴非亞妻子價值約 30 支馬鈴薯搗碎器。

身穿傳統服飾的巴伊亞女子替炸黑眼豆餡餅填料。

巴伊亞最鬆軟的炸黑眼豆餡餅

希拉餐廳 • 巴西 ------------------------------------- ACARAJÉ DA CIRA · BRAZIL

許多遊客造訪薩爾瓦多時,第一站就是巴西炸黑眼豆餡餅的終極目的地「希拉餐廳」。

跑這一趟不容易,餐廳在城市以南八公里處,要搭半小時的當地公車前往。不過一旦到了那裡,你會看到有巴伊亞娜(baiana)婦女穿戴傳統裙裝和頭飾,照料許多露天擺設的精緻銀鍋。

你就像其他飢腸轆轆的人一樣,都是來這裡吃炸黑眼豆餡餅。這種炸豆餅是以黑眼豆做成,那些銀鍋裡盛裝的是各式美味餡料。製作黑豆麵糊時,巴伊亞娜婦女會一個個剝除豆子外皮,帶給油炸餡餅像雲朵般的鬆軟質感,然後把麵團放進紅棕櫚油裡炸。希拉的特色是它的油只用一次,所以餡餅永遠不會沾染到任何一滴不完美的油。黑豆餡餅從油鍋裡熱騰騰撈出來之後,從中劃開,放進新鮮番茄沙拉、一種叫做 vatapá 的辣味椰子花生抹醬,還有整隻沒剝殼的蝦。

這種料理源自西非,隨著大西洋奴隸貿易來到了巴西。19 世紀末,奴隸制度遭到廢除之後,炸黑眼豆餡餅便成了重獲自由的非洲人收入來源。巴伊亞娜婦女從此成為文化試金石。在 1993 到 1994 年間,在短暫流通的五萬克魯賽羅紙鈔(cruzeiro real)背面,是一名巴伊亞娜女子製作炸黑眼豆餅的圖案,不知道是否和希拉的餡餅一樣好吃。

How to try it

希拉餐廳位於里約維梅爾霍(Rio Vermelho)的一處小廣場馬里基塔廣場(Largo da Mariquita)。那隻蝦應該要全部吃下去,別讓當地人發現你把蝦殼剝掉。

其他美味的油炸豆餡餅

印度

Mangodae 是以綠豆和薑、綠辣椒、孜然和印度綜合香料一起研磨做成的。

緬甸

Baya kyaw 的成分包括去皮黃豌豆、洋蔥、芫荽、薑黃和大蒜。

土耳其

Fasulye mucveri 是在雞蛋及麵粉調製的麵糊裡,加入新鮮四季豆、青蔥和蒔蘿。

塞滿山羊的胃

鑲山羊肚 • 巴西 --- BUCHADA DE BODE · BRAZIL

巴西東北部是山羊的故鄉，所以這個地區的傳統料理當然是把整頭山羊（bode）物盡其用了。雖然鑲肚（buchada，來自 bucho〔胃〕這個詞）這道料理可以使用任何動物的胃部，不過在巴西的珀南布科州（Pernambuco）及塞阿拉州（Ceará），山羊肚是最常見的。

對於嘗過蘇格蘭肉餡羊肚的人來說，這道料理的概念聽起來很熟悉──把手邊有的內臟或器官，例如血、腸、肝或肺，調味之後塞進羊肚裡，再縫起來煮。餐廳經常會把鑲肚放在一大碗燉菜裡，一起端上桌。如果是當主菜的話，你可以清楚看到胃黏膜上的紋路。

鑲羊肚在巴西以外沒有太多人喜歡。不過在巴西境內，尤其是東北方，政治人物參選時，經常會覺得他們必須公開吃這道料理，以證明他們也能接地氣。

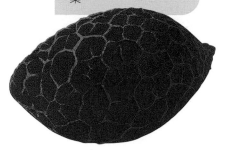

How to try it

雷西費（Recife）的「Bode do Nô」餐廳會把整顆鑲羊肚端上桌。

呼吸空氣的怪魚

巨骨舌魚 • 巴西 --- PAICHE · BRAZIL

在亞馬遜河釣魚，你可能會拉起一條扭動的史前龐然大物，長度有一個成人身高的兩倍。巨骨舌魚（paiche / arapaima / pirarucu）是全世界最大的淡水魚之一。成魚從頭到尾可以長到 4.6 公尺長，體重則達 90.7 到 181 公斤。這種魚存在的歷史悠久，可以追溯到中新世（Miocene epoch，530 萬到 2,300 萬年前），以至於被視為活化石。

這個史前遺跡具有一些奇特的特質，包括需要浮出水面呼吸。除了鰓之外，牠還有類似肺部的器官。呼吸空氣的能力有助於存活在亞馬遜盆地的缺氧水質裡，但是這使得巨骨舌魚容易受到攻擊。當牠浮出水面，經常會發出一種響亮又清楚的聲音大口吸氣，當地漁夫從遠處就能聽見，因此很容易捕到這種魚。亞馬遜的漁夫長期以來對這種魚趨之若鶩，因為牠的體型龐大，肉質鮮美。他們會撒網或持矛刺魚，由於無節制的捕捉，到了 21 世紀初，這種魚的未來存續已經有了疑慮。保育的努力和增加養殖巨骨舌魚，確保這種古老的魚類不會很快消失。這對亞馬遜料理來說是件好事，因為巨骨舌魚是美味又多肉的魚，肉質扎實，無論是烘烤、燒烤或清蒸，都能保持鮮美多汁，拿來做酸醃魚也很適合。

How to try it

你可以在瑪瑙斯（Manaus）的市立市場（Mercado Municipal）找到新鮮的巨骨舌魚。

巨骨舌魚被視為是活化石。

出走的美味

日本料理在巴西
JAPANESE IN BRAZIL

1908 年，第一艘日本移民船抵達巴西，投入日益興盛的咖啡產業。日本的封建制度才剛瓦解，許多農村人口因此捱餓，急需找工作。有 781 名日本人，大部分是農民，搭上了第一艘船，從神戶來到聖保羅。到了 1990 年代，有超過 20 萬名國人跟隨了他們的步伐。

將近 50 年的期間，日本人在巴西生活不易。他們受到巴西社會的排擠，自成群體而居，賺取微薄薪資，被當成廉價勞工對待。不過日本人強化了巴西的農業，最後贏得技能純熟的農學家美譽。在 1970 年代，日本躍升為經濟強權，日裔巴西人獲得新的聲望、財富及尊重。現在巴西有 150 萬名日本後裔，是在日本境外最多日本人聚居的地方。

這兩國之間的合作與通婚帶來一種特有的文化。巴西柔術需要運用力道與腦力，就是一種共同努力的成果。在日裔巴西人的家，他們會拿糯米飯搭配巴西黑豆燉菜（feijoada），用巴西烤肉（churrasco）取代魚來做壽司。不過日式巴西料理不只是將一種文化的菜色結合另一種文化菜色的典型大雜燴，而是融合了生活型態、技能及喜好。

日式牛排屋
Japanese rodízio

這是日本料理以受歡迎的巴西牛排屋風格呈現，包括吃到飽自助餐。在日本很少看到自助餐，不過在巴西，幾乎每家烤肉餐廳都有這項服務。日式風格代表壽司和生魚片，加上天婦羅、餃子和日式炒麵，全都無限量供應，讓你吃到飽為止。

手捲屋
Temakeria

快速慢食（fast-casual）式的壽司餐廳，提供精緻的手捲。這個概念理論上是日式，執行層面卻是巴西風格無誤。手捲裡通常會多加芒果和奇異果，結果便成了巨無霸。在日本，手捲只夠咬幾口，但是在巴西，它比較像是一份餐。巴西人最愛的口味是包了奶油乳酪和鮭

巴西黃金餃
Pastéi

巴西處處可見的街頭小吃，把麵團擀得像紙一樣薄，包肉、魚或起司當內餡，然後下鍋油炸。黃金餃類似餡餃，不過更清淡也更酥脆。據說這是日本移民的發明，靈感來自中華料理的炸餛飩。

清酒莉亞
Sakerinha

巴西國民雞尾酒，卡琵莉亞（capirinha）的改良版，用清酒取代卡莎夏調製而成。

柿子、富士蘋果和椪柑

是日本農夫在早期栽種的水果。新品種水果及永續農耕的引進改變了巴西人的飲食，也把更多新鮮農產品送上餐桌，為現代的大規模水果產業打下基礎。

腰果蘋果

腰果堅果

巴西版蘋果汁

巴西的蘋果汁 • 巴西 —————————————— SUCO DE CAJU · BRAZIL

廣受喜愛又帶有奶油般口感的腰果，從一種假的水果裡頭長出來，叫做腰果蘋果（cashew apple）。採收完堅果之後，剩下的部分經常只能丟掉了。最近，大型飲料製造商，像是百事公司，正在想辦法要把這種腰果副產品變成美味、可飲用又能賺錢的產品。巴西人是腰果最大的生產者之一，多年來也在做相同的事。

當地人稱腰果蘋果汁為 suco de caju，是很受歡迎的巴西國民飲料，到處都買得到，包括超市和路邊攤。這種飲料微酸又清涼，帶點生青椒和隱約的柑橘味道。腰果蘋果汁經常以濃縮的型態販售，已經成為大型聚會和生日派對的主打飲料，也是許多巴西人的童年回憶。

How to try it

在巴西境外可以買到幾款瓶裝腰果蘋果汁，最知名的是巴西品牌麥果粒（Maguary）。你也可以自己榨果汁，不過要當心這種果實很容易壞，一定要在從樹上摘下來的 24 小時以內處理完畢。

用霧釀造的啤酒

亞特潘尼布拉 • 智利 —————————————— ATRAPANIEBLA · CHILE

亞他加馬沙漠（Atacama Desert）位於智利北邊，是全世界最乾燥的非極地沙漠，每年降雨量不到 0.102 毫米。在像是佩尼亞布蘭卡（Peña Blanca）這樣的海岸社區，淡水的主要來源是從太平洋向內陸飄來的厚雲團，叫做卡門卻加霧（camanchaca）。

在主要的起霧地區沿著山邊設置捕霧網，捕捉凝結的水氣。水珠沿著網線滴落，流進管道系統，然後把水輸送到蓄水桶或水庫。這項工程從 1950 年代開始，獲得極大的成功，革新現代的沙漠集水系統。兩名當地釀酒商因此得到靈感。

米蓋爾和馬可·卡庫洛（Miguel and Marco Carcuro）這對兄弟成立了亞特拉潘尼布拉（Atrapaniebla，西班牙文的捕霧網）釀酒廠，生產全世界第一支以霧水釀造的啤酒。目前這家釀酒廠線每年生產 24,000 公升的啤酒，配送到智利各地。卡庫洛兄弟說，來自卡門卻加霧的水為他們的啤酒帶來獨特風味，霧水的純淨增添清澈與富層次的口感，其他的啤酒無法相比。飲用者表示，它的口味清爽又清新，還有一絲若隱若現的大氣鹽風味。

How to try it

智利科金波區（Coquimbo）的餐廳和酒吧都有供應瓶裝及桶製的亞特拉潘尼布拉啤酒。

會變身的草莓

防凍草莓
ANTIFREEZE STRAWBERRIES

這種可疑「科學草莓」的誕生有諸多說法，原本的用意只是要讓這種嬌嫩脆弱的草莓在冬季月分能有較長的保鮮期。為了達到這個目的，泰國科學家把在北極光鰈身上發現的一種基因──抗凍蛋白，注射到人工栽種的紅草莓種子裡。這種在 1960 年代末期發現及分離的抗凍基因，能增加對寒冷的耐受力，同時減輕寒凍造成的傷害。為了平息大眾的顧慮，專家保證注入這種基因的農產品嘗起來不會有魚味。雖然需要經過進一步的實驗才能讓這種防凍草莓上市（這種基因已經過多方測試，包括冷凍食品以及失溫症治療），但是冬季農產品的未來看似一片光明。

海草莓
SEA STRAWBERRIES

這種蟹螯形的水果在美國加州、墨西哥及智利的海岸生長，隱身在從黑岩及細砂之間萌生的草叢中。*Carpobrotus aequilaterus* 其實不能算是草莓，它會被稱為海草莓是因為吃起來像草莓，不過非常鹹。它的螯狀果實裡面充滿甜甜的紅色黏液，類似柔軟的無花果果肉，而且非常容易腐壞。這種水果每年只有兩、三週的成熟期，過了之後就會變軟爛。

鳳梨莓
PINEBERRIES

味道像鳳梨的草莓可能像是基因改造的水果，不過鳳梨莓就是草莓，只是外型及味道都經過緩慢又有選擇性的育種。由於個頭嬌小（不到 2.5 公分），產量又少，鳳梨莓價格昂貴，栽種的利潤也不高。每年夏天有幾週的時間，你可能會在美國的農夫市集或高級生鮮超市看到它們的蹤影，不過鳳梨莓短期之內還無法大量銷售。

鳳梨莓經過育種，讓它吃起來有鳳梨的味道。

所有草莓之母

普倫白草莓 ● 智利 ---------------- PURÉN WHITE STRAWBERRY · CHILE

這種蒼白又微帶花香的智利草莓 DNA，存在於美國的每家超市、歐洲大部分地區，以及販售又大又紅的草莓的每個地方。現代的草莓，或者說人工栽種的草莓，是兩個物種交配的產物。在一座 18 世紀的法式花園裡，來自美國維吉尼亞和智利山城普倫（Purén）的草莓經過育種之後，當代變種就此誕生。智利草莓起初是因為它驚人的尺寸而受到推崇，但是現在它缺乏色彩的外表和細緻風味卻成了最鮮明的特色。紅色草莓帶酸的特色來自它的色素，因此

How to try it

在夏天收成季節去普倫的當地市場，可以買到那一小群農夫直銷的草莓。

智利草莓酸味低，嘗起來有令人驚喜的花香味，幾乎像是在吃
草莓香水。

普倫鎮上種植草莓的農夫不到 30 個，這裡的草莓生長在面海
的陡峭梯形山坡地。農夫沒有任何機械設備，靠人力耕作
14 公頃的黏土農地，並且在短短的兩個月產季以人工採
收草莓。

白草莓帶著清
爽的花香味。

下藍蛋的母雞

阿羅卡納 • 智利 ———————————————————— ARAUCANA · CHILE

雞農不時會發現雞舍出現異常的現象——在普通的白色及棕色雞蛋之中，有
一顆是水藍色的。你無法預測這種像復活節彩蛋的雞蛋，在什麼時候或者多
常會出現，所以阿羅卡納雞（Araucana chicken）才會如此特別。這種智利
品種的雞每次生出來的都是迷人的水藍色雞蛋。

沒人知道阿羅卡納雞來自哪裡，因為直到西班牙人在 20 世紀初發現牠們，才
有關於牠們歷史的文獻紀錄。有些人相信，牠們是智利原生品種，意外混種
而來，有些人則認為是外來的影響。這種雞沒有尾部，也就是少了最後一節
脊椎骨，也沒有尾羽，因此顯示
亞洲雞種可能是牠們的祖先，尤
其是荷蘭商人帶到智利的峇里品
種。但是峇里雞不會下藍色的
蛋，因此禽類歷史學家依然為了
牠們的起源爭執不休。

要下這種漂亮的蛋，阿羅卡納雞
有一個需求——戶外空間。這種
雞在大型養雞場無法存活，因此
蛋殼的藍色在無意間成為快樂放
牧雞的指標了。

阿羅卡納雞所下的復活節彩蛋。

How to try it

阿羅卡納雞和許多不同
品種的雞配種，所以這
些下藍色蛋的雞後代現
在遍及世界各地。在吃
這種蛋之前，好好欣賞
一下它的色彩，因為它
的味道和一般的蛋沒什
麼不一樣。

外表像岩石、體內血淋淋的海底生物

腕海鞘 • 智利 ———————————————————— PIURE · CHILE

如果從這種長得像岩石、毫不起眼的海底生物從身邊游過，可能沒人會多看
牠一眼。但是打開凹凸不平的外殼，你會看到一些孔洞，裡面是番茄紅的腫
脹肉塊，汩汩流出清澈的鮮血。智利漁夫捕捉這種叫做腕海鞘的生物，賣給
當地商人。商人會把那些顏色鮮豔的內臟取出，將新鮮或脫水的肉掛在繩子
上。當地人形容牠的味道像海膽，但是表示腕海鞘的味道沒有那麼細緻。它
富含鐵及鈦，而且居然含有大量的稀少元素，釩，嘗起來帶有金屬味道，以
及一種苦澀或是像肥皂般的口感。

How to try it

腕海鞘住在智利及秘
魯近海，不過主要是
在智利拿來做料理。
聖地牙哥的中央市場
（Mercado Central）
一定買得到。在瓦爾
帕萊索（Valparaíso）
可試試漁夫灣（Caleta
Portales），那裡每天
都有當地現撈的漁獲。

海岸的居民享用新鮮的腕海鞘，用洋蔥、芫荽和檸檬汁加以醃漬。他們也會把它切片煮熟，做成搭配米飯的沙拉，或是加到一種叫做 paila marina 的傳統海鮮燉菜裡一起煮。腕海鞘屬於海鞘綱，這種生物靜止不動，是無脊椎的濾食動物，而且雌雄同體。腕海鞘出生時是雄性，到了青春期變成雌雄同體，可以獨自或和其他同伴進行繁殖，射出卵和精子，混成霧濛濛的一團。

或許是由於這種多功能的性能力，腕海鞘也被吹捧成具有催情劑的功效。

How to try it

想要參與傳統的古蘭多盛宴，一定要趁春夏時分，因為這是智利的乾季。如果你只是想品嘗它的滋味，可以前往達爾卡威（Dalcahue），到當地手工藝市場的後面去找由一群阿嬤經營的小吃攤。

世界最古老的烤蚌蛤

古蘭多 • 智利 ──────────────── CURANTO · CHILE

在智利的諸多群島之中，有一個奇洛埃島（Chiloé），考古學家在島上發現了一個 6,000 年前的灶坑，裡面有河鼠、海獅、鳥類、魚類和鯨魚的骸骨殘跡，也有一些扇貝、蝸牛、鮑魚、淡菜及蚌蛤的殼。這些是早期古蘭多的殘跡，而這種最古老的食譜之一依然沿用至今。

古蘭多的原意是熱石頭或石子地，一開始要先挖一個半公尺深的洞，裡面堆放在籌火加熱過的石頭。擺好石頭之後，把食材放進去，食材的內容依年代

及地點各異，不過基本上會有各式貝類及甲殼類、煙燻肉類、雞肉、香腸
（longaniza）和馬鈴薯。

最後一項食材是古蘭多的祕密武器。奇洛埃島民是馬鈴薯專家，在島上栽種
數百種不同的品種。好的古蘭多會展現這些馬鈴薯的豐富及多樣化，包括馬
鈴薯煎餅（chapalele）、馬鈴薯餃子（milcao），還有整顆蒸烤的馬鈴薯。
灶坑裡裝滿食材後，廚師會拿野生大黃葉、濕布袋和土塊把它蓋起來。貝類
煮熟之後，外殼迸開，流出的湯汁在熱石子上滋滋作響，有助於蒸熟其他食
材，並且增添煙燻的風味。過了幾個小時，這頓豐盛大餐在海味的湯汁和肉
類的油脂中浮現，讓人得以一窺古老過往的美味饗宴。

鮮血凍點心

血凍・智利 ────────────────────────────── ÑACHI · CHILE

製作血凍的時候要動作快。屠夫宰殺動物（通常是豬、綿羊或山羊）之後，
會立刻收集溫熱的鮮血，和檸檬汁、鹽、芫荽及煙燻胡椒混合在一起。靜置
一段時間後，檸檬的酸性讓血凝結，形成固態的膠凍。智利人通常會把它切
成方塊，搭配麵包食用，不過血凍在依然呈現湯狀時，也是可以吃的。

Ñachi 是智利原住民語言，馬普切語（Mapudungun）的鮮血的意思。它是
馬普切人（Mapuche）的一道料理，現在在智利境內各處都吃得到。當地人
長期以來都會吃鮮血料理，因為營養價值高，不過專家提醒，如果生喝鮮血，
可能會有病原體的風險。對於初次嘗試的人，你也可以選擇來一杯葡萄酒或
奇治酒（chicha，一種唾液發酵的飲料），消毒一下腸胃囉。

How to try it
想吃血凍就要去智利的
鄉間。食用少量鮮血是
安全的，但是千萬別過
量。喝過頭會導致血色
素沉著症，這是鐵在體
內堆積，造成肝、肺及
神經系統失調。

鮮黃色的雞

親子烤雞・哥倫比亞 ────────── GALLINAS CAMPESINAS · COLOMBIA

How to try it
烏巴特鎮的廣場四周
都是小吃攤，其中一
家叫「洽塔」（La
Chata），這裡有當地
人最愛的雞肉和鑲雞脖
子。

從波哥大往北開車一小時，就會來到烏巴特（Ubaté）。這座城鎮的乳製品
產業遠近馳名，就連主要的交通圓環都有一隻氣勢十足的金屬乳牛雕像高踞
其上。遊客通常是受到鎮上一整排起司專賣店的吸引前來，但是有些人跳過
起司，直攻親子烤雞和鑲雞脖子。

親子烤雞的外觀最引人注目的就是顏色——這種雞呈現鮮豔又不自然的黃
色。這些雞交疊堆在加熱燈底下，你看不出來每一隻都身懷六甲。當雞蛋孕
育到胚胎初期，牠們就會立刻被砍斷脖子。這是只有在烏巴特才有的地方美
食，最厲害的就是它軟嫩多汁的口感。這些雞添加香草及香料，例如洋蔥、
百里香和月桂葉，然後在碳烤爐上慢燉。上菜之前，先把全雞從中一分為二
切開，露出裡面的蛋和軟嫩的肉。那些美味的蛋非常嫩，
大部分是蛋黃，沒有殼，一口咬下湯汁四溢。附近經常有
人在賣鑲雞脖子（gallinas rellenas），那是把雞的脖子
從底部切斷之後，把馬鈴薯、米飯、黑豆和雞血的混合物
填塞進去，然後再縫合。這種雞頭香腸會以明火燒烤，風
味濃郁又質樸，一次品嘗一小份就夠了。

消失中的辣椒醬

黑辣醬 ● 哥倫比亞 --- AJÍ NEGRO · COLOMBIA

波哥大帕諾普提科餐廳的煙燻雞肉佐樹薯及黑辣醬。

樹薯是一種富含澱粉的塊莖，有將近五億人的日常飲食裡都有它的蹤影。南美洲的料理有各式各樣的食譜，都設法避開樹薯的毒素。製作黑辣醬要花幾天的時間解除毒素，就是這種巧思的最佳例子。

黑辣醬是亞馬遜地區西北部的產物，製作的一開始要先把樹薯去皮、洗淨、切塊，然後在溪流中浸泡幾天。接下來的步驟，通常是找一棵空心樹當容器，然後在這個超大的樹鉢裡搗碎樹薯，直到它變成黏漿狀。把黏漿放進麻布袋，扭轉幾小時，擠出汁液，然後加以過濾，去除澱粉質，再以小火熬煮半天，直到它變得又黑又稠。這時廚師才能使用這種無澱粉的汁液，製作黑辣醬。

不同的種族有不同做法。除了辣椒，醬汁也能添加魚、肉、螞蟻、蔬菜、花和種子。

復活節湯吃到飽

復活節濃湯 ● 厄瓜多 -- FANESCA · ECUADOR

厄瓜多復活節濃湯的食材清單聽起來比較像是五花八門的自助餐，而不是一道湯的食譜。光是裝飾配菜就有炸大蕉、水煮蛋、胡椒、迷你餡餃和新鮮起司，五大類食物都到齊。難怪這道聖週（復活節前的一週）的饗宴需要花上兩天的時間去準備。

這道湯的濃湯底一開始要把鹹鱈魚放進牛奶裡去煮，再放南瓜子或花生增加濃稠度。這時廚師會加入 12 種不同的豆子、蔬菜和穀物，有人說這是代表耶穌的 12 位門徒（耶穌的代表物是鱈魚）。每位濃湯大廚都有自己獨門的蔬菜與豆類組合，但是常見的選項包括豌豆、南瓜、羽扇豆和玉米粥。濃湯煮好之後就該添加裝飾配菜，它們會浮在有如夕陽色彩的濃湯表面。

為什麼要添加這麼多食材？有個故事追溯到前哥倫布時期的安地斯地區，當地的人會把各種食材扔進一道湯裡，歡慶豐收。

復活節濃湯在聖週五的午餐尤其受歡迎，不過厄瓜多人會從大齋期吃到聖週。畢竟這種滋味的回憶可是要支撐他們走一整年。

在厄瓜多，復活節濃湯是聖週五的公定午餐。

聰明做夢

瓜尤薩 • 厄瓜多 --- GUAYUSA · ECUADOR

在厄瓜多的雨林中，太陽即將升起。奇楚瓦（Kichwa）聚落的成員在一只大鐵鍋裡熬煮瓜尤薩樹的葉片。煮好了之後，他們圍著火堆而坐，邊喝茶邊討論他們的夢境。

這群原住民就是這樣展開他們的一天。他們相信瓜尤薩茶有助於解析夢境，對聚落在做決定時很重要。奇楚瓦有個傳說是，一對雙胞胎出發去尋找一種能教他們如何做夢的植物。他們睡著後夢到他們和祖先見面，祖先送給他們瓜尤薩樹葉。當他們醒來，手裡還抓著那些植物。奇楚瓦人相信，夢境會透露未來。他們利用夜裡的意象來引導白天的工作，尤其是狩獵。

這種茶略帶苦味，富含咖啡因及抗氧化物，是目前廣受歡迎的天然興奮劑。大家暱稱它為「夜間看守員」，因為它能讓人保持平靜的清醒，因此也帶來第二種應用方式──清醒地做夢。那些深信做夢力量的實踐者，深入探究潛意識心靈，讓他們在睡眠的國度仍然能保持意識。有些清醒的做夢者聲稱，瓜尤薩茶讓他們進入淺層睡眠，同時保持足夠的敏銳度來參與自己的夢境。

How to try it

做清醒夢的訣竅包括：在睡前看小說，設定一整晚隨機響起的鬧鐘，還有閉著眼睛醒來。瓜尤薩茶或許是最容易的著手點，網路上都買得到。

How to try it

唾液製成的傳統飲料可能帶有 B 型肝炎，不過要是你勇敢又免疫，在秘魯的一些小店還是買得到。

唾液發酵酒

馬薩多酒 • 秘魯 ----------------------------------- MASATO · PERU

馬薩多是一種古老的亞馬遜地區飲料，用煮熟的樹薯釀造，發酵過程是從村落婦女的嘴裡開始的。她們咬嚼這種塊莖，和唾液裡的酵素混合，把澱粉分解成糖，然後把樹薯糊吐到陶罐裡，讓它在裡面發酵幾天，變成帶有水果風味、口感偏酸的飲料，營養價值非常高。

她們的丈夫通常不吃午餐，只靠這種高碳水化合物及低酒精的釀製飲料，讓他們撐過一整天的工作。這對他們的飲食及生計都很重要，因此這種古老的唾液飲料變成村落婦女討價還價的籌碼。她們會有策略地分配她們的馬薩多，就看她們是要獎賞或懲罰老公了。

若是單喝馬薩多，會有一種帶酸，幾乎像醋的味道，不過它經常和其他溫和的香料結合，例如丁香和肉桂，然後混合新鮮水果，讓它喝起來有更清新、更像雞尾酒的口感。拒喝馬薩多是非常不禮貌的事，假如你進入叢林，發現一群圍坐的婦女在咀嚼樹薯，你就要準備好參加這場親密的儀式了。

How to try it

在庫斯科的圖帕克阿馬魯廣場（Plaza Túpac Amaru），每年都會舉辦娃娃麵包節，時間大約是在亡靈節前後。

娃娃麵包節

娃娃麵包節 • 秘魯 ------------------- FESTIVAL DEL PAN WAWA · PERU

秘魯人相信，親友的靈魂會在亡靈節回來看他們。為了歡迎這些亡魂，他們會烤 pan wawa，也就是把麵包做成褓褓嬰兒的造型。這些麵包原本是要放在兒童墳前的禮物，不過現在不分年齡都能享用這種麵包，生者和亡者都行。

在庫斯科一年一度的娃娃麵包節，市內最棒的麵包師會合力烤出一個巨嬰。2012 年，22 名麵包師傅攜手合作，想打破有史以來最大的麵包紀錄——他們烤了一個 22 公尺長，八公尺寬的娃娃麵包。

哥倫比亞政府如何扼殺唾液發酵飲料

在亞馬遜地區以外，南美洲的唾液發酵酒稱為奇治酒。從西元前 3,000 年起，前哥倫布時期的穆希卡人（Muisca）便喝奇治酒。當西班牙殖民者在 1499 年抵達時，這種以口釀製的酒越來越受勞工階級的歡迎。到了 19 世紀，波哥大就有超過 800 家奇治酒吧。這種酒吧專賣這種廉價酒精，主要顧客是工匠、農人，還有那些不是在傳統上班時間工作的人。老主顧過來社交，玩骰子和紙牌，吃飯、買雜貨，或是溜進一個房間去睡覺。在奇治酒館裡不分你我，同桌的人通常會拿一大碗的奇治酒輪著喝。

到 1910 到 1920 年間，哥倫比亞人過著極為貧窮的生活，政客卻把問題推到奇治酒身上。奇治酒館被抨擊為公共秩序混亂的溫床，以及阻礙哥倫比亞發展工業化經濟的唯一理由。哥倫比亞的窮人大多是原住民，他們被視為拖累國家前進的絆腳石。歷史悠久的奇治酒讓人聯想起頹廢鬆散的生活方式，而其咀嚼吐出的製作過程，順理成章成為象徵國家問題的毒瘤。

不過奇治酒館和社會底層的生活密不可分，因太受歡迎而無法徹底消滅。政府需要使出更多手段，於是求助於德國移民里奧·寇普（Leo Kopp）和他的新啤酒公司，巴伐利亞釀酒廠（Bavaria Brewery）。這家釀酒廠成立於 1889 年，很快便主導了哥倫比亞的啤酒市場，給自己設下和奇治酒及奇治酒館完全相反的精神定位。釀酒廠建築規模龐大又現代，生產效率高，而且啤酒是裝在獨立消毒的玻璃瓶。對哥倫比亞政府而言，巴伐利亞釀酒廠代表了歐洲的進步，是他們極力想要效法的典範。

哥倫比亞的中產階級開始對巴伐利亞產生興趣，但是大部分的哥倫比亞人沒錢買啤酒。奇治酒館依然處處可見，不過哥倫比亞政府不肯罷休。知名的醫生（很可能聽命於政客）造訪貧窮的社區，說這種飲料「不衛生」，會危害國家的福利。他們甚至發明出一種疾病，叫做奇治症，據說得病會發瘋（許多態度公正的現代醫生表示，奇治酒的酒精成分及新鮮度會讓大部分的版本都能安全飲用）。

巴伐利亞釀酒廠看到政府的手段，於是變本加厲，給它的啤酒冠上一些大言不慚的名稱，例如「奇治走開」「啤酒讚」及「夠衛生」，再加上健康快活的女士和孩童在喝啤酒的圖案。政府也推出挑釁的宣傳廣告，一張政治海報上寫著「奇治招致犯罪」，旁邊是一隻骯髒的手抓著一把鮮血淋漓的刀。「監獄裡擠滿了喝奇治的人」，另一張海報這麼寫著，並且畫著一名修女為了一名坐牢的男子哭泣。政府也對奇治酒館提高徵稅，並且實施嚴厲又專制的法規。這些酒館無法遵守規定，因此關門大吉，或是轉入地下營業。

奇治酒已經在苟延殘喘，接下來又挨了最後一刀。1948 年 4 月 9 日，自由黨總統候選人荷黑·伊利瑟·蓋頓（Jorge Eliécer Gaitán）在波哥大的街道上遇害。勞工階級普遍視他為國家的民粹主義救星，他的死亡開啟了為期 10 年的動盪不安，也就是後世所稱的暴力時代（La Violencia）。

血腥暴動橫掃這座城市，歐斯皮納·佩瑞茲（Ospina Pérez）總統簽署了一項法令，宣布所有發酵飲料必須以工業規模生產，並且以玻璃容器個別包裝，對幾世紀以來的傳統發出實質禁令。

數千年來，奇治酒都是用明火煮出來的。

馬拉斯的鹽田

馬拉斯鹽田 ● 秘魯 ————————————————— SALINAS DE MARAS · PERU

在安地斯山脈 914 公尺的高處，坐落著錯綜複雜的鹽池，裡頭的鹽有一度曾屬於下面的那片大海。2,500 萬年前，山脈開始上升，將海床往上推擠，大量的鹽就這樣留在岩石之間。

當地人熟知的馬拉斯鹽礦是由錢納帕特人（hanapata，西元 200 至 920 年）所建造，他們曾經統治了整個庫斯科山谷。幾世紀以來，這座礦場增加了將近 5,000 池鹽田，把沿著山坡而下的地形蝕刻得像是一塊階梯拼盤。

這裡的天然溫泉溫暖又富含礦物質，將大量的鹽分沖刷而下，注滿下方的鹽池。每座鹽池都是靠目視及觸感來照料。管理人會打開池壁側邊的槽口，放水流進來，等到滿了再關上。剩下的就交給蒸發作用。當鹽池鋪滿一層亮白，你就可以拿木棒刮取鹽結晶，放在籃子裡乾燥。

馬拉斯的鹽和廣受喜愛的喜馬拉雅鹽一樣，富含礦物質，因此為它帶來一抹淺粉紅。生產者聲稱，它含有豐富的礦物質，例如鎂及鈣，所以更為健康。

這個社區的任何人都有資格擁有一座鹽池，這項包容性政策把礦場變成當地人聚會及一起工作的地方，靠鹽巴來為收入加料。

How to try it

馬拉斯位在庫斯科以北約 40 公里處。這裡是聖谷大巴士觀光行程常見的停靠點。你可以搭乘當地公車（colectivo）前往烏魯班巴（Urubamba）。在庫斯科谷奧街（Avenida Grau）公車站，告訴司機你要在馬拉斯下車。到了之後再搭計程車，10 分鐘後就會抵達鹽礦。

這一處梯田鹽礦有將近 5,000 座鹽池。

大屁股螞蟻

大屁股螞蟻 ● 秘魯 ────────────────── SIQUI SAPA · PERU

Siqui sapa（克丘亞語〔Quechua〕，直譯為大屁股）的體型和蟑螂一樣大，身材和海報女郎一樣凹凸有致，世界各地老饕都為之垂涎，但是取得不易。

大屁股螞蟻這種盤中佳餚是由女性主導。牠們住在地下六公尺的深處，受到嚴格階級制度的保護。工蟻負責打造蟻丘，兵蟻負責保護它。雌蟻是公主，只要負責繁殖。她們和王子進行熱情的交配（chamuscada）之後，公蟻會死亡，那些公主會各自離開，創造一個新蟻丘，她們會成為那裡的女王。

十月到十一月是交配季節，只有在這時候才抓得到這種螞蟻。假如抓蟻人動作夠快，能躲過會把人咬到流血的兵蟻，抓到雌蟻，在旺季每 450 公克能賣到 15 美元，供應不足時賣價可以高達 40 美元。

在南美洲，人們會將這種螞蟻浸泡在鹽水裡，然後像花生一樣烤來吃。起初它的味道會讓人聯想到豬皮，但是它很快就變得更乏味也更苦了。它們有時會被拿來比做魚子醬，這樣比較似乎不太相稱，直到你領悟到它們的屁股得天獨厚，是因為裡面有滿滿的卵。

How to try it

你可在秘魯亞馬遜地區的市場找到大屁股螞蟻，例如塔拉波特（Tarapoto）主廣場的小販就有販賣小袋裝的螞蟻，一袋只要幾索爾。

冰淇淋豆

冰淇淋豆 ● 秘魯 ────────────────── INGA EDULIS · PERU

How to try it

利馬（Lima）的瑟奇羅一號市場（Mercado No. 1 de Surquillo）有很多水果攤販，可以買到印加樹冰淇淋豆。或者你覺得躍躍欲試，也可以上網花 100 美元買樹苗。

錢或許不會從天上掉下來，但是在中南美洲的熱帶地區，你會發現超大的糖果條從樹枝上掉下來。

這種印加樹會長出長達 30 公分的冰淇淋豆糖果條，其實屬於豆科植物。把豆莢剝開，你會發現種子周圍包覆著白色絨毛，看起來像棉花糖，吃起來像香草冰淇淋。把絨毛吃掉，種子吐出來，一年後，你就會看到你吃東西的地方長出了一棵樹。

印加樹的成長速度快，能輕易長到 18 公尺高，經常被用來當作其他作物的遮蔭。農夫曾經發現一些豆莢，裡面的絨毛居然長達兩公尺。

在秘魯、厄瓜多和哥倫比亞，當地人喜歡生吃冰淇淋豆，猴子、鳥類及其他動物也都愛吃。不過只有人類會把無法生吃的種子烤熟、當作點心吃，並且把冰淇淋豆和巧克力、咖啡或鮮奶油混在一起吃。

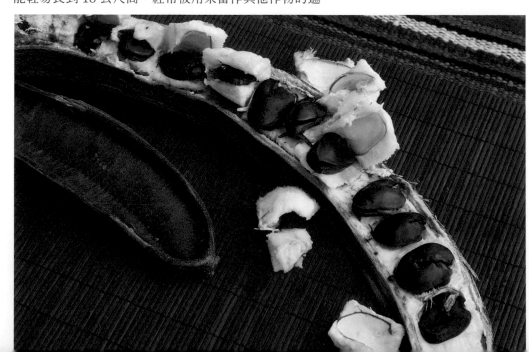

是我們先來的

印加帝國

印加帝國（Incas，1438 至 1533 年）發展出前哥倫布時期最成熟的食物供應鏈，餵飽居住在南美洲西岸陡峭山區的數百萬子民。他們的做法如下：

梯田耕作

安地斯山脈位居印加帝國的中央。這個以素食及農作為主的帝國必須適應各種極端氣候。他們在安地斯山脈開墾梯田，沿著山谷而上，每塊田地周圍都建造石製擋土牆，在白天吸收陽光的熱氣，晚上釋放出來，讓高海拔的農作物不會凍傷。

印加人打造蓄水池及灌溉系統，收集雨水及冰川的融冰，讓它通過田地流下山谷。他們以海鳥糞便（guano）為農地施肥，這種材料如此珍貴，以至於如果殺害一隻製造海鳥肥料的鳥類會被判處死刑。

印加人的三種主要農作物是馬鈴薯、玉米及藜麥，是因為其各自的韌性（resiliency）而從海平面到 4,267 公尺的不同海拔開發出來的。在落差如此懸殊的高度之間，農夫彼此買賣農作物，每一季也輪流種植不同的作物，避免因為孤注一擲而失敗。

糧倉

印加人注重儲糧，會刻意多種農作物，然後存放在數萬座糧倉（qullqa）。

每座城市、農場和生產作物的莊園附近都會建造糧倉。為了保持通風，糧倉大多蓋在山坡，風會保持溫度涼爽及低濕度。建築底下的溝槽可供排水，散發濕氣及避免腐爛。新鮮穀物最多可以保存兩年，冷凍乾燥的農產品能保鮮四年。

圓形的糧倉存放玉米，長方形的則是馬鈴薯。兩種作物都裝在陶罐裡，預防鼠害。糧倉的地基經常會鋪上一層草本植物、乾草或碎石子，有助空氣流通及避免蟲害。

帝國官員會使用結繩文字（quipu），一種有彩色繩索和繩結的計算工具，記錄糧倉的存貨明細。

皇家公路

印加公路系統包括兩條南北向主要道路以及許多支路，總長 40,234 公里，稱為皇家公路。平民不准使用公路，僅供貨物運輸用途。幾乎所有的東西都是由駱馬或羊駝負載，牠們靈巧的腳能應付陡峭的山區地形。

勞動力

糧倉

勞動力

海螺信差（chaski 或 chasqui）是印加帝國能力最強的信使。海螺信差從男孩時期被選上之後，開始訓練速度及耐力，在高海拔奔跑有助加強他們的肺活量及步伐。他們負責傳遞重要的訊息及易腐壞的食物，例如魚和水果，以接力的方式在城市之間盡速傳達。他們用最快的速度在補給站（tampus）之間奔跑，到了補給站就吹響海螺號角通知下一名跑者，對方會趕緊跑過來接收包裹，繼續跑往下一站。假如在庫斯科的皇帝想要吃新鮮海產，從 402 公里外的海岸跑著送過來可能只要花上兩天的時間。

印加公路系統包括兩條南北向主要
道路以及許多支路，總長 40,234
公里，稱為皇家公路。

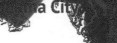

ma City

Med

Bogota

COLOMBIA

San Cristobal

ECUADOR

Guayaquil

Tumbes

Sechura

Quito

Lima

Vilcas
Huaman

Chala

Arequipa

Iquique

San Pedro
de Atacama

CHILE

Copiapo

Mendoza

Santiago

Concep

印加公路

梯田耕種

耶穌和祂的門徒吃
的不是麵包和葡萄
酒，而是天竺鼠及
奇洽酒。

囓齒動物成為天主教皈依畫作的主角

天竺鼠最後的晚餐 · 秘魯 ------------------------------ GUINEA PIG LAST SUPPER · PERU

達文西〈最後的晚餐〉（*The Last Supper*）畫出了未發酵麵包及葡萄酒的
經典菜色，不過在庫斯科大教堂，天竺鼠才是主角。

馬可斯‧薩帕塔（Marcos Zapata）在 1753 年畫了這幅〈最後的晚餐〉，在
大教堂的諸多藝術及建築遺跡之中特別突出。煮熟的天竺鼠四腳朝天，躺在
黃金餐盤上，放在耶穌的正前方。桌上沒有葡萄酒，門徒喝的是秘魯當地飲
料奇洽酒。令人意外的是，天主教會居然能容忍這幅畫作，尤其是在宗教法
庭時期，不過薩帕塔在當時的地位不容小覷，天竺鼠也是。教會人員可能認
為這幅畫描繪了兩個家鄉英雄，因此接受這是一種民粹主義皈依的手法。無
論理由是什麼，他的畫作高掛在剛完工的庫斯科大教堂。

現在天竺鼠（cuy）經過烤、炸或串燒之後，成了節慶假期常見的美食佳餚。
在家畜出現之前，吃天竺鼠是吃肉的同義詞，而這種料理到現在依然廣為流
傳。秘魯人每年吃掉 6,500 萬隻天竺鼠，這種毛茸茸的小傢伙成了某種文化
指標。

How to try it

庫斯科大教堂位在市
中心的亞馬斯廣場
（Plaza de Armas），
門票是 25 索爾，約八
美元，包含語音導覽。

密特朗的最後晚餐

最後一餐是人生終點，你會在死亡來襲之前，竭盡所能獲取愉悅及慰藉，這需要深入檢視慾望，但重點是，當一個人已經沒有明天，你應該要吃什麼，又該吃多少？

1995 年 12 月，法國前總統密特朗知道自己來日不多。他罹患攝護腺癌多年，在他任職總統的大部分期間，他和他的醫生都隱瞞了這件事。當密特朗必須面對現實以及危急病況時，他選擇在除夕夜舉辦一場 30 人的盛宴。他非常虛弱，必須請人把他抬到座位上，開始貪婪又痛苦地吃掉三打馬亨亨牡蠣、鵝肝、脆皮麵包、閹雞（capon）以及夠他喝上四小時的葡萄酒。最後的壓軸大菜是一大驚喜，對密特朗來說不是，不過他的賓客全都大呼意外。一名侍者端出一盤嬌小的鳴鳥，叫做圃鵐（ortolan）。這道料理曾經成為死亡饕客的必吃料理，現在在法國吃這道菜是違法的，而且要價不菲。

這種巴掌大的淺棕色小鳥在法國西南部捕獲，被關在完全漆黑的地方，讓牠不辨東西，迫使這些鳥兒大量進食，直到嬌小的身軀漲得像氣球（羅馬皇帝會戳瞎牠們的雙眼以達到相同效果）。他們會把這些腫脹的生物淹死在雅馬邑（Armagnac）裡，用這種法國白蘭地浸泡醃漬之後，燒烤整整八分鐘，然後拔除羽毛。

密特朗的部分賓客拒吃圃鵐，不過有些人欣然接受。這道料理的適當吃法是拿布蓋住自己的頭，以免被人看到這可恥的一幕。先把鳥兒的腳送進嘴裡（頭已經先咬掉了），然後整隻吃下去，嘴裡會有一團濕黏的細小骨頭、內臟和酒精。當天晚上，密特朗吃了兩隻。他在八天後與世長辭。

大齋期認證的水生齧齒動物

水豚 · 委內瑞拉 ---------------------------------- CAPYBARA · VENEZUELA

在 18 世紀，委內瑞拉有位地方神職人員寫信到梵蒂岡，提出一個特別的請求。他們發現一種當地的動物，住在水裡，有蹼足，看起來像魚類。大齋期及聖週即將來到，他們想請梵蒂岡認可這種動物為魚類，讓他們在不能吃肉的宗教假期期間可以食用。天主教會回信同意了，世上現存最大型的齧齒動物於是成了委內瑞拉大齋期最愛的「魚」了。

當地人很快就愛上這種大型水生齧齒動物的滋味，市面上供不應求，非法盜獵造成水豚就此絕跡的威脅。在政府的規範及加速繁殖的協助下，水豚不再有瀕臨絕種的危機，不過黑市交易依然猖獗。水豚被視為節慶的必要奢侈品，委內瑞拉人樂於付出比牛肉貴上一倍的價錢。

當地人表示，牠的滋味比較像魚而不是肉，因為牠大多是吃水草維生。水豚幾乎總是曬乾後，以鹽醃製再切成條狀。這種「魚」的成品可以煮湯、燉砂鍋菜，或是做成餡餃。

How to try it

委內瑞拉的國民料理是帕布朗克里歐羅（pabellón criollo），裡面有牛肉絲、米飯、黑豆和炸大蕉。在大齋期經常以水豚取代牛肉。在卡拉卡斯（Caracas）可以到傳統的委內瑞拉餐廳品嘗，例如「科辛納法朗西」（La Cocina de Francy）及「葛達」（La Gorda）。

大齋節偷吃步

1522 年，蘇黎世牧師厄里奇・溫格里（Ulrich Zwingli）遭到逮捕，因為他在大齋期間參加一場香腸晚餐。先說清楚，牧師沒有真的吃香腸，但光是目睹這一幕就足以成罪了。

溫格里引述《聖經》為自己的行為辯護，裡面從沒提過大齋期不能吃肉。禁止吃肉是天主教會在 4 世紀的發明，這項傳統有著漫長又複雜的歷史，背後有著漏洞百出、啟人疑竇的解讀，還有任意妄為的主教作為支撐。以下是一些天主教會認可的肉類替代品，讓信徒免於被逮捕或蒙受羞辱。

假蛋

在中世紀，大齋期禁止食用所有的動物產品，包括乳製品。在這段期間，廚師必須發揮創意，利用杏仁黏合糕點，增稠醬汁，並且做出類似水煮蛋的奇怪料理。有一本 1430 年的食譜教廚師把空蛋殼裝滿杏仁牛奶凍，在中間放一顆酥脆杏仁，再以番紅花和薑染成黃色。大多數人認為這根本不能吃。

白額黑雁

這種黑白雙色雁在極圈生長，飛到歐洲過冬。13 世紀的賞鳥人士因此感到困惑，因為他們從沒見過牠們的鳥巢。這些人對候鳥遷移一無所知，構想了一個理論，認為這些雁鳥不是從蛋孵出來的，而是從漂流木或岩石掉進海裡的藤壺中生出來的。在海裡誕生的野雁？這絕對是一種魚了。

河狸

當歐洲人抵達北美洲，他們的兩項首要任務是盡可能收集河狸毛皮，以及讓當地人皈依天主教。當地人喜歡吃河狸肉，這對歐洲人來說是好事，因為他們只在乎毛皮。在殖民主義式的買一送一（大放送）作風下，17 世紀的魁北克主教給予大齋期信徒許可，可以吃這種算是魚類的半水生動物，讓這個宗教節慶可以更適合新皈依的教徒。有些現代的密蘇里人依然會吃河狸，當作肉類的替代品。

海豚

中世紀時，日耳曼語的海豚是 merswin，意思是海裡的豬。這個字很可能是要解釋為何海豚是溫血動物，跟上帝本人一樣，因此在禁肉的小齋期可能禁止食用。不過牠們來自海裡，因此有一陣子是受到大齋期認可的。海豚香腸在時尚的英國家庭裡是一年到頭的熱門選擇，海豚烤肉也是。

粗鹽醃牛肉

在愛爾蘭及美國境內愛爾蘭人群聚的地方，當聖派翠克節落在大齋期時間時，就會出現某些特定的破例了。粗鹽醃牛肉通道傳統料理很難加以重新分類，因為牛不常待在海裡。不過許多同胞主張，親愛的上帝絕對不會讓愛爾蘭人吃不到他們國家的傳統節慶料理，愛爾蘭的樞機主教也同意這種說法。這要看月曆來決定，在無肉的禁食期間，有時是可以吃牛肉的。

鱷魚

紐奧良人最愛的蛋白質來源就是鱷魚了。天主教社群希望在大齋期進食期間，還是能享用他們的鱷魚香腸、秋葵及什錦飯。為了確認這件事，在 2010 年有一位教區居民寫信給紐奧良的樞機主教，對方向他們保證：「上帝創造了如此美妙的生物，對路易斯安那州來說非常重要，而且牠被視為是海鮮。」

南極洲
Antarctica

1900 年代初期，探險家薛克頓（Ernest Shackleton）的團隊橫越南極洲時，吃的是泡海水的軍用口糧餅乾和肉類脂肪能量棒（可見 P246）。現代的南極洲研究者能在英國羅瑟拉研究站（Rothera Research Station）吃到炙燒干貝佐黑布丁，在日本昭和站（Showa Station）享用流水冷麵（可見 P133），或是在美國阿孟德森史考特南極站（Amundsen-Scott South Pole Station）來一杯皇冠雞尾酒。

南極洲越來越熱鬧了，夏天大約有 4,400 位居民，冬天約莫有 1,100 位，他們來自 31 個不同的國家，分布在 40 個全年性研究站。這些研究者包括印度慈心站（Maitri Station）的地質學家及義大利蘇奇里站（Zucchelli Station）的生態學家，分散在這片大陸上，食物是他們引以為傲的重頭戲，也是一種打破冰封研究站單調生活的方式。

這些研究站每年只會收到一次食品補給（偶爾會補充少許溫室蔬菜），因此在南極洲的大廚們必須以極富創意又謹慎的方法來管理補給品。比方說，他們會運用古老的方式，在新鮮雞蛋的外殼塗抹油脂，打造保護膜以防止污染，讓這些珍貴的補給品能存放一整年。

幸好這些工作站距離彼此不遠，走幾步路就能到了。當你人在智利埃斯特拉斯莊園站（Villa Las Estrellas）卻想吃中國菜？穿上你的防寒外套，快走到中國長城站享用南極洲最棒的辣子雞丁吧！

基地站美食大公開

1 蘇奇里站

Zucchelli Station ／ 義大利

在蘇奇里站，計算時間的單位不是週，而是披薩。南極洲沒有日夜之分，因此難以記錄時間的流逝。不過在蘇奇里，你知道披薩日代表週六到了。因此當蘇奇里的研究者告訴你，他們已經駐站「七輪披薩」，千萬別感到意外喔！

2 麥克莫多站的南向酒吧

McMurdo Station's Southern Exposure Bar ／ 美國

想參加南極洲最厲害的派對嗎？到南向酒吧加入麥克莫多站的工作人員吧。走進這家酒吧，感覺猶如來到威斯康辛州的小酒館，酒客有木工、冰上牽引機駕駛，還有科學家。他們在冰天雪地裡辛苦工作了一整天，需要來一杯。酒館內可以抽菸，因為他們不建議你為了抽根菸而跑到外頭去。

3 長城站

Great Wall Station ／ 中國

中國長城站的美食遠近聞名，其他工作站的研究人員會全副武裝穿越冰雪，只為了來到這裡飽餐一頓。從阿根廷、巴西、智利、波蘭、俄國、南韓、烏拉圭以及中國的其他工作站，只要走不到 1.6 公里，或是騎雪車，就能來到長城站享用其他地方無法提供的福利：這裡有一群餐飲學院的教授及學生，多年來都會回到這裡為駐地研究者做飯。當其他工作站的新鮮蔬菜都用完了，這裡有一間水耕溫室還是能為中國的大廚提供新鮮食材。

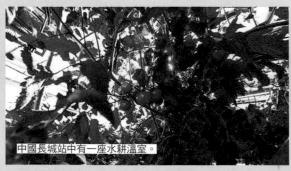

中國長城站中有一座水耕溫室。

4 康考迪亞站

Concordia Station ／ 歐盟

康考迪亞站由義大利及法國負責管理，料理自然不能落人後。這裡的研究者測試火星旅行條件時，大廚則是忙著料理鵝肝、約克夏布丁及帕瑪森起司雞肉，全部餐點都要搭配法國紅酒端上桌。想成為康考迪亞站的大廚，應徵者要先抽籤。來自世界各地的出色大廚都會參與申請，抽中籤的贏家有機會日夜工作，在地表最偏遠的地方使用有限的食材做菜。當然了，很少有其他廚師能聲稱孤獨星球（Lonely Plant）旅行書指出他們的菜色是整個陸塊最出色的料理。

5 昭和站

Showa Station ／ 日本

在日本昭和站，遠征結束的最後一餐通常是在戶外享用。還有比流水冷麵更適合的餐點嗎？

這種餐點通常是拿筷子從竹水道撈起流過的麵條，在南極洲則是在冰塊直接鑿出流水道。想像奧運的雪橇滑道，但是把運動員換成麵條。昭和站提供的創意料理不只如此。站內的廚師發明惡魔的飯糰（akuma no onigiri），以海苔、油炸天婦羅麵衣和米飯捏製而成，後來成了日本便利商店的熱賣商品。

6 埃斯特拉斯莊園站

Villa Las Estrellas ／ 智利

埃斯特拉斯莊園站的位置與南美洲最接近，腹地包括研究站、軍事基地及城鎮。這是南極洲兩處最大的平民聚居處之一，其中為數不多的小孩大多住在這裡。和家人住在埃斯特拉斯莊園的這 21 個小孩與其他小孩無異，平時會去上學、玩遊戲，並且享用主廚特製的兒童餐，例如馬鈴薯泥、雞肉及芬達汽水。

7 羅瑟拉站

Rothera Research Statio ／ 英國

在週六晚上，羅瑟拉站的單調用餐室會鋪設白桌巾並點起蠟燭，增添些許氛圍。桌上有葡萄酒、麵包籃及起司盤，但主廚提供的美食可不僅止於此。晚餐可能有高達 12 道菜色，包括炙燒干貝佐黑布丁及蘋果。當食品儲藏室的補給品隨著時間過去慢慢減少時，主廚會和其他研究站商量，拿英式招牌菜色交換各類食材，例如南非的羚羊肉或是美國的花生醬。

8 慈心站

Maitri Station ／ 印度

慈心站的 24 小時便利商店有滿滿的糖果及鹹味點心，包括 namkeen（一種綜合口味的鹹零嘴）、papad（薄脆餅），以及印度知名零食製造商侯迪拉姆（Haldiram）的其他商品。這代表那些研究者能隨時滿足他們的口腹之慾。想吃的話不用帶錢，這些全都免費供應。

9 戴維斯站

Davis Station ／ 澳洲

在澳洲戴維斯站的每個人每年會分配到超過 450 公克磅的維吉麥醬（Vegemite），這可能有點太多了。因此客座研究員在離去時，行李箱通常會多了一罐這種深棕色的濃郁鹹味抹醬。

10 亨萊克雅克托斯基站

Henryk Arctowski Station ／ 波蘭

雅克托斯基站最自豪的是能提供傳統的波蘭復活節早餐，包括一鍋 schmaltz（提煉的雞油）、麵包冷切肉、香腸盤（包括類似德式香腸的香腸段及血腸）、豬頭肉凍、芥末、羅宋湯，以及交換禮物的主角，精心製作的復活節彩蛋。

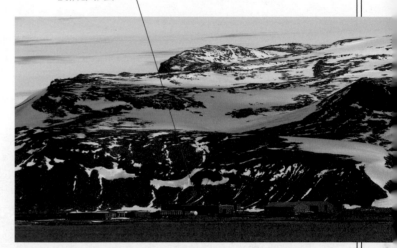

11 張保皋站

Jang Bogo Station ／ 南韓

全新的張保皋站供應熱騰騰的韓式豬肉及烤明蝦，適合嗜辣的國際研究者。

12 維納德斯基站

Vernadsky Station ／ 烏克蘭

這個基地的前身是英國法拉岱站（Faraday Station），在 1996 年由烏克蘭接手。烏克蘭把它重新命名為維納德斯基，以紀念該國最傑出的一名科學家，並且改裝站內的酒吧，招牌飲料是要價三美元的伏特加。

致謝

本書的問世有賴於難能可貴的團隊合作協調及魔法，很幸運地，我們擁有高度熟練的魔法師團隊，來自 Workman 出版公司的大家，協助我們把食物奇觀的想法，轉變成一本大部頭的美麗書籍。感謝 Suzie Bolotin、Maisie Tivnan、Janet Vicario、Dan Reynolds 的堅定支持、熱情和智慧。要讓這本書問世，還要感謝無與倫比的行銷團隊成員，Rebecca Carlisle、Chloe Puton 和 Moira Kerrigan。非常謝謝以下銳利的目光和富創造力的心靈：Amanda Hong、Kate Karol、Barbara Peragine、Claire McKean、Anne Kerman、Sophia Reith、Aaron Clendening、Doug Wolff、SunRobinson-Smith、Analucia Zepeda、Eric Wiley、AlanBerry Rhys、Rachel Krohn。

《美食祕境》是無數有才華又充滿好奇心的人所創造出來的，許多都是我們的同事，謝謝 Alex Mayyasi、Sam O'Brien、Anne Ewbank、Rachel Rummel，本書中每一頁都能看到你們所留下的指紋。謝謝鎮定自若的 Marc Haeringer，讓這本書穩穩地走在為期好幾年的鋼索上：你是全系列書籍背後的無名英雄。

我們要感謝 Atlas Obscura 的每一個人，幫忙追查一道道引人注目的美食，進而促成了本書：Reina Gattuso、Leigh Chavez Bush、Rohini Chaki、Abbey Perreault、Luke Fater、Natasha Frost、Kerry Wolfe、Eric Grundhauser、Meg Neal、Cara Giaimo、Matt Taub、Paula Mejia、Josh Foer、Samir Patel、Sarah Laskow、Vittoria Traverso、Ike Allen、Michael Inscoe、Abi Inman、Samantha Chong、Larissa Hayden、Michael Harshman、Anika Burgess、David Plotz、Ella Morton、Tyler Cole、Tao Tao Holmes、Sommer Mathis。給 Lisa Gross、Alexa Harrison、Kit Sudol：謝謝你們一直這麼支持 Gastro Obscura。

最重要的是，如果沒有文字寫手、使用者和投稿網友，Atlas Obscura 就不可能成為今日的寶庫，你們的發現與分享，每一天都帶給我們啟發。

瑟希莉的話：

狄倫，你的幹勁及創意具有無比的吸引力，對於奇觀的道地直覺，在我的腦海與心中留下深刻的印象，謝謝你一直是我們無窮盡的航標。Marc，謝謝你讓我保持理智又餵飽我，在我最需要的時候支持我，你是最棒的，我會永遠把這本書當成我們的小孩。Alex，謝謝你的堅定遠景和照顧，你穩健的雙手，還有緊急補給的墨魚汁。謝謝 Sam 的英勇指引，謝謝 Rachel 總能拋出完美的句子，讓我們就像空中接力灌籃一樣。謝謝 Anne 總能從網路上找出令人驚奇的事物，我從沒見過其他人能辦到這一點。謝謝 Ella 的指引。最後要謝謝我的先生 Read，謝謝你這兩年耐心聆聽所有關於食物的稀有知識，並沒有為此離開我。

狄倫的話：

就像之前的《祕境》，本書是許多人合作的成果。首先是 Atlas Obscura 和 Gastro Obscura 網站的使用者和投稿者：你們永不止息的好奇心激發了我們去探索世界。Reina Gattuso、Leigh Chavez Bush、Rohini Chaki、Abbey Perreault、Luke Fater、Natasha Frost、Paula Mejia 以及其他許多人，你們全都是才華洋溢的文字寫手和編輯，與我們分享的美食奇觀，我連做夢也想像不到。少了 Rachel Rummel、Annie Ewbank、Sam O'Brien、Alex Mayyasi，我們就沒辦法端上這道菜，你們全都是這家餐廳的主廚，你們的貢獻，讓《美食祕境》這本書閃閃發光。Sommer Mathis 與 Lisa Gross，謝謝你們倆的忠告，協助指引本計畫。Josh Foer，沒有你就沒有這一切。Marc Haeringer，你是大家的基石。給 Workman 出版公司的大家：Susan、Dan、Maisie、Rebecca、Janet，謝謝你們冒險第一次後，又願意再嘗試一次。最後也是最重要的：瑟希莉，妳不管做什麼都帶來喜悅、歡樂和才華，本書是這些豐沛精髓的典範呈現。能與妳並列本書作者，我感到非常幸運。

感謝下列貢獻內容的作者：

Tatiana Harkiolakis、Susan van Allen、James Rudd、Susie Armitage、Jared Rydelek、Awanthi Vardaraj、Sarah Corsa、James Jeffrey、Shannon Thomson、Elphas Ngugi、Amanda Leigh Lichtenstein、Ximena Larkin、Tony Dunnell、Zoe Baillageon、Leah Feiger、Richard Collett、Mariellen Ward、Tiffany Ammerman、Jennifer Walker、Jennifer Nalewicki、Megan Iacobini de Fazio、Faith Roswell、Jacob Wallace、Karissa Chen。

我們也要感謝全體社群使用者，尤其是：

AaronNetsky、Max Cortesi、mjespuiva、sarahcorsa、Rob、trevorxtravesty、Rachel、giraffe1541、capemarsh、jessemiers、Annetta Black、lewblank、cnkollbocker、Dr Alan P Newman、hovpl、Dampo、hrnick、Tawsam、moroccanzest、ewayte、meganjamer、canuck、Gastropod、hfritzmartinez、CPilgrim、Megan8777、GizzysMama、Leslie McIntyre、MichelleEnemark、e1savage、rebeccaclara、Dana Stabenow、Chris Kudrich。

下列文章先是在 Gastro Obscura 網站上發表，之後才改編收錄在本書中。我們非常感謝這些才華洋溢的文字寫手。

歐洲：
- "The Club Devoted to Celebrating Great Britain's Great Puddings" by Lottie Gross
- "How a Special Diet Kept the Knights Templar Fighting Fit" by Natasha Frost
- "The Worst Freelance Gig in History Was Being the Village Sin Eater" by Natalie Zarrelli
- "Inside the World's Only Sourdough Library" by Anne Ewbank
- "Remembering When Runners Drank Champagne as an Energy Drink" by Katherine Alex Beaven
- "The Strange History of Royals Testing Food for Poison with Unicorn Horn" by Anne Ewbank
- One of Florence's Wine Windows Is Open Once More" by Lisa Harvey
- "Gladiator Diets Were Carb-Heavy, Fattening, and Mostly Vegetarian" by Ryleigh Nucilli
- "The Ancient Walled Gardens Designed to Nurture a Single Citrus Tree" by Kristan Lawson
- "When the Soviet Union Paid Pepsi in Warships" by Anne Ewbank
- "Why the World's Greatest Toasts Happen in Georgia" by Pesha Magid
- "The Brief, Wondrous, High-Flying Era of Zeppelin Dining" by Natasha Frost
- "On Restaurant Day in Helsinki, Anyone Can Open an Eatery, Anywhere" by Karen Burshtein
- "A Banana Grows in Iceland" by Kasper Friis

亞洲：
- "America's Pistachio Industry Came from a Single Seed" by Anne Ewbank
- "How Bootleg Fast Food Conquered Iran" by Sarra Sedghi
- "The Prickly Symbolism of Cactus Fruit in Israel and Palestine" by Miriam Berger
- "For Thousands of Years, People Have Been Obsessed with Fat-Tailed Sheep" by Anne Ewbank
- "The Festival Where Millions of Women Prepare a Feast for a Goddess" by Jessica Gingrich
- "How Mumbai's Dabbawalas Deliver 200,000 Homemade Meals a Day" by Akanksha Singh
- "The Restaurant Reconstructing Recipes That Died with the Ottoman Empire" by Jen Rose Smith
- "The Chinese City Famous for Eggs with Two Yolks" by Anne Ewbank
- "The Mandatory Canteens of Communist China" by Hunter Lu
- "At Sea on Taiwan's Last Fire-Fishing Boats" by Leslie Nguyen-Okwu
- "The Special Stew at the Heart of Sumo Wrestling" by Natasha Frost
- "The Hidden History of the Nutmeg Island That Was Traded for Manhattan" by Mark Hay
- "How Building Churches out of Egg Whites Transformed Filipino Desserts" by Richard Collett

非洲：
- "The Egyptian Egg Ovens Considered More Wondrous Than the Pyramids" by Vittoria Traverso
- "In 1930s Tunisia, French Doctors Feared a 'Tea Craze' Would Destroy Society" by Nina Studer
- "The Language Used Only by Lake Kivu's Fishermen" by Leah Feiger

- "To Revive This Royal Music, Ugandans Had to Grow New Instruments" by Natalia Jidovanu

大洋洲：
- "After Decades of Being Ignored, a Nut from 20-Pound Pine Cones Is Back on Australian Menus" by Laura Kiniry
- "The Curious Case of August Engelhardt, Leader of a Coconut-Obsessed Cult" by Zoë Bernard
- "Australia's Growing Camel Meat Trade Reveals a Hidden History of Early Muslim Migrants" by Reina Gattuso
- "A Japanese Sculptor's Tribute to Wild Rice Covers an Australian Floodplain" by Selena Hoy
- "When the Māori First Settled New Zealand, They Hunted Flightless, 500-Pound Birds" by Anne Ewbank
- "The Livestock Living at the End of the World" by Abbey Perreault

加拿大：
- "The Canadian Towns That Icelanders Visit for a Taste of Their Past" by Karen Burshtein
- "Meet the 81-Year-Old Greek-Canadian Inventor of the Hawaiian Pizza" by Dan Nosowitz

美國：
- "Remembering 'Brownie Mary,' San Francisco's Marijuana Pioneer" by Anne Ewbank
- "Indigenous Cuisine Is Being Served in the Back of a Berkeley Bookstore" by Richard Foss
- "How Alaska's Roadkill Gets a Second Life as Dinner" by Mark Hay
- "Americans Have Planted So Much Corn That It's Changing the Weather" by Eric J. Wallace
- "When Eating Crow Was an American Food Trend" by Anne Ewbank
- "The Burmese Restaurant at the Heart of 'Chindianapolis'" by Mar Nwe Aye and Charlotte Chadwick
- "America's First Butter Sculptor Was an Artist and a Celebrity" by Cara Giaimo
- "How a Tiny Wisconsin Island Became the World's Biggest Consumer of Bitters" by Leigh Kunkel
- "The Mysterious Bounty of Mobile Bay's Midnight Jubilees" by Anna Marlis Burgard
- "The Underground Kitchen That Funded the Civil Rights Movement" by Jessica Gingrich
- "Competitive Eating Was Even More Gluttonous and Disgusting in the 17th Century" by Eric Grundhauser
- "Drink Up at the Home-Museum Displaying over 10,000 Beer Steins" by Eric J. Wallace
- "The Family That's Sold New York Mock Meats for Decades" by Priya Krishna
- "The Lost Lingo of New York City's Soda Jerks" by Natasha Frost
- "The Scholar Mapping America's Forgotten Feminist Restaurants" by Reina Gattuso
- "The 'Croos' That Haul 50-Pound Packs to Feed Hungry Hikers" by Courtney Hollands

拉丁美洲：
- "Like Avocados? Thank This Giant Extinct Sloth" by Anne Ewbank
- "Inside a Brazilian Chapel Made out of Wine" by Danielle Bauter
- "How a Brewer and the Government Killed Colombia's Ancestral Drink" by Lauren Evans

照片來源

EUROPE

AGE fotostock america, Inc: Picture-Alliance/dpa p. 79 (right). **Alamy:** Mauricio Abreu p. 32 (top); ACORN 1 p. 23 (top); agefotostock 76 (top); Agencja Fotograficzna Caro p. 48 (bottom); ams images p. 42 (top); Yi Ci Ang p. 52 (top); Arco Images GmbH p. 67 (bottom right and top); Chronicle p. 66 (bottom left); COMPAGNON Bruno/SAGAPHOTO.COM p. 72; Contraband Collection p. 21 (top); Guy Corbishley p. 61 (left); Luis Dafos p. 50 (top); Design Pics Inc p. 74 (top); Bertie Ditch p. 16 (top); Anton Eine p. 45; David R. Frazier Photolibrary, Inc. p. 44 (bottom); Nick Gammon p. 16 (bottom); Clive Helm p. 20; L A Heusinkveld p. 35; imageBROKER pp. 25, 57 (bottom); INTERFOTO p. 56 (bottom left & bottom right); ITAR-TASS News Agency p. 62 (top); Andrey Khrobostov p. 58 (bottom); Dorling Kindersley p. 55 (bottom); kpzfoto p. 46 (top); Josef Kubes p. 46 (bottom); Andrew Lockie p. 2; Lordprice Collection p. 3 (top left & top middle); Marcin Marszal p. 52 (bottom); Steven McAuley p. 13 (top); David L. Moore—ISL p. 75 (top); Jeff Morgan 11 p. 40 (bottom left); Niday Picture Library p. 39 (bottom); Nordicphotos pp. 66–67 (background); OlegMit p. 63; PA Images p. 15 (top); Panther Media GmbH p. 22 (bottom); Massimo Parisi p. 41 (top middle); Amir Paz p. 65 (bottom); Photononstop p. 21 (bottom); PicoCreek p. 69; Pictorial Press Ltd pp. 3 (top right), 11 (bottom); Picture Partners pp. 76 (bottom), 80 (middle right); Graham Prentice p. 8; Prisma by Dukas Presseagentur GmbH p. 5; Kay Roxby p. 14; Russell p. 6 (bottom left); Neil Setchfield p. 9; Dmytro Synelnychenko p. 67 (bottom left); The Advertising Archives p. 41 (bottom left); Marc Tielemans p. 1; Trinity Mirror/Mirrorpix p. 19; Lillian Tveit p. 79 (left); unknown 56–57 (background); Martin Williams p. 10 (top left); Naci Yavuz (fogbird) p. 66 (top); Michael Zech p. 71; ZUMA Press, Inc. pp. 27 (bottom), 74 (bottom); Yurii Zushchyk p. 61 (right). **Can Stock Photo:** Olga Berlet p. 22 (top); drstokvektor p. 57 (top); santi0103 p. 28. **Dreamstime:** Lenutaidi p. 54 (top); Aleksandra Suzi p. 68 (top). **Getty Images:** Franco Banfi/WaterFrame p. 31; Bettmann/Contributor p. 48 (top); coldsnowstorm/iStock p. 53 (bottom left); Denis Doyle/Getty Images News p. 44 (top); Denis Doyle/Stringer p. 18; Alexander Farnsworth/iStock p. 75 (bottom left); Katie Garrod/AWL Images p. 53 (top); Dorling Kindersley p. 56 (top); Peter Lewis/Stone p. 7; Xurxo Lobato/Getty Images News p. 43; Pronina_Marina/iStock p. 53 (bottom right); New York Daily News Archive/Contributor p. 24; Stefano Oppo/Cultura Exclusive/Publisher Mix p. 29; photovs/iStock p. 51; Yelena Strokin/Moment Open p. 59; SVF2/Universal Images Group p. 55 (top); vandervelden/iStock Unreleased p. 66 (bottom right); Alvaro German Vilela p. 32 (bottom); Horacio Villalobos/Corbis News p. 40 (bottom right); Peter Williams p. 6 (bottom right). **Shutterstock.com:** Ismael Silva Alves p. 38 (top); Anna_Andre p. 47; bonchan p. 38 (bottom); Bruno Tatiana Chekryzhova p. 41 (bottom right); Formatoriginal p. 39 (top); Tatiana Gasich p. 60 (bottom); Toni Genes p. 40 (bottom right above); Dimitris Legakis p. 80 (bottom); Hanna Loban p. 62 (bottom); Natalia Mylova p. 37; nelen p. 49; Korea Panda p. 75 (middle); ronstik p. 57 (middle).

Wikimedia Commons: The following images are used under a Creative Commons Attribution CC BY-SA 4.0 License (https://csreativecommons.org/licenses/by-sa/4.0/deed.en) and belong to the following Wikimedia Commons users: Cholbon p. 60 (top); Raimond Spekking p. 68 (bottom); Sergei Frolov p 54 (bottom). The following image is used under a Creative Commons Attribution CC BY-SA 3.0 (https://creativecommons.org/licenses/by-sa/3.0/deed.en) and belongs to the following Wikimedia Commons user: Holger Ellgaard p. 78. **Public Domain**: pp. 13 (bottom), 23 (bottom).

Courtesy of Atlas Obscura Contributors: Jennifer Adhya p. 42 (bottom); Anja Bbarte Telin, Produktionskollektivet p. 80 (top right); HaliPuu p. 69 (top); Capemarsh p. 4; Deutsches Zusatzstoff Museum p. 80 (middle left); Finnmark Sauna/finnmarksauna.com p. 65 (top); Lisa Harvey p. 27 (top left and top right); Frank Schuiling p. 36 (top and bottom); Jesse Miers/Jessemiers p. 10 (top right); Andrea Fernández @lvfoodgasm p. 75 (bottom right); Emiliano Ruprah p. 30; Karl De Smedt p. 17 (bottom); Starkenberger p. 17 (top); Trinenp23 p. 64.

ASIA

Adobe Stock: milosk50 p. 99. **Alamy:** agefotostock p.158 (top); Kiekowski Anton/Hemis Fr. p. 161; Burhan Ay p. 110; Walter Bibikow/Danita Delimont Creative p. 95 (top right); Frank Bienewald pp. 102–103 (spread); Nattanai Chimjanon p. 148; Chronicle p. 137 (bottom); Robert Cicchetti p. 154; Zaneta Cichawa p. 115; Iconic Cornwall p. 125 (top); Samantha Crimmin p. 127; Dar1930/Panther Media GmbH p. 157 (bottom); Michele Falzone/Jon Arnold Images Ltd p. 93; Oleg Fedotov p. 84 (top); Guenter Fischer/Alamy Stock Photo p. 95 (top left); Fotosearch/Unlisted Images Inc. p. 131 (bottom); Stephen Frost p. 121 (top); Biswarup Ganguly p. 90 (top right); Rania Hamed p. 91 (top); Hemis pp. 113, 125 (bottom); Historic Collection p. 162 (bottom); Historical image collection by Bildagentur-online p. 87 (bottom); Jim Hubatka p. 101 (top); Janny2 p. 91 (bottom); Peter Jordan p. 94 (bottom left); Evgeniy Kalinovskiy p. 119 (top); Sergii Koval pp. 137 (top), 139 (bottom left); Eric Lafforgue p. 86 (bottom); Loop Images Ltd pp. 126–127 (spread); Volodko Marina p. 92 (top); Jenny Matthews p. 107 (top); Maria Medvedeva p. 81; Trevor Mogg p. 135 (bottom); Tuul and Bruno Morandi pp. 82 (top), 87 (top), 117 (top); Frederick Morbe p. 130; Kirrily Morris p. 89 (top); Arthur Mustafa p. 88; National Geographic Image Collection p. 132 (bottom); Niday Picture Library p. 138 (bottom); Araya Pacharabandit p. 140 (inset); Panther Media GmbH p. 94 (bottom right); Pictorial Press Ltd p. 122 (bottom); Picture Partners p. 97 (bottom); Premaphotos p. 157 (top); Paul Quayle pp. 106, 107 (bottom); RealyEasyStar/Daniele Bellucci p. 144 (bottom); Realy Easy Star/Tullio Valente p. 105 (top); Simon Reddy p. 139 (top); Frederic Reglain p. 136 (bottom); Karla Rosenberg p. 158 (bottom); Neil Satcherfield p. 169; Juergen Schonnop p. 111; searagen p. vi; dave stamboulis p. 149 (top); Maxim

Tatarinov p. 92 (bottom); Top Photo Corporation p. 118; Leisa Tyler p. 156; Leisa Tyler p. 156 (inset); Nopadol Uengbunchoo p. 139 (bottom right); Lucas Vallecillos p. 104; World Discovery p. 134; YAY Media AS p. 152; ZUMA Press, Inc pp. 120, 168. **Can Stock Photo:** kaiskynet p. 101 (bottom); Stasevich p. 126. **Depositphotos:** Postnikov p. 108. **Dreamstime:** Jasmina p. 85 (inset); Phloenphoto p. 160. **Getty Images:** bonchan/iStock p. 83 (bottom left); Buena Vista Images/Photodisc p. 95(bottom); enviromantic/E+ p. 167 (bottom); gyro/iStock p. 155 (bottom); Jethuynh/Moment p. 170 (bottom); Kaveh Kazemi/Getty Images News p. 84 (bottom); Junko Kimura/Getty Images News p. 142; Kyodo News p. 141; Jordan Lye/Moment p. 165 (top); Douglas MacDonald/Moment p. 153; John Moore/Getty Images News p. 85; Nastasic/DigitalVision Vectors p. 121 (bottom); Zhang Peng/LightRocket p. 122 (top); Andrey Pozharskiy/Moment p. 124; Andrew Rowat/The Image Bank p. 170 (top); Mariano Sayno/Moment p. 163; Pankaj & Insy Shah p. 94 (top); Morten Falch Sortland/Moment Open p. 133; Jasen Yang/500px p. 129 (top); zhouyousifang/Moment p. 116. **Pexels.com:** Ali Yasser Arwand p. 96. **Shutterstock.com:** AP/Shutterstock p. 147 (top); dapperland p. 129 (bottom); Vladimir Goncharenko p. 83 (top); Ayumi H pp. 135 (top left & top right); inforim p. 150; Attila Jandi p. 86 (top); Budimir Jevtic p. 90 (top left); Melvin Jong p. 155 (top); jreika p. 139 (middle); milestone p. 140; Dolly MJ p. 159; Elena Moiseeva p. 109 (top); Myibean p. 97 (top); Anthony Rahayel p. 89 (bottom); Prabhas Roy p. 109 (bottom).

Wikimedia Commons: The following images are used under a Creative Commons Attribution CC BY 2.0 (https://creativecommons.org/licenses/by/2.0/deed.en) and belong to the following Wikimedia Commons users: Dirtsailor2003/Flickr p. 151; Kerri-Jo Stewart p.114; sam.romilly p. 165 (bottom). The following image is used under a Creative Commons Attribution CC BY 2.5 (https://creativecommons.org/licenses/by/2.5 /deed. en) and belongs to the following Wikimedia Commons user: wjlee4284 p. 146. The following image is used under a Creative Commons Attribution CC BY-SA 3.0 (https://creativecommons.org/licenses/by/3.0/deed.en) and belongs to the following Wikimedia Commons user: Ramon FVelasquez p.164. **Public Domain:** 123, Jpbarrass at English Wikipedia/Public domain p. 147 (bottom).

Courtesy of Atlas Obscura Contributors: Ariunna p. 145 (bottom); Asitane Restaurant p. 112; Richard Collett p. 162 (top); Beth Dixson p. 83 (bottom right); Emilieknss p. 119 (bottom); ESSI p. 131 (top); Tony Lin p. 117 (bottom); Jasmine Minori p. 166; SHOPINISTA206 p. 130 (middle left); Tsatsral p. 145 (top); Wara art festival p. 144 (top).

AFRICA

Alamy: Oriol Alamany p. 192 (bottom); Artokoloro Quint Lox Limited p. 173 (top and bottom); BonkersAboutTravel p. 171; Charles O. Cecil p. 202 (top); François-Olivier Dommergues p. 189 (top); dpa picture alliance p. 184 (bottom); Oscar Espinosa p. 198; Hemis 210; Peter Horree p. 195 (top); Images of Africa Photobank p. 206; Sergii Koval p. 191 (bottom); Eric Lafforgue pp. 188 (bottom right), 189 (bottom), 197

(bottom); Lanmas p. 174; mauritius images GmbH pp. 172, 175 (bottom); Andrew McConnell p. 188 (top right); Ville Palonen p. 179 (bottom); Simon Reddy p. 208; Edwin Remsberg p. 209; robertharding p. 201; Grant Rooney p. 194; Grant Rooney Premium p. 190 (bottom right and bottom left); Surachet Shotivaranon p. 187 (bottom); Friedrich Stark p. 187 (top); Sklifas Steven pp. 176–177 (spread); Leon Swart p. 207; The Advertising Archives p.193 (bottom); The Yarvin Kitchen p. 188 (top left); V&A Images p.175 (top); Ivan Vdovin p. 200 (bottom); John Warburton-Lee Photography p. 205; World History Archive p. 197 (top); Vladimir Zuev p. 180. **Can Stock Photo:** Icefront p. 196 (bottom). **Getty Images:** Dark_Eni/iStock p. 176 (bottom left); Education Images/Universal Images Group; Frances Linzee Gordon/Lonely Planet Images p. 188 (bottom left); Isaac Kasamani p. 202 (bottom). **Matteo Bertolino:** p.185.

Wikimedia Commons: The following images are used under a Creative Commons Attribution CC BY-SA 4.0 (https://creativecommons.org/licenses/by-sa/4.0/deed.en) and belong to the following Wikimedia Commons users: Blimeo p. 204 (top); Kwameghana p. 186. The following images are used under a Creative Commons Attribution CC BY-SA 3.0 (https://creativecommons.org/licenses/by-sa/3.0/deed.en) and belong to the following Wikimedia Commons users: John Hill p. 177 (bottom); Kgjerstad p. 183; Library of Congress/LC-DIG-PPMSC-06041 p. 181; MiracleFruitFarm p.182; Stephenwanjau p.195 (bottom).

Courtesy of Atlas Obscura Contributors: African Horseback Safaris p. 204 (bottom); Leah Beth Feiger p. 200 (top); Natalia Jidovanu p. 203; Rachel Rummel pp. 178, 179 (top).

OCEANIA

Alamy: Sergio Azenha p. 225 (bottom); Susanna Bennett p. 222 (top); Blue Pebble p. 213 (top); Pat Canova p. 215 (plant); Clearviewimages RF p. 217 (top); Danler pp. 214–215 (background); David Tipling Photo Library p. 237 (top and bottom); EB Images p. 225 (top); Kevin Hellon p. 226; Hemis p. 236; imageBROKER p. 239 (bottom); Anan Kaewkhammul pp. 227 (top, bottom left, bottom right); Steve Lindridge p. 211; MMphotos p. 212 (inset top, inset bottom); Ozimages p. 221 (bottom); Graham Prentice p. 225 (middle spot); RTimages p. 215 (honey); Dan Santillo NZ p. 230 (top and bottom); Steve Taylor ARPS p. 215 (bottom); TGB p. 228; Wendy White p. 238 (top left); Ray Wilson pp. 218–219 (background); Szefei Wong p. 235 (bottom). **Getty Images:** HomoCosmicos/iStock Editorial pp. 238–239 (background); Dianne Manson/Getty Images Entertainment p. 234; Newspix p. 222 (bottom); Alex Wang/iStock p. 216; www.bensmethers.co.uk/Moment Open p. 240. **Roving Tortoise Photos:** Tui De Roy pp. 232–233 (spread).

Wikimedia Commons: The following images are used under a Creative Commons Attribution CC BY-SA 3.0 (https://creativecommons.org/licenses/by-sa/3.0/deed.en) and belong to the following Wikimedia Commons users: Bidgee p. 212 (main); Mark McIntosh p. 217 (bottom).

Courtesy of Atlas Obscura Contributors: Courtesy of Mr Takamitsu Tanabe p. 229; Freyja Bardell p. 238 (top right); Jean-Baptiste p. 239 (top); Kanesue p. 224 (middle); Olga Skomorokhova p. 223; Courtesy of Something Wild p. 221 (top); Courtesy of Taco Bell p. 224 (bottom); Allen Tiller p. 224 (top).

CANADA

Alamy: Barrett & MacKay/All Canada Photos p. 247 (bottom left); Luis Fernandez p. 242 (middle left); First Collection/Alamy Stock Photo p. 254 (top); john t. fowler p. 254 (bottom); Elena Glushchenko p. 243 (top left); Mamuka Gotsiridze p. 243 (middle left); Historical Images Archive p. 249 (top); Chris Howes/Wild Places Photography p. 253; INTERFOTO/Personalities p. 256 (top); JoeFoxBerlin/Radharc Images p. 247 (top); Brian Light p. 265 (Canadian leaf); Elena Maltenieks p. 257 (bottom right); Stephen Mcsweeny p. 244 (bottom); Jill Morgan p. 262; Panther Media GmbH p. 264; Laschon Robert Paul pp. 242, 243 (flags); Norman Pogson p. 241; Denio Rigacci p. 261 (bottom); Rick Rudnicki pp. 243 (sculpture), 246; Aleksandrs Samuilovs p. 256 (bottom left); SeaTops p. 251; SOTK2011 p. 259 (top); Petr Štepánek p. 243 (middle right); Egmont Strigl/imageBROKER p. 248; The Picture Art Collection p. 266 (bottom); Carrie Vonderhaar/Ocean Futures Society/National Geographic Images Collection p. 250 (top); Chester Voyage p. 252 (top and bottom); Evgenii Zadiraka p. 250 (bottom); Zoonar GbmH/MYCHKO p. 260; Zoonar GmbH p. 243 (top right); Denis Zubchenko pp. 242–243 (spread), 247 (fish). **Can Stock Photo:** 3dalia p. 249 (bottom); Djvstock p. 265 (inset); VasikO p. 244 (top). **Dreamstime:** Meunierd p. 263 (bottom); Sarawuth Wannasathit p. 257 (top). **Getty Images:** alpaksoy/iStock p. 243 (bottom left); Jason Gallant p. 245 (top and bottom right); Norio Kitagawa/Aflo p. 256 (bottom right); laughingmango/iStock p. 266 (top); Jordan Lye/Moment p. 242 (bottom right); Michael Powell/Photolibrary p. 242 (top left); RBB/Moment p. 242 (bottom left); semenovp/iStock p. 257 (bottom left); TG23/iStockphoto p. 243 (bottom right); Veronique de Viguerie/Reportage Archive p. 259 (bottom); Ned White, Inc./Moment p. 258. **Shutterstock.com:** Darryl Brooks p. 245 (bottom); Barbara MacDonald p. 242 (top left); Ratov Maxim p. 242 (middle right); TonyNg p. 242 (top right).

Atlas Obscura Contributors: Micah Grubert Van Iderstine p. 247 (bottom right); Melissa May Thomas @melissamaythomas p. 255 (top); Felicity Roberts p. 255 (bottom).

THE UNITED STATES

Adobe Stock: lefebvre_jonathan p. 278 (bottom). **Alamy:** Roman Adamjan p. 288 (top); AF Archive p. 271 (bottom right & top left); Aaron Bastin p. 331 (bottom); Felix Choo p. 299 (gum); B Christopher p. 316; Chronicle p. 287 (bottom left); Citizen of the Planet p. 321 (bottom); David Cobb p. 273 (top left); Ian Dagnall p. 348 (top); Srdjan Draskovic p. 328 (top right); Richard Ellis pp. 325 (bottom), 326; David R. Frazier Photolibrary, Inc. p. 289 (bottom); Hector p. 287 (bottom right); Grant Helman Photography p. 292; HHelene p. 272 (bottom left); Historic Images p. 323 (bottom);

Brent Hofacker pp. 286 (bottom), 302 (top); Keith Homan pp. 287 (top), 299 (bottom), 310 (bottom left); Hum Images p. 321 (top); D. Hurst p. 281 (top); IFMC p. 271 (middle right); Image Professionals GmbH pp. 302 (bottom), 342 (bottom); Jamie Pham Photography p. 330 (top); Jeffrey Isaac Greenberg 5 p. 312 (top); Christopher Jones/Alamy Stock Photo p. 340 (bottom); Volodymyr Krasyuk p. 290 (top); Ekaterina Kriminskaya p. 271 (top right); Len Collection pp. 332–333 (spread); Y. Levy p. 293 (bottom right); LianeM pp. 272–273 (background); Charles Lytton p. 324; Olekcii Mach p. 338 (Franklin); Werner Meidinger/imageBROKER p. 272 (top right); Moviestore collection Ltd p. 271 (middle left); myViewPoint p. 279; National Geographic Image Collection pp. 291 (top), 204, 315; North Wind Picture Archives pp. 298–299 (background); Boyd Norton p. 288 (bottom); Ockra p. 293 (top); Steve Oehlenschlager p. 296 (bottom); George Ostertag/age footstock pp. 291 (bottom), 309; Lesley Pardoe p. 328 (bottom left); Don Paulson p. 274; Pixel-shot pp. 315 (bottom), 338 (bottom); Norbert Probst/imageBROKER p. 277 (bottom); Paul Quayle p. 293 (bottom left); Jim Richardson/National Geographic Image Collection p. 301 (top); Pierre Rochon photography p. 346; Joel Sartore/National Geographic Image Collection p. 276 (bottom); Neil Setchfield p. 277 (top left) Hakan Soderholm p. 273 (middle right); studiomode p. 271 (bottom left); suwinai sukanant p. 277 (top right); Maxim Tatarinov p. 273 (bottom right); The Picture Art Collection p. 305; Terry Thomas p. 276 (top); trekandshoot p. 267; Universal Images Group North America LLC/DeAgostini p. 286 (top); LFrank Vetere p. 329; Weizhong/www.truphotos.com p. 337 (top); Christine Whitehead p. 273 (middle left); Jonathan Yonan p. 301 (bottom), 332 (top left & top middle); Zoonar GmbH p. 271 (walnuts); ZUMA Press, Inc. p. 320 (inset). **AP/Wide World Photos:** Associated Press p. 313. **Brooklyn Grange Rooftop Farm:** p. 335; **Can Stock Photo:** anatolir p. 318 (top). **Getty Images:** Bettmann p. 299 (top); Camerique/ClassicStock p. 334; Donaldson Collection/Michael Ochs Archive p. 320 (top); Remy Gabalda/AFP p. 319; Karl Gehring/Denver Post p. 281 (bottom); Jeff Greenberg/Universal Images Group Editorial pp. 332 (top right), 333 (waitress); Dirck Halstead/The LIFE Images Collection p. 345; Historical Picture Archive/Corbis Historical p. 290 (bottom); Phil Huber/Sports Illustrated p. 314; Layne Kennedy/Corbis NX p. 294 (bottom); Kohjiro Kinno/Sports Illustrated p. 317; Robert Landau/Corbis Historical p. 298; John Preito/Denver Post p. 333 (b/w); Joe Raedle/Hulton Archive p. 283; George Rinhart/Corbis Historical p. 308; Chip Somodevilla/Staff p. 303 (bottom); The Washington Post p. 320 (bottom); University of Southern California/Corbis Historical p. 327. **Shutterstock.com:** Stephen Albi p. 306; Dan4Earth p. 272 (top left); Keith Homan p. 325 (top) Purplexsu p. 282; tishomir p. 268. **The Pocahontas County Chamber of Commerce:** The Pocahontas County Chamber of Commerce p. 340 (top).

Wikimedia Commons: The following images are used under a Creative Commons Attribution CC BY 2.0 (https://creativecommons.org/licenses/by/2.0/deed.en) and belong to the following Wikimedia Commons users: CGP Grey p. 297; Diçdoco p. 322 (bottom); K. Shuyler p. 275 (middle). **Public Domain:**

美食祕境

用味蕾品嘗全世界！ 500 道歷史、文化、旅行、慶典佳餚驚喜上菜

Gastro Obscura：A Food Adventurer's Guide

作　　　者	瑟希莉·王（Cecily Wong）、狄倫·圖拉斯（Dylan Thuras）
譯　　　者	李郁淳、蔡宜真、趙睿音
封面設計	廖韡
版面設計	黃畇嘉
責任編輯	王辰元
校　　　對	聞若婷
發 行 人	蘇拾平
總 編 輯	蘇拾平
副總編輯	王辰元
資深主編	夏于翔
主　　　編	李明瑾
業　　　務	王綬晨、邱紹溢
行　　　銷	曾曉玲

出　　　版　日出出版
　　　　　　台北市105松山區復興北路333號11樓之4
　　　　　　電話：（02）2718-2001　傳真：（02）2718-1258

發　　　行　大雁文化事業股份有限公司
　　　　　　住址：台北市105松山區復興北路333號11樓之4
　　　　　　24小時傳真服務：（02）2718-1258
　　　　　　Email：andbooks@andbooks.com.tw
　　　　　　劃撥帳號：19983379　戶名：大雁文化事業股份有限公司

初版一刷　2023年1月
定　　　價　1680元
Ｉ Ｓ Ｂ Ｎ　978-626-7044-98-8
Ｉ Ｓ Ｂ Ｎ　978-626-7044-99-5（EPUB）

國家圖書館出版品預行編目（CIP）資料

美食祕境：用味蕾品嘗全世界！500道歷史、
文化、旅行、慶典佳餚驚喜上菜 / 瑟希莉·
王（Cecily Wong）、狄倫·圖拉斯（Dylan
Thuras）著；李郁淳、蔡宜真、趙睿音譯. --
初版 . -- 臺北市：日出出版：大雁文化事業
股份有限公司發行, 2023.1
　面；公分 .--
譯 自：Gastro Obscura: A Food Adventure's
Guide
ISBN 978-626-7044-98-8（精裝）
1. 飲食風俗 2. 世界地理 3. 食物

538.7　　　　　　　　　　　111020292

First published in the United States as GASTRO OBSCURA: A Food Adventurer's Guide

An Important Note to Readers
Not everything in Gastro Obscura should be eaten. Some of the foods in this book are a wonder to learn about , but do harm to partake in. As for the rest, we encourage you to try them.

Published by arrangement with Workman Publishing Co., Inc., New York.
This edition arranged through Big Apple Agency, Inc., Labuan, Malaysia.